사도 바울은 고린도전서 14장 한복판(20절)에 "생각하는 데는 어른이 되라"라는 문장을 박아두었다. 이는 소크라테스의 "성찰하지 않는 삶은 살 가치가 없다"의 기독교 버전이리라. 생각이 없으니 말할 게 없고, 말할 게 없으면서 말하니 들을 가치 없는 소음이다. 그 결과 공공질서를 소란케 하고, 타인을 배려하지 않으며 배제한다. 하지만 이 책은 알아듣지 못하는 일만 마디보다 깨친 다섯 마디 말이 나음을 보여주는 산 증거로서, 생각하는 어른스러운 기독교인으로 첫걸음을 떼는 데 소중한 밑거름이 될 것이다. 이해되고, 전달되고, 소통 가능한 언어가 교회를 세우고 복음을 전하기 때문이다. 이 책을 읽으며 생각하고 또 생각하자!

김기현 로고스서원 대표

정말 부럽다. 이런 강연이 이루어질 수 있다는 것이…. 많은 사람이 질문하지 않는 시대를 살면서 우리 삶의 중요한 문제에 진정한 답이 없을 것이라고 생각할 뿐 아니라 그런 질문은 지적 유희에 불과하다고 여긴다. 그러나 인생에 관한 중요한 질문이 해결되지 않는 한, 우리 인생은 혼란스러울 수밖에 없다. 이 책에 실린 빼어난 강연들은 우리가 결코 쉽게 지나칠 수 없는 질문들을 다루고 있으며, 이런 질문들에 나름대로 답을 찾을 수만 있다면, 삶의 혼란스러움에서 벗어날 수 있을 것이다. 뉴욕에서 열리는, 이 재미있고 자극적이며 진지한 강연과 솔직하며 유쾌한 질의응답에 지면으로라도 동참할 수 있다는 것은 큰 축복이다. 자, 이제 도시의 소크라테스를 만나러 책 속으로 들어가 보자. 우리도 도시의 소크라테스가 되어보자.

김형국 나들목교회 대표목사

도대체 이 책은 뭘까? 누구를 위한 책일까? 무엇을 이루기 위한 책일까? 원고를 읽는 내내 던졌던 질문이다. 분명히 이 책은 도시의 소크라테스로 출연한 11명의 위대한 현대 정신이 성의껏 차려놓은 풍성한 지성의 향연임이 틀림없다. 향연의 재료로는 양자 역학과 천체물리학, 생명과학과 유전공학, 심리학과 윤리학, 과학과 철학, 신학에서부터 사랑, 가정, 고통, 인생, 정의, 정책, 생명, 신앙에 이르기까지 다양하다. 그럼에도 이 책 전체에 드리워진 지성적 맛과 광휘는 신앙과 지성의 솔직한 만남을 통해 각각의 소크라테스가 보여주는 지성적 경건의 심오함에 있다. 이 책은 어느 정도의 고통을 감수해가며 읽고 이해하고 알아가야만 그 깊은 맛을 느낄 수 있는 신앙 변증서다. 기독교 지성인이라면 한번쯤 완독과 독파를 통해 등정해볼 만한 험산 준령이다. 정상에서만 느낄 수 있는 기쁨의 보상이 있을 것이다.

류호준 백석대학교 신학대학원 교수

오늘날 한국 사회에서 비그리스도인들은 그리스도인이라고 하면 비이성적인 광신자라는 이미지를 가장 먼저 떠올린다. 사실 여부를 떠나 일반 사회에서 교회는 타협과 대화가 불가능한 고집불통 집단이라는 색채가 강하게 배어 있다. 이는 한국 교회가 오랫동안 성경이 성도의 삶에 대하여 어떻게 말하고 있는지 균형 있게 가르치지 않았기 때문이다. "도시의 소크라테스"는 현대주의의 한복판인 뉴욕에서 기독교 신앙에 관한 광범위한 주제를 밀도 있게 다루는 모임이다. 여기서 이어진 도전적인 강의들이 생동감 있게 엮여서 한편으로는 선물이요, 다른 한편으로는 과제로 한국 교회 앞에 찾아왔다. 이 책이 성도들이 삶을 넓고 바르게 조망하게 하는 데 자극과 도움이 되기를 바라며 추천한다.

송태근 삼일교회 담임목사

책으로 듣는 강연은 신선하다. 이 두툼한 책은 생생한 강연의 성찬으로, 세계적인 연사들을 개인적으로 소개받고 가장 앞자리에서 강의를 듣는 느낌을 준다. 굳이 소크라테스의 말을 빌리지 않더라도 우리는 모두 자신의 삶을 돌아볼 필요가 있다. 하지만 우리의 문화는 이를 끝없이 방해한다. 뉴욕처럼 보고 들을 거리가 가득한 곳이라면 더욱 그렇다. 물론 한국도 다르지 않다. 이 책은 성찰을 강요하지 않는다. 대신 우리를 성찰과 사유의 세계로 재미있게 이끈다. 우리 시대 최고의 기독 지성인들이 신앙적 사유의 정체가 무엇인지를 보여주기 때문이다. 이들을 멘토 삼아 삶을 반성해볼 수 있는 것은 분명 하늘의 축복이다.

신국원 총신대학교 신학과 교수

70억 인구와 더불어 복잡하게 살아가는 현대인의 삶의 의미는 무엇일까? 다양성과 바쁜 일상 속에서 우리는 삶의 가치와 방향을 쉽게 잃어버리는지도 모른다. 도시의 소크라테스는 과학자, 신학자, 철학자 등 다양한 전문가들의 시각을 통해 이 시대의 삶을 성찰하는 굵직한 주제들을 던진다. 과학과 무신론자들의 무대 같은 이 땅에서 하나님을 신앙한다는 것이 무엇인지, 그것이 고통과 악의 문제에 대해 무엇을 가르쳐주는지, 우리는 과연 어떤 가치를 살아내야 하는지, 이 책을 읽어가는 동안 독자들은 제쳐두었던 중요한 삶의 주제들을 다시 한 번 깊이 성찰하게 될 것이다.

우종학 서울대학교 물리천문학부 교수

이 책은 우리가 살아오면서 한 번쯤 던져봄 직한 질문을 끝까지 밀어붙인 지성인들의 존재와 그들의 이야기를 소개함으로써 감동을 준다. 그렇게 깊고 넓은 성찰을 누구라도 접근할 수 있는 언어로 적절히 설명해주니 얼마나 감사한가? 그들은 단지 지성이 신앙과 충돌하지 않음을 딱딱하게 변증하려고 하지 않는다. 오히려 "중대한 질문"에 대한 진중한 씨름의 결과물을 재미있고 유쾌하게 설명해낸다. 나아가 강연 못지않은 분량의 질의응답을 통하여 독자들은 자기가 던졌던 질문에 대한 해답을 찾을 수도 있다. "성찰하지 않는 삶은 살 가치가 없다"라는 소크라테스의 말대로, 가치 있는 삶은 성찰하는 삶이고, 가치 있는 신앙은 성찰하는 신앙이다. 이 책을 덮고나서 무례한 열정과 냉소적 불신앙 사이에서 방황하는 이 시대 신앙의 동지들과 "서울의 소크라테스" 모임을 꿈꾸어본다.

임성빈 장로회신학대학교 기독교와문화 교수

Socrates in the City

Edited by
Eric Metaxas

인생, 하나님, 그 밖의 사소한 주제들에 관한 대화

도시의 소크라테스

존 폴킹혼
알리스터 맥그래스
오스 기니스
N. T. 라이트
찰스 콜슨 외 지음

에릭 메택시스 엮음 | 박명준 옮김

Holy
WavePlus

도시의 소크라테스
| 서문 |

마침내 이 책이 출간되어 제가 얼마나 기쁜지 여러분은 아마 모르실 겁니다. 그 기쁨을 한마디로 표현하자면, 매우, 매우 기쁩니다. 지난 10년 동안 우리가 해온 작업이 고스란히 담겨 있는 이 책을 보고 있노라니 가슴이 벅차오르네요. 마치 강연 현장을 그대로 옮겨놓은 듯, 모임이 열리던 그날의 순간들이 생생하게 되살아납니다. 대부분의 모임이 무슨 마법에라도 걸린 듯 멋졌습니다. 우리는 참 많은 얘기를 나눴죠. 꾸준히 참석했던 분들에게 물어보시면 확인할 수 있을 겁니다.

이 책을 보면서 저는 여기에 실린 강연들이 보화와 다름없다는 결론에 이르렀습니다. 이제 그 보물을 독자 여러분과 함께 누릴 수 있다고 생각하니 흥분됩니다. 모임이 있던 날 저녁마다 우리를 완전히 흥분시켰던 강연들이 허공으로 사라져버리지 않고 이렇게 고스란히 남아 독자 여러분도 맛볼 수 있게 되었으니 말입니다.

우리 모임인 "도시의 소크라테스"(Socrates in the City)에 대해 잘 모르시는 분들이 있을 것 같아 잠시 소개를 하겠습니다. 굳이 설명하자면, 우리는 미확인비행물체(UFO)를 추종하는 단체입니다. 맞아요, 물론 공식적인 소개는 아니죠. 공식적으로는 맨해튼에서 열리는, 우아하고 품격 있는 연속 강연회라고 할 수 있습니다. 모임을 소개하는 동안 저는 시종일관 이 공식적인 정의를 고수할 것입니다. 하지만 여러분도 실은 제가 미확인비행물체 추종 단체에 대해 말하고 있으며, 말쑥하게 빼입은 이 정장 안쪽에는 사이비 단체에서 나눠주는 "껑충이 레프러콘과 번개" 로고가 박힌 멋진 은빛 타이츠를 입고 있다는 것을 곧 눈치채게 될 것입니다. 정말 멋진 로고예요. 하지만 이 이야기는 다시 꺼내지 않겠습니다.

농담은 이만하죠. 철학자 소크라테스가 남긴 "성찰하지 않는 삶은 살 가치가 없다"라는 저 유명한 금언이 참으로 옳다는 소박한 생각에서 "도시의 소크라테스"를 시작한 게 엊그제 같은데, 10년이란 세월이 흘렀다니 믿기지 않습니다. 모임을 시작할 즈음에 저는 제가 속해 있는 이 뉴욕에 사는 사람들이 중대한 질문―"중대한 질문"이라고 강조해야겠죠―에 대해서 좀처럼 깊이 생각하는 일이 없다는 것을 문득 깨달았습니다. "중대한 질문"에 대한 성찰을 가로막는 어떤 것이 우리의 문화 속에 작동하고 있는 듯했습니다. 그런 현실을 조금이나마 바로잡고 싶었습니다.

동시에 저는 이 "중대한 질문"을 마음에 품고 씨름하며 숙고하여 그에 대한 훌륭한 대답을 해줄 탁월한 작가와 강연자들을 제가 이미 많이 알고 있다는 사실을 깨달았습니다. 그들을 뉴욕으로 초청해볼까? 친구들을 불러 그들의 이야기를 듣는 자리를 마련해보면 어떨까? 간단한 다과와 와인을 곁들이면 좋겠지! 그렇게 해서 "도시의 소크라테스"가 생겼습니다.

초창기 처음 10번의 강의 중 8번을 오스 기니스(Os Guinness)가 맡아주었습니다. 기막힌 우연이라기보다는 베풀기 좋아하는 친한 벗이 보여준 우정의 증표였죠. 이 자리를 빌려 고마움을 전합니다.

두 번째 모임이 열렸던 날이 생각납니다(그날의 강연자는 오스 기니스가 아니었죠). 그날은 앨 고어(Al Gore) 민주당 대선 후보와 조지 부시(George W. Bush) 공화당 후보가 박빙의 접전을 벌인 2000년 대통령 선거일 다음날이었습니다. 누가 당선될지 마음을 졸이며 이튿날 새벽 서너 시까지 전 국민이 뜬눈으로 밤을 지새운 날이었죠. 당시에는 그 선거가 이후 몇 주간 쟁점이 되리라고 아무도 예상하지 못했습니다.

아무튼 선거 다음날 저녁, 강연자인 데이비드 에이크먼(David Aikman)이 알렉산더 솔제니친(Alexander Solzhenitsyn), 넬슨 만델라(Nelson Mandela), 엘리 위젤(Elie Wiesel)에 관한 멋진 강연을 하는 동안 손에 꼽을 만큼 참석한 소수의 청중은 쏟아지는 잠과 싸우느라 정말 괴로워했습니다. 얼마나 안타까웠는지 모릅니다! 그 후로 그런 일은 전혀 없었지만, 행여나 그와 같은 사태가 다시 벌어진다면, 부디 여러분, 전날 잠을 충분히 자고 오세요. 그리고 강연 전에 제공되는 와인은 조금만 드시기를 당부합니다. N. T. 라이트 주교나 존 폴킹혼 경 그리고 교회의 주요 인사들이 길게 열변을 토하는데 입을 벌린 채 코를 골다가는 십중팔구 고상한 뉴욕 사교계에서 체면을 구기고 말 테니까요.

우리 모임은 거의 매번 맨해튼에 있는 회원제 클럽 소유의 멋진 연회장에서 열렸습니다. 유니언리그클럽, 대학클럽, 유니언클럽, 메트로폴리탄클럽에서 주로 모임을 개최했는데, 이들 클럽 건물을 장식한 예술품을 감상하는 것만으로도 "도시의 소크라테스" 강연회에 참석할 충분한 이유가 되었습니다. 예컨대 에리만토스의 멧돼지를 사냥하는 헤라클레스 형상이 얕게 돋을새김된 조각상을 감상하면서 선하신 하나님이 어떻게 고통을 허락하실 수 있는가에 대한 강연을 듣는다면, 분명히 이해가 더 잘 될 것입니다(에리만토스 산의 흉포한 멧돼지를 생포하는 여정 중 헤라클레스가 잘못 쏜 화살에 맞아 케이론이 죽음을 맞이한다는 이야기 때문인 듯하다—역주). 이해할 수는 없으나 일어나는 일이죠.

우리 모임은 항상 간단한 다과와 와인을 곁들인 환영 행사와 함께 시작됩니다. 무제한으로 제공하던 상그리아와 새우 요리를 소송 때문에 줄였는데, 재판장께서 우리를 선처해주시도록 부디 기도해주십시오. 다과가 끝나면 제가 강연자를 소개하면서 순서를 시작합니다.

강사를 소개할 때마다 제가 항상 일부러 광대나 피에로처럼 굴었던 것은, 이 모임의 목적이 즐거운 시간을 갖는 것일 뿐, 지루한 지적 훈련이 아님을 청중과 강연자에게 분명히 새겨드리기에 그것이 가장 효과적인 방법이라 확신했기 때문입니다. 우리 모임은 잘난 척은 일절 사절이지만, 마르크스 형제들(미국의 유명한 코미디언 가족—역주)처럼 진리를 추구하는 방식은 자유분방하더라도 오히려 지지할 것입니다. 이 점에서 저의 개회사와 강사 소개는 딘 마틴 쇼(The Dean Martin Celebrity Roast, 연예인을 초대해 난처한 질문을 던지는 TV 프로그램—역주)에서 아이디어를 빌려 왔습니다. 의도적이죠.

그건 그렇고, "중대한 질문"을 탐구하는 일과 재미가 공존할 수 없다고 말한 사람은 누구였을까요? 아마도 라로슈푸코 공작(La Rochefoucauld, 엄격한 윤리를 강조한 17세기 프랑스의 문인—역주)이 아닐까 싶은데요, 그가 뭐라 했든 우리와 무슨 상관이겠습니까? 솔직히 저는 우리의 이 강연에서 재미가 아주 중요한 요소라고 생각합니다.

아무리 진지한 주제를 다루더라도(이를테면 고통, 악, 죽음 등을 다룰 때에도) 우리는 즐거움을 버리지 않을 것입니다. 진지함과 함께하는 즐거움이 이 책 속에서 시종일관 드러나기를 바랍니다.

제 신념은 이렇습니다. "인생, 하나님, 그 밖의 사소한 주제"를 다루는 "중대한 질문"에 대해서 희망 어린 훌륭한 답변이 정말 있음을 알고 있다면, 거대한 질문에 답하는 일이 즐거울 수 있습니다. 실제로 우리는 어느 정도 이를 알고 있습니다. 하지만 어떻게 아느냐고 묻지 말아주세요. 다만 이처럼 중대한 질문에 대한 희망 어린 훌륭한 답변이 이미 있다는 사실을 안다면, 두려움을 덜어내고 질문할 수 있을 것입니다. 질문을 두려워 말라, 이것이 신념이며 원칙입니다. 호랑이를 잡으려면 호랑이 굴에 들어가야 합니다!

지난 10년을 지내면서 우리는 상상할 수 있는 가장 중대하고 까다로운 질문들을 던졌고, 그 결과 상상할 수 있는 가장 멋진 저녁 시간을 보냈다고 자신 있게 말씀드릴 수 있습니다. 더 많은 이들과 그 시간을 나눌 수 없어 늘 마음에 부담이 있었는데, 그것이 이 책을 내는 이유 가운데 하나입니다.

이 책의 목표는 독자들이 "도시의 소크라테스" 강연장에 실제로 와 있는 것처럼 느끼게 하고, 이루 말할 수 없는 그 생생함을 맛보게 하는 것이었습니다. 물론 한계가 있습니다. 예컨대 책을 구매하는 모든 독자에게 땅콩믹스와 치즈, 와인 두 잔을 사은품으로 주자는 제안에 출판사는 고개를 젓더군요. 책 가격이 너무 비싸질 거라면서요. 하지만 현장감을 최대한 전달하기 위해 정말 노력했습니다. 따라서 독자 여러분은 현장에서와 마찬가지로 제가 진행하는 강사 소개를 먼저 듣게 될 것이며, 이어서 강사의 멋진 강연을 청취하고, 강연 후에는 질문과 답변 순서를 맛보게 될 것입니다.

　현장감을 유지하기 위해 편집은 최소한만 하고 가능한 한 녹취 원고를 그대로 살렸습니다. 읽는 데 방해가 되는 "음, 어, 에취" 같은 표현은 삭제했습니다. 행여나 "에취" 같은 단어가 있거든, 인쇄 후에 들어간 게 분명하니 주위 가족과 친구들에게 그들의 소행이 아닌지 물어보는 편이 나을 것입니다. 혹시라도 "음", "어" 같은 글자가 보이거든, 주저하지 말고 출판사나 책을 구입한 서점에 연락하고 책을 교환하시기 바랍니다. 시간을 아끼시려면, 탄산수를 묻힌 깨끗한 헝겊을 글자 위에 대고 세게 문지르는 방법이 있어요. 탄산수가 별 효과가 없다면, 벤젠을 묻힌 솜으로 문지르면 지워질 거예요. 새 지우개로 지워지는 경우도 가끔 있고요.

　이 책은 진중한 사고를 담고 있기 때문에 단숨에 읽어 내려가기보다는 천천히 음미하면서 읽기를 권합니다. 여기 실린 11편의 에세이 중 일부는 매우 진지한 글이기에 상당한 집중력을 요구할 것입니다. 그러니 부디 고장 나기 일보 직전인 낡은 밴을 운전하거나 위험한 기계를 조작하면서 읽지는 마세요. 피터 크레이프트 교수의 고통에 대한 강의를 듣는 것과 운전면허 벌점을 받는 것, 혹은 팔다리를 잃는 것은 별개의 문제이니 말이죠. 부디 책임감을 갖고 읽어주세요. 소크라테스가 말했잖아요. "너 자신을 알라." 그리고 너 자신의 한계도 말이죠.

　그건 그렇고, 유명 인사 구경을 빼놓고 "도시의 소크라테스"를 소개했다고 말할 수 없겠죠! 조금 전 화장실에 계시던 분이 아베 비고다(미국의 유명 연기자—역주) 씨 맞죠? 코트 보관소 앞에서 신나게 싸우고 있던 괴수 고질라와 괴물 나방 모스라를 보셨나요? 안타깝게도 이 책에 유명 인사들을 넣지 못한 게 아쉬워요. 초벌 교정쇄에는 재키 메이슨(미국의 유명 코미디언-역주)이 있었는데, 아쉽게도 최종 인쇄본까지 버티지 못했네요.

농담은 이쯤 하죠. 지난 수년간 이름만 대면 알 만한 여러 유명 인사가 이 모임에 참석했었는데 그중에는 특히 영화배우가 많았습니다. 티나 루이즈("길리건의 섬"), 토니 로버츠("애니 홀"), 패트리샤 히튼("내 사랑 레이먼드"), 아먼드 아산티("코작", "벨리자르 케이준") 같은 이들이 우리 모임을 찾았습니다. 채식주의자인 팝스타 모비, 육식주의자인 앤 코울터도 참석했었죠. 최고의 명성을 누리고 있는 딕 카벳도 여러 차례 들른 적이 있는데, 결국 우리는 그를 설득하여 "유명 인사와 명성, 참으로 사소한 것들에 관하여"라는 주제로 특별 강연을 들을 수 있었습니다. 여러분도 그 자리에 계셨나요? 말하고 보니 생각나는데, 그때 여러분이 본 것은 피냐타(아이들 파티에 쓰이는 장난감과 사탕이 가득 든 인형-역주)가 아니라, 유명 인사들의 트레이닝 권위자로 통하는 리처드 시몬즈였답니다!

보통은 강연자를 초청해 강연을 듣지만, 이따금 새로운 방식을 시도했는데 그때마다 결과가 좋았습니다. 2010년 9월에는 "신은 도덕의 원천인가"라는 주제로 킹스 칼리지 학장인 디네시 드수자(Dinesh D'Souza)와 프린스턴 대학교의 피터 싱어(Peter Singer)를 초청하여 열띤 토론회를 열었습니다. 그날 밤 우리 겁쟁이 뉴요커들이 겁을 집어먹을 만큼 엄청난 폭우가 쏟아졌지만, 600명 넘는 청중이 모임에 참석했었죠.

또한 2006년에는 "도시의 소크라테스" 역사상 처음으로 브로드웨이 영화 시사회를 가졌습니다. 영국 국영 방송 BBC에서 제작한, C. S. 루이스(C. S. Lewis)의 일대기를 다룬 영화 "쉐도우랜드"(*Shadowlands*)의 연출을 맡았던 노먼 스톤(Norman Stone) 감독이 "나니아 너머에"(*Beyond Narnia*)라는 제목으로 또 한 편의 루이스 영화를 마무리한 시점이었습니다. 그래서 그 해 4월에 우리는 시사회를 열었고, 루이스 연구의 권위자인 토머스 하워드,* (루이스 및 그의 아내 조이 그레셤의 친구인 94세의) 벨 카우프만, (영화에서 루이스 역을 맡은) 안톤 로저스, 그리고 스톤 감독을 패널로 모시고 토론회를 열었습니다.

　이처럼 특별한 경우를 제외한다면, "도시의 소크라테스"는 이 책에서 여러분이 보는 것과 똑같은 형식, 즉 강사 소개, 강연, 질문과 답변의 순서로 진행되었습니다. 모임의 목적은 중대한 질문에 대해 명확하고 최종적인 답을 찾아내는 게 아니라 더 깊은 질문으로 파고들도록 청중에게 동기를 부여하는 데 있었습니다. 따라서 모임에 참석하든 이 책을 읽든, 여러분 스스로 더 깊이 파고들어서 강연자들이 쓴 책을 직접 찾아 읽게 된다면, 더는 바랄 게 없겠습니다. 여기서 시작된 대화를 여러분의 삶 속으로 이어갔으면 좋겠습니다. 그렇게만 된다면, 우리는 그만 퇴장해도 되겠죠.

　그토록 많고 별처럼 빛나는 강연 가운데 이 책에 실린 11편을 어떻게 추려냈는지 궁금해하실 분들이 계실 것 같아 말씀드립니다. 우선, 지난 10년 동안 있었던 강연 가운데 "도시의 소크라테스"를 대표할 만한 분명한 특징이 있는 강연들을 뽑았습니다. 지난 10년 동안

---

* 토마스 하워드(Thomas Howard) 박사는 2003년 자신의 저서이자 필독서인 *Chance or the Dance?*에 관해 우리 모임에서 멋진 강연을 한 바 있다. 그의 강연도 이 책에 담고 싶었으나, 강연을 녹음한 테이프가 소실되어 그러지 못했다. 이 어리석은 실수를 생각하니 지금도 참담하기 이를 데 없다. 탁월한 그의 책을 독자 여러분에게 적극 권하는 바이다.

있었던 60번이 넘는 강연들이 모두 다 훌륭했으나, 유일하게 부끄러운 예외가 있다면 책 맨 마지막에 실린 강연일 텐데요. 강연자 자신은 화를 내면서까지 책에 넣지 말자고 반대했지만 "도시의 소크라테스" 이사회가 억지로 그의 강연을 넣기로 결정했고, 이에 그는 소송을 준비 중인 것으로 알고 있습니다. 그가 자신의 명예를 걸고 소송에 임하고 있으니, 조만간 여러분도 관련 소식을 「뉴욕 포스트」에서 보게 될지 모릅니다.

마지막으로, 뉴욕에 오셔서 우리 모임에 꼭 직접 참석해보시라고 말씀드리고 싶습니다. 시카고, 댈러스, 샌프란시스코 등 다른 지역에서도 몇 차례 모임을 개최한 적이 있으나, "도시의 소크라테스"는 지극히 맨해튼적인 현상이기 때문입니다. 그리고 하마터면 빠트릴 뻔했는데, 런던과 베를린에서도 "도시의 소크라테스" 모임을 개최해달라는 요청을 받은 적이 있답니다.

어디까지 얘기했었죠? 아, 맞아요. 우리 모임에 오셔서 꼭 한번 경험해보시기를 간절히 바랍니다. 여러분과 마주할 날을 고대합니다. 그날이 오기까지 "도시의 소크라테스"의 정신과 핵심이 고스란히 담겨 있는 이 책을 여러분에게 건넬 수 있게 되어 정말 기쁩니다. 이는 우리에게 더없는 영예이자 행복입니다. "솔리 데오 글로리아"(오직 하나님께 영광을!)

2011년 5월
에릭 메택시스
"도시의 소크라테스" 설립자, 대표, 주최자

1강

과학 시대에
하나님을 믿는다는 것

존 폴킹혼
2003년 10월 29일

강사 소개 오늘 저녁, "도시의 소크라테스"에 오신 여러분을 환영합니다. 저는 에릭 메택시스(Eric Metaxas)이며, 여러분을 섬기기 위해 이 자리에 섰습니다. 샐러드 바는 아무 때나 편하게 이용하시면 되고, 오늘의 특별 요리가 무엇인지는 확인해보고 잠시 후 알려드리죠. 고맙습니다.

오늘 밤 이렇게 많은 분이 찾아주셔서 깜짝 놀랐습니다. 오늘 이 자리에 처음 오신 분이 얼마나 되는지 궁금하네요. 손을 들어 표시해주시겠어요? 정말 놀라워요.

자, 그럼 이제 솔직해집시다. 오늘이 **마지막**인 분은 누구시죠?

본론으로 들어가기 전에 먼저 드릴 말씀은, 여러분과 계속해서 연락을 취하고 싶습니다. 그동안 관리에 문제가 좀 있었습니다. 왜냐하면 관리 책임자가 바로 저이거든요.

변명을 하자면, 제가 우뇌형 인간이라서 그런지 이런 일이 쉽지 않아요. 여러분이 앉아계신 자리에 푸른색 종이와 연어색 종이가 놓여 있을 겁니다. 푸른색 또는 연어색 말이죠. 혹시나 해서 말씀드리지만, 연어는 분홍색 계열이에요.

제가 소개말을 하는 동안—오늘의 강연자인 존 폴킹혼(John Polkinghorne) 박사님께서 강연하는 동안은 말고요—또는 이 밤이 끝나기 전에 여러분의 이름과 주소를 종이에 적어주세요. 전에 작성하셨던 분들도 다시 적어주세요. 회원 자료를 업데이트하려다 보니, 몇몇 분이 빠져 있더라고요. 이름과 주소를 적으시고 SAT 점수도….

처음 참석하신 분들을 위해 모임을 잠시 소개해드리겠습니다. "도시의 소크라테스"는 바쁜 뉴요커들을 위해 기획된 모임입니다. 숨 가쁜 일상에서 잠시 벗어나 인생이란 과연 무엇인가를 한번 생각해보도록 돕고, 중대한 질문에 답하며, 설령 답을 하지 못하더라도 그 답을 찾아보도록 자극하기 위해 만들어졌습니다. 소크라테스가 남긴 유명한 경구가 있죠. "성찰하지 않는 삶은 살 가치가 없다." 제가 보기에 우리 중 대다수는 자기 성찰이 좀 더 필요하지 않나 싶은데, 오늘 모신 폴킹혼 박사님 같은 강연자들이 우리가 이 과제를 수월하게 수행할 수 있도록 도움을 주실 것입니다.

물론 이런 모임은 단지 작은 불씨에 불과할지도 모릅니다. 하지만 이 모임에서 동기를 부여받아 여러분 각자가 소크라테스처럼 성찰하기 시작한다면, 그래서 여기 북 테이블에 놓여 있는 책을 한두 권이라도 사서 읽기 시작한다면, 저희로서는 더 바랄 게 없겠습니다. 여기에 가져다 놓은 이 책들을 여러분에게 적극 권하는 바입니다. 저희는 돈을 벌려고 책을 파는 게 아닙니다. 이 책들은 하나같이 훌륭하며, 특히 생각 없는 친구들에게 선물하기에 아주 적합합니다. 여러분이 책을 사신다면 폴킹혼 박사님께서 기꺼이 사인을 해주실 겁니다. 원하시면, 저도 사인해드리죠.

오늘 모임은 9년 전 설립 당시 제가 미력하게나마 관여했던 "새 가나안 협회"(New Canaan Society)의 넉넉한 후원으로 열리게 되었다는 점을 언급하려 합니다. "새 가나안 협회"는 회원들이 더 나은 배우자와 아버지가 되도록 돕는 것을 목표로 하는 남성 친목 모임입니다. 한 달에 한 번 뉴욕에서 저녁 만찬회를 열고 있는데, 자세한 정보를 원하시는 분은 앞에 있는 테이블에 비치된 안내 책자를 참조해주세요.

우리는 얼마 전 이라크에서 순직한 NBC 특파원 데이비드 블룸 (David Bloom)을 기리기 원합니다. 그는 우리 모임의 일원이었으며, 우리의 소중한 벗이었습니다.

자, 오늘 밤 우리가 다룰 주제는 "과학 시대에 하나님을 믿는다는 것"입니다. 지난 100여 년을 거쳐오면서 사람들은 무릇 "현대인"이라면 하나님을 믿는 신앙 따위는 넘어서야 한다고 생각하게 되었습니다. 이런 생각은 이상하리만치 아무 의심 없이 수용되어 현재까지 인기를 누리고 있으며, 의심 없이 수용된 수많은 가정이 흔히 그러하듯, 우리 문화에 극적이면서도 종종 부정적인 영향을 끼쳐왔습니다. 저는 이런 생각이 그동안 우리로 하여금 보편적으로 적용해온 것보다 한층 더 엄격한 기준을 이 사안에 적용하게 만들었다고 생각했습니다. 그리고 오늘 밤 우리는 그것과 완전히 똑같은 엄격한 기준을 갖고 이 문제를 짚어보고자 합니다.

우리 지구에서 가장 명석한 지성 가운데 성경적 신앙이 선언하는 진리와 과학적 발견이 선언하는 진리가 다르지 않다고 보는 이들이 있다는 사실이 제 이목을 끌었습니다. 그처럼 빛나는 지성의 강연을 들을 수 있는 기회가 흔치 않은데, 오늘 밤 최고의 지성 가운데 한 분을 모실 수 있어서 얼마나 기쁜지 모르겠습니다. 이 문제에 대해 여러분이 어떤 관점을 보이든, 오늘 밤 강연자인 존 폴킹혼 경이 들려줄 이야기는 여러 모로 참으로 유익하리라 생각합니다.

일 년도 더 되었군요. 옥스퍼드와 케임브리지 두 대학의 공동 주최로 열린 C. S. 루이스 세미나에서 저는 폴킹혼 박사님을 처음 만났습니다. 재미있게도, 옥스퍼드 대학교는 영국의 옥스퍼드에, 케임브리지 대학교는 영국의 케임브리지에 있더군요. 깔끔하게 정리가 되죠?

아무튼 저는 폴킹혼 박사님께 홀딱 빠졌고, 기회가 될 때 뉴욕에 와서 소크라테스 모임에서 강연해달라고 부탁했습니다. 그리고 박사님은 지금 이 자리에 와 계십니다.

대영제국의 기사를 "도시의 소크라테스"에 모신 적이 있던가요? 제가 아는 한은 없습니다. 기사 작위를 받으신 분께 적합한 의전이 무엇인지 모르겠더군요. 다만 기사라고 해서 반드시 갑옷을 입어야 하는 법은 없겠지 짐작해보았습니다. 그래도 만전을 기하기 위해 박사님께 당부했죠. 갑옷은 안 입으셔도 된다고 말이죠. 입고 계신 옷 안쪽에 방탄조끼를 숨기고 있다면 모를까, 그게 아니라면 박사님께서 제 부탁을 들어주신 것 같네요.

그래도 **굳이** 갑옷을 입고 싶으시다면 『맥베스』에 등장하는 유령 뱅코처럼 투구 턱받이는 하고 오시라고 부탁드렸습니다. 그래야 우리가 이야기를 잘 알아들을 수 있을 테니까요(맥베스는 유령 뱅코의 이해할 수 없는 말 때문에 번민했다-역주).

제 농담에 웃어주신, 저쪽에 계신 뱅코의 팬들께 감사드립니다.

모임 형식에 대해 몇 가지 말씀드리겠습니다. 폴킹혼 박사님이 35~40분가량 강연해주실 겁니다. 그 후에 질의응답 시간을 넉넉히 갖겠습니다. 질문이 있으신 분들은 반드시 마이크 앞으로 나오셔서 짧고 분명하게 질문해주시기 바랍니다. 그리고 반드시 물음표로 분명하게 질문을 마쳐주세요.

이제 존 폴킹혼 경을 소개하겠습니다. 영국 국교회 사제요, 물리학 박사이며, 대영제국의 기사(KBE)이며, 영국왕립학술원 회원(FRS)이고, 노토리어스 비아이지(Notorious B.I.G., 미국의 힙합 가수-역주)입니다. 마지막은 힙합 스타일의 농담인데, 폴킹혼 박사님은 못 알아들으실 것 같네요.

아무튼 존 폴킹혼 사제 겸 박사님은 영국 케임브리지 대학교에서 우리를 만나러 여기까지 오셨습니다. 박사님은 영국왕립학술원 회원이며, 케임브리지 대학교 퀸스 칼리지의 명예 교수로서 총장을 역임했습니다. 그리고 리버풀 성당의 참사회원이기도 합니다.

루스 폴킹혼 여사와 결혼하여 슬하에 피터, 이사벨, 마이클 세 자녀를 두었습니다. 물리학자로서 폴킹혼 박사님의 이력은 디랙 교수를 비롯한 여러 교수 아래서 수학했던 케임브리지 대학교 트리니티 칼리지 시절부터 특출했습니다. 1968년에 케임브리지 대학교의 교수가 되었고, 1974년에는 영국왕립학술원 회원으로 선출되었습니다. 이 시기에 이론 물리학과 소립자 물리학에 관한 다수의 논문을 학술지에 발표한 바 있습니다. 혹시 제가 지금 하는 말을 제가 다 이해하는 것처럼 보일지 모르겠으나, 학창 시절 AP 물리학 시험에서 고작 1점(만점은 5점이다—편집자 주)을 받았다는 사실을 이실직고해야겠네요. 자랑할 만한 점수는 아니죠.

1979년에 폴킹혼 박사님은 교수직을 사임하고 영국 국교회 사제가 되기 위한 수련 과정을 밟습니다. 이후 케임브리지와 브리스톨 교구에서 부사제로, 1984년에서 1986년까지는 블린 교구의 사제로 섬겼습니다.

1986년에 케임브리지 대학교 명예 교수이자 학과장으로, 그리고 트리니티홀 주임 사제로 선출되었습니다. 이어서 1989년에 케임브리지 대학교 퀸스 칼리지의 총장으로 선출되었습니다. 박사님의 공식 약력에는 이 영예로운 일에 대한 당시의 심경이 이렇게 묘사되어 있습니다. "깃털로 밀쳐도 쓰러질 것만 같았다." 정말로 이렇게 씌어 있으니 웹사이트에서 한번 찾아보세요.

저는 최고의 물리학자인 박사님이 깃털로 밀쳐도 쓰러지고 말았을 거라고 믿을 정도로 순진하다는 사실에 깜짝 놀랐습니다. 그러려면 아마도 엄청나게 큰 깃털이어야겠죠? 에뮤나 타조 깃털로도 평균 신장의 성인 남성을 쓰러뜨리긴 어려울 겁니다. 케임브리지 대학교의 총장으로 선출된 것이 간 떨어질 만큼 놀라운 일이긴 하지만, 상급 물리 시험에서 1점을 받은, 물리학에 문외한인 저마저도 알고 있는 사실을 엄청난 학위와 영예를 갖고 계신 박사님이 모르신다니요. 그 사실을 박사님께 상기시켜드리려니 몹시 당황스럽습니다.

박사님의 체중과 마찰계수를 고려하더라도, 깃털 하나로 넘어뜨릴 수 있으리라고는 도저히 상상이 되지 않습니다. 아마 지금쯤 박사님께서는 그런 표현을 사용한 것을 분명 후회하고 계실 테니 이만 넘어가지요.

아무튼 박사님은 1996년에 퀸스 칼리지 총장 직위에서 은퇴하셨습니다. 현재는 영국 국교회 총회 회원이자 영국의학협회 산하의 의학 윤리위원회 회원으로 섬기고 있습니다.

1997년에 박사님은 영국 여왕이 수여하는 기사 작위를 받았습니다. 여기서 유익한 조언을 하나 드리자면, 다른 기사들처럼 폴킹혼 경도 큰 도끼를 다루는 솜씨가 대단하다고 합니다. 오늘 밤 여러분이 폴킹혼 경의 강연에 전적으로 공감을 표하지 않으신다면, 경우에 따라 박사님은 큰 도끼로 여러분을 공격하거나 **쪼개버릴**지도 모르니 유의하시기 바랍니다.

다들 아시듯이, 폴킹혼 박사님은 종교와 과학의 양립 가능성을 다룬 탁월한 책을 여러 권 썼습니다. 첫 번째 책 『세계의 존재 방식』(The

도시의 소크라테스

Way the World Is)에서 박사님은 이렇게 말했습니다. "이 책은 내가 사제 서품을 받는 이유를 이해하지 못했던, 과학계에 있는 나의 동료들에게 내가 진심으로 하고 싶었던 이야기이다." 이 근사한 책을 북 테이블에 준비해두었습니다.

지난해(2002년) 폴킹혼 박사님은 신앙의 증진에 기여한 공로를 인정받아 권위 있는 템플턴 상을 수상했습니다. 박사님 이전에 이 상을 받은 인물로는 테레사 수녀, 솔제니친 같은 분들이 있습니다. 사람들이 잘못 알고 있는 게 있는데, 이 상은 가수 엘튼 존 경이나 스팅에게 수여된 적이 없습니다. 잘못 알고 있었던 분들은 이번 기회에 오해를 바로잡으시기 바랍니다.

자, 이처럼 멋진 분을 "도시의 소크라테스" 연단에 모시게 되어 더없이 기쁩니다. 여러분, 존 폴킹혼 경입니다.

강연

여러분은 제가 과학에 대해 굉장히 진지한 태도를 지닌 사람이라고 생각할 텐데, 저는 오늘날과 같은 과학 시대에 그런 태도를 견지하는 것이 마땅하다고 생각합니다. 동시에 저는 종교, 특히 제가 믿는 종교인 기독교 역시 아주 진지하게 여기는 사람입니다. 저는 이 두 가지, 즉 과학과 종교를 모두 진지하게 받아들이는 게 가능하다고 봅니다. 물론 이따금 난감한 경우가 없지 않지만, 그러한 때에도 지적으로 정직하지 못한 경우는 없습니다. 실제로 과학과 종교는 서로가 서로를 보완해주기 때문입니다. 그 이유는 제가 보기에 이 둘이 너무도 중요한 한 가지 공통점을 갖기 때문인데, 그것은 바로 둘 다 진리 탐구와 관련이 있다는 점입니다.

과학뿐 아니라 종교에서도 진리는 중요한 문제입니다. 종교는 여러분을 위해 온갖 일을 해줍니다. 종교는 이생의 위로뿐 아니라 내세의 위안까지 제공해주지만, 만일 이 종교가 진리가 아니라면 우리에게 어떤 유익도 가져다줄 수 없을 것입니다. 물론 과학과 종교는 진리의 서로 다른 측면을 추구합니다.

과학이 오늘날과 같이 엄청난 성공을 거둘 수 있었던 것은 과학의 겸손한 야망 때문이었습니다. 과학은 온갖 질문을 던지거나 모든 질문에 답하려고 하지 않습니다. 본질적으로 과학은 과정에 관한 질문, 다시 말해 어떤 일이 "어떻게 일어나는지를 묻는 질문"에 스스로 그 역할을 한정합니다. 또한 과학은 그러한 질문에 대한 답을 찾을 때 고려

도시의 소크라테스

할 수 있는 경험에 대해서도 제한적입니다. 과학은 세상을 객관적인 대상, 즉 실험해볼 수 있고 그 구성 성분을 확인하기 위해 분해해볼 수 있는 **대상**으로 여기는데, 우리가 배워서 알고 있는 주요 지식은 모두 이런 과정을 통해 얻습니다.

또한 인간의 경험─개인적 체험─이라는 영역이 있다는 것은 우리 모두가 알고 있는 사실인데, 저는 여기에 하나님이라는 거룩한 실체와 만나는 개인적 경험, 다시 말해 실험보다는 믿음이 필요한 경험이라는 영역을 덧붙이고 싶습니다. 만일 제가 친구와의 우정을 시험해보기 위해 번번이 그와의 관계를 시험하려 든다면, 저와 그 친구 사이에 우정이 자리 잡을 가능성은 사라지고 말 것입니다. 종교는 과학과는 다른 일련의 질문들, 이를테면 조금 더 근본적이고 제가 보기에 과학보다 흥미로운 질문들을 던집니다. "이 세상에서 벌어지는 일에는 어떤 의미가 있는가?"처럼, 의미와 목적을 묻는 질문 말입니다.

제가 보기에는 이처럼 반드시 물어야 할 질문, 즉 질문하는 것 자체가 의미 있는 질문이 아주 많이 있지만, 이런 질문들은 과학의 범주에 속한 질문이 아니므로 과학만으로는 대답할 수 없습니다. 흥미로운 사실은, 그런 질문 가운데 어떤 것은 과학을 하는 과정에서 생겨나 과학 스스로 설정해둔 관찰 가능한 한계 너머로 우리를 이끌기도 한다는 점입니다. 더 높은 단계로 이끌어주는 이런 질문을 "메타 질문"(meta-questions)이라 할 수 있을 것입니다.

그럼, 두 가지 메타 질문을 간략히 살펴보면서 이야기를 시작해보겠습니다. 첫 번째 질문은 매우 간단합니다. 얼마나 간단한지 대부분은 생각조차 하지 않는 질문이지만, 저는 숙고해볼 가치가 있다고 생각합니다. 그 단순한 질문이란 이것입니다. "과학이 가능한 까닭은 무엇일까?" 바꿔 말하면, "우리를 둘러싼 물질세계를 이해하는 것이 가능한 까닭은 무엇일까?"입니다.

이렇게 말할 분이 있을 것입니다. "그 이유는 명백해. 우리가 이 세계에서 살아남아야 하기 때문이지. 이 세계를 이해하지 못한다면 곤경에 빠지고 말거야."

어떤 면에서는 타당한 말입니다. 매일 겪는 경험이나 지식과도 일치합니다. 높은 절벽에서 떨어지면 위험하다는 것을 깨닫지 못한다면, 우리의 수명은 그다지 길지 못할 것입니다. 높은 곳에 얼씬도 안 한다면 조금 더 수명이 길어지겠죠. 그렇더라도 언젠가는 죽을 날이 찾아올 겁니다.

> "과학이 가능한 까닭은 무엇일까?" 바꿔 말하면, "우리를 둘러싼 물질세계를 이해하는 것이 가능한 까닭은 무엇일까?"

하지만 놀라운 상상력으로 사고의 도약을 보여준 아이작 뉴턴(Isaac Newton) 같은 인물에게는 이런 일상적인 사건이 더는 일상이 아니었습니다. 뉴턴은 높은 절벽을 위험한 장소로 만드는 힘이 달이 지구 주위를 일정한 궤도로 돌게 하는 힘과 같을 뿐 아니라, 지구가 태양 주위를 일정한 궤도로 돌게 하는 힘과도 같다는 사실을 관찰했습니다. 그리하여 그는 역 제곱 보편법칙, 즉 중력의 법칙이라는 아름다운 수학 법칙을 발견하고 그것을 통해 태양계 전체의 움직임을 설명할 수 있었습니다. 뉴턴이 죽고 나서 200년 뒤에는 아인슈타인(Einstein)이 등장하여 현대적 의미에서 본 중력의 법칙인 일반 상대성 원리를 발견했고, 그 이론으로 우리의 작은 태양계뿐 아니라 우주 전체를 설명해낼 수 있는 과학적 우주론의 기틀을 최초로 제시했습니다. 사실 아인슈타인의 계산에는 오류가 있지만, 여기서 다룰 문제는

도시의 소크라테스

아니니 넘어가겠습니다.

그러면 어째서 우리에게 이런 놀라운 능력이 있는 것일까요? 제 연구 분야는 양자 물리학으로서 물질을 구성하는 가장 작은 입자인 소립자를 연구하는 물리학입니다. 양자(quantum) 세계는 일상 세계와는 전혀 다릅니다. 양자 세계에서는 어떤 물체의 위치를 아는 경우 그 움직임은 알 수 없습니다. 역으로 물체의 움직임을 아는 경우 그 위치는 알 수 없습니다. 하이젠베르크의 불확정성 원리를 간단히 정리하면 그렇습니다. 양자 세계는 일상 세계와는 완전히 다르며, 이 세계를 이해하려고 한다면 사고방식을 바꿔야 합니다. 하지만 우리는 다르게 생각하는 법을 배웠습니다. 우리에게는 생존을 위한 필요, 즉 단지 세속적인 필요를 완전히 넘어서는 세계를 이해할 뿐 아니라 일상의 필요에서 파급된 긍정적인 부산물 같은 세계를 이해할 수 있는 능력이 있는 것입니다.

여러분이 셜록 홈스의 팬인지는 모르겠으나—그렇다면 좋을 텐데—만일 여러분이 홈스의 팬이라면 홈스와 왓슨이 처음 만나는 장면을 기억하실 것입니다. 그들이 런던의 어느 호텔에서 아침식사를 하고 있는데, 홈스가 초장부터 대뜸 왓슨에게 장난을 겁니다. "모르겠어, 이해가 안 돼. 지구가 태양 주위를 도는 건가, 아니면 태양이 지구 주위를 도는 건가?" 순진한 의사 왓슨은 과학 지식에 무지한 불쌍한(?) 홈스에게 적이 놀라죠. 그때 홈스가 이렇게 덧붙입니다. "글쎄, 그게 탐정으로서 내 일상생활에 무슨 상관이 있겠나?" 전혀 상관없습니다. 하지만 우리는 그런 지식을 아주 많이 알고 있습니다. 사실 과학은 지적인 만족을 주지만, 그것은 매일의 삶을 살아가는 데 필요한 확실함과는 아무런 상관이 없습니다.

과학이 가능한 까닭은 무엇일까요? 우리가 세상을 그토록 자세하고 깊게 알 수 있는 까닭은 무엇일까요? 사실 이보다 더 신비한 것은, 물리적 우주의 비밀을 푸는 열쇠가 바로 수학이라는 점입니다. 기초 물리학에서 필요한 능력은 수학적으로 아름다운 방정식을 찾는 데 있습니다. 전부는 아니겠으나 여러분 가운데 수학적 아름다움이 무엇인지 아는 분도 계시겠지요. 그것은 소박한 형태의 미학적 즐거움이라 할 수 있을 텐데, 수학 언어로 이야기하는 저희 같은 과학자들만이 알 수 있고 동의할 수 있는 것입니다. 지난 300년 동안 이론 물리학이 경험한 바에 따르면, 세상의 근간을 드러내는 이론은 항상 아름다운 방정식의 형태를 이루는 것으로 드러났습니다. 이처럼 아름다운 방정식을 찾아내는 것이 곧 물리학이 말하는 발견의 기술입니다.

　　개인적으로 제가 알고 지낸 가장 위대한 이론 물리학자는 폴 디랙(Paul Dirac, 1902~1984) 교수였습니다. 그는 양자 이론을 확립한 인물 가운데 한 사람으로서 케임브리지 대학교에서 다년간 가르쳤습니다. 그는 신앙인이 아니었으며, 말이 많은 사람도 아니었습니다. 한번은 그가 이렇게 말했습니다. "적합한 실험보다 중요한 것은 자네가 세운 방정식이 아름다운지 아닌지의 여부일세."

　　물론 디랙 교수의 말은 과학에서 실험이 중요하지 않다거나 실증이 불필요하다는 뜻이 아닙니다. 그런 말을 할 과학자는 한 명도 없을 겁니다. 하지만 만일 어떤 가설을 세웠는데 그 방정식이 한눈에도 실험 결과와 일치하지 않는 것처럼 보인다면 분명 다른 해결책이 있다는 뜻입니다. 이는 십중팔구 근삿값으로 방정식을 푼 것이 분명합니다. 아마도 근삿값을 잘못 계산했거나, 해결책을 아직 찾지 못했거나, 실험이 잘못되었을 수 있습니다. 과학의 역사에서 우리는 종종 이러한 교훈을 얻습니다. 그러나 방정식 자체가 "보기에 흉하면", 가망이 없습니다. 그런 가설은 참일 리 없습니다.

디랙 교수는 영국이 낳은, 명실상부한 20세기의 가장 위대한 이론 물리학자였습니다. 수학적으로 아름다운 방정식을 찾으려는 필생의 끈질긴 노력 끝에 그는 그렇게 많은 것을 발견했던 것입니다.

이제, 재미있는 일이 벌어집니다. 우리 과학자들은 수학을 사용하는데, 이 수학이란 게 결국은 우리를 둘러싼 주변 세계의 구조를 파악하려는 매우 추상적인 인간 활동의 한 형태입니다. 다시 말해 우리 안의 이성(지성에서 이뤄지는 수학적 사고)과 우리 밖의 이성(물질세계의 경로와 질서) 사이에 깊은 연관이 있어 보인다는 말이지요.

디랙 교수와 동서지간이며 노벨 물리학상을 받은 유진 위그너(Eugene Wigner) 박사는 이렇게 말한 적이 있습니다. "어째서 수학은 불합리할 정도로 효과적인가?"

"우리 안의 이성"이 "우리 밖의 이성", 즉 우리가 살고 있는 세계의 경이로운 질서와 정확하게 일치하는 까닭은 무엇일까요? 이것은 심오한 질문, 즉 메타 질문이며 이런 질문에는 간단하고 속 시원한 답이 없습니다. 이런 질문은 그 자체로 너무 심오합니다. 제가 드릴 수 있는 고도의 지적인 답변은 이렇습니다. 우리 안의 이성과 우리 밖의 이성이 서로 맞아떨어지는 이유는, 두 가지 모두 창조자의 합리적 정신에서 공통으로 기원했기 때문이며, 그 창조자의 뜻이 우리의 정신 작용뿐 아니라 우리가 속한 물질세계의 토대를 이루기 때문입니다.

지금까지 제가 한 말을 정리해보면, 물리학자들이 세계를 연구한다고 할 때 그 세계는 경이로운 질서가 내재한 세계이며 지성의 흔적이 속속들이 배어 있는 세계입니다. 그렇다면 제가 보기에 이것은 적어도 고려해볼 만한 가치가 있는 가설로 보이는데, 이 경이로운 질서의 이면에는 고유한 "창조자의 지성"(Mind of the Creator)이 숨어 있기 때문입니다. 사실 저는 과학을 하는 것이 가능하며 세계를 깊이 이해하는 일 또한 가능하다고 생각하는데, 정확히 말해 그 이유는 이 세계가 창조된 세계이기 때문입니다. 오래된 강력한 표현으로 하면, 우리 인간은 창조주의 형상을 따라 만들어진 피조물입니다. 이론 물리학을 할 수 있는 능력 또한 "이마고 데이"(imago Dei, 하나님의 형상)의 일부입니다. 물론 매우 작은 일부지만요.

따라서 이것은 일종의 메타 질문이며, 우리의 신앙에 따른 신념과 이해가 과학이 사고해야 할 것이 무엇인지 지정해주지 않음을 보여줍니다. 비록 그 답을 찾기가 지극히 어려운 경우도 있겠지만, 과학의 영역에 적합한 질문을 던지면 과학적으로 명료한 답변을 얻게 된다고 믿어도 될 만한 충분한 근거가 있습니다. 그러나 메타 질문은 과학 너머로 우리를 데려가며, 이 경우 종교는 지적으로 만족스럽고 일관성 있는 대답을 내놓음으로써 과학이 지적인 이해(intellectual intelligibility)라는 더 넓고 깊은 배경 안에 자리하도록 해줍니다.

이제 두 번째 메타 질문으로 넘어가겠습니다. 우주가 이처럼 특별한 이유는 무엇입니까? 과학자들은 특별한 것을 좋아하지 않습니다. 우리 과학자들은 본능적으로 보편적인 것을 선호하며 이 우주는 특별할 것이 없는 지극히 평범한 견본과 같다고 가정하는 부류입니다. 그러나 우주의 역사에 대한 지식과 이해가 쌓여가면서 우리가 사는 이 우주가 참으로 놀라운 우주임을 깨닫게 되었습니다. 이 우주가 그토록 놀라운 우주가 아니라면, 우리가 우주의 경이로움에 말문이 막힐 이유가 없을 것입니다.

우주의 시작은 지극히 간단합니다. 137억 년 전―이것이 우주학자들이 이야기하는 비교적 정확한 숫자입니다만―우주는 팽창하는 균질한 에너지 덩어리에서 시작했다고 보는데, 인류가 생각해낼 수 있는 가장 단순하고 가능한 물리적 체계가 바로 이것입니다. 우주학자들이 초기 우주에 대해 이토록 당당하게 말하는 이유 가운데 하나는 그렇게 생각하는 것이 아주 쉽기 때문입니다. 하지만 우리가 사는 세계는 그렇게 간단하지 않습니다. 세계는 다양하고 복잡해졌으며 140억 년 가까이 흐른 지금, 성자들과 수학자들의 고향이 되었습니다. 아주 오랜 시간이 걸리기는 했으나, 즉 우리가 아는 대로 어떤 형태를 가진 생명체가 등장하기까지 100억 년이 걸렸고, 인류처럼 자의식을 가진 생명체가 등장하기까지 140억 년이 걸렸으나, 그런데도 실제로 우주는 맨처음부터 생명을 잉태하고 있었다는 사실을 우리는 깨닫게 되었습니다. 세계가 다양하고 복잡해진 단계들을 이해하게 되면서 말이죠. 이런 의미에서 세계의 물리적 구조―즉 과학에서 어떤 현상을 탐구할 때 전제가 되지만 과학으로는 절대 그 기원을 밝힐 수 없는, 그래서 차후 설명만 가능한 자연법칙―는 무척 정확하고 세밀하게 조율된 형태를 가질 수밖에 없었습니다. 우주의 역사에서 우리 인류처럼 **어떤** 형태든 진화를 통해 탄소를 기반으로 하는 생명체가 나타나려면 그럴 수밖에 없었던 것입니다.

물론 생명과 우주의 진화는 계속 진행 중인 과정이었지만, 진화 자체가 진행되려면 진화가 작용할 적합한 물질이 있어야 합니다. 만일 탄소를 기반으로 하는 생명체가 생겨날 가능성이 있도록 세계의 물리적 구조가 정교하게 조율되어 있지 않았다면, 우주의 진화는 영원히 요원한 일이 되었을 테고 어떤 흥미로운 것도 생겨나지 못했을 것입니다. 그랬다면 우주의 역사는 극도로 단조롭고 무익했을 것입니다. 따라서 우리는 지금 아주 특별한 세계에 사는 것입니다.

과학자들이 그렇게 생각하는 이유를 보여주는 사례를 두어 가지 제시해보겠습니다. 이를 지지하는 논증은 정말 수없이 많습니다. 저녁 시간을 모조리 할애하여 여러 가지 논증을 나열할 수도 있지만, 그렇게 하지는 않겠습니다. 다만 두어 가지 예를 제시해보겠습니다. 첫 번째 예는 이렇습니다. 초기 우주는 아주 단순해서 매우 간단한 일만 할 수 있었습니다. 우주가 생성된 처음 3분 동안 우주는 엄청 뜨거웠고 엄청난 에너지를 품고 있었습니다. 핵반응이 계속해서 일어나는 우주급 수소 폭탄이라 할 수 있습니다.

우주는 팽창하면서 식어갔습니다. 첫 3분이 지난 후, 우주는 충분히 식어서 전 우주에 걸쳐 진행되던 핵반응이 멈췄고, 세계의 총 핵구조도 오늘날 우리가 알듯이 수소 3/4에 헬륨 1/4로 냉각되었습니다. 초기 우주는 아주 단순해서 매우 간단한 것만 만들어냈습니다. 가장 단순한 두 가지 화학 원소, 즉 수소와 헬륨만을 만들었습니다. 이 둘은 대단히 따분한 원소로서, 그것들로는 할 수 있는 일이 거의 없습니다.

> 만일 탄소 기반 생명체가 생겨날 가능성이 있도록 세계의 물리적 구조가 정교하게 조율되어 있지 않았다면, 우주의 진화는 영원히 요원한 일이 되었을 테고 어떤 흥미로운 것도 생겨나지 못했을 것입니다.

생명체를 구성하는 화학 성분은 30개 정도의 원소인데, 이 원소 가운데 가장 중요한 것이 탄소입니다. 이 점에서 우리 인간은 **탄소 기반 생명체**입니다. 그 이유는 긴 사슬 분자의 기초가 탄소이며 탄소의 화학적 특성이 살아 있는 개체에 필수 불가결하기 때문입니다. 그러

도시의 소크라테스

나 초기 우주에는 탄소가 전혀 없었습니다. 그렇다면 탄소는 어디에서 왔을까요?

우주가 덩어리로 형태를 갖추기 시작하고 중력이 응축 작용을 시작하면서 별과 은하계가 형성되기 시작했습니다. 별들이 생성될 때에 별 내부의 물질이 가열되기 시작하더니 핵반응이 다시 시작되었습니다. 하지만 더는 전 우주적 규모가 아닌, 별 내부의 핵 원자로에서 일어난 핵반응이었습니다. 이 별들의 내부 원자로에서 수소와 헬륨을 제외한 모든 무거운 원소들—모두 90개가 있는데 그중 생명에 필수적인 30개가량—이 만들어진 것입니다.

20세기 후반 천체물리학의 쾌거 가운데 하나가 바로 그 원소들이 어떻게 별 내부의 핵반응으로 만들어졌는지를 계산해낸 것입니다. 이 발견에서 절대적인 선구자 역할을 맡은 인물 가운데 한 사람이 케임브리지 시절 제 선배였던 프레드 호일(Fred Hoyle)입니다. 프레드는 캘리포니아 공과대학교 출신의 윌리 파울러(Willy Fowler)와 함께 이 문제를 연구했습니다. 두 사람은 어떻게 이런 일들이 일어나는지를 숙고했고 처음부터 그 문제에 전적으로 매달렸습니다.

그들이 정말 만들어내고 싶었던 첫 원소는 탄소였으나 생을 마칠 때까지 그 방법을 찾지 못했습니다. 그들은 **알파 입자**로도 불리는 헬륨 원자핵까지밖에 얻지 못했습니다. 탄소를 만들려면 알파 입자 3개를 결합시켜야 합니다. 그러면 헬륨-4가 탄소-12로 바뀌는데, 이는 너무도 어려운 작업입니다. 입자 두 개를 결합시키는 것이 그 유일한 방법입니다. 우선 그렇게 하면 베릴륨이 생성되는데, 이렇게 만들어진 베릴륨이 잠깐 동안 안정 상태로 머물기를 바라야 합니다. 이때 주위를 선회하던 세 번째 알파 입자가 어떻게든 베릴륨에 달라붙게 되면 탄소-12가 생성되는 것입니다. 안타깝게도, 간단한 방법으로는 그렇게 되지 않습니다. 그 자체로 무척 불안정한 베릴륨은 제3의 알파 입자와 결합할 만큼 안정 상태에 머무르려 하지 않기 때문입니다.

그래서 프레드와 윌리는 그 방법을 찾아내지 못했습니다. 그렇지만 **탄소를 생성하려면 반드시 이 작업이 가능해야 한다**고 생각했습니다. 나중에 프레드는 기막힌 생각을 해냈습니다. 만일 탄소에 촉진(전문 용어로 공진) 효과를 낼 수 있다면 불안정한 베릴륨을 가지고도 탄소를 만드는 일이 가능하다는 점을 깨달은 것입니다. 그러면 예상보다 훨씬 빠르게 움직이게 됩니다. 하지만 공진만 얻었다고 되는 게 아니라 정확한 자리에 위치시켜야만 했습니다. 이 과정이 일어나도록 하는데 필요한 것은 정확한 에너지였습니다. 정확하지 않다면 이 과정이 일어나는 속도에 영향을 주지 못할 테니까요.

그래서 프레드는 정확히 이 에너지와 상응하는 공진이 탄소 안에 있어야만 한다고 확신했고 그 에너지가 무엇인지 기록합니다. 다음으로 그는 탄소에 그런 공진이 있는지를 핵 데이터 표에서 찾아봅니다. 물론 핵 데이터 표에는 없습니다. 반드시 있어야 한다고 확신했던 프레드는 캘리포니아 공과대학교에 있는 친구 로렌스 부부에게 전화해서 말합니다. 그들은 훌륭한 실험 물리학자들이죠. "여보게. 자네들은 탄소-12의 공진을 놓쳤네. 어디서 그것을 찾을 수 있는지 말해주지. 이 에너지를 잘 살펴보게. 그러면 찾을 수 있을 거야." 그리고 실제로 그들은 발견했습니다. 획기적인 과학의 성취였습니다. 정말 대단한 일이었으나 요점은 이렇습니다. 핵물리학 법칙이 우리 우주의 법칙과 조금이라도 다르다면 그렇게 절대적으로 고유하고도 필수적인 에너지 상태에서 공진하는 일은 일어나지 않습니다.

도시의 소크라테스

이 사실을 발견한 후 프레드는—그는 항상 무신론 쪽으로 심하게 경도되어 있었는데—흉내 내기 힘든 요크셔 억양으로 이렇게 말했습니다. "우주는 미리 설계되었다." 달리 말하면, 우주가 아무렇게나 우연히 만들어지지 않았다는 말입니다. 배후에 무언가 있는 것이 틀림없습니다. 물론 **하나님**과 같은 단어를 좋아하지 않았던 프레드는 대문자 I를 써서 세계에서 나타나는 현상의 배후에는 어떤 고유한 "지성"(Intelligence)이 있는 것이 분명하다고 말했습니다. 그럼 됐습니다. 우리는 모두 우주 먼지로 지어진 피조물입니다. 우리 몸을 구성하는 원자 하나하나는 한때 별 속에 있었던 것으로, 이 일이 가능했던 이유는 핵물리학 법칙이 이 우주의 법칙과 일치하기 때문입니다.

미세 조율의 예를 하나 더 들겠습니다. 이것은 가장 까다로운 예입니다. 우주에는 우주 공간과 관련된 일종의 에너지가 있다고 볼 수 있는데, 오늘날은 이 에너지를 보통 "암흑 에너지"라 부릅니다. 전에 "우주 상수"라 부르던 것을 "암흑 에너지"라 부르게 된 것은, 최근 천문학자들이 이 암흑 에너지의 존재를 측정했다고 믿기 때문입니다. 사실이 에너지가 우주의 팽창을 추동하는 힘입니다.

우주의 팽창과 관련해서 놀라운 점은 여러분의 짐작에 비해 이 에너지의 크기가 너무도 작다는 것입니다. 이 에너지가 어느 정도 되는지 자세히 다루지는 않겠지만, 얼마나 될지 한번 짐작해보시죠. 진공 효과 때문에 밝혀진 바에 따르면, 암흑 에너지의 관찰 값은 무려 10의 마이너스 120제곱, 그러니까 1뒤에 0을 120개 붙인 숫자 분의 1입니다. 관찰이 정확하다면 말이지요.

수학자가 아니더라도 이 숫자가 얼마나 작은 수인지 아시겠죠. 그런데 만일 우주 상수가 그처럼 작지 않다면, 오늘 이 자리에서 그 값에 경탄하고 있는 우리는 존재하지 못했을 것입니다. 그 값이 조금이라도 컸다면, 우주는 순식간에 폭발하여 어떤 흥미로운 생명체도 존재하지 못했을 것입니다. 산산이 흩어져버려서 어떤 의미 있는 생명체도 생겨날 수 없었을 테니까요.

이처럼 이 세계에는 미세 조율의 증거를 보여주는 경우가 많이 존재합니다. 이 점에 대해서는 모든 과학자가 동의할 것입니다. 다만 "그 사실을 어떻게 이해할 것인가?", "주목할 만한 놀라운 특징을 가진 이 세계를 어떻게 받아들일 것인가?", "우주는 미리 설계되었으며 그 배후에 어떤 '지성'이 있다는 프레드의 말이 옳았던 것인가?" 하는 메타 질문과 관련된 답변에서 의견이 갈릴 뿐입니다.

들어보셨겠지만 이와 같은 우주의 미세 조율에 관해 고려하는 것을 "인류 원리"(anthropic principle)라고 부르는데, 이는 세계가 자의식을 가진 복잡한 존재인 "인류"를 낳도록 조율되었다는 의미입니다. 제 친구 가운데 이 문제를 숙고한 끝에 제가 보기에 인류 원리에 관한 최고의 책인 『우주』(Universes)를 집필한 친구가 있습니다. 그의 이름은 존 레슬리(John Leslie)입니다. 무척 재미있는 친구인데요. 그는 이야기를 들려줌으로써, 그것도 아주 근사한 이야기를 들려줌으로써 철학을 합니다. 비유를 사용하는 철학자라고나 할까요. 저처럼 철학 훈련을 받지 못한 사람에게 아주 적합한 방법입니다. 이야기는 누구나 이해할 수 있으니까요. 다음은 그가 들려주는 이야기입니다.

당신은 처형을 앞두고 있습니다. 집행관들이 당신을 나무 기둥에 묶은 다음에 당신의 눈을 가렸고, 이제 10명의 숙련된 사수들이 당신의 심장을 조준하고 있습니다. 장교가 발사 명령을 내리자 총성이 울립니다. 그리고 당신은 자신이 죽지 않고 살아 있음을 알게 됩니다. 그

　　　　　　　　　　　　　　　도시의 소크라테스

렇다면 당신은 어떻게 하겠습니까? "하마터면 맞을 뻔했네!"라고 말하며 가버릴까요? 그러지 않을 겁니다. 그처럼 특별한 사건에는 설명이 따라야 합니다. 레슬리는 이 운 좋은 사건에는 두 가지 합리적인 설명만이 가능하다고 말합니다.

하나는 이렇습니다. 아마도 오늘 수많은 사형 집행이 있었을 것입니다. 최고의 사수들조차도 실수할 때가 있기 마련인데, 마침 당신 차례에 10명의 사수가 모두 실수한 것입니다. 이런 설명이 가능하려면 하루 동안 엄청나게 많은 사형이 집행되어야만 합니다. 충분히 많은 횟수라면 합리적 가능성이 있는 이야기입니다. 물론 다른 설명도 가능합니다. 오늘 단 한 건, 즉 당신의 사형 집행만 있으나 당신이 알고 있는 것 이상의 일이 그 가운데 벌어졌습니다. 사수들이 모두 당신 편이었고, 그래서 일부러 잘못 쏜 것입니다.

이 매력적인 이야기가 우리가 살고 있는 우주의 특별한 성격, 인류에 맞게 미세 조율된 우주라는 개념과 어떻게 연결되는지 이제 아시겠죠. 무엇보다 우리는 이 우주에 대한 합당한 설명을 찾아야 합니다. 만일 이 우주가 탄소 기반 생명체에 맞게 미세 조율되지 않았다면, 탄소 기반 생명체인 우리가 이곳에 모여 이 점을 생각해보는 일은 없었을 것입니다. 그러나 우리가 존재하기 위한 미세 조율이 아주 세밀하고 드물어서 "우리가 여기 있기에 여기 있는 것일 뿐이지 그 이상 논할 필요는 없다"라고 말하는 것은 사형을 면한 친구가 "하마터면 맞을 뻔했네!"라고 말하는 것보다 분별 있는 발언이 못 됩니다. 그러니 설명을 찾아봐야 합니다.

기본적으로 두 가지 설명이 가능합니다. 하나는 서로 다른 우주가 셀 수 없이 아주 많이 있다는 가정입니다. 그 우주들이 모두 다른 자연

법칙, 모두 다른 힘, 모두 다른 장력을 갖고 있다고 보는 견해입니다. 그처럼 수많은 우주가 있다면―이 경우 아주 많은, 셀 수 없을 만큼 수많은 우주가 있어야 하는데―그럴 경우 우연히 그중 한 우주는 탄소 기반 생명체에 적합한 우주일 수 있습니다. 우주 복권에 당첨되는 것과 같다고 할 수 있을 텐데, 마침 그 우주가 우리가 사는 이 우주여야 하는 이유는, 바로 우리가 탄소 기반 생명체이기 때문입니다. 이것이 다중 우주론의 설명입니다.

물론 다른 가능성도 있습니다. 현재 모습의 우주는 단 하나만 존재하며, 이 우주는 오래된 세계일 뿐 아니라 창조자가 정교하게 미세 조율한 법칙과 환경을 부여해 창조한 세계로서, 그런 연유로 풍성한 역사를 가지게 되었다는 견해입니다.

그러므로 다중 우주 **아니면** 설계입니다. 어느 쪽을 택해야 할까요? 레슬리는 어느 쪽을 택해야 하는지 알 수 없다고 말합니다. 오십보백보라는 얘기죠. 이제까지 제가 말씀드린 내용, 즉 인류에게 맞게 미세 조율된 우주와 연관해 생각해볼 때 저는 레슬리가 옳다고 봅니다. 양쪽의 주장 모두 **형이상학적**이라 할 수 있습니다. 때로 사람들은 다중우주론에 과학이라는 갖가지 옷을 입히려 하지만, 다중우주론은 본질적으로 형이상학적 추론입니다. 우리는 다중우주론에 대한 직접적인 경험이 없습니다. 그것은 창조주 하나님의 존재만큼이나 형이상학적인 추론입니다. 그렇다면 우리는 무엇을 택해야 할까요?

우리가 생각할 수 있는 설명이 이것이 전부라면, 우리는 똑같은 타당성을 가지고 둘 중 하나를 택하면 됩니다. 하지만 논의를 확장해보면, 우주가 수없이 많이 있으리라는 가정은 설명 방식의 일부에 불과함을 알게 됩니다. 다중우주론이 설명하는 단 한 가지는 우리가 관찰

도시의 소크라테스

하고 경험하는 이 우주의 독특함이 그다지 중요하지 않다는 점뿐입니다. 그래서 다중우주론은 기껏해야 유신론의 위협을 분산하는 수준에 머무르지만, 제가 보기에 유신론적 설명은 훨씬 더 다양한 결과를 성취합니다.

앞에서 저는 유신론적 세계관이 과학이 경험하고 이용하는 세계에 대한 심층적 이해를 설명해준다고 말씀드렸습니다. 또한 저는 인간이 신성이라는 실재를 만남으로써 입증된 종교적 경험의 영역이 있다고 생각하며, 이 역시 하나님의 존재를 믿는 믿음으로 설명할 수 있다고 봅니다. 따라서 제 관점에서 볼 때 유신론을 지지하는 사례는 점증하고 있으며 인류 원리는 그 사례 가운데 단지 한 부분만을 차지할 뿐입니다. 여러분이 저에 대해서 알고 있다면 크게 놀라지 않겠지만, 저는 후자의 설명을 지지합니다.

자, 이것이 과학과 종교가 맺고 있는 관계의 한 측면입니다. 과학은 이해 가능한 세계와 풍성한 우주를 제시하며 우리의 시선을 끌지만, 그 자신이 설명을 제시하지는 못합니다. 제가 보기에 종교는 더 광대하고 깊이 있는 이해를 과학에 제공함으로써 과학이 이룬 놀라운 성과를 더 깊은 이해의 틀 안에 자리매김하게 해줍니다.

과학도 종교에 선사하는 선물이 있습니다. 과학이 종교에 선사하는 선물은, 역사와 세계의 본질이 무엇인지를 말해줌으로써 신앙인들이 이 세계를 진지하게 대하도록 해주는 것입니다. 진리의 하나님을 섬기고자 하는 이들은 어떠한 진리든 환영할 것입니다. 물론 모든 진리가 과학에서 오는 것은 결코 아닙니다. 그러나 과학에도 참 진리가 있으며 우리는 그것을 수용해야 합니다. 제가 볼 때 과학의 진리는 종교의 가장 어려운 문제를 해결하는 데 도움이 될 수 있습니다.

종교의 가장 어려운 문제는 무엇입니까? 사람들이 신앙을 갖는 데 가장 방해가 되는 것은 무엇입니까? 우리 가운데 다른 이들보다 탁월한 신앙인으로 생각되는 사람들에게 걸림돌이 되는 것은 무엇입니까? 확신하건대 세계에 내재하는 고통의 문제, 즉 선하고 완전하고 강하신 하나님이 지으셨다고 하는 이 세상에 질병과 재앙이 만연해 보인다는 데 모두 동의하시리라 생각합니다. 더는 설명이 필요 없겠지요?

흥미롭게도 과학이 선사하는 이해, 즉 세계는 진화하며 진화론적 사고는 지구 생명체의 진화뿐 아니라 우주 역사에 관한 모든 과학적 사고의 기초가 된다는 깨달음은 물론 이야기의 일부입니다. 우주 자체의 진화, 즉 은하계와 별들이 생성되고 발전하는 전 과정이 진화의 과정인 것입니다.

재미있는 사실은 1859년에 다윈(Darwin)이 『종의 기원』(On the Origin of Species)이라는 위대한 책을 펴내자마자 과학과 종교의 충돌이 일어나서 과학자들은 죄다 "옳소, 옳소, 옳소!"를 외치고 성직자를 위시한 모든 종교인은 "안 돼, 안 돼, 안 돼!"를 연호하며 정면으로 충돌했다고 주장하는, 대중적이지만 역사적으로는 전적으로 무지한 견해가 세간에 떠돈다는 점입니다. 역사적으로 터무니없는 거짓말이지요!

그 문제를 두고 양 진영 모두에 상당한 논쟁과 혼란이 있었습니다. 상당수 과학자가 다윈의 견해를 어떻게 다뤄야 할지 몰라 난감해했습니다. 멘델의 유전 법칙이 재발견되고 신다윈주의적 종합이 이뤄진 뒤에야 사람들은 진화와 관련된 더욱 확실한 토대를 인식하기 시작했습니다.

마찬가지로 진화론적 사고를 하나님이 창조하신 세계를 이해하는 통찰로 처음부터 받아들인 신앙인들도 있었습니다. 그 가운데 영국 국교회의 성직자 2명을 언급할 수 있어 기쁩니다. 찰스 킹슬리(Charles Kingsley)와 프레더릭 템플(Frederick Temple)이 그들이죠. 두 사람 모두 진화하는 우주에 대한 신학적 사고를 완벽하게 압축한 경구를 만들어냈습니다. "하나님은 분명 손가락을 퉁겨서 이미 완성된 세계를 뚝딱 만들어내실 수 있었으나 그보다 더 지혜로운 방법을 택하셨다. 진화하는 세계를 존재하게 함으로써 피조물이 스스로 자신의 모습을 찾아가는 창조 세계를 지으신 것이다."

> 사랑의 하나님이 꼭두각시 조종하듯이 우주를 조종하시지는 않으실 테니 말이죠.

달리 말하면, 신학적 관점에서 볼 때 진화의 과정은 피조물이 창조주가 창조 세계에 부여한 가능태(potentiality)를 충분히 실현하는 방법입니다. 자신의 모습을 찾아가는 바로 그 은사야말로 사랑의 하나님께서 자신의 창조 세계에 주셨으리라 기대할 만한 것 아닐까요. 사랑의 하나님이 마치 꼭두각시 조종하듯이 우주를 조종하시지는 않으실 테니 말이죠.

그래서 저는 자신을 만들어가는 창조 세계, 진화하는 세계가 완성품으로 주어진 세계보다 훨씬 위대한 선(善)이라고 생각합니다. 하지만 이는 비용이 따르는 선입니다. 왜냐하면 가능태가 겪는 복잡한 여정에는 필연적으로 위태로운 절벽과 막다른 골목이 있기 때문입니다. 예를 들어 이 지구 생명체의 진화를 추동하는 엔진은 생식 세포의 유전자 변이인데, 이 유전자 변이는 새로운 형태의 생명체를 탄생시켰지요. 하지만 생식 세포에 변이를 일으켜서 새로운 생명체가 탄생하게 하는 똑같은 생화학 과정이 필연적으로 악성 체세포 변이를 일으키기도 합니다. 좋은 쪽만 취할 수는 없다는 뜻입니다.

따라서 암은 이 세계의 비통함이자 슬픔과 분노의 한 원천임이 틀림없지만, 적어도 불필요한 것은 아닙니다. 암은 우리를 조금 더 불쌍히 여기시고 조금 더 능력이 있으셨던 어떤 하나님이 계셔서 그분이 쉽게 없애버리셨을 무언가도 아닙니다. 암은 이 세계의 창조성에 드리워진 그림자입니다. 자신을 만들어가는 창조 세계가 존재하기 위해 발생하는 불가피한 비용인 것입니다. 물론 필요한 비용인지 불필요한 지출인지 따질 수는 있습니다. 지금까지 잠시 제가 제시한 설명이 모든 악과 고통의 문제에 대한 해답이 된다고는 전혀 생각하지 않지만, 적어도 도움은 되었으리라 봅니다. 제가 제시한 설명은 그런 문제들이 불필요한 것만은 아니라는 점을 보여주지요.

우리는 만일 창조가 우리의 책임이었다면 훨씬 더 잘했을 것으로 생각하는 경향이 있습니다. 우리가 창조를 주관했다면 멋진 것(석양, 꽃 등)은 보존하고 나쁜 것(질병, 재앙 등)은 내다 버렸을 테지요. 하지만 과학의 눈으로 우주의 과정을 이해하면 할수록 만물이 서로 불가분의 관계를 맺고 있을 뿐 아니라 어떤 일에는 빛과 어둠이 함께 있음을 알게 됩니다. 이것은 어떤 일을 이해하는 데 작은 희망, 작은 도움이 됩니다.

제 이야기는 여기서 마치고, 이제부터 나눌 대화는 오늘 밤 가장 흥미로운 시간이 될 것입니다. 오늘 밤 제가 드린 말씀이 설득력이 있었다면 여러분의 마음에 위대한 수학자이신 하나님, 우주 건축가이신 하나님의 모습이 떠올랐을 것입니다. 하지만 이는 제한적인 형태의 탐구일 뿐입니다. 하나님의 본질에 대해 우리가 질문하고 배워야 할 것은 훨씬 더 많으며, 이는 인간이 겪는 다른 형태의 경험에서 발견해야

도시의 소크라테스

할 것입니다. 하나님을 믿는 신앙에서 매우 중요한 부분은 이 세계를 창조한 분이 계시다는 사실뿐 아니라 그분이 경배받기 합당하시다는 점입니다. 제가 이 주제에 접근하는 방식과 관련하여 간략한 밑그림 정도만 제시해보겠습니다.

저는 이 세계에 과학이 직접적인 고려 대상으로 삼지 않는 가치가 있다는 사실에 깊이 감동합니다. 우리가 속해 있는 물질세계에는 가치와 아름다움이 속속들이 배어 있습니다. 예를 들어 음악은 아주 흥미롭습니다. 여러분이 과학자에게 다가가 음악에 대해 말해달라고 해보십시오. 과학자들은 "대기 중 진동이 귀청을 두드려 일으키는 충격에 신경 세포가 반응하는 것"이라고 답할 것입니다. 물론 틀린 말은 아니죠. 그 나름대로 알아둘 만한 사실입니다. 하지만 그런 지식은 여러분이 알고자 하는 음악의 깊은 신비에 대해 아무것도 말해주지 않습니다. 과학은 무척 성긴 그물로 우리의 경험을 그물질하는데, 대기 중 소리의 진동이 우리에게 말을 한다는 사실은—저는 그것이 우리에게 영원한 아름다움에 대해 말해준다고 믿는데—이 세계를 나타내는 무척 놀라운 부분입니다.

비슷하게 저는 우리가 지금 가지고 있는 것보다 더 확실한 도덕 지식이 있다고 생각합니다. 저는 아이를 괴롭히는 것은 나쁜 일이라는 우리의 확신이 호기심 많고 꾸며진 유전자의 전략이라거나 우리 사회의 관습일 뿐이라는 생각에 잠시도 동의하지 않습니다. 우리 인류는 그저 우연히 아이들을 학대하지 않기로 결정하지 않았습니다. 아동 학대가 나쁘다는 것은 이 세계의 사실입니다. 우리에게는 도덕 법칙이 있습니다. 이러한 가치 체계는 어디서 오는 것일까요? 저는 그것이 말 그대로 하나님에게서 온다고 생각합니다. 이 세계가 보여주는 놀라운 질서와 풍성한 우주의 역사가 창조주의 마음과 뜻을 반영한다고 보는 것과 마찬가지로, 저는 우리의 윤리 감각뿐 아니라 하나님의 선하심과 완전한 의지를 닮으려는 우리의 노력과 미적 경험 모두가 창조 활동을 수행하시는 창조주의 기쁨에 참여하는 행동이라고 생각합니다.

제가 보기에 신이 존재한다는 믿음은 깊은 만족감과 지적 일관성을 부여하는 방식으로 이 모든 것과 강력하게 엮여 있지만, 그런데도 여전히 해결되지 않는 수많은 다른 질문이 있을 것입니다. 경배받기 합당하신 하나님이 계신다 하더라도 그 하나님이 여러분과 제게 관심을 두고 계실까요? 이것은 개인적 결단과 모호함을 감내하고 개인적 경험을 반추하지 않고서는 대답할 수 없는 종류의 질문입니다. 저에게 이것은 그리스도를 실제로 인격적으로 만난 사건을 살펴보는 것을 의미합니다. 이는 따로 논의해야 할 이야기일 것입니다.

> 과학의 시선으로 세계를 바라보고, 기독교의 눈으로 세계를 바라보기 원합니다. 하나의 시선으로 볼 때보다 두 개의 시선으로 볼 때 훨씬 잘 보고 이해할 수 있다고 생각하기 때문입니다.

여기 제가 있습니다. 물리학자이자 사제로서 여러분 앞에 서 있습니다. 저는 이 두 가지 신분에 모두 감사하며 두 시선을 가진 사람이고 싶습니다. 과학의 시선으로 세계를 바라보고, 기독교의 눈으로 세계를 바라보기 원합니다. 하나의 시선으로 볼 때보다 두 개의 시선으로 볼 때 훨씬 잘 보고 이해할 수 있다고 생각하기 때문입니다.

하지만 이러한 문제들에 대해 여러분의 생각이 어떤지 알고 싶습니다. 이제 여러분의 차례인 것 같아요. 마이크를 넘겨드리겠습니다.

질문과 답변 수고하셨습니다, 폴킹혼 박사님. 개인적으로 질문하고 싶은 분들이 계신 듯하네요. 질문이나 발언할 게 있으신 분은 질문 형식으로 간략하게 해주시면 좋겠습니다.

질문 : 강연을 시작하시면서 박사님은 과학과 종교의 공통분모는 진리 추구라고 하셨습니다. 그런데 학교에 다닐 때 우리는 과학의 기초가 진리를 추구하는 것이라기보다 증거를 추구하는 것이라 배웠습니다. 그래서 하나님이 존재한다는 사실을 어떻게 증명할 것인가 하는 문제를 강연 중 다루실 줄 알았는데 없어서 아쉬웠습니다. 아시겠지만, 이게 가장 핵심 질문 아닐까요?

답변 : 무척 흥미로운 지적을 해주셨습니다. 우리는 모든 형태의 합리적 질문이 반박할 수 없는 증거와 논거를 갖춘 확정적인 것이라기보다는 다소 파악하기 어려운 미묘한 면이 있다고 배우지 않았습니까? 쿠르트 괴델(Kurt Gödel)이 가르쳐주었듯이, 수학에서 산술(arithmetic)을 포함하는 모든 복잡계는 증명할 수도 없고 반박할 수도 없는 문장을 반드시 포함합니다. 이처럼 수학도 개방되어 있습니다. 사실 수리 체계에 아무런 모순이 없음을 받아들이기 위해서는 어느 정도 믿음이 필요합니다. 그것을 입증하기란 불가능합니다.

산술의 일관성을 걱정하느라 밤을 지새우는 사람이 많진 않겠지만 그게 사실입니다. 따라서 데카르트(Descartes)의 제안에 따른 계몽주의 프로그램이 제안하는, 명백하고 반박할 수 없는 합리적 근거라는 것이 멋지고 장엄할지는 모르겠으나, 그것은 실패였습니다. 그런 증거는 인간의 삶에 없습니다. 비록 과학이 설득력 있는 이론을 생산해내고 있지만 충분한 증거를 생산하지는 못합니다.

제가 볼 때 가장 위대한 과학철학자는 마이클 폴라니(Michael Polanyi)입니다. 그는 철학자가 되기 전에 뛰어난 물리화학자였는데 참으로 과학을 잘 알았던 인물입니다. 『개인적 지식』(Personal Knowledge)이란 제목의 유명한 저서에서 그는 이렇게 말합니다. "내가 이 책을 쓰는 것은"—이 책이 과학에 관한 책이라는 점을 염두에 두세요—"내가 사실이라고 믿는 것이 거짓일 수 있음을 알면서도 내가 거기에 얼마나 헌신할 수 있는지를 보여주기 위함이다." 저는 이것이야말로 인간이 처한 상황이라고 생각합니다.

저는 우리가 동기 부여된 믿음(motivated belief)을 추구한다고 보는데, 제가 과학과 신앙에서 찾고 있는 것도 같은 것입니다. 저는 과학의 성공과 종교의 감화력이야말로 동기 부여된 믿음이 충분히 진리에 가까우며 헌신할 만하다는 사실을 고무한다고 믿습니다. 하지만 우리의 생각과 달리 증거는 그런 범주에 속하지 않습니다.

질문 : 저는 캘리포니아 공과대학교에서 스티븐 호킹(Stephen

　　　　　　　　　　　　　　　도시의 소크라테스

Hawking) 박사를 뵐 기회가 있었는데 그때 생물계에 존재하는 코드화된 정보에 관해 질문했습니다(대답을 듣지는 못했습니다). 호킹 박사는 하나님을 믿었을까요? 케임브리지에서 공부하셨으니 신앙에 대한 호킹 박사의 생각이 어떠한지 선생님의 생각이 궁금합니다.

답변 : 스티븐과 저는 같은 과에서 여러 해 동안 동료로 지냈습니다. 그와는 대화를 나누기가 쉽지 않았습니다. 스티븐은 말하는 것 자체를 무척 힘들어했기 때문입니다. 그는 대답할 때 주로 "예" 혹은 "아니오"로 말했죠. 그를 제외한 나머지는 "우린 이렇게 생각해. 어쩌면 이럴지도 모르지" 하고 말할 때 그는 장애 때문에 그렇게 말할 수 없었습니다. 물론 그가 자신의 장애를 훌륭하게 극복해왔지만요.

스티븐의 저서 『시간의 역사』(A Brief History of Time)에 왜 갑자기 하나님 이야기가 계속 튀어나오는가 하는 것은 무척 흥미로운 질문입니다. 색인에는 하나님이 없지만, 본문에는 하나님이 있습니다. 양자 우주론을 다룬 책인데, 그런 책에서 처음부터 마지막까지 하나님을 중요하게 다룰 필요는 없겠죠. 제가 스티븐의 생각이 어떻다고 말하지는 않겠습니다.

많은 사람, 특히 과학계에 몸담은 제 친구 중 많은 이가 종교에 대해 동경하는 동시에 경계합니다. 동경하는 이유는 과학이 모든 것을 말해주지 않음을 그들 자신이 알고 있기 때문입니다. 그들은 어떤 비법, 즉 더 넓고 더 깊은 과학 이야기를 할 수 있기를 바라지만 종교는 경계합니다. 믿음에 기반을 두는 종교가 그들의 눈을 가려서, 의심을 허락지 않는 권위의 명령에 따라 "아침을 먹기도 전에 여섯 가지나 되는 불가능한 일"(루이스 캐럴의 『이상한 나라의 앨리스』에 나오는 문구임—역주)을 이를 악물고 믿게 될까 염려하기 때문입니다. 그들은 그렇게 되고 싶지 않을 겁니다. 저 또한 그러고 싶지 않습니다. 아마 여러분도 마찬가지겠죠.

제 친구들과 여러분에게 말씀드리고 싶은 이야기는 제 신앙에는 동기가 있다는 점입니다. 물론 그 동기는 니케아 신조처럼 명백해서 "더는 제게 묻지 마세요"라고 말할 성격의 것은 아닙니다. 하지만 제게는 과학에 대한 제 믿음을 지지해주는 동기가 있듯이 기독교에 대한 제 **믿음**을 지지해주는 동기 역시 존재합니다. 물론 양쪽의 동기는 조금 다른데, 각자가 추구하는 진리의 차원이 드러내는 형태가 다르기 때문입니다. 하지만 동기가 있다는 점에서 공통점이 있습니다. 진리를 추구한다고 할 때 제 말의 의미는 이런 것입니다.

에릭 : 이쪽에 계신 분들은 소리가 잘 들리나요?

폴킹혼 : 미안합니다. 제가 어떻게 해야 하죠?

에릭 : 음향 담당자를 혼내셔야겠어요.

폴킹혼 : 그러면 분은 풀리겠지만 소용이 없잖아요. 제가 마이크에 좀 더 가까이 서겠습니다. 불편을 끼쳐서 죄송합니다. 강연 후 누군가 다가와서 "한 마디도 못 들었습니다" 하는 말을 듣는 것보다 화나는 일도 없죠. 제 말이 들리지 않는다면 손을 들어주세요.

도시의 소크라테스

질문 : 정교하게 조율된 우주에 대해서는 말씀하셨지만, 각각 다른 법칙에 따라 움직이는 여러 다른 우주에 대한 이야기는 빠뜨리신 것 같습니다. 몇 가지 연구 논문과 「뉴욕 타임스」에 실린 기사를 읽어본 적도 있고 친구들이 들려준 이야기도 있는데요, 또 다른 차원 즉 4, 5, 6, 7차원 등 아주 흥미로운 차원이 존재할 가능성을 말하더군요. 저는 이런 다차원 우주가 실재한다는 개념과 선생님이 말씀하신 단일 우주 혹은 다중 우주의 존재가 어떻게 일치할 수 있을지 궁금합니다.

답변 : 현대 물리학의 여러 이론들은 상당히 사변적입니다. 끈 이론을 봅시다. 저는 며칠 전 TV에서 16차원 공간에서 세계는 어떤 모습일지를 나타내려는 무척 흥미로운 시도를 보여주는 프로그램을 보았습니다. 우리의 직접적인 경험과 관찰을 통해 알고 있는 것을 토대로 16차원을 그려보려는 시도였습니다. 하지만 역사를 돌이켜보면 아무리 똑똑한 사람이라도 그렇게 할 수 없음을 알 수 있습니다. 그래서 저도 주의하려 합니다.

설령 성공한다 하더라도, 끈 이론은 모든 것을 종합하는 특정한 방식에 기반을 둔 이론입니다. 양자 역학, 일반 상대성 이론, 중력 이론 등은 어디서 온 것일까요? 이 이론들은 생산적인 세계를 설명하는 데 없어서는 안 됩니다. 뿐만 아니라 우주 구조를 생성하는 데 필요한 모든 것을 만들기 위해서는 중력이 필요합니다. 그 세계가 질서 정연하고 개방되어 있으므로 양자 역학이 필요합니다. 양자 역학은 몇 가지를 바로잡을 수는 있지만, 모든 것을 바로잡지는 못합니다. 발전하는 복잡계에는 반드시 어떤 유연성이 필요합니다.

우주에는 "그저 우연일 뿐"이라는 말로는 설명되지 않는, 아직 설명이 필요한 특징들이 있습니다. 그래서 생각의 여지가 있다고 봅니다. 좀 더 세심한 논의를 할 수도 있었겠지만, 시간이 부족했네요.

질문 : 인류 원리와 유신론적 진화론을 설명하면서, 교수님은 우리가 그런 창조에 관여할 수 있게 하실 정도로 정교하신 하나님을 함께 소개하셨습니다. 현 상태의 유전자 연구 및 유전자 조작 기술을 볼 때 그런 창조에서 우리가 개입할 수 있는 한계가 있다면 어디까지라고 보십니까?

답변 : 무척 중요하고 긴급한 질문입니다. 지금은 완전히 손을 뗐지만, 저는 10여 년간 유전학의 발전과 관련된 영국 정부 산하의 여러 자문 위원회에서 일한 적이 있습니다. 과학은 우리에게 지식을 주며, 지식은 항상 좋다고 생각합니다. 결정을 내릴 때 지식이 무지보다 낫습니다. 하지만 기술은 지식을 점유하고 권력화합니다. 할 수 있다고 해서 모두 해도 되는 것은 아닙니다. 따라서 지식과 권력만으로는 부족하고, 거기에 지혜를 더해야 합니다. 좋은 것을 취하고 나쁜 것을 버릴 수 있는 능력 말입니다. 양자를 구분하기란 분명 만만찮습니다.

> 기술은 지식을 점유하고 권력화합니다. 할 수 있다고 해서 모두 해도 되는 것은 아닙니다. 따라서 지식과 권력만으로는 부족하고, 거기에 지혜를 더해야 합니다. 좋은 것을 취하고 나쁜 것을 버릴 수 있는 능력 말입니다.

도시의 소크라테스

우선, 개별적으로 살필 필요가 있습니다. "십중팔구면 됐다"라고 안심하면서 간단히 접어두면 안 됩니다. 이 문제는 하나하나 개별적으로 살펴봐야 하며 판단의 주도권을 전문가들에게 넘겨서는 안 됩니다. 왜냐하면 연구는 무척 신나는 활동이기 때문에 "이것도 해내고, 저것도 해냈다. 자, 이제 다음 것을 하자"라는 기술의 명령에 휘둘릴 수 있기 때문입니다. 그 다음 것은 해서는 안 되는 일일 수도 있습니다. 그래서 전문가들에게만 맡겨두면 안 되고, 이 지점에서 사회의 역할이 필요한 것입니다.

물론 전문가들 없이 살 수는 없습니다. 그들은 문제에 대해 말해줄 수 있는 사람들이기 때문입니다. 그러므로 토론이 필요합니다. 몹시 슬픈 것은, 여러분의 나라도 그럴지 모르겠습니다만, 제 나라에서는 한 가지 사안을 두고 압력 단체 사이에 도덕 논쟁이 벌어지면, 대부분 한쪽은 "X는 아주 멋지다"고 외치는 반면, 반대편은 "X는 끔찍하다"고 주장하는 식으로 진행됩니다. 그 X가 무엇이든 상관없이 말이죠. 어느 한쪽에 정답이 없을 가능성이 매우 높습니다. X는 어떤 일에는 좋을 수 있으나 다른 일에는 나쁠 수 있습니다. 그러므로 좀 더 사려 깊고 차분하고 세심한 윤리적 토론이 필요합니다.

질문 : 연구의 예술적인 면에 초점을 맞춰 질문 드리겠습니다. 저는 극작가이자 디자이너로 일하고 있습니다. 다른 무엇보다 생각나는 한 가지는, 저 자신과 제 고객들과 관련된 진리 추구의 문제입니다. 저는 그리스도인이며 예민한 편입니다. 선생님이 쓰신 한 책에서 선생님은 예술이 신학과 물리학 혹은 신학과 과

학 사이에 있다고 말씀하신 것으로 기억합니다. 또한 그 책에서 선생님은 지구를 이 모든 것이 공연을 펼치는 무대로 설명했습니다. 그 부분에 대해 좀 더 상세히 설명해주시겠습니까?

답변 : 큰 주제인데 제가 아주 짧게 언급하고 지나갔지요. 마지막에 저는 예배받기 합당하신 하나님과 가치의 역할에 대해 이야기했습니다. 저 자신에게 그리고 다른 사람들에게 항상 권하는 한 가지는, 우리가 살고 있는 이 세계, 우리가 살고 있는 다중현실을 풍성하고 넉넉한 시선으로 바라보라는 것입니다. 예를 들어 비인격성보다 인격이 중요하고—실은 훨씬 더 중요하며—반복성만큼이나 유일함과 일회성이 중요하다는 믿음이 그렇습니다. 하지만 과학의 주 관심사는 비인격성과 반복성입니다.

제가 친구들과 이야기할 때 과학에서 하나님으로 단번에 주제를 옮겨가기란 어렵습니다. 엄청난 비약이 필요하죠. 그래서 저는 친구들에게 음악에 대한 생각을 묻습니다. 오늘 밤 잠시 언급했던 것처럼 말이죠. 제 생각에 음악에 대한 질문은 좀 더 일반적인 형이상학적 질문을 진지하게 받아들이도록 해주는 것 같습니다. 이 점이 매우 중요합니다.

만일 과학만이 우리가 알아야 할 모든 것을 말해준다면, 우리가 그려내는 세상은 차갑고 비인격적인 곳일 겁니다. 그런 세계에 우리가 있을 자리는 없겠죠. 그런 점에서 저는 인간의 본성을 묵상할 때 예술의 의미가 아주 크다고 봅니다. 예를 들어 인간이 된다는 것은 무슨 의미일까요? 인간 본성을 들여다볼 수 있는 주요한 창이 하나 있는데, 그것은 문학입니다. 위대한 문학은 언제나 개인과 개별 인격에 관심을 기울입니다. 위대한 문학의 주제는 모든 남자나 여자가 아니라, 햄릿이나 리어 왕 같은 그 누군가입니다.

질문 : 먼저 한 가지 짚고 가겠습니다. 제가 지켜본 바로는 종교와 과학의 관계에서 종교는 곧잘 과학의 방해자 역할을 해왔습니다. 예를 들어 창조론 **대** 진화 논쟁에서 창조론자들이 **환원 불가능한 복잡성**이라 부르는 것에 관한 문제가 있었습니다. 이 문제에 대한 답은 하나님, 즉 틈새의 신입니다. 저는 환원 불가능한 복잡성 문제가 언급되는 수많은 지점에 생화학적 과정이 있다고 생각합니다.

두 가지 질문을 드리겠습니다. 기본적으로 저는 선생님께서 지적 설계자를 긍정하는 두 가지 주장을 펴셨다고 봅니다. 하나는 우리 안의 이성과 우리 밖의 이성이 일치한다는 점인데, 선생님은 이것이 과학의 영역을 넘어서는 형이상학적 질문이라 하셨습니다. 이 질문을 과학의 질문으로 간주할 수는 없는지 궁금합니다. 어째서 인간은 깊고 추상적인 수학적 진리를 추론할 수 있는 것일까요?

추측해보자면, 어떤 사람이 낭떠러지 두 곳을 보고는 어느쪽에서든 낭떠러지에서 떨어지면 죽는다는 결론을 추론해내는 일반화와 귀납화 같은 인지 작용을 생각해보면, 이 인지 작용과 수학 문제 앞에서 깊고 추상적인 생각을 가능하게 하는 인지 작용은 같은 것이라고 봅니다.

두 번째 질문은 인류 원리에 관한 논의입니다. 선생님께서는 인류 원리 배후에 아직 증명되지 않은 두 가지 전제가 있다는 점에 동의하시는지 궁금합니다. 첫 번째는 우주에 또 다른 우주 상수나 또 다른 자연법칙이 존재할 수 있다는 전제입니다. 제 생각에 이것은 입증이 안 된 가정인 듯합니다. 두 번째 전제는 10명의 사수가 한 사람을 조준하는 경우와 비슷한데, 우주 상수를 그렇게 비유하는 것은 개연성이 지극히 낮아 보입니다. 다시 말하지만, 아직 입증되지 않은 가정일 뿐이라고 봅니다. 이런 주장에 선생님께서 동의하시는지 궁금합니다.

답변 : 첫 번째 질문은 수학에서 불합리할 정도로 효과를 보는 일상적인 추론과 관련이 있습니다. 강연 중간에 이 문제를 다루려고 했는데, 제 대답은 "아니, 그럴 수 없다"입니다. 양자 세계는 어떤 사고 패턴을 요구합니다. 실은 일상 세계에서 작동하는 아리스토텔레스식 논리와는 다른 논리를 요구합니다. 따라서 일상의 경험을 어떻게 일반화하든, 그렇게는 절대로 양자 세계를 이해할 수 없습니다. 제 답변은 "아니요"입니다.

두 번째 질문에 답변 드리겠습니다. 인류 원리를 일관되게 적용하면 자연에 존재하는 참인 상수들을 완벽하게 확정할 수 있다고 주장하는 사람들이 있기는 합니다. 저는 인류 원리가 양자 이론과 중력 이론을 전제하고 있다 하더라도 아주 조금밖에 신뢰할 수 없다고 생각합니다. 그렇다 하더라도 명료해지는 것은 인류 원리 그 자체뿐이기 때문입니다. 설령 확정할 수 있다고 가정하더라도, 저는 양자 이론과 중력 이론을 성공적으로 조합해내는 데 따르는 척도 모수(scale parameter, 통계학에서 확률분포가 퍼진 정도를 결정하는 수. 숫자가 클수록 데이터가 분산되며 작을수록 편차가 적다. 두 이론을 아무리 성공적으로 조합해도 둘 사이 편차가 존재한다는 의미다—편집자 주)가 없으리라고 보지 않습니다. 다음으로, 유일하게 논리적으로 일관된 원리가 발생했고 그것이 우리처럼 복잡한 존재가 생겨나게 한 원리였다고 가정해봅시다. 그렇다면 이 원리야말로 인류에게 주어진 가장 놀라운 우연이라고 할 수 있을 것입니다.

질문: 선생님은 설계로 창조된 우주 모델에서 돌연변이가 유익한 동시에 유해하다고 하셨습니다. 평신도로서 저는 유전적 결함에 관한 뉴스를 끊임없이 접했습니다. 그것들은 분명 유해한 돌연변이를 가리키죠. 우리가 수십억 년 전부터 생각해온 유해한 돌연변이와 반대되는 유익한 돌연변이에 대한 실제 증거가 있는지요? 실험실이나 일상생활에서 관찰할 수 있고 경험할 수 있는 증거 말입니다.

답변: 박테리아 같은 것을 들 수 있습니다. 박테리아는 증식 속도가 무척 빠른데, 급속한 증식 속도는 박테리아 자신에게는 유익하지만 우리에게는 유익하지 않습니다. 박테리아는 변이를 통해서 항생 물질을 견디는 변종을 만들어내는데, 이내 그 변종이 당연히 우세해집니다. 따라서 박테리아 수준에서 분명 그 증거를 볼 수 있고, 아마 그보다 조금 더 높은 수준에서도 볼 수 있을 것입니다. 증거는 있으며, 흔히 일어나는 일입니다.

질문: 만일 자연법칙이 법칙을 제정한 이의 지성을 반영하고 자연법칙에서 암은 진화에 따르는 필수 불가결한 요소라 한다면,

그러한 법을 만든 하나님에게 과실이 있다고 생각하면서 하나님을 거부하는 회의론자에게 뭐라고 말해주시겠습니까?

답변 : 무척 타당한 지적입니다. 그래서 제 의견이 모든 난점을 해결한다고는 전혀 생각하지 않는다고 말씀드렸던 것입니다. 우리가 사는 세계는 몹시 풍성하고 아름다운 세계지만 동시에 엄청나게 오싹하고 두려우며 파괴적인 세계이기도 합니다. 모호하기 이를 데 없는 현실인데, 굳이 말하자면 좋은 일이 일어나기 위해 그 대가처럼 불가피하게 나쁜 일이 벌어지는 세상입니다. 이렇게 주장하면서 목소리가 떨리지 않는다면 거짓말이겠지요. 너무 복잡하고 이상한 세계입니다.

오늘 밤, 명확하게 기독교에 관한 사실 한 가지를 말씀드려야겠습니다. 종교적 신념의 가능성은 참으로 제가 믿는 기독교 신앙에 집중되어 있습니다. 고통과 하나님의 관련성에 대해 기독교 신앙은 하나님을 저 높은 곳에서 고통 가득한 이 이상한 세상을 내려다보며 동정하는 관찰자로 생각하지 않습니다. 그리스도인으로서 저는 이 땅의 고난에 동참하는 하나님, 인간과 함께 고통당하는 참된 친구이신 하나님을 믿습니다. 기독교의 하나님은 십자가에 못 박힌 하나님입니다. 이해하기 어려운 신비이지만 분명 제가 믿는 진리입니다. 이런 층위에서 고통의 문제를 다뤄야 합니다. 그리고 제가 가진 종교적 신념의 가능성 또한 이 층위에 근거합니다.

질문 : 제 질문은 선생님과 에릭 모두와 관련됩니다. 에릭은 깃털 하나로도 선생님을 넘어뜨릴 수 있다고 농담했는데, 응용 물리

학을 써서 에릭의 농담이 선생님을 넘어뜨리는 데 필요한 종단속도에 도달할 때가 언제인지 구할 수 있을까요?

이곳에는 예술가와 작가, 그리고 멀리 캘리포니아 주에서 질문을 들고 찾아온 사람들이 여럿 있습니다. 선생님은 수학의 정리, 수학 방정식이 옳다면 동시에 아름다워야 한다고 하셨습니다. 질서와 구조가 있으며, 과학의 구조조차 포함해서 그것들은 아름다움과 관련됩니다. 또한 선생님은 물리학과 일상생활에도 과학과 관련된 이야기와 역사가 있다고 했습니다.

시중에는 예술의 **올바른** 구조, 이야기 전개의 **올바른** 구조에 관한 책들이 수없이 나와 있습니다. 작가로서 저는 조지프 캠벨(Joseph Campbell)이나 기타 작품을 읽을 때 참된 구조가 있는가 하는 관점에서 보아왔습니다. 성직과 성경에 관련된 성직자로서 제가 궁금한 것은, 하나님의 이야기가 가진 구조와 예술의 구조를 볼 때 경험적으로 이것이 참이다 하고 판단하는 어떤 기준 같은 것들이 있는지 알고 싶습니다.

답변: 저는 하나님께서 그분의 신성을 역사의 진행 과정을 통해서 드러내실 뿐 아니라, 특별히 사람들과 구체적인 사건들을 통해서 계시하신다고 믿습니다. 보통의 경우보다 하나님의 신성을 훨씬 분명하게 보여주는 특정 사건과 특정 사람들이 있습니다. 제가 볼 때 성경의 권위는 성경이 이스라엘의 역사 기록이자 예수 그리스도의 삶과 죽음과 부활의 기록이라는 사실에서 기인하며, 이는 하나님께서 자신의 성품과 뜻을 나타나시기 위해 행동하신 최고의 사건입니다.

여기에 사건의 전개가 있습니다. 우리는 이야기를 읽어야

하며 이야기가 말하는 대로, 다시 말해 보이는 대로 받아들여
야 합니다. 우리의 판단으로 이야기를 먼저 판단해서는 안 됩
니다. 우리는 그 이야기에 반응해야 합니다. 저자가 소설 쓰기
에 관해 말하면, 나는 그대로 이해하려고 합니다. 이처럼 과학
이야기든 아니든 관계없이 이야기 속에는 일종의 진정성이 있
습니다. 질문에 고루한 답변밖에 드리지 못해 죄송합니다. 제
가 드릴 수 있는 답이 별로 없군요.

질문 : 오늘 어머니와 얘기를 나누었는데, 아주 기본적인 질문을 드
리겠습니다. 요한복음 어딘가에 "하나님이 세상을 이처럼 사
랑하사 독생자를 주셨으니…"라는 구절이 있잖아요. 그분을
믿지 않으면 멸망한다고 합니다. 우리는 멸망하지 않는 쪽에
있다고 확신하는 것인가요? 그분을 믿지 않으면 멸망한다고
하죠. 이는 회교도나 불교인 혹은 신도(神道, Shinto) 신자들에
게 엄청난 영향을 주는 말이잖습니까? 그들이 우리보다 많은
데 말이죠.

답변 : 저는 하나님이 자비하고 사랑이 많은 분이심을 믿으며 또한
하나님이 베푸시는 자비와 사랑은 현세에 국한되지 않는다고
믿습니다. 죽고 나서 커튼이 내려온 뒤 당신이 멸망받을 쪽에
서 있는데 하나님이 나타나셔서 "안됐구나. 기회가 있었는데
네가 버렸다"라고 하신다면, 그런 하나님은 우리 주 예수 그
리스도의 아버지 하나님이 아닌 것 같습니다. 마찬가지로 저
는 이생에서 우리가 내리는 결정과 행동이 무엇이든, 거기에
우리 자신을 헌신하는 믿음이 무척 중요하다고 생각합니다.

도시의 소크라테스

이생에서 악한 뜻으로 하나님께 등을 돌린 자는, 과장 없이 말하건대 하나님의 자비를 받아들이기가 더 고통스럽고 어려울 것입니다. 그리스도를 이름만으로 아는 이들보다 훨씬 더 많은 이들이 그리스도를 알고 있다고 생각합니다.

또한 저는 모든 이가 궁극적으로 그리스도를 거쳐 하나님 아버지께로 나아간다고 믿습니다. 예수께서 인간이자 동시에 하나님이심을 믿기 때문이죠. 그분이 하나님의 삶과 피조물인 인간의 삶을 잇는 유일한 다리시며, 유일한 길이심을 믿습니다. 궁극적으로 우리는 하나님의 삶과 그분의 에너지에 동참하게 될 것이라고 믿습니다. 그분께 가기 위해서는 반드시 그리스도를 거쳐야 합니다. 다시 말씀드리지만, 자신이 가고 있는 길의 이름을 알지 못한 채 그 길을 걷고 있는 사람들이 있음을 저는 믿습니다.

에릭 : 시간이 없으니 한 가지 질문만 더 받겠습니다. 진화에 관한 질문은 그만하지요.

질문 : 선생님께선 과학을 이해하는 데 진화가 절대적으로 중요하다고 했습니다. 아시다시피, 특히 생물 세계에서 DNA를 통해 유전되는 암호화된 정보는 아주 복잡합니다. 인체의 기능이라든가 생성 등 많은 경우가 있겠지요. 와일더 스미스(A. E. Wilder-Smith)는 진화론에서 누락된 사실은 정보라고 지적한 바 있습니다. 생물 세계에서 암호화된 정보가 진화를 거쳐 우연히 유전되는 것인지 한 말씀 해주시겠습니까?

답변 : 매우 흥미로운 질문입니다. 21세기 과학에서 정보는 지극히 중요한 개념이 되리라고 봅니다. 또한 21세기가 끝나기 전에, 어떤 의미에서 역동적 패턴의 구조와 사양을 뜻하는 정보는 지난 150년 동안 에너지 개념이 중요했던 것만큼 중요해질 것이라고 감히 생각해봅니다. 우리는 복잡계의 구체적인 움직임에 대한 과학적 연구를 이제 시작했을 뿐입니다. 인간은 고사하고, 살아 있는 단세포처럼 복잡한 것도 없습니다. 그러나 컴퓨터에서 운영되는 모델은 대부분이 논리적 모델입니다.

컴퓨터 모델이 이미 보여주는 바, 전체로서의 복잡계는 그것을 구성하는 개체들의 특성을 생각할 때에는 결코 짐작할 수 없는 놀라운 특성을 드러냅니다. 그런 특성 대부분은 놀라울 정도로 높은 질서 패턴이 자연히 생성되는 것과 관련이 있습니다. 달리 말하면, 정보를 지닌 움직임 같은 것이 자연 생성된다고 하겠지요.

스튜어트 코프먼의 책 『혼돈의 가장자리』(*At Home in the Universe*, 사이언스북스 역간)에 나오는 예를 하나 들어보겠습니다. 코프먼은 이른바 "복잡성 이론"(complexity theory)을 연구하는 친구로서 특히 생물학에 그 이론을 적용하는 데 관심을 기울여왔습니다. 백열전구로 이루어진 체계를 생각해봅시다. 다음 묘사를 보죠.

모든 전구는 불이 켜져 있거나 꺼져 있습니다. 시스템은 단계별로 발전합니다. 각각의 전구는 어디엔가 배열된 다른 두 개의 전구와 서로 연관되어 있습니다. 서로 다른 두 개의 전구가 지금 하고 있는 일—켜져 있거나 꺼져 있는 일—이 그 열에

도시의 소크라테스

있는 다른 전구가 다음 단계에서 무엇을 할 것인지를 결정하며 이를 지정해주는 매우 간단한 규칙이 있습니다.

여러분은 무작위로 배열된 전선에 전원을 연결합니다. 어떤 전구는 켜지고 어떤 전구는 꺼집니다. 그런 다음 이 일을 컴퓨터에 맡겨두고 무슨 일이 일어나는지 지켜봅니다.

짐작하건대 어떤 흥미로운 일도 일어나지 않을 것입니다. 여러분이 전원을 연결해둔 동안 전구는 아무렇게나 반짝일 뿐입니다. 하지만 실은 그렇지 않습니다. 시스템은 상당히 한정된 수의 패턴을 보이며, 빛을 발하면서 이내 스스로 생성되고, 놀랍도록 질서 정연한 양태로 안정화됩니다.

만일 전선에 1만 개의 전구가 연결되어 있다면, 원칙적으로 최소 2의 1만 제곱($2^{10,000}$)에서 10의 3천 제곱($10^{3,000}$) 가지의 서로 다른 빛의 조합이 가능합니다. 0이 3,000개입니다. 사실, 여러분은 시스템이 곧 100개의 서로 다른 패턴으로 순환한다는 사실을 곧 알게 될 것입니다. 1에 0이 3천 개가 붙을 정도로 큰 경우의 수를 가진 시스템이 자연스럽게 100가지 가능성으로 수렴된 것입니다. 아주 놀라운 질서의 생성입니다. 저는 이것을 정보의 생성으로 봅니다. 제 기억이 정확하다면, 코프먼은 그 장에 "공짜 정보"라는 제목을 붙였습니다.

그러므로 아직 우리가 발견하지 못한 것이 수없이 많습니다. 저는 문제가 없다고 말하지 않습니다. 당연히 문제가 있고, 그것들은 아직 해결되지 않은 것이 분명합니다. 다만 너무 성급한 일반화는 주의해야 한다고 생각합니다.

2강

고통을
이해하다

피터 크레이프트
2003년 1월 23일

강사 소개 "도시의 소크라테스"에 오신 여러분을 환영합니다. 저는 사회를 맡은 에릭 메택시스입니다. "도시의 소크라테스"는 소크라테스가 남긴 유명한 금언 "성찰하지 않는 삶은 살 가치가 없다"에서 그 이름을 가져왔습니다. 이 말을 하고 나서 소크라테스는 독미나리즙을 마시고 죽었다죠.

순서를 잘못 짚었나요? 그렇습니다. "성찰하지 않는 삶은 살 가치가 없다"라는 말은 그가 활동하던 초기에 했던 말이죠. 그는 무척 긍정적인 의미, 즉 우리는 마땅히 자신의 삶을 성찰해야 한다는 의미로 이 말을 했습니다. 저는 그의 말이 매우 옳다고 생각합니다.

참으로 우리는 자신의 삶을 자세히 살펴봐야 합니다. 그렇게 할 때 조금 더 가치 있는 삶을 살 수 있기 때문입니다. 저와 친구들은 여러 사람과 함께 이런 생각을 나눴습니다. 대부분의 뉴요커들은 너무나 바빠서 자신의 삶을 진지하게 재검토할 시간을 낼 수 없으니, 우리가 "도시의 소크라테스"라는 이름으로 모임을 열고 크레이프트 박사 같은 분들을 초청하여 인생의 중요 사안들과 관련된 강연을 듣는다면 유익하지 않을까?

그런데 저희의 예상이 제대로 빗나간 것 같습니다. 그동안 우리의 모임은 재앙에 가까운 실패작이었습니다. 그래서 오늘을 마지막으로 그만 접어야 하지 않을까 싶습니다. 웃어주시니 고맙습니다.

사실 그동안의 모임은 아주 성공적이었습니다. 그런데 오늘 참석자 수를 보니 제 마음이 무척 겸손해진다고 말씀드려야겠네요. 그동안 무척 많은 분이 이 자리에 함께했고, 강연자들은 탁월했으며, 우리의 바람대로 성공적이었습니다. 아무튼 우리가 이 모임에 붙인 "도시의 소크라테스: 성찰하는 삶을 위한 대화"라는 이름처럼 이 모임의 목표는 대화입니다. 강연 뒤에 있을 "질문과 답변"뿐 아니라 모임을 마치고 각자 삶의 자리로 돌아가서도 대화를 이어가기 바랍니다. 모쪼록이 자리에서 시작된 대화가 이 밤이 지난 뒤에도 여러분의 머릿속에서 계속 이어졌으면 좋겠습니다.

여하간, 자신의 삶을 돌아보라는 소크라테스의 충고를 따른다고해서 손해 볼 것은 없습니다. 물론 소크라테스야 뉴욕의 월세 걱정일랑 할 필요가 없었을 테니 인생의 문제를 숙고하면서 평생을 살 수 있었겠지요. 그의 말이 옳다고 생각하여 이 자리에 오신 여러분과 함께 인생의 문제를 풀어나갈 수 있게 되어 기쁘기 그지없습니다.

오늘 이 자리에 존경하는 피터 크레이프트(Peter Kreeft) 박사님을 모시게 되어 영광스럽습니다. 크레이프트 박사님은 보스턴 칼리지의 철학과 교수입니다. 학교가 보스턴에 있다고 들었는데, 맞나요?

크레이프트 박사님은 아주 인기 있는 강사입니다. 섭외하기 무척어려운 분인데 우리가 복이 많은가 봅니다. 40권이 넘는 책을 쓰셨고 그중에는 베스트셀러도 여러 권 있습니다. 『고통을 이해하다』(*Making Sense out of Suffering*)라는 멋진 책도 쓰셨는데, 오늘 밤 박사님이 해주실 강연의 주제이기도 합니다.

중요한 질문을 붙들고 씨름하기, 이것이야말로 "도시의 소크라테스"가 목적하는 바입니다. 신의 존재, 인간됨의 의미, 악과 고통의 문제, 우리는 어디서 와서 어디로 가는가와 같은 문제들이죠. 이처럼 우리는 온갖 중요한 질문을 다루는 데 일절 주저하지 않을 것입니다.

뉴욕 생활자에게는 종종 다음과 같은 질문이 중요한 질문이 되곤 합니다. "택시를 잡을까, 지하철을 탈까?" 2층에서 "엘리베이터를 타고 내려갈까, 걸어 내려갈까?" 저한테는 아주 중요한 질문입니다.

반면 크레이프트 박사님이 살고 있는 보스턴이나 매사추세츠 주에 살고 있는 사람들에게 중요한 질문 가운데 하나는 이런 게 아닐까 싶습니다. "듀카키스 주지사는 왜 저렇게 바보 같은 철모를 쓰고 있지?" 이건 답이 없을 거예요. 수사적 표현인데 어떻게 답이 있을 수 있겠습니까?

보스턴 사람들이 품은 또 한 가지 질문은 이런 것이겠죠. "도대체 보스턴 레드삭스는 월드 시리즈에서 왜 우승을 못하는 거야?"* 이런, 제가 아픈 데를 찔렀군요. 크레이프트 박사님, 제발 가지 마세요. 저는 메츠 팬입니다. 퀸즈 출신이에요. 뉴욕 양키스를 업신여긴다는 점에서 박사님과 저는 한 형제나 다름없습니다. 양키스를 미워하는 마음이야말로 메츠 팬과 레드삭스 팬을 하나로 묶는 끈이죠. 빌 버크너(1986년 메츠와 레드삭스 간 벌어진 월드시리즈 때 6차전 끝내기 실책의 주인공. 7차전 패배로 그는 레드삭스 역사상 최악의 역적이라는 오명을 썼다―편집자 주) 사건만 없었던 일로 친다면 우리는 친구로 남을 수 있을 테죠.

다시 본론으로 돌아와서, 오늘 밤 우리는 철학적으로 중요한 질문을 제기하기 위해 이곳에 모였습니다. 영화배우 우디 앨런(Woody Allen)은 소소한 실생활의 문제 옆에 거대한 철학적 질문을 슬쩍 던져두는 식으로 글을 쓰는 요령을 알았습니다. 그가 쓴 글 가운데 정말 마음에 드는 구절이 있는데, 오늘 저녁 여러분과 나누고 싶습니다. 이를

---

* 이 강연이 열릴 당시, 보스턴 레드삭스는 1918년 이래로 단 한 번도 월드 시리즈에서 우승을 차지하지 못했다. 물론 이 오랜 불운은 2004년 레드삭스가 세인트루이스 카디널스를 물리치고 86년간 계속된 "밤비노의 저주"를 깨버림으로써 사라졌다.

테면 이런 표현입니다. "우리가 정말 우주를 알 수 있을까? 맙소사, 차이나타운에서 길 찾기도 힘들어 죽을 판인데." 전형적인 우디 앨런식 표현이라 재미가 없을 정도예요.

또 우디 앨런은 이렇게 말했습니다. "우주란 하나님의 머릿속을 쏜살같이 지나가는 생각일 뿐. 이렇게 생각하면 마음이 불편한데, 특히 집을 사려고 막 계약금을 지불한 경우라면 더더욱." 다음은 제가 가장 좋아하는 표현인데 철학적이라기보다는 묵시적입니다. "사자와 어린 양이 함께 누울 테지만, 양은 좀처럼 잠을 이루지 못하리라."

이런 표현은 웬만해선 머리에서 잊히지 않죠. 제가 썼다면 정말 좋았겠다 싶어요. 여하튼 오늘 밤 이 자리에 계신 많은 분이 품고 계실 중요한 질문 하나는 강사의 이름을 "크리프트"라고 발음해야 하는지 아니면 "크레이프트"라고 발음해야 하는지가 아닐까 싶습니다. 적어도 저한테는 중요한 질문이에요. 저는 "크레이프트" 박사님과 전화 통화를 하면서 박사님이 "크레이프트"라고 발음하는 것을 여러 차례 들었습니다. 그래서 박사님은 어떤 발음이 맞는지 아시는가보다 짐작했지요. 맞든 틀리든 우리는 박사님이 하는 대로 따라가 보겠습니다.

다시 본론으로 돌아와서, 저는 지난 몇 년간 크레이프트 박사님의 저서를 여러 권 읽는 영광을 누렸는데, 재미있고 매혹적이며 술술 읽혔습니다. 박사님이 저자이자 강사로서 명성이 자자한 이유를 알 것 같았습니다. 제가 박사님의 이름을 처음 알게 된 것은 영국 옥스퍼드 대학교에서 열린 C. S. 루이스 탄생 100주년 기념식에서였습니다.

참으로 많은 이들이 크레이프트 박사님의 글은 루이스의 글을 생각나게 한다고 합니다. 저도 같은 생각입니다. 박사님은 복잡한 것을 이해하기 쉽게 설명해주고, 아주 중요한 문제를 저처럼 변변찮은 사람

도시의 소크라테스

조차 알아듣기 쉽게 설명하는 데 루이스만큼이나 탁월한 능력을 보여줍니다. 제가 이처럼 감사를 표하는 것은, 제 이름에서 풍기듯이 제가 그리스인의 후손이기는 하지만 철학에는 영 젬병이기 때문입니다.

대학 신입생 때 고대 철학 개론을 듣다가 탈레스에서 미궁에 빠진 기억이 납니다. 두 분께서 웃어주셨어요. 고맙습니다. 저는 탈레스를 통과하지 못했는데, 이곳에 계신 여러분도 대부분 저와 사정이 다르지 않았을 것 같군요. 아니, 탈레스**까지조차** 가본 적이 없으신 것 같아요.

아무튼 모르실 분들을 위해 덧붙이자면, 탈레스는 소크라테스보다 전 세대의 인물입니다. 그가 소크라테스 이전 사람인 것을 몰랐다고 해서 상심할 필요는 없습니다. 탈레스 자신도 그 사실을 모르기는 마찬가지였으니까요. 네, 이 점을 기억해두세요.

어리석은 이야기는 이쯤 하죠. 오늘 밤 우리가 다룰 주제는 저뿐 아니라 대부분의 사람에게 궁극적이고 중요한 질문입니다. 어쩌면 가장 중요한 질문일지도 모릅니다. 오늘의 주제는 "고통을 어떻게 이해할 것인가?"입니다. 저는 "어떻게 이 세상에 만연한 고통을 보면서 사랑의 하나님을 믿을 수 있는가?" 하는 질문을 얼마나 자주 들었는지 모릅니다.

아주 타당한 질문입니다. 저 역시 사랑의 하나님을 믿지만, 이 질문은 아주 타당하고 대답하기 어렵다고 생각합니다. 정말 좋은 질문입니다. 질문 중의 질문이며, 그러므로 이 토론회에 딱 맞는 질문이며, 오늘 밤 크레이프트 박사님의 주의를 끌 만한 질문입니다. 저는 이 문제에 대해 크레이프트 박사님의 견해를 듣고 싶습니다. 여러분, 박수로 피터 크레이프트 박사님을 모시겠습니다.

강연

대개 강사 소개는 그저 소개로 그치게 마련인데, 오늘은 정말이지 어떻게 이야기를 이어가야 할지 모르겠습니다.

"도시의 소크라테스"라니, 참 멋진 아이디어입니다! 이 연회장은 또 얼마나 근사합니까! 저도 마음이 가난해지네요. "심령이 가난한 자는 복이 있나니"라는 산상수훈의 뜻이 바로 이런 건가 봅니다. "심령이 **인색한**(cheap) 자는 복이 있나니"가 아닙니다. J. P. 모건 연회장에 입장할 기회를 얻은 자, 그래서 마음이 가난해진 자는 복이 있습니다.*

"도시의 소크라테스!" 물론 뉴욕은 "도시 중의 도시"라 불릴 만하죠. 하지만 저는 "소크라테스"라 불릴 만한 사람은 아닙니다. 그런데도 제가 이 자리에 설 수 있는 것은, 제가 보스턴 출신이기 때문입니다. 보스턴은 전 세계 어느 도시보다 1인당 철학자 수가 많은 곳입니다. 철학이란 곧 지혜에 대한 사랑이며, 지혜는 고통에서 나오는데, 우리 보스턴 사람들에게는 레드삭스가 있지 않습니까?

빌 버크너 이야기부터 해보겠습니다. 저와 절친한 레드삭스 팬 12명에게 빌리가 다리 사이로 공을 놓치는 장면을 보면서 어떤 감정이 들었는지 물어보았습니다. 그들의 대답은 둘 중 하나였습니다. 첫 번

---

* 이날 강연은 부유한 사업가 J. P. 모건(J. P. Morgan)이 지은 메트로폴리탄 클럽 내의 호화로운 연회장에서 열렸다. 연회장은 5번가와 60번 도로가 교차하는 곳에 있다.

째 대답은 "창피해 죽겠더라고. 내가 바보가 된 것 같았어. 잡을 수 있을 거라고 생각했거든. 바보 같으니. 정신없이 욕했지." 두 번째 대답입니다. "다행이다 했지. 이겼다고 해보게. 그러면 보통 사람과 똑같아지는 것 아닌가. 우린 특별하고 선택받은 백성인데 그럴 수야 없지."

이 거대한 도시에서 저도 많은 시간을 보냈습니다. 영화 "사랑과 죽음"(*Love and Death*)에서 우디 앨런이 말한 뉴저지 북부가 제 고향입니다. 영화에서 앨런과 다이앤 키튼 사이에 멋진 대화가 오갑니다. "하나님을 믿어요?" 하고 다이앤이 묻자 앨런은 이렇게 답합니다. "글쎄요, 오늘처럼 날씨가 좋은 날이면 우주 전역에 신의 보편적인 섭리가 스며들어 있다고 믿을 수 있죠. 물론 뉴저지 북부의 몇몇 지역은 예외로 해야겠죠."

고통의 문제와 관련해서 우디 앨런의 대사 한 토막이 마음에 듭니다. 제목은 잊어버렸지만 영화에서 앨런은 유대인 아버지로 나오는데 아들이 무신론자가 됩니다. 그러자 아내가 남편을 탓하며 이렇게 말합니다. "아들과 얘기 좀 해봐요."

"문제가 뭐요?"

"이 세상에 왜 악이 존재하는지 알고 싶어 해요."

"'왜 악이 존재하는지'라니, 무슨 뜻이오?"

"음, 왜 나치가 있는지요. 당신이 가서 설명해줘요."

"왜 나치가 존재하는지 얘기해주라고? 깡통 따개의 작동 원리도 모르겠는데?" 무척 심오합니다. 제가 앨런보다 잘 해낼 자신이 없네요.

하지만 소크라테스처럼 논리적으로 접근해보겠습니다. 우선 질문을 정확히 표현하고, 그다음은 질문의 중요도를 결정하고, 세 번째로 질문의 논리를 분석하고, 마지막으로 질문의 해결책을 제시해보겠습니다.

저는 제 책에 『고통을 이해하다』라는 제목을 붙였습니다. **이해**가 무엇일까요? **이해**는 설명입니다. 동물과 달리 우리 인간은 어떤 사건을 단순히 있는 그대로 받아들이지 않습니다. 대중 심리학(pop psychology)에 경도되지 않는 한 그렇습니다. 우리는 묻고, 질문하고, 궁금해합니다. 특별히 인간은 "왜?"라는 질문을 던집니다. 그런데 어른이 된 다음에는 그저 한 번만 질문하고 맙니다. 그래서 어른들은 철학자가 되지 못하는 것입니다.

하지만 아이들은 끊임없이 "왜?"라고 묻습니다. 그래서 아이들은 모두 철학자입니다. "엄마, 이건 왜 이래요?" "그건 말이다…" "그건 또 **왜** 그래요?" 아이들의 질문은 꼬리에 꼬리를 물고 이어집니다.

앎의 대가이자 서구 철학사에서 가장 상식적인 철학자인 아리스토텔레스는 우리에게 죽기 전 반드시 숙지해야 할 한 사상─문명인의 필수 지식 중 하나─을 우리에게 선사했는데, 흔히 "4원인"이라고 하는 것이 그것입니다. "왜?"라는 질문에 대한 모든 대답, 가능한 모든 이유는 네 가지 범주로 구분해볼 수 있습니다.

그러므로 이제부터 저는 여러분 모두가 문명인이란 가정하에 여러분을 모욕할 것입니다. 35분 동안 여러분을 모욕할 특권뿐 아니라 강의 듣기라는 연옥 속에 여러분을 앉혀둘 특권이 제게 있으니 말입니다. 강의란 대개 지루하게 마련이죠. 이 길을 통해 여러분은 강연보다 긴 시간 동안 진행될 "질문과 답변" 순서라는 천국에 들어가게 될 것입니다. 경험상 묻고 답하는 시간은 언제나 강의보다 재미있더군요. 그렇게 보면 소크라테스는 참 불쌍하죠! 딱 한 번 강연할 기회가 주어졌는데, 그 대가로 죽어야 했으니 말입니다.

아리스토텔레스의 4원인으로 돌아가서, 우선 우리는 "이것은 무엇인가?"를 물을 수 있습니다. 규정해보자는 것입니다. 그 형태, 본질, 성질, 종류는 무엇인가? 이것을 "형상인"이라고 합니다. 둘째로, "그 형상을 이루는 바탕 재료는 무엇인가? 그 내용은 무엇인가?"를 물을 수 있습니다. 아리스토텔레스는 이것을 "질료인"이라 불렀습니다. 셋째로, "그것은 어디서 왔는가? 누가 만들었는가?"를 물을 수 있습니다. 이것은 "작용인"입니다. 넷째, 가장 중요하고 가장 어려운 질문으로 "그것의 목적은 무엇인가? 왜 존재하는가? 어떤 목적에 복무하는가?"를 물을 수 있습니다. 그는 이것을 "목적인"이라 불렀습니다.

고통에 관해 이야기할 때 형상인에 관해 말하기란 그다지 어렵지 않습니다. 고통이 무엇인지 우리는 알고 있습니다. 질료인은 사람에 따라 그 내용이 다릅니다. 레드삭스 팬에게는 양키스가 고통의 질료인이 되지만, 양키스 팬에게는 레드삭스가 질료인입니다. 그러나 작용인과 목적인은 신비에 싸여 있습니다. 고통은 어디서 왔고, 만일 유익이 있다면 무슨 유익이 있습니까? 이 두 질문은 아주 핵심적인 것으로서, 두 명의 사상가를 비교해봄으로써 그 윤곽을 그려볼 수 있겠습니다.

먼저 빅터 프랭클(Viktor Frankl)의 놀라운 책 『죽음의 수용소에서』(*Man's Search for Meaning*, 청아 역간)를 보겠습니다. 이 책은 온전한 정신과 문명을 보존하기 위해 할 수만 있다면 이 땅의 모든 사람에게 억지로라도 읽히고 싶은 몇 권의 책 가운데 하나입니다. 프랭클은 아우슈비츠 수용소에서 살아남은 오스트리아 빈 출신의 정신과 의사입니다. 그러나 그는 그저 목숨만 건진 게 아니었습니다. 아우슈비츠에서 그는 소크라테스가 되었습니다. 예컨대 그는 "무엇이 사람들을 살아남게 만드는가?"를 물었습니다. 그가 찾은 대답은 이렇습니다. 프로이트는 틀렸다. 쾌락이 아니다. 아들러도 틀렸다. 권력이 아니다. 융도 틀렸다. 원형의 이해나 통합이 아니다. 해답은, **의미**다. 자신이 겪고 있는 고통 속에서 무언가 의미를 발견한 사람들은 다른 모든 지표가 생존 불가능함을 가리킬 때조차 죽음의 수용소에서 살아남았던 것입니다. 하지만 의미를 발견하지 못한 사람들은 죽었습니다.

프랭클은 이렇게 썼습니다. "산다는 것은 고통이다. 그러므로 삶에 의미가 있다면 고통에도 의미가 있다." 아주 논리적입니다. 그러므로 고통에 의미가 없다면 삶도 의미가 없는 것이 당연합니다. 왜냐하면 산다는 것은 고통이니까요.

프랭클은 "이처럼 부조리하고 괴로운 일을 왜 겪어야 하는가?" 하는 질문에 대해 사람마다 각기 다르게 대답한다는 사실을 발견했습니다. 하지만 그들의 대답에는 모두 한 가지 공통점이 있었습니다. 그들은 "인생의 의미는 무엇인가?"를 질문하던 데서 돌아서서 삶이 각자의 이름을 부르며 "**너의** 의미는 무엇인가?"를 묻고 있다는 사실을 깨달았던 것입니다. 그들은 이 질문에 대해 단지 생각만으로 응답한 것이 아니라, 오직 행동으로만 응답할 수 있었습니다. 삶의 이면에 하나님이 있다고 믿는 이들도 같은 질문, 즉 "하나님, 왜 저입니까? 도대체 뭐하시는 겁니까? 왜 이러십니까?" 하는 질문을 신에게 던졌습니다. 그리고 그들은 하나님께서 **그들에게** 질문하고 계시다는 사실을 깨달았습니다. 이것은 정확히 욥에게 일어난 일과 똑같습니다. 마침내 나타나신 하나님은 답을 주시지 않고 질문을 던지셨습니다. 얼마나 소크라테스 같은 하나님이신지요!

또 한 사람, 고통의 문제를 아주 진지하게 받아들인 사상가는 부처입니다. 부처는 역사상 가장 위대한 심리학자 가운데 한 명입니다. 그는 전적으로 **종교**라 할 수도, **철학**이라 할 수도 없는(불교인들은 어느 한쪽도 마음에 들어 하지 않겠지만) 자신의 종교 철학을 탁월한 네 가지 기초 위에 두었는데, 그 첫째가 "삶은 고해(苦海)다"입니다. 태어나고 나이 들고 병들고 죽는 것이 모두 고통입니다. 삶 자체가 괴로움인 것입니다.

불교는 처음부터 끝까지 고통에서 벗어나는 것을 목표로 합니다. 그래서 그가 제시하는 놀랍도록 간단한 처방은 고통을 없애려면 그 원인을 없애야 한다는 것입니다. 고통의 원인은 자기중심성, 즉 이기적 욕망인데, 부처의 철학에서 자아나 자아의식 그리고 자기중심성은 서로 불가분의 관계에 있습니다. 따라서 나 자신이 헛것임을 성찰함으로써 의식의 변화를 도모해야만 합니다.

부처와 그리스도를 대조해봅시다. 그리스도 또한 고통의 문제를 진지하게 여기며 이 문제를 해결하기 위해 왔다고 했습니다. 그러나 그리스도의 해결책은 부처의 해결책처럼 생각에 있기보다는 프랭클처럼 행함 쪽에 있습니다. 그리스도는 부처와는 반대로 고통에서 벗어나는 길이 아니라 고통 속으로 들어가는 길을 제시합니다. 또한 그는 자신이 구원의 길이라고 말하지요. 그리스도가 볼 때 문제는 고통이 아니라 죄입니다. 이것은 전혀 다른 문제입니다. 그것은 모호하게―정확한 정의를 내리기 전까지 철학자들은 모호한 것을 좋아하긴 하죠―도덕 질서 전체와 관련되어 우리를 다시 소크라테스에게로 소환합니다. 「고르기아스」에서 소크라테스는 악한 일을 하느니 악 때문에 고통받는 편이 낫다는 유명한 가르침을 남겼습니다.

달리 말하면, 고통이 그렇게 나쁜 것은 아니며 죄가 훨씬 나쁘다는 말입니다. 악한 일을 하는 것이 악 때문에 고통 받는 것보다 훨씬 나쁩니다. 가망 없는 이상주의자의 말처럼 들리겠지만, 만일 약간 나쁜 일, 이를테면 소득세를 거짓으로 신고한다든지 하는 일과 숯불구이 꼬챙이에 매달려 13시간 동안 구이가 되는 고문을 당하는 일 가운데 하나를 선택해야 한다면, 저는 여러분이 특출한 사람이 아닌 이상 어느 쪽을 택할지 맞출 수 있습니다. 도대체 소크라테스는 무슨 뜻으로 "악한 일을 하느니 악 때문에 고통 받는 편이 낫다"고 했을까요?

소크라테스는 **영혼**이나 **자아**가 몸보다 우선하는 인간의 본질이라 보았습니다. 마지막 순간까지도 그는, 이생에서든 내생에서든 선한 사람에게는 절대로 나쁜 일이 일어나지 않는다고 가르쳤습니다. 이 말이 낯설게 느껴지는 것은, 이 말을 남기기 직전에 명실상부하게 선한 사람인 소크라테스는 부당한 비난과 오해를 받아 사형을 선고받았고, 이제 옥에 갇혀 곧 목숨을 잃게 되기 때문입니다. 이는 사람이 당할 수 있는 가장 나쁜 일입니다. 그렇다면 "선한 사람에게는 절대로 나쁜 일이 일어나지 않는다"라고 한 그의 말은 무슨 의미였을까요? 그는 악한 일이 일어나는 한가운데 있으면서도 "실제로는 나쁜 일이 일어나지 않는다"라고 말하고 있습니다.

"왜 선한 사람에게 나쁜 일이 일어나는가?"라는 질문에 대한 소크라테스의 답변은 "결코 일어나지 않는다"입니다. 도대체 그는 무슨 뜻으로 이런 말을 한 것일까요? 터무니없는 말처럼 들리지만, 사람은 영혼이며 그 영혼에 나쁜 일은 결코 일어나지 않는다는 말입니다. 나쁜 일은 몸에 일어날 뿐입니다.

인류의 역사를 웅변적으로 요약한 자동차 범퍼 스티커를 아실 것입니다. "당신에게도 일어날 수 있는 일"(It happens). 이 말이 어디서

　　　　　　　　　　　　　　　　　도시의 소크라테스

왔는지 아십니까? 그 배경이 되는 실화가 있습니다. 1960년대에 한 농부가 앞일을 구상하며 캔자스 주의 어느 옥수수 밭을 걸어가고 있었습니다. 6월의 화창한 날이었는데, 난데없이 하늘에서 떨어진 물체가 그의 머리를 쳤고 그는 머리가 터져 그 자리에서 죽고 말았습니다. 그 물체는 낡은 여객기의 화장실에서 떨어져나온 냉동 쓰레기 덩어리였습니다. 그 후로 이런 이야기가 전해 내려왔겠죠. "엄마, 할아버지는 어떻게 돌아가셨어요?" "얘야, 그게 말이다. 너도 알다시피, 그냥 일어날 수 있는 일이란다."

그러나 이처럼 나쁜 일은 몸에 일어나는 일일 뿐 영혼에 일어나는 일은 아닙니다. "나는 내 운명의 주인, 내 영혼의 선장이라네." 물론 커다란 악이 영혼을 향해 다가올 수 있지만, 그 악에 어떻게 대처할지는 내가 결정합니다. 내가 주체이기에, 어리석음과 악한 일에 대한 책임도 **당신이 아니라** 내게 있습니다.

이것을 깨달은 소크라테스는 웃으면서 죽을 수 있었습니다. 예수님도 조금 비슷한 이야기를 하신 적이 있습니다. 유대인인 예수님은 몸을 소중하게 생각하셨는데, 몸은 하나님의 형상을 이루는 일부이며 하나님께서 만드신 것이기 때문입니다. 예수님께는 몸과 영혼을 구분하는 헬레니즘 방식의 이원론이 없었습니다. 그러나 예수님도 이런 말씀을 하신 적이 있습니다. 저는 이 말씀이 인류 역사상 가장 실제적인 단 하나의 문장이라 생각합니다. "사람이 온 천하를 얻고도 제 목숨을 잃으면, 무엇이 유익하리요?"

앞에서 말한 의견들은 모두 고통의 문제를 다루는 해결책이 아닙니다. 고통의 중심에 다가가려는 시도였을 뿐입니다. 고통의 문제에는 두 가지 부분 혹은 형태가 있습니다. 각각 실제와 이론에 관련된 부분이죠.

실제적인 부분이라 함은 우리가 할 수 있는 것을 말하는데, 이미 우리는 수많은 답을 내놓았으나 그 모든 답이 무력합니다. 예를 들어 프로이트는 『문명과 불만족』(Civilization and Its Discontents)이라는 책에서 대단한 질문을 던집니다. "이제 우리는 신이 되었는데 왜 행복하지 않은가?" 그는 이제 우리가 기술을 갖게 되었으니 하나님이나 신이 더는 필요 없다고 말합니다. 기술은 인류의 소원을 이뤄주었습니다. 전에는 그 소원 때문에 종교가 생겼었죠. 인간은 제우스마냥 천둥과 번개를 부리며 그 위에 있고 싶었지만, 천둥과 번개가 하나님의 진노가 아닐까 무서워 동굴 속에 들어가 몸을 숨겼었죠. 그러던 인간이 이제 하나님이 되었습니다. 그러니 더는 두려워할 이유가 없습니다. 우리는 신들의 전령 헤르메스처럼 마음대로 메시지를 보낼 수 있게 되었습니다. 우리 자신이 신이 되어 인간의 욕망을 이루었으니, 분명 우리는 더 행복해야 마땅합니다. 그러나 우리는 행복하지 않습니다. 문명화될수록 우리가 더 행복해집니까? **전혀 그렇지 않습니다.**

심지어 프로이트는 문명화될수록 더 불행해지며 고귀한 야만의 상태로 돌아간다면 더 행복해질 것이라고 했던 루소의 개념을 잠시 떠올려보기도 합니다. 물론 불가능한 이야기입니다. 이 위대한 질문을 던진 뒤 좋은 과학자였던 프로이트는 그 질문에 대한 답을 모르겠다고 솔직히 고백합니다.

실제적인 측면에서 우리는 고통의 문제에 대해 아직 답을 내놓지 못했습니다. 고통에 직면해서 우리가 할 수 있는 유일한 일은 고통을 품고 살아가는 것입니다. 삶은 고통이지요.

이제 이론적인 문제, 논리의 문제를 살펴보겠습니다. 왜 우리는 고통을 겪어야만 합니까? 설명해봅시다. 해결할 수 없으니 설명이라도 해봅시다. 하나님을 넣느냐 마느냐에 따라 다른 설명이 가능합니다. 당신이 마르크스주의자라고 해봅시다. 고통의 원인은 무엇입니까? 부당한 사회 구조, 계급 간 갈등입니다. 무엇을 할 수 있나요? 사회 구조에 변화를 줄 수 있습니다. 유혈 혁명을 일으켜 이 땅에 천국을 건설할 수 있습니다. 그럴지라도 여전히 죽음을 빗겨갈 수 없고 육체의 고통과 불안은 어찌할 수 없습니다.

이론적으로 따질 때, 여러분이 하나님을 믿는다면 문제는 더욱 커집니다. 고통에 아무런 뜻이 없다면, 고통은 그저 일어나는 일일 뿐입니다. 하지만 우리 자신, 우리의 삶, 우리가 살고 있는 우주가 어떤 의도에 따른 것이라면(다시 말해 우연이 아니라 의도와 뜻이 있다면), 저자가 하나님인 소설이라면, 어째서 그분은 이렇게 너저분한 소설을 쓰시는 것일까요? 고통의 대표 주자요 최고의 고통 철학자인 욥이 하나님을 향해 화내지

> 어쩌면 하나님께서 우리에게 원하시는 것 가운데 하나는 우리가 그분께 화를 내는 것일지도 모릅니다. 왜냐하면 그렇게 할 때 우리는 소크라테스와 비슷해지기 때문입니다. 그때 비로소 우리는 질문합니다.

않았다면, 지적인 열심을 포함하는 열정을 그렇게 쏟을 일도 없었을 것입니다. 어쩌면 하나님께서 우리에게 원하시는 것 가운데 하나는 우리가 그분께 화를 내는 것일지도 모릅니다. 왜냐하면 그렇게 할 때 우리는 소크라테스와 비슷해지기 때문입니다. 그때 비로소 우리는 질문합니다. 하나님은 대중 심리학자들이 남발하듯이 "있는 모습 그대로 자신을 받아들이라", "단순하게 살아라" 따위의 말을 좋아하지 않으실 겁니다.

이제까지 저는 유신론자처럼 힘차고 열정적이고 논리적 설득력을 가지고 악의 문제에 대해 말하는 무신론자를 만나보지 못했습니다. 제가 보기에는, 세계 역사상 가장 불쌍한 무신론자가 유신론자이자 위대한 작가인 표도르 도스토예프스키에 의해 제시된 바 있다고 봅니다. 세계 문학에서 가장 설득력 있는 무신론자는 이반 카라마조프입니다. 저는 학생들에게 이렇게 말합니다. "믿음이 약하고 그 믿음마저 잃을까 두려운 사람은 『카라마조프가의 형제들』을 읽지 마세요."

종교 철학을 가르칠 때면 저는 종종 소크라테스 역할을 맡습니다. 학생들 사이에 대화가 오가도록 유도합니다. 학생들을 두 그룹, 즉 믿는 사람과 믿지 않는 사람, 믿는 사람과 회의주의자, 또는 믿음이 강한 사람과 믿음이 약한 사람으로 나눕니다. 그룹을 나눈 뒤 말합니다. "이제 우리는 하나님이 계신지를 두고 대화를 나눌 것입니다. 신자 편에 있는 학생들은 무신론을 옹호하는 주장을 펼치고, 불신자 편에 있는 학생들은 유신론을 옹호하는 주장을 펴세요." 그러면 학생들이 말합니다. "말도 안 돼요." 그러면 제가 말합니다. "아니, 그렇지 않아요. 상대방의 관점을 이해하지 못하면 논리적으로 싸워 이길 수 없습니다."

이런 대화를 서너 번 진행시켜보았는데 결과는 항상 비슷한 양상으로 나왔습니다. 무신론자와 유신론자 사이에 지적 수준에서는 눈에 띄는 차이가 없었습니다. 하지만 무신론자들은 항상 터무니없이 약한 근거를 들어 유신론을 옹호하는 반면, 유신론자들은 언제나 강력한 근거를 가지고 무신론을 옹호합니다. 그리고 그 근거는 항상 악의 문제입니다. 무신론의 가장 강력한 논거죠.

토론을 마치고 나면 학생들이 다소 충격을 받는데, 그때 저는 이렇

도시의 소크라테스

게 묻습니다. "왜 이렇게 된 거죠?" 그 후에야 진짜 논쟁이 시작됩니다. 유신론을 옹호한 무신론 진영의 학생들은 말합니다. "교수님은 우리한 테 산타클로스를 옹호하게 하셨어요. 터무니없는 관점에 우리를 세우신 거죠." 무신론을 옹호한 유신론 진영의 학생들은 말합니다. "아닙니다. 우리는 양쪽을 다 살폈는데 상대편은 그러지 않았습니다. 우리는 무신론의 가장 강력한 논거를 찾았지만 상대방은 유신론의 가장 약한 논거만을 본 거죠." 그러고 나면 이 점을 두고 학생들의 토론은 계속 이어집니다.

고통의 문제에 근거해서 제가 아는 가장 강력한 무신론의 논거를 알려드리죠. 정서적으로 그것은 이반 카라마조프의 견해와 비슷합니다. 하지만 지적인 측면에서 저는 토마스 아퀴나스(Thomas Aquinas) 의 공식을 좋아합니다. 저도 절반은 뉴요커이기에 참을성이 부족하며 그래서 몇 마디 말로 많은 말을 하는 철학자를 좋아하기 때문입니다. 아퀴나스는 현대 신학자들이 평생에 걸쳐 쓸 만큼 많은 글을 단 한 단락으로 정리할 수 있는 사람입니다.

악의 문제와 관련해서 그는 다음과 같이 믿기 어려울 정도로 간단 명료한 공식을 제시했습니다. "만일 서로 대립하는 두 개념에서 어느 한쪽이 무한하다면 다른 한쪽은 완전히 설 자리를 잃는다. 그런데 **하 나님**은 무한한 선이시다. 그러므로 하나님이 존재한다면 어느 곳에서 도 악이 존재할 수 없을 것이다 하지만 악은 존재한다. 그러므로 하나 님은 존재하지 않는다." 아주 강력한 주장입니다. 여러분은 어떻게 답 하겠습니까?

비록 하나님을 고려하지는 않지만, 무신론자들과 불가지론자들도 고통에 대한 답을 원합니다. 이처럼 고통에 관한 질문은 보편적이지만 유신론자에게는 더 어려운 질문입니다.

지금부터 여섯 가지 답을 제시하겠으나 그중 어느 것도 독창적인 답은 아닙니다. 세 가지는 자연 이성, 즉 종교나 계시에 의존하지 않는 철학적 추론에서 왔으며 나머지 세 가지는 종교와 계시에서 옵니다. 첫 번째 답은 기본적으로 고대 스토아 철학에서 제시한 답으로, 우리가 유한한 피조물이라는 주장입니다. 우리에게는 충족될 수 없는 욕망이 있으므로, 우리는 단지 불가피한 좌절에 더 빠질지 말지를 선택할 수 있을 뿐입니다.

여러분이 치과 병원 치료실에 앉아 있고 국부 마취제가 채 다 퍼지지 않았는데 의사가 말한다고 합시다. "치아 뿌리를 치료하려는데 어디가 아픈지 말해주셔야 합니다. 다른 방법은 없습니다." 여러분에게 어떤 선택지가 있습니까? 육체적 고통을 견디든지 치료에 반대하든지입니다. 치료에 반대한다면, 심리적 고통과 두려움과 공포가 더해지고 통증은 더욱 심해질 것입니다. 그러니 스토아 학파처럼 그냥 받아들여야 하지 않을까요? 레드삭스 팬들은 이 점을 잘 알고 있습니다. 이처럼 고통에 대한 가능한 한 가지 설명은 "우리는 동물, 유한한 피조물일 뿐이다"입니다.

두 번째 답은 좀 더 오래된 출처, 즉 세상 모든 문화에 있는 신화에서 가져온 것으로 역사 이전에 무슨 일이 있었다는 주장입니다. 원래는 오늘날처럼 이렇지 않았습니다. 옛날에 아담과 하와가 선악과를 먹었기 때문이며, 옛적에 판도라가 상자를 열었기 때문이며, 옛날 옛적에 마법의 새가 하늘의 행복을 담은 마법 딸기를 최초 인간의 입 안에 떨구었어야 했는데 자기를 사랑한 나머지 그 딸기를 꿀꺽 삼켰기 때문입니다.

이와 유사한 이야기가 얼마나 많은지요. 정말 놀라운 점은 거의 모든 문화에 잃어버린 낙원에 관한 신화가 있다는 사실입니다. 이는 신화의 내용이 사실이라는 뜻이 아니라 인류의 집단 무의식 속에 낙원이 있다는 뜻이며, 낙원 신화에는 일말의 진실도 없다고 말하는 것은 젠체하는 태도임을 의미합니다. 이것은 무신론에 대해 제가 제기하는 반론의 기초이기도 합니다. 만일 무신론이 맞는다면, 인류의 극소수만이 현명한 사람들이고 그 밖의 모든 이들은 영화 "하비"(Harvey)의 주인공 지미 스튜어트처럼 환상을 마음에 품고 살아가는 셈입니다. 스튜어트는 40대인데도 키가 4미터나 되는 투명 토끼 하비가 있다고 믿지요. 인류에 대한 몹시 암울한 관점이 아닐 수 없습니다. 이러한 관점은 아무것도 입증하지 못합니다.

이처럼 현재 상황이 잘못되었음을 암시하는 인류 보편의 신화는 우리가 세상과 더불어 사랑싸움을 하고 있다는 오늘날의 심리학 자료와도 일치합니다. 하지만 우리는 있는 모습 그대로 자신을 받아들이고 세상도 있는 모습 그대로 받아들이라는 대중 심리학자들의 조언을 따를 수 없습니다. 우리는 인간이기에 그럴 수 없습니다. 동물이라면 그럴 수 있습니다. 동물의 본능적 욕구와 그들이 처한 환경은 생태학적으로 완벽히 연결되어 있습니다. 동물들은 원하는 것을 얻을 수 있습니다. 하지만 인간이 바라는 단 한 가지, 온전한 행복은 이 세상 누구도 얻지 못했습니다. 절망 속에서도 존엄성을 발휘할 수 있기에 우리 인간은 영광스러운 존재입니다. 그러므로 허무주의자이자 실존주의자인 니체(Nietzsche)가 좋은 말만 늘어놓는 대중 심리학자보다 훌륭합니다. 그는 절망 속에서 존엄성을 발휘하기 때문입니다.

고통의 이유에 대한 세 번째 설명이자 가장 전통적인 답변은 그리스인에게서, 그리고 레드삭스 팬들에게서 옵니다. 고통은 우리를 지혜롭게 합니다. 랍비 아브라함 조슈아 헤셸(Abraham Joshua Heschel)의 말을 인용해보겠습니다. "고통을 알지 못하는 인간이 다른 무엇을 알 수 있겠는가?" 고대 그리스 시인 아이스킬로스(Aeschylus)는 이렇게 말했습니다. "배우는 자는 고통 받게 마련인 것을. 우리가 자는 동안에도 잊을 수 없는 고통은 쉼 없이 우리 마음에 쌓이고, 절망에 빠진 우리는, 우리의 의지와는 반대로, 고약한 신의 은혜로 말미암아 지혜를 얻게 된다네." 쾌락보다 지혜가 더 소중하다면, 고통은 나쁘지 않은 거래입니다. 어리석은 우리는 자발적으로 거래에 응하지 않을 테니, 이 거래에 응하도록 우리를 이끄는 신은 그가 누구이든 간에 지혜로운 신임이 틀림없습니다. 고통을 받는 동안 우리는 그 거래에 응하고 싶지 않을 것입니다. 하지만 고통이 끝나고 나면, 기쁨이 찾아오겠지요.

여러분이 겪었던 가장 힘든 일, 가장 큰 고통을 떠올려보십시오. 그 난관을 통과한 것이 기쁘십니까? 그렇습니다! 니체의 말을 다시 인용하겠습니다. "나를 죽이지 않는 것은 나를 더욱 강하게 만든다." 물론 고통 속에 있는 동안에는 그렇게 생각하지 못하지요.

여기에 하나님을 넣어봅시다. 고통의 문제에 대한 하나님의 답변, 고통의 원형인 욥에게 마침내 모습을 드러내셔서 그에게 주신 답은 무엇입니까? 욥은 온갖 위대한 질문을 던지지만, 하나님은 그 어느 질문에도 대답하지 않으십니다. 그분은 기본적으로 이렇게 말씀하십니다. 그분의 위대한 수사를 위대하지 못한 제 몇 마디로 요약하자면,

랍비 아브라함 조슈아 헤셸의 말을 인용해보겠습니다. "고통을 알지 못하는 인간이 다른 무엇을 알 수 있겠는가?"

도시의 소크라테스

"쉿, 얘야. 내가 말해도 너는 이해하지 못할 거다. 너는 네가 누구라고 생각하니? 나는 이야기의 '저자'고 너는 등장인물이란다."

충격이 가시고 나서야 우리는 이 말을 완벽히 이해하게 됩니다. 만일 우리가 초월적 "저자"가 쓴 이야기의 등장인물인데 그런 우리가 이 신비극의 모든 구절을 이해한다면, 그것은 초월적 "저자"가 존재한다는 가정을 부정하는 셈이 될 것입니다. 그런 분은 더는 초월적인 분일 수 없습니다. 그분은 우리와 같은 존재이며, 우리 자신의 투영에 불과할 것입니다. 달리 말하면, 삶이 불합리하다는 것은 전적으로 합리적입니다.

다른 논거를 살펴볼까요? 아마도 성경 전체에서 가장 믿기 힘든 구절이자 가장 충격적인 주장일 것 같네요. 소크라테스의 마지막 말처럼 터무니없어 보이는 로마서 8:28입니다. "우리가 알거니와 하나님을 사랑하는 자, 곧 그의 뜻대로 부르심을 입은 자들에게는 모든 것이 합력하여 선을 이루느니라." 설마, 농담이겠죠?

여기서 잠시 멈춰서, 세 가지 전제를 바탕으로 이 사실을 도출해봅시다. 무신론자를 제외하고는 거의 모든 이들이 다음 세 가지 전제를 받아들일 것입니다. 첫째, 하나님은 전능하십니다. 약한 면이 있다면, 하나님이 아닙니다. 둘째, 하나님은 전지하십니다. 그분은 모든 것을 아십니다. 어리석다면, 하나님이 아닙니다. 셋째, 하나님은 온전히 선하십니다. 사악하거나 잔인하다면 하나님이 아닙니다. 전지하시다면, 하나님은 우리에게 필요한 것이 무엇인지 정확히 알고 계십니다. 전능하시다면, 하나님은 우리에게 필요한 그것을 주실 수 있습니다. 그리고 전적으로 선하시다면, 하나님은 그렇게 하실 것입니다.

그러므로 세 가지 전제와 거기서 도출된 논리적 결론을 따를 때,

우리에게 주어진 모든 것은 분명히 우리에게 필요한 것이어야 합니다. 하지만 실제로는 그런 것 같지 않습니다. 가끔 우리는 그리스인들의 지혜를 힘입어 고통이 어떻게 우리 안에 지혜를 만들어내는지 알게 됩니다. 지나온 삶을 돌아보면서 "통과했으니 다행이야"라고 말할 수도 있습니다. 하지만 그런 말을 하지 못할 때가 더 많습니다. 하나님이 계시다고 가정할 때 그런 기대를 품게 되지만 말입니다. 설명이 안 되는 불합리해 보이는 고난은 하나님의 존재를 논박하기는커녕 하나님이 계시다는 가정에 꼭 들어맞습니다.

이런 고난은 무신론적 가설과도 잘 들어맞습니다. 그러므로 선택은 여러분의 자유입니다. 이론적 논의는 결론이 나지 않는다고 생각한다면, "파스칼의 내기"(Pascal's wager)*가 있습니다. 그게 아니라면, 얻는 것과 잃는 것을 따져볼 수 있습니다. 무신론으로는 얻을 게 전혀 없습니다. 설령 무신론이 맞다 하더라도, 죽고 나면 그것으로 끝일 뿐 아무런 보상이 없습니다. 그렇다면 유신론으로는 무엇을 얻을 수 있나요? 글쎄요, 유신론이 틀리다면 아무것도 얻지 못하겠죠. 죽음 이후의 생명도, 보상도, 형벌도 없을 것입니다. 하지만 유신론이 진리라면, 모든 것을 얻고 하나도 잃지 않습니다. 고상하고 거룩하지는 않지만 아주 합리적인 논증입니다. 포커를 해본 사람이라면 누구나 아는 사실입니다.

이제 초월적 존재와 계시에 대한 신앙에 기초를 둔 세 가지 종교적 논증을 살펴보겠습니다. 첫 번째는 믿음, 두 번째는 소망, 마지막은 사

---

* 간단히 말해서, 하나님이 있다고 믿었는데 실제로는 하나님이 없을 경우에는 잃을 게 없지만, 하나님이 없다고 믿었는데 실제로 하나님이 있다면 모든 것을 잃게 됨을 의미한다. 그러니 안 믿을 이유가 없지 않은가?

랑입니다.

종교가 제시하는 고통에 대한 첫 번째 답은 기본적으로 하나님께서 욥에게 주신 대답, 곧 "나를 믿어라"입니다. 믿음으로의 초대지요. 부모가 자녀에게 하는 말과 같습니다. "넌 아직 어리단다. 이해가 안 되겠지만 사랑하고 믿을 수는 있잖니. 의무적으로 해야 하는 건 아냐. 하지만 할 수 있잖아. 한번 믿어 봐. 너도 맘에 들 거야." 예수님께서도 복음을 처음 소개할 때 이와 비슷하게 하셨습니다. 오래 전에 알카셀처라는 소화제 광고가 있었어요. "맘껏 드세요. 괜찮습니다. 탈이 날 땐 알카셀처가 있습니다." 마찬가지죠. 요한복음에서 예수님의 첫 말씀에 주목하십시오. "와서 보라"(요 1:39). 한없이 열려 있는 초대입니다!

두 번째는 소망, 즉 미래를 향하는 믿음입니다. 자궁이 우리 우주의 전체였던 때를 생각해봅시다. 그 안에 있을 때 여러분은 자궁이 우주 전체라고 생각했겠죠. 거대한 우주라고 말이죠. "이 자궁에서 나간 뒤에도 생명이 있을까? 있을 수도, 없을 수도 있겠지." 여러분은 생명이 있음을 발견했습니다. 아마도 여러분이 죽을 때 이런 일이 다시 있을 텐데, 그때 여러분은 이 땅에서 겪는 고통의 의미를 이해하지 못할 수도 있습니다. 여기는 자궁일 뿐입니다. 작은 태아였을 적에 여러분은 이렇게 말했을지 모릅니다. "나한테 왜 발이 있지? 내가 왜 발길질을 하지? 길도 없는데 말이야." 그러나 이제는 압니다. 이생에서 지금 우리가 하는 일의 99퍼센트는 다음 생을 위한 준비인지도 모릅니다. 우리가 다음 생애에 대해 이해하는 수준은, 아마 우리 집 개와 고양이가 인간의 삶을 이해할 수 있는 정도의 수준일 겁니다.

이에 대해 아빌라의 성 테레사(St. Teresa of Avila)가 제시하는 놀라운 주장은 믿을 만합니다. 그녀는 많은 고난을 겪고 난 뒤 하나님께 질문해서 몇 가지 답을 얻었습니다. 그녀는 이렇게 말합니다. "참혹한 고통의 수렁에 빠진 비참한 인생일지라도 천국에서 내려다본다면 불편한 호텔에서 하룻밤을 지낸 정도에 지나지 않을 것이다." 이 말이 사실이 아니라면, 천국은 더는 천국이 아니겠지요.

마지막으로 가장 중요한 답은 사랑인데, 인간의 지평에서 고통당하는 사람들과 연대하는 것을 말합니다. 여러분이 누군가를 진심으로 사랑하게 되었다면 여러분이 본질적으로 바라는 것은 무엇일까요? 사랑의 목적, 깊고 진실하고 완전한 인간적 사랑의 목적은 무엇일까요? 하나됨, 친밀함, 가까움입니다. 참 사랑의 한 형태지만 가장 친숙한 형태의 사랑은 아닌 자선은, 다른 사람에게 도움과 유익을 주고자 하고 행복을 더해주려고 하되 불행과 고통은 없애주려고 합니다. 하지만 만일 여러분이 박애주의자보다 더한 사랑의 사람, 즉 사랑에 빠진 연인인데 여러분의 연인이 고통당하고 있다면, 여러분은 그의 고통을 함께 나누고 싶어 할 것입니다. 어느 곳에서든 사랑하는 사람과 함께하고 싶기 때문입니다.

기독교의 하나님은 그렇게 행동하십니다. 고통의 문제를 해결하기 위해 이 땅에 오셨을 때 그분은 우리에게 고통에서 빠져나오는 기술을 전해주시지도 않았고 신비한 철학적 설명을 해주시지도 않았습니다. 그분은 고통 속으로 함께 들어가자고 우리를 부르셨습니다. 우리가 겪는 고통 속으로 들어오셨기 때문이죠. 고통의 문제에 대한 가장 감동적인 하나님의 대답은 성경의 가장 짧은 구절에 나와 있습니다. 친한 친구인 나사로가 죽었을 때 예수님은 그의 무덤으로 가셨고, 성경은 "예수께서 눈물을 흘리시더라"라고 표현합니다(요 11:35). 다음 절에서 모두가 말합니다. "보라, 그를 얼마나 사랑하셨는가!"(요 11:36). 우리의 고통에 대해 하나님께서 어떻게 생각하시는지를 단적으로 보여주는 장면입니다.

무슨 이유 때문인지 우리는 하나님을 차갑고 냉정한 부재지주로 생각하는 경향이 있습니다. 고통의 문제에 대해 신비한 대답이나 철학적 답변을 주는 분, 혹은 고난을 겪어야만 한다고 멀찍이 서서 말하는 분으로 생각하곤 합니다. 그러나 구약성경에 보면 하나님은 그런 분이 아닙니다. 하나님은 극심한 고통 속에서도 우리 가까이에 계신 분입니다.

홀로코스트에서 하나님은 어디 계셨습니까? 가스실에 계셨습니다. 그분은 고난 받는 어린아이 한 명 한 명과 함께 계시며, 희생자와 함께 계시며, 가해자가 아닌 희생자와 자신을 동일시하십니다. 그런다고 해서 철학적 문제가 해결되는 것은 아니지만, 감정적 문제는 확실히 풀립니다. 저는 인간의 고통에 전적으로 동참하지 않는 하나님을 사랑하기란 불가능하다고 봅니다. 그것은 사랑이 아니기 때문입니다.

한밤중에 악천후로 여러분의 차가 멈춰 섰는데 고칠 방법을 모르겠고 견인 트럭도 부를 길이 없다고 해봅시다. 휴대전화가 있다면 택시를 부르거나 견인 트럭을 부르고 싶은데, 그럴 수도 없는 상황입니다. 그때 도움을 청할 수 있는 유일한 사람, 즉 근처에 살고 있던 매형이 당신을 찾아왔습니다. 그런데 고치는 방법은 모르고 휴대전화나 견인할 트럭도 없습니다. 그러면 그가 어떻게 하겠습니까? 차에서 당신과 함께 밤을 보냅니다. 그리고 아침이 오면 여러분은 곤경에서 풀려납니다.

견인 트럭보다 매형이 훨씬 고맙지 않겠습니까? 이와 같이 하나님께서 우리가 처한 고통에서 당장 우리를 견인해주시지 않을 때라도 고통 속에 우리와 함께 계신다는 사실이 고통의 문제에 대해 제가 아는 가장 감동적이고 만족스러운 답입니다. 그러므로 하나님은 고통의 문제에 대해 우리에게 많은 말씀을 하시지는 않습니다. 기독교의 하나님은 우리에게 단 한 마디만을 해주시는데, 그분의 이름은 예수님입니다.

이와 같이 하나님께서 우리가 처한 고통에서 당장 우리를 견인해주시지 않을 때라도 고통 속에 우리와 함께 계신다는 사실이 고통의 문제에 대해 제가 아는 가장 감동적이고 만족스러운 답입니다.

도시의 소크라테스

질문과 답변　고맙습니다, 크레이프트 박사님. 이제 질문의 시간을 잠시 갖겠습니다. 독백 시간은 없습니다. 그러니 질문을 하시려거든 반드시 **질문의 형태로** 해주십시오. 어느 분이 먼저 시작하시겠습니까?

질문 : 로마서 8:28은 하나님께서 "모든 것이 합력하여" 선을 이루게 하신다고 약속합니다. 이 말씀은 믿는 사람들, 곧 하나님을 사랑하며 "그분의 뜻에 따라 부르심을 받은" 이들을 위한 말씀처럼 보입니다. 그렇다면 세상 기준으로 볼 때, 선하지만 신자가 아닌 사람의 인생에 닥쳐오는 고난은 어떻게 봐야 하겠습니까?

답변 : 모르겠습니다. 왜냐하면 누가 택함 받았고 누가 택함 받지 않았는지 우리는 모르기 때문입니다. 구원의 문제는 우리가 판단할 수 없다고 봅니다. 눈곱만큼도 알 수 없습니다. "구원 받은 사람이 많습니까?" 하고 제자들이 물었을 때 예수님은 "천국에 들어가기를 힘써라. 네 앞가림이나 해라" 하고 말씀하셨습니다. 이처럼 우리는 자신의 길에 대해서만 들을 뿐, 다른 사람들이 가는 길은 알지 못합니다. 여행사 직원이 플로리다 주에 가는 방법을 설명할 때, 조지아 주에 있는 늪지대를 피해 가는 방법을 말해주지는 않습니다. 플로리다 해변에 가는 방법만 일러줄 따름입니다.

질문 : 누가 구원받고 누가 구원받지 못하는지 반드시 알아야 할 필요는 없겠지만, 구원받지 못하는 사람들이 있지 않습니까? 그들이 겪는 고통은 어떻게 봐야 할까요?

답변 : 그 점에 대해서는 어떤 자료도 없다고 봅니다. 제가 드릴 수 있는 답변도 없어요. 제가 아는 한 그 문제에 대해서는 들은 바가 없습니다. 우리가 들어서 알고 있는 놀라운 소식은 하나님을 사랑하는 사람에게는 모든 것이 합력하여 선을 이룬다는 말씀뿐입니다. 자, 믿기 어렵죠. 손턴 와일더(Thornton Wilder)의 『산 루이스 레이의 다리』(*The Bridge of San Luis Rey*, 샘터 역간)라고 제가 좋아하는 소설이 있는데, 신앙을 잃어가는 프란체스코회 소속의 주니퍼 수사에 관한 이야기입니다. 과학자이기도 한 그는 하나님께 몇 가지 단서를 구합니다. 단지 몇 가지 단서 말이죠. 그는 이렇게 말합니다. "인생은 신비로운 직물입니다. 저는 하나님께서 짜고 계신 담요의 앞면을 보리라고 기대하지는 않습니다. 하지만 뒷면에 풀려 있는 실 몇 가닥은 보고 싶습니다. 그것을 볼 수 있다면 최소한 이해는 될 테니까요."

하루는 그가 신문을 읽다가 협곡에 놓인 현수교를 지탱하던 밧줄이 끊어져서 5명의 젊은이가 때 이른 죽음을 맞이했다는 기사를 보고 분개합니다. 터무니없는 일이라고 말합니다. 그래서 젊은이들의 삶을 과학적으로 조사하기 시작합니다. 가족들을 인터뷰하고 젊은이들의 일기를 읽고 단서를 수집하여 마침내 조사 결과를 내놓습니다. 그는 자신이 충분히 믿을 만한 단서를 모았다고 생각합니다. 그래서 그는 다음과 같은 인상적인 문장을 결론으로 내놓습니다. "어떤 이들은 말합니다. '신에게 우리 인간은 어느 여름 날 아이들이 무심히 휘두르는 파리채에 맞아 죽어 나가는 파리 같다.' 다른 이들은 말합니다. '하늘 아버지의 뜻이 아니면 머리카락 하나도 땅에 떨어지지 않는다.'" 어느 쪽이든 가능한 선택 사항이죠.

질문 : 고통 없이 행복할 수는 없을까요? 행복과 고통은 서로 배타적인가요?

답변 : 고통을 겪지 않고 어떻게 참 행복을 알 수 있을까요? 고생을 모르고 자란 아이는 감사할 줄 모르겠죠. 고생을 해봐야 감사할 줄 압니다. 여기 오기 직전에 저는 하와이에 있었습니다. 예술과 인간에 관한 국제회의가 그곳에서 열렸는데, 진짜 회의라는 생각이 들더군요. 1,687명이나 참석한 회의이니 말입니다. 모든 참석자는 두세 사람에게 논문을 제출했을 뿐인데, 여행 경비는 모두 그들이 속한 대학에서 부담했더라고요. 하와이에 오기 위한 사기가 아니고 무엇이겠습니까. 저는 서평을 좋아하기 때문에 하와이는 제게 성지와도 같은 곳입니다. 그런데 즐길 수가 없었습니다. 왜 아니겠어요?

제가 뉴잉글랜드 사람인데다, 청교도이며, 칼뱅주의자인 레드삭스 팬이기 때문일 겁니다. 하와이에 고통 같은 것은 없습니다. 모든 것이 완벽합니다. 하지만 그런 데서는 못 살 것 같습니다. 겨울이 없으면 여름을 누리지 못합니다. 이 겨울을 이겨야 여름을 즐길 수 있습니다. 죽음이라는 숙명이 없다면 생명의 감사함도 알 수 없을 것입니다.

20여 년 전에 스웨덴 기자인 오스본 제거베르크(Osborn Segerberg Jr.) 2세가 쓴 『불멸 요인』(*The Immortality Factor*) 이라는 멋진 책이 나왔습니다. 그는 처음으로 유전학자들을 인터뷰하여 인공 불멸이 이론적으로 가능한지를 알아보았는데, 인터뷰에 응한 학자 대부분이 "그렇다"고 답했을뿐더러 그것이 2~3백 년 안에 가능해질 것이라고 응답했습니다. 본론에서 벗어난 얘기지만, 과학은 대부분 너무 길게 예측하는 경향이 있죠. 아마 그 시기는 훨씬 빨리 올 것입니다. 책 이야기로 돌아가죠. 그러고 나서 그는 불멸을 다룬 옛 신화와 과학소설을 살핍니다. 옛 신화와 현대의 과학소설—「그리스인 테세우스」, 「방랑하는 유대인」, 「방황하는 네덜란드인」 같은 신화들과 아서 클라크(Arthur C. Clarke)의 소설 『낙원의 샘』(*Tuck Everlasting*), 『유년기의 끝』(*Childhood's End*) 등—은 하나같이 불멸은 끔찍한 사건, 최악의 발상이라고 말합니다. 죽음이 없다면 삶의 의미도 사라지고 맙니다.

그다음 제거베르크는 심리학자들에게 가서 그 미래를 물었습니다. 그들은 대부분 이렇게 말했습니다. "오, 멋지겠죠. 고통이 끝나고 두려움이 끝나고. 지상 낙원이 되겠죠." 그는 심리학자들보다 신화가 더 지혜로울 수 있다는 결론을 내립니다. 저는 우리에게 고통이 필요하다고 봅니다. 우리는 아주 어리석은 사람들이기 때문입니다. 우리가 매우 어리석은 사람들이라면 우리는 상처와 실수를 상기할 필요가 있습니다. 우리는 없을 때에야 비로소 있는 것에 감사하는 사람들이기 때문입니다. 제가 얼마나 어리석은 사람인지 저는 날마다 깨닫습

도시의 소크라테스

니다.

  기독교의 교리 가운데 가장 인기 없는 교리가 원죄 교리입
니다. 저는 이 교리를 아무 어려움 없이 믿을 수 있습니다. 저
자신의 경험을 보면, 죄를 지을 때마다 괴로움을 당할 것을 알
면서도 계속해서 죄를 짓기 때문이죠. 아침에 자리에서 일어
나면 수만 가지 생각이 머리를 찌르며 공격해옵니다. "이것 좀
생각해봐, 저것도 생각해보고, 이것도 걱정해야지, 저것도 걱
정하고." 달려드는 잡념들을 거침없이 몰아내고 아침 시간 일
부를 떼어 하나님께 드린다면, 하루를 행복하게 지낼 수 있습
니다. 하지만 그러지 않은 날에는 하루가 엉망입니다. 미친 듯
이 살게 됩니다. 우리는 그런 사람들입니다. 그래서 좀 두들겨
맞을 필요가 있습니다.

질문 : 화해에 대해서는 어떻게 생각하시는지요. 그리고 어떤 사람
    의 마음속에 있는 고통에 대한 개념, 즉 "나에게 그런 고통을
    주다니! 그는 용서받을 수 없어"라는 생각에 대해 어떻게 생
    각하시는지 듣고 싶습니다.

답변 : 질문하신 분이 용서받지 못할 죄가 있다고 믿는 사람들이 겪
    는 문제를 언급하신 것인지 확실히 해주셨으면 좋았을 것 같
    습니다. 하나님이 완전히 선하신 분이라면, 스크루지가 아니
    겠죠. 그분은 몇 가지를 용서해주시는 것이 아니라 전부를 용
    서해주십니다. 용서받지 못할 유일한 죄는 용서를 받아들이지
    않는 죄, 즉 전통적인 기독교 신학에서 교만이라 부르는 가장
    나쁜 죄뿐입니다. "나는 너무 착하게 살아서 용서받을 게 없

다." 이렇게 생각하는 것이죠.

질문 : 다시 정확히 질문하겠습니다. 고통을 유발한 사람이 다른 사
람한테 용서받지 못한 경우입니다.

답변 : 아, 매우 진지한 문제입니다. 이 경우 유일한 위안은, 하나님
께서 그들을 용서하시니 그들도 자신을 용서해야 한다고 믿는
것뿐입니다. 다시 말해 수평적인 방식만으로 해결할 수 없는
문제지요. 수평적인 관계는 종종 막히기 때문입니다. 그러나
수평적인 관계가 막혀 있는 두 당사자들이 수직으로 연결된다
면, 그러면 대개 우리가 이해하지 못하는 방식으로 화해가 이
루어질 수 있습니다. 이는 분명 무척 신비한 일이며 적시에 이
뤄지기도 합니다. 하나님은 영원한 분이시니 과거를 바꾸실
수도 있습니다. 그러나 시간 속 존재인 우리는 그 사실을 알지
못합니다.

질문 : 아퀴나스를 언급하셨는데 그는 무척 아리스토텔레스에 가까
운 실용적인 사상가였던 것으로 기억합니다. 반면에 늘 소크
라테스처럼 보이는 아우구스티누스(Augustine)와 오늘 소개
하신 아퀴나스의 견해를 비교한다면 어떤 차이가 있을까요?
믿음, 소망, 사랑, 특히 고통에 대한 두 사람의 견해를 비교해
본다면 어떻겠습니까?

답변 : 교황 요한 바오로 2세는 자신이 쓴 회칙 『신앙과 이성』(Fides
et Ratio)에서 믿음과 이성이 비둘기의—인간의 영혼을 말합
니다—양쪽 날개라고 말합니다. 저는 이렇게 말하고 싶습니

다. 아우구스티누스와 아퀴나스는 지성의 양쪽 날개라고요. 아우구스티누스는 무척 열정적인 사상가입니다. 『고백록』(*The Confessions*)만큼 감성과 지성이 모두 뜨거운 책은 없습니다. 저는 중세 때 만들어진 아우구스티누스 조각상을 좋아하는데, 그것은 항상 한 손에는 책을 펼쳐 들고 있고 다른 한 손에는 불타는 심장을 받쳐 들고 있습니다.

이와 대조적으로 아퀴나스는 명료한 빛과 같은 학자입니다. 아우구스티누스가 깊은 신비를 파헤치는 두더지라고 한다면, 아퀴나스는 그 신비 위를 선회하며 지도를 그리는 독수리라고 할 수 있습니다. 그 둘이 함께 큰 그림을 우리에게 선사합니다. 그런데 고통의 문제에 대한 아퀴나스의 답변은 극적인 표현을 사용한다는 점에서 놀라울 정도로 아우구스티누스와 닮았습니다. 아퀴나스의 답변이 추상적이고 철학적 개념이기만 한 것은 아닙니다. 문제는 이렇습니다. 이 땅에 악이 존재한다면 하나님이 존재하실 수 있는가? 서로 대립하는 두 개념 가운데 어느 한쪽이 무한하면 다른 한쪽은 설 자리를 잃습니다. 하나님은 무한한 선이시므로 하나님이 존재한다면 악은 존재할 수 없습니다. 만일 악이 존재한다면 하나님은 존재하지 않는 것입니다.

아퀴나스는 아우구스티누스에게서 그 해답을 얻습니다. 하나님은 결코 악을 허락하지 않으시지만, 인간의 자유의지를 통해 악을 허용하신다고 말합니다. 하나님께서는 그분의 지혜와 권능으로 악에서 그보다 더 큰 선을 이끌어내실 때를 제외하고는 결코 악을 허락하지 않으십니다. 동화 같은 답변이지요. 아직 우리는 "그 후로 행복하게 살았습니다"로 끝나는 세상에 살고 있지 않으나 그런 세상을 향해 싸워나가고 있습니다.

질문 : 우리가 고통의 문제를 대할 때 겪는 어려움 중에는, 우리 자신이 겪는 고통을 어떻게 다룰 것인가 하는 문제도 있지만, 흔히 보듯이 다른 사람이 겪는 고통을 어떻게 다룰 것인가 하는 문제도 있다고 봅니다. 수많은 논평을 양산해내고 있는 영화 "디 아워스"(The Hours)의 마지막 장면에서, 주인공 가운데 한 명은 자녀를 떠나기로 한 자신의 선택을 아주 익숙한 표현으로 묘사합니다. 물론 영화를 보는 동안에는 그녀가 자기 자녀와 문제가 있었다는 사실을 알 수 없습니다. 이 사실은 끝에 가서야 드러납니다. 이 영화는 자살에 관한 영화지만 영화를 아직 못 보신 분들을 위해서 한마디 하자면, 자살이 끝은 아니며 그보다 훨씬 극적인 이야기가 있습니다. 자살은 단지 이야기의 일부일 뿐입니다.

　그녀는 이렇게 말합니다. "삶을 선택했기에 떠나기로 했다." 영화에서 이 말은 일반적인 쓰임새와는 다른 의미로 사용됩니다. 한 어머니가 삶을 선택하기 위해 자기 자녀를 떠나갑니다. 못 보신 분들을 위해 한 번 더 말하지만, 이 영화에는 훨씬 많은 이야기가 담겨 있습니다. 저는 표면적 의미대로 보면 잘못된 선택에 따른 악을 이겨내기 위해 싸우는 사람이 해야 어울릴 이 말이 전혀 다른 의미로 쓰이는 데 완전히 충격을 받았습니다.

답변 : 제가 보기에 그것은 속임수입니다. 그 영화를 보지 못했지만,

그녀의 실수는 그녀가 자신의 인생만 생각한 데 있습니다. 삶은 나무와 같아서 거기에는 많은 가지와 잎과 뿌리가 납니다. 그 모두가 하나입니다. 죄와 고통 안에 인류가 서로 얽혀 있다는 개념은 우리처럼 뿌리를 잃고 자의식 과잉 상태인 개인들이 이해하기에는 다소 어렵지만, 옛사람 대부분은 우리보다 이를 훨씬 잘 이해할 수 있었습니다. 우리와 깊이 연결된 이들이 없다면, 우리는 진정으로 행복할 수도, 충만할 수도, 생기 있게 살아갈 수도 없습니다.

질문 : 소크라테스와 예수에 관한 책을 쓰신 걸로 알고 있습니다. 고린도전서에서 사도 바울은 이렇게 말합니다. "우리는 십자가에 못 박힌 그리스도를 전하니…이방인에게는 미련한 것이로되"(고전 1:23). 바울은 그리스인(이방인)들과 이야기한 적이 있었고, 그가 이야기를 하면 듣고 있던 그리스인들이 "당신은 미련하오"라고 반응했던 게 분명합니다. 그렇다면 바울을 어리석다고 보았던 그리스식 사고는 어떤 것이었습니까?

답변 : 대부분의 사람이 어리석습니다. 바보 아닌 사람의 비율은 어디서든 낮습니다. 저는 바울이 아테네 방문 이후에 그 서신을 썼다고 봅니다. 사도행전 17장에서 바울은 아레오바고에 가서 철학자들(에피쿠로스 및 스토아 철학자들)과 토론하는데, 그곳은 소크라테스가 실제로 철학을 했던 곳입니다. 철학자들이 이렇게 말합니다. "이 새로운 가르침이 무엇이냐?"(19절) 이제 바울이 철학자들에게 이야기할 기회가 생겼습니다. 아테네와 예루살렘이 함께하게 된 것입니다.

아테네에 간 적은 없지만, 아레오바고는 "신들의 길"이라고 하는 긴 길의 꼭대기에 있다고 합니다. 거기에는 그리스의 신들뿐 아니라 다른 여러 문화의 신들을 포함해 온갖 신상들이 있었는데, 사람들이 많은 지역에서 아테네로 와서 허다한 자기 신들에게 희생 제사를 드렸기 때문입니다. 아테네 사람들을 향한 첫 설교에서 바울은 이 사람들을 언급합니다. 이 설교를 할 때 바울도 그 길을 걸어 올라가며 그들의 "종교심이 많음"을 주목했습니다. 이는 비꼬는 말인데, 왜냐하면 이렇게 말하기 전에 바울은 아테네에 우상이 가득한 것을 보고 마음이 격분했다고 말했기 때문입니다. 여러분은 바울이 이전에 고린도 사람들에게 했던 말, 즉 "여러분은 참으로 어리석습니다"와 비슷한 말을 하리라 예상할 것입니다. 그 대신 바울은 놀랍게도 이렇게 말합니다. "'알지 못하는 신에게'라고 새겨진 제단도 보았습니다."

소크라테스는 사실 석공이었습니다. 고대 그리스에는 두 종류의 석공이 있었습니다. 하나는 제단을 조각하고 글자를 새기는 비교적 쉬운 일을 맡은 석공이었습니다. 다른 하나는 균형 잡힌 인간의 형상을 만들어야 하는 조각가들이었는데, 이 일을 할 수 있는 사람은 많지 않았습니다. 그 일을 할 수 있다면 부자가 될 테지만, 소크라테스는 무척 가난했습니다. 그는 제단을 다듬고 거기에 글을 새겨 넣는 일을 했습니다. 아시겠지만 소크라테스의 아무 글이든 읽어보면, 그가 알지 못하는 신을 섬겼음을 알게 됩니다. 그는 그 신의 이름을 말하지 않았는데, 그가 목숨을 잃은 것은 그가 그 신의 이름을 제우스나

도시의 소크라테스

아폴로 또는 국가의 여느 신의 이름으로도 부르지 않았기 때문입니다. 따라서 바울이 언급한 "알지 못하는 신에게"라는 문구는 정말로 소크라테스가 새겨 넣은 것일 수 있습니다.

이에 대해 바울은 뭐라고 말합니까? "나는 여러분이 알지 못하고 예배하는 그 대상을 여러분에게 알려드리겠습니다." 저는 이것이 어리석음의 이면이라고 봅니다. 그렇습니다. 그리스인의 어리석음이 여기에 있습니다. 하지만 소크라테스는 어리석지 않았습니다. 자신이 어리석다는 것을 알고 있기 때문이지요. 그는 자신이 알지 못함을 알기에 그 신의 이름을 부르지 않습니다. 그는 추구합니다. 그리고 훨씬 높은 권위에 따르면, 구하는 자는 찾게 됩니다. 천국에서 소크라테스를 만나지 못한다면, 저는 무척 놀랄 것 같습니다.

질문 : 사도 바울은 "그러나 여러분은 그리스도 예수 안에 있습니다"라는 말로 고린도전서 1장을 마무리하는데, 그것은 누가 천국에 갈지를 하나님이 선택하신다는 뜻 같습니다만.

답변 : 우리의 선택이기도 합니다. 그 둘은 배타적이지 않습니다.

질문 : 맞는 말입니다.

답변 : 이것이 예정과 자유 의지 간 역설입니다. 두 교리 모두 우리가 잘 아는 바입니다. 이는 모든 위대한 소설의 역설이기도 합니다. 작가의 예정이 들어 있지 않은 소설이 있던가요? 인물의 자유 의지가 들어 있지 않은 소설이 있던가요?

질문 : 이해가 안 되네요. 선생님이 자기모순에 빠지신 듯합니다. 선생님은 소크라테스가 천국에 있다고 하지만, 사도 바울은 이 시대의 변론가들이 하나님을 모른다고 말합니다. 선생님은 하나님을 알지 못하는 사람들이 천국에 간다고 말하는 것입니까?

답변 : 아닙니다. 그러나 저는 소크라테스가 그 변론가 중 하나라고 생각하지는 않습니다. 소크라테스는 단순한 변론가가 아니었습니다. 그는 구도자였습니다.

질문 : 바울은 그리스인들이 자신을 어리석은 자라고 불렀다고 분명히 말하지 않습니까?

답변 : "그리스인"이란 말은 "유대인"이란 말처럼 애매한 표현입니다. 어느 한 집단이나 민족 전체를 정형화하는 것은 어리석은 일입니다.

질문 : 이야기를 간략하게 하려면 중생의 문제에 대해 말씀하실 필요가 있다고 봅니다.

답변 : 알겠습니다. 저는 예수님이 인간이실 뿐 아니라 삼위일체의 두 번째 위격이신 영원한 "말씀"이심을 믿는 보수적이고 전통적인 신앙을 바탕으로 적지 않은 수의 비그리스도인들이 천국에 있을 것이라는 다소 진보적인 예상을 해봅니다. 요한이 그의 복음서 1장 9절에서 "말씀"이 세상에 와서 모든 사람을 비추었다고 말하기 때문입니다. 따라서 예수님은 온 세계의 구주시지만, 그분을 33살 나이에 키는 180센티미터가 넘는 유대

인 목수로만 생각할 필요는 없습니다. 그분을 알 수 있는 다른 길들이 있으며, 아마도 소크라테스가 그 길을 알았으리라 봅니다.

질문 : 동의할 수 있으면 좋겠지만 안 되네요.
답변 : 괜찮습니다. 언젠가 그럴 수 있겠죠.

질문 : 제 질문은 하나님의 성품에 관한 것입니다. 성경은 "내가 야곱은 사랑하고, 에서는 미워하였다"라고 합니다(롬 9:13). 선하시고 사랑 많으신 하나님께서 어떻게 미워하실 수 있냐고 묻는 사람에게 어떻게 변호하시겠습니까?
답변 : 제가 히브리어는 모르지만, 그 본문의 **미워하다**라는 말이 "자기 아버지나 어머니를 미워하지 않으면, 내 제자가 될 수 없다"(눅 14:26) 하고 말씀하신 예수님의 이상한 말씀에 나온 "미워하다"라는 그리스어 단어와 같은 의미라는 사실만은 압니다. "미워하다"라는 말은 "필요하다면 등을 돌리다"라는 뜻입니다. 즉 최우선 순위 다음에 둔다는 말이지요.

　　따라서 그 말씀은 하나님께서 에서를 증오하신다는 말이 아닙니다. 에서는 아직 태어나지도 않았습니다. 그것은 예정에 관한 말씀입니다. 하나님께서는 그들이 아직 태어나기도 전에 "에서는 악당이 되고, 야곱은 영

> 성경은 "내가 야곱은 사랑하고, 에서는 미워하였다"라고 합니다. 선하시고 사랑 많으신 하나님께서 어떻게 미워하실 수 있냐고 묻는 사람에게 어떻게 변호하시겠습니까?

웅이 될 것이다"라고 말씀하신 것입니다. 마치 소설가처럼 말이죠. 이것은 그들에게 자유 의지가 없다는 뜻이 아닙니다. 소설가는 영웅의 길과 악인의 길을 선택할 자유 의지를 부여하지만, 그들이 어느 길을 택할지 이미 알고 있습니다.

질문 : 먼저, 지혜의 말씀을 나눠주셔서 고맙습니다. 예전에 철학 수업 시간에 악은 창조의 일부가 아니라 선의 부재라고 들었습니다. 먼저 이 부분을 더 상세히 설명해주셨으면 좋겠고, 그다음으로 악의 기원과 그 배경에 대해서 구체적으로 설명해 주시겠습니까?

답변 : 그 질문은 아우구스티누스의 위대한 발견과 관련될 것 같습니다. 『고백록』에 그 문제에 대한 이야기가 나옵니다. 악의 문제를 풀 수 없었던 아우구스티누스는 11년 동안 마니교도로 살았습니다. 마니교의 믿음에 따르면, 동등한 힘을 가진 악한 신과 선한 신이 존재해서 서로 싸우지만 어느 한쪽도 영원히 이기지는 못합니다. 마니교는 악한 신은 물질을 만들었고, 선한 신은 그 물질로부터 사람들을 해방시켜 영의 세계로 들어가게 해주기를 원한다는 식으로 악을 설명했습니다.

아우구스티누스는 마니교 신앙이 옳다고 생각하지는 않았습니다. 그는 항상 더 나은 답을 찾는 사람이었고 마침내 그 답을 찾았습니다. 그것은 하나님이 완전히 선하시며, 존재하는 모든 것과 물질로 이루어진 모든 것이 하나님의 피조물이므로 모든 물질이 선하다—"존재 자체가 선하다"(*Ens est bonum*)—라는 깨달음이었습니다.

그렇다면 악은 무엇입니까? 악은 어떤 대상도 아니고 물질도 아닙니다. 신도 아니고 피조물도 아닙니다. 이런 의미에서 악은 존재가 아닙니다. 그것은 비존재(nonbeing)인데, 그렇다고 해서 존재하지 않는다거나 실재가 아니라는 말은 아닙니다. 실명은 제3의 눈이 아니며, 그 원인인 백내장도 아닙니다. 실명은 선한 것, 즉 시력의 부재입니다. 부재일 뿐 아니라 결여입니다. 마이크에는 시력이 없으나, 그것이 마이크에 대해 악이 아닌 까닭은, 있어야 할 것의 결여가 아니기 때문입니다. 그러나 인간의 눈에는 시력이 있어야 합니다. 따라서 "악은 도대체 어떤 성격을 띠는가?", "악의 존재, 악의 형이상학은 무엇인가?"를 묻는다면 "어떤 것에 반드시 있어야 할 선한 것의 결핍"이 그 답입니다. 이 답은 추상적인 질문에 대한 답변입니다. "악이 나에게도 실재하는가?"와 같은 구체적인 질문에 대한 답은 아닙니다. "내 삶에서 악은 어떻게 나타나는가?"는 전혀 다른 질문입니다. 따라서 그 두 가지 질문을 혼동하지 않는 것이 무척 중요합니다. 그렇지 않으면, 아우구스티누스의 말은 "악은 실재하지 않으니 걱정하지 말라"는 어리석은 낙관론자의 말처럼 들립니다. 그는 악의 문제에 무척 민감했습니다.

질문 : 제 질문은 두 가지입니다. 첫 번째 질문입니다. 야고보는 "여러 가지 시험에 빠질 때에, 그것을 더할 나위 없는 기쁨으로 생각하십시오. 여러분은 믿음의 시련이 인내를 낳는다는 것을 알고 있습니다"(약 1:2-3)라고 했습니다. 고통이 인생의 불가피한 일부임을 알면서도 그것을 없애보려는 인간의 노력을

어떻게 이해해야 하겠습니까? 두 번째 질문입니다. 인간이 스스로 고통을 만들어내지 않았다는 사실을 깨닫는다면, 우리는 속수무책으로 손을 놓고 있기보다는 주님께서 그 문제를 덜어주실 것을 믿고 기다려야 할까요?

답변 : 실제적인 답변은 아주 분명합니다. 선생님이 그리스도인이라면 예수님께서 병든 자와 고통 받는 자를 고쳐주셨음을 믿을 것입니다. 예수님은 고통 받는 사람들을 불쌍히 여기셨습니다. 온전한 인간이셨던 그분은 우리에게 하나님이 어떤 분이신지를 보여주셨을 뿐 아니라 참 인간의 이상을 보여주셨습니다. 따라서 고통에 무관심한 스토아 학파의 태도나 도망치려는 태도, 혹은 의식을 초월함으로써 고통에 무감각해져서 그것을 초극하려는 불교의 자세 등은 어떤 경우에도 고통에 대한 기독교적 응답이라고 할 수 없습니다.

하지만 선생님의 첫 번째 질문에는 깊은 역설이 있습니다. 한편으로 고통은 복입니다. 여러 가지 시련을 당할 때 그것을 기쁨으로 여겨야 합니다. 다른 한편으로 우리는 고통을 해소해야 합니다. 가난을 해결해야 하는 것과 마찬가지입니다. 가난한 자는 복이 있습니다. 하지만 가난을 해소하는 것은 기독교의 명령 가운데 하나입니다. 온갖 가난과 고통의 총화인 죽음은 최고의 악입니다. 죽음은 마지막 원수입니다. 예수님께서는 부활하셔서 죽음을 이기시기 위해 이 땅에 오셨습니다.

또 한편으로 죽음은 영광입니다. 잊히지 않는 아름다운 소절이 담긴 오래된 성가곡이 하나 있습니다. "당신께서 죽음을 이기고 영화롭게 하셨네. 우리는 그 문으로 들어가서 살아 계

도시의 소크라테스

신 하나님의 존전으로 나아가네." 어찌된 일인지 이 이상한 드라마에서 최악의 사건은 최선의 사건을 위해 사용됩니다. 도덕적인 측면에서도 인류가 범한 가장 흉악한 죄, 즉 역사상 가장 끔찍한 악행은 하나님의 아들을 죽인 일이지만, 그리스도인들은 그 사건을 성금요일로 기념하며 구원의 근거로 여깁니다. 아주 이상한 일입니다. 인생처럼 말이죠.

질문 : 두 가지 질문을 드릴 테니 자세한 설명을 부탁합니다. 첫 번째는 고통(suffering)과 악(evil)을 같은 개념으로 언급하셨는데 둘은 서로 다른 것 아닌가요? 두 번째 질문입니다. 악은 무한하고 완전하신 하나님의 견해거나 개인의 임의적인 견해 가운데 하나가 아닐까요? 하나님이 없다면 실제로 악은 존재할 수 없기도 하거니와 만약 누군가가 악에 대해 말한다 해도 그것은 전능하시고 완전하신 하나님을 염두에 두고 그렇게 하는 것이니까요.

답변 : 첫 번째 질문에 대해서는 질문하신 분의 생각이 제 생각보다 명료합니다. 지적하신 부분을 기꺼이 받아들입니다. 두 번째 질문에 대해서는 제 생각이 좀 더 분명하니 제 의견을 받아들이시면 좋겠습니다. 우선, 제가 강연 내내 고통을 이야기하면서 고통과 악을 거의 하나인 것처럼 얘기했는데 그건 실수입니다. 우리가 행하는 악이 있고 우리가 당하는 악이 있습니다. 그리고 우리가 행하는 악이 훨씬 나쁩니다.

우리가 행하는 악은 일반적으로 말하면 죄입니다. 죄는 자기 자신과 성품 및 영혼에 해를 끼치는 악입니다. 고통은 몸에 해악을 줄 뿐이며 소크라테스가 "선한 사람에게는 어떤 악한 일도 일어나지 않는다"라고 한 말의 의미와는 차이가 있습니다. 하지만 그다음 질문에 대해서 말하자면, 악은 견해가 아닙니다. 악은 관점도 아니고 심리학적 시각도 아닙니다. 악은 실체입니다. 어떤 물체는 아니지만 실재합니다. 이 점에서 우리는 실수합니다. 우리는 악에 관해 논쟁합니다. "그것은 선하다" 또는 "그것은 악하다" 하면서 선과 악을 놓고 모두가 다툰다는 사실은 마치 우리가 악이 단지 견해의 문제가 아닌, 객관적으로 실재하는 대상으로 믿는 것처럼 행동함을 의미합니다. 우리는 단지 의견을 두고 싸우지는 않습니다. 싸울 수는 있지만 정말로 싸우지는 않습니다. 저는 레드삭스를 좋아하고, 여러분은 양키스를 좋아합니다. 우리는 그것으로 싸우지 않습니다. 우리는 사실을 두고 다툽니다. 세상 끝 날까지 레드삭스가 단 한 번이라도 월드 시리즈에서 우승할 날이 올까요? 우리 중 현명한 사람들은 그 답을 압니다. "없습니다. 그들은 저주받은 팀이잖아요." 어리석은 이들만이 "그렇다"라고 답할 것입니다.

따라서 참과 거짓의 문제는 객관적 진리와 관련이 있습니다. 하지만 단순한 의견이나 관점은 참과 거짓의 문제가 아닙니다. 악은 관점의 문제만이 아니며 주관적인 문제도 아닙니다. 만일 여러분이 악을 주관적인 관점의 문제라고 생각한다 해도, 저는 9.11테러 이후로 그렇게 생각하는 뉴요커는 거의 없다고 봅니다. 그 끔찍한 사건 이후 왁자지껄하게 터져 나온 수많은 목소리 가운데 유독 한 목소리만이 침묵했지요. 바로 심리학적 해석입니다.

질문 : 뉴요커답게 거침없이 실용적인 입장에서 공격해보겠습니다.

답변 : 좋습니다.

질문 : 파스칼의 내기가 제게는 도움이 됩니다. 다만 파스칼의 말처럼, 믿음으로 살면 인생에 손해가 없고 더 나은 삶을 살게 될 거라는 한 가지만 빼고 말이죠. 선행을 하면 결국 더 행복한 삶을 살게 될 테니, 큰 모험은 아닙니다. 하지만 성 이냐시오 (St. Ignatius)와 그가 말한 겸손의 세 단계를 생각해보면 어떨까요? 첫 번째 단계는 구원을 위해 육체의 죄를 끊는 것입니다. 두 번째 단계는 하나님의 뜻을 행하는 한 행복한 삶이든 슬픈 삶이든, 오래 살든 짧게 살든, 고통에 초연한 채 살아가는 것입니다. 저는 이 점이 불편합니다만, 겸손의 세 번째 단계는 짧고 불행한 삶을 능동적으로 선택하는 것인데, 그것이 예수님께서 지상에서 사셨던 삶과 더욱 닮았기 때문입니다. 자, 우리 믿음에 이 겸손의 세 번째 단계가 수반된다면 파스칼의 내기는 말이 안 되는 것 같습니다. 이것은 수년간 성가신 질문이었는데 선생님의 생각은 어떠신가요?

답변 : 제 생각에 파스칼은 이 세 번째 단계에 이르더라도 결국에는 내기에 승산이 있다고 말하지 않을까 싶습니다. 즉 결국에는 천국에서 더 큰 기쁨을 얻게 될 것이라는 뜻입니다. 많은 금욕 훈련을 통해 영혼을 심화함으로써 다른 누구보다 하나님을 더 알고 즐거워할 테니 말입니다. 따라서 결국에는 충분한 가치가 있습니다.

질문 : 이 땅에서도 가치가 있을까요?

답변 : 네, 이 땅에서도 그렇습니다. 성도는 지극히 행복한 사람들이기 때문입니다. 제 머릿속에 선명하게 남아 있는 두 부류의 사람들이 있습니다. 그들은 믿을 수 없을 정도로 행복한 사람들이고 참으로 깊은 행복을 소유한 사람들인데요, 모두 아주 금욕적입니다. 하나는 매사추세츠 주 댄버스의 갈멜 수도회 수녀님들입니다. 그분들은 끊임없는 침묵 속에 살아갑니다. 초대를 받아 그분들에게 강연을 한 적이 있는데, 오히려 그분들은 침묵으로 제게 가르침을 주었습니다. 그리고 무엇보다 테레사 수녀님이 세우신 사랑의 선교회입니다. 그들은 보스턴에서 가장 빈민가인 록스베리에서 사랑의 집을 운영하는데, 가장 힘든 지역을 골라 가장 열악한 가정들과 더불어 자신들이 할 수 있는 일을 그저 묵묵히 하고 있습니다. 역시 초대를 받아 그분들에게 강연을 한 적이 있는데, 그분들은 행복을 빛처럼 발하고 있었습니다. 새벽 네 시에 일어나고 옷은 단벌이며, 개인 소유의 물건은 거의 없고 간소한 식사를 합니다. 그런데도 그들은 행복으로 빛납니다. 파스칼의 내기는 이 땅에서도 충분한 가치가 있습니다.

> 성도는 지극히 행복한 사람들이기 때문입니다. 제 머릿속에 선명하게 남아 있는 두 부류의 사람들이 있습니다. 그들은 믿을 수 없을 정도로 행복한 사람들이고 참으로 깊은 행복을 소유한 사람들인데요, 모두 아주 금욕적입니다.

도시의 소크라테스

질문 : 질문이 있습니다. 고통보다는 악에 한정해서 질문하겠습니다. 성경에서 하나님은 악의 존재 이유에 대해 말씀하시지 않는다고 언급하셨습니다. 하나님은 욥에게도 이유를 알려주지 않으셨습니다. 하나님은 우리에게도 그 이유를 설명해주지 않으십니다. 이 주제에 대해서 많은 연구와 생각을 하셨을 텐데 혹시 개인적으로 발견한 답은 없으신지, 있다면 어디서 찾으셨는지 알고 싶습니다. 찾지 못했다면, 어떤 결론에 이르게 되었나요?

답변 : 질문에 부분적인 답변을 드리겠습니다. 철학자로서 저는 항상 욥기가 불편했습니다. 욥기가 고전이라는 사실을 느낌으로 알고 있었으나 하나님께서 욥의 질문에 전혀 답해주시지 않는다는 사실이 늘 불편했습니다. "그렇죠, 하나님께는 그러실 권리가 있으시죠. 하지만 마음에 들진 않습니다"라고 말하곤 했습니다. 욥은 "예, 하나님. 말씀하신 대로 하겠습니다" 하며 싱겁게 꼬리를 내립니다. "좋습니다. 아무리 짓밟혀도 괜찮습니다"라고 하는 경건하지만, 비굴한 벌레 같은 태도가 저는 싫습니다. 제가 지나친 뉴요커 스타일이어서 그런지도 모르지만, 욥도 결국은 그런 뉴요커였습니다. 그는 하나님의 얼굴 앞에서 움켜쥔 주먹을 흔들며 말합니다. "당신은 잔인한 살인자입니다. 어떻게 이것을 앗아갈 수 있습니까? 설명해보십시오." 불경한 말일 수 있으나 우리는 그 말에 공감합니다. 그런데 마지막은 어찌나 실망스러운지, 이 모든 질문에 대한 답은 주어지지 않습니다.

그래서 저는 그 점이 이 극의 실패라고 말했습니다. 욥이라는 인물은 결국에는 너무 빨리 변합니다. 저는 욥기의 저자가 영화 "반지의 제왕: 두 개의 탑"에서 감독 피터 잭슨이 파라미르에게 한 것과 같은 용서할 수 없는 일을 욥에게 한 것이라는 생각이 들었습니다.* 파라미르는 악당이 아니라 영웅입니다. 하지만 마르틴 부버(Martin Buber)를 읽다가 제가 틀렸음을 확신하게 되었습니다. 아마도 『나와 너』(I and Thou)였던 것 같네요. 부버는 하나님이 욥기의 끝에서 심판을 선언하시는 장면을 해설합니다. 정통 신학자들인 욥의 세 친구는 지루할 정도로 반복해서 "하나님은 위대하시고 선하시다. 우리에게 양식을 주신 주님께 감사하자, 아멘" 하고 말합니다. 그들은 결코 이단적 발언을 한 적이 없으나 정죄를 당합니다.

반면 이단적 생각과 신성 모독적인 발언을 서슴지 않은 욥은 인정을 받습니다. "하나님, 당신은 자기 마음대로 하시는 폭군입니다. 저는 당신이 싫습니다. 저를 귀찮게 하지 마십시오" 하나님은 말씀하십니다. "내가 너와 네 친구들에게 화가 났다"라고 했던 것 같습니다. 하나님은 "수아 사람 빌닷"이 자신을 제대로 변호하지 못했다며 책망하십니다. 욥과는 반대로 말이지요. 하지만 친구들은 하나님에 대해 완벽하게 옳은 말을 했고, 욥은 틀린 말을 했습니다.

부버는 "그렇지 않다"라고 말합니다. 하나님은 부를 수만 있을 뿐 표현될 수는 없는 "당신"이시며 하나님이 직접 계시하

---

* 톨킨이 쓴 원작과 잭슨이 감독한 영화 사이에는 약간의 차이가 있다. 소설에서 파라미르는 반지가 악의 반지이며 사용해서는 안 된다는 사실을 깨닫고 반지에 유혹에서 벗어나 프로도, 샘, 골룸을 보내지만, 피터 잭슨의 영화에서 그는 곤도르까지 그들을 끌고 가서야 풀어준다.

도시의 소크라테스

신 그분의 이름은 **나**(I Am)이지 **그것**(It Is)이 아니기에 하나님께 말하는 욥은 하나님을 기쁘시게 한 것이며, 그와 달리 하나님께 직접 말하지 않고 기도하지도 않고 그분에 관해 말하지도 않는 세 친구는 하나님을 기쁘시게 하지 않은 것입니다.

"바로 그거야!" 저는 동의했습니다. 제 수업 시간에 두 학생이 큰 소리로 대화하며 수업을 방해한다고 해봅시다. "크레이프트 교수 제정신이 아닌 것 같지?" "아니." "맞아, 이상해." "아냐."

"잠깐만!" 저는 이렇게 말하겠죠. "나 여기 있다." 학생들이 제가 제정신이 아니라고 생각한다고 해서 기분 나쁘지는 않을 겁니다. 타당한 생각이니까요. 하지만 내가 앞에 있는데 마치 없는 것처럼 내 앞에서 얘기하는 데는 화가 치밀 것입니다. 그런데 우리는 늘 하나님 앞에서 그렇게 합니다.

"하나님은 이래, 하나님은 저래." "얘들아, 나 여기 있다. 나한테 직접 말하지 그러니?" 직접 말하기! 욥이 한 일입니다. 바로 그것이 하나님이 원하시는 바였습니다. 무척 심오한 이야기죠.

질문 : 그러니까 악이 실재하거나 실재할 수 있으니 하나님께 더욱 집중해야 하고 하나님과 마주해야 한다는 말입니까?

답변 : 우리가 너무 어리석은 사람인 까닭에 말씀하신 것이 맞다라고 인정할 수밖에 없습니다. C. S. 루이스는 『고통의 문제』(*The Problem of Pain*, 홍성사 역간)에서 이렇게 말합니다. "하나님은 우리가 기쁨 속에 있을 때는 속삭이시고, 고통 속에 있을

때는 소리쳐 부르신다." 고통은 귀먹은 세상을 깨우는 하나님의 확성기입니다.

질문 : 유신론적 관점에서 볼 때, "왜?"라고 묻는 것은 하나님의 주권을 믿지 못하는 것과 같은 것 아닐까요?

답변 : 정반대입니다.

질문 : 구체적인 예를 들겠습니다. 저는 에릭 리들(Eric Liddell)을 두고 고민해왔습니다. "불의 전차"(Chariots of Fire)라는 영화로 널리 알려진 육상선수 리들은 올림픽에서 금메달을 땄습니다. 하지만 그 후의 일에 대해서는 사람들이 잘 알지 못하는데, 나중에 그는 산둥 수용소, 즉 랭던 길키(Langdon Gilkey)의 위대한 책 제목(『산둥 수용소』, 새물결플러스 역간)이기도 한 그곳으로 떠났습니다. 그는 거기서 고생하다가 죽었습니다. 리들의 경우를 선생님이 말씀하신 고통의 틀로 생각해본다면, 하나님께서 더 큰 뜻을 가지고 계시다고 생각할 수밖에 없는 것인가요? 아니면 다른 답변이 있나요?

답변 : 질문해주신 분이 하나님과 깊은 관계에 있지 않다면 "왜?"라고 묻지 않을 것입니다. 하나님을 떠났다면 아무 관심이 없을 테고요. 마음속에서 터져 나오는 "왜?"라는 질문은 관계를 전제로 합니다. 믿음의 근거를 바라는 것입니다. 거기에는 어떤 믿음이 있는데, 그저 머리로 믿는 믿음이 아닌 인격적인 신뢰를 바라는 믿음입니다. 그런데 이 믿음이 무지합니다. 믿음에는 사랑이 따르기에 더 알기 원합니다. 우리는 그분을 더 알기

원합니다. 그래서 하나님께 계속 묻는 것입니다. "왜 이러십니까?" 이것은 아주 좋습니다. 예수님께서도 이런 질문을 금하신 적이 한 번도 없습니다. 지적으로 솔직한 반응입니다.

질문 : 보스턴 북부에서 오신 철학자로서 9.11을 경험한 우리 뉴요커들에게 철학적으로 참조할 만한 점이나 성찰할 점을 말씀해주시겠습니까?
답변 : 조금 구체적으로 말씀해주시면 좋겠습니다.

질문 : 많은 이들이 희망의 가능성을 잃었습니다. 반면에 또 다른이들은 희망의 가능성을 발견했고, 또 많은 이들이 희망의 가능성을 지금도 찾고 있습니다.
답변 : 큰 선과 큰 악, 큰 기쁨과 큰 고통은 언제나 우리에게 선택의 기회를 준다고 생각합니다. 어느 쪽을 만나든지 우리는 더 지혜로워지고 희망을 품고 좋아질 수도 있고 그 반대일 수도 있습니다. 먼저 큰 선을 살펴봅시다. 멋진 일이 있으면 "이제 마음이 놓여. 모든 게 잘 될 거야. 더 이상 의문은 없어"라고 말합니다. 그러면 다 되었습니까? 아닙니다. 절대 그렇지 않습니다. 여기서 멈추면 안 됩니다. "이 일은 어디서 온 걸까? 하나님, 감사합니다. 이것은 하늘의 메시지야." 큰 선은 그 일 너머

> 큰 선과 큰 악, 큰 기쁨과 큰 고통은 언제나 우리에게 선택의 기회를 준다고 생각합니다. 어느 쪽을 만나든 우리는 더 지혜롭고 희망을 품고 좋아질 수도 있고 그 반대일 수도 있습니다.

를 바라보는 것입니다.

악도 마찬가지입니다. 악한 일은 일어나기 마련입니다. 제 사무실 벽에는 사진이 하나 걸려 있는데, 여러분 중에서도 보신 분들이 계실 겁니다. 19세기 말 파리에서 일어난 어떤 사건에 관한 사진입니다. 2층으로 된 철도역이 있고, 2층에서 거리로 곤두박질하는 기관차가 한 대 있습니다. 엄청나게 큰 증기기관차가 떨어지는데 그 위에 한 단어—"망할"—가 쓰여 있습니다. 이것은 불쾌할 뿐 불경하지는 않습니다. 고상한 취향에는 어긋나지만 선한 종교에는 위배되지 않습니다. 이것은 악에 대한 한 가지 대답인데, 여기에는 반대되는 효과가 있습니다. 악은 아무런 선도 행하지 못합니다. 하지만 9.11 때 일어난 일은 악합니다. 그 사건은 실제로 악이 존재함을 제게 알려주었습니다. 그때 저는 지혜를 얻었습니다. 형제자매들과 연대하여 악에 맞서 싸워야 함을 악을 통해 깨달았습니다. 더 용감해졌습니다.

뉴욕과 미국, 나아가 전 세계의 하나된 대응은 분명 엄청난 선이었습니다. 그것이 목숨을 잃은 수천의 생명보다 나을 수야 없지만, 악에는 언제나 반작용이 있습니다. 악한 일도 항상 선한 열매를 맺게 되어 있습니다. 저는 늘 하나님이 요리사 같다고, 상한 채소를 가지고 맛있는 음식을 멋지게 차려내는 프랑스 요리사 같다고 생각합니다. 악한 일에도 항상 선한 뜻이 있습니다.

질문 : 오늘날 미국에서 보듯이, 두려움에 사로잡힌 문화에서 악과

도시의 소크라테스

고통에 대한 바른 관점을 갖는 일이 얼마나 어려운지 모르겠습니다. 악과 고통에 대해 선생님이 취하는 관점이 그러한 문화에 의해 왜곡될 가능성은 없다고 보시나요? 다시 말해 이렇게 멋진 곳에 모여서 다른 누군가의 이야기와 반대되는 이야기를 마치 완벽한 사실인 양 말할 수도 있지 않을까 하는 것입니다. 제 질문의 진의는, 유신론이나 철학과는 관계없는 관점이 배제되지 않을까 우려된다는 것입니다. 심리학적 자료를 참작한 관점 같은 것은 간과하시는 듯합니다.

답변 : 자료를 탓하지 않습니다. 저는 이론들을 탓한 것이지요.

질문 : 죽음을 상기하게 하는 일이 실제로, 이를테면 문화적 세계관에 대한 집착을 강화하는 결과를 낳는다는 주장을 지지하는 자료는 많이 있습니다. 어느 정도 상대적이라고 생각하시지는 않는지요. 그리고 선생님의 그런 관점이 선생님 자신의 세계관이나 편견, 성장 과정의 영향을 받았다고 생각하지는 않으십니까?

답변 : 당연히 그렇습니다.

질문 : 그런 것이 고통에 대한 관점에 어떤 영향을 주었는지 궁금합니다.

답변 : 그게 바로 세계관입니다. 세계관은 세세한 사실이 아닙니다. 전체적인 그림이지요. 구체적인 사실을 어떤 순서로 배치해주는 지도와 같은 개념으로, 모두가 나름의 세계관을 가지고 있습니다. 아무도 피할 수 없으며, 이는 세계관이란 개념을 거부

하는 사람들도 마찬가지입니다. 세계관을 거부하는 자체가 하나의 세계관입니다.

질문 : 그렇다면 그 세계관이 고통과 악에 대한 선생님의 관점에 어떤 영향을 주었습니까?

답변 : 빛을 비춰줍니다. 세계관은 손전등입니다. 자료는 똑같죠. 질문하신 분이나 저나 둘 다 알고 있습니다. 우리는 그 이유를 해석합니다. 서로 다른 두 사람이 같은 자료를 전혀 다르게 해석하는 데는 서로 다른 두 가지 이유가 있습니다.

하나는 사람으로부터 옵니다. 인간의 성격, 개성, 성향, 두려움, 욕망, 의견 등. 다른 하나는 객관적 진실에서 옵니다. 빛이 어떤 사람의 마음은 비출 수 있고 다른 사람의 마음은 비추지 않을 수 있습니다. 그보다는 빛이 두 사람의 지성을 모두 밝혀주지만 서로 다르게 비춥니다. 그래서 정말로 존재하는 것을 누군가는 보지만 저는 못 보기도 하고, 반대로 저는 보지만 그는 못 보는 경우가 생기는 것입니다.

예를 들어 제가 전형적인 유신론자라서 "죽음은 위대하다. 천국으로 인도하는 길이니까"라고 말한다면 저는 아주 많은 것을 놓치고 있는 셈입니다. 죽음은 참극입니다. 죽음은 친구이기 전에 원수입니다. 다른 한편으로, 설령 죽음 이후에 삶이 없다 하더라도 죽음은 친구일 수 있습니다. 죽음 없이 이 땅에서 영원히 산다면 그것은 썩어가는 달걀과 같을 테니 말입니다. 죽음 이후의 삶을 믿지 않는 이들이 보는 것을 제가 보지 못할 수도 있습니다. 그래서 저는 그런 자료에 민감하며 질문

도시의 소크라테스

하신 분의 이야기 같은 것에 귀를 기울여야 합니다.

질문 : 그러면 선생님은 여전히 영원을 찾고 계신 거군요. 영원이라
　　　는 것이 있을지 모른다고.
답변 : 그렇습니다. 우리는 모두 할 수 있는 한 모든 자료에 마음을
　　　열어두어야 합니다. 하지만 그저 모든 의견을 비교하기보다는
　　　진실을 찾아야 합니다. 의견을 비교만 하는 것은 일종의 정신
　　　적 자위라 할 수 있습니다. 그저 여러 의견을 가지고 노는 것
　　　이죠.

질문 : 어쩌면 우리는 의견만 있는 것 아닐까요?
답변 : 그게 우리가 가진 전부라면 우리는 몇 년 전 「뉴요커」의 만평
　　　에 실린, 무인도에서 굶어 죽어가는 두 사람과 비슷합니다. 병
　　　속에 담긴 쪽지가 나옵니다. 희망입니다. 둘은 쪽지를 펼쳐 읽
　　　고는 이내 고개를 숙입니다. 자막이 올라옵니다. "이건 우리가
　　　보낸 거야."

질문 : 진실은 아마 "하비" 같은 것일지도 모르죠.
답변 : 진실이 만약 "하비" 같은 것이라면 막다른 골목이죠. 하지만
　　　아직 파스칼의 내기가 남아 있습니다. 결론이 "하비"밖에 남지
　　　않은 확정적인 상황 같은 것은 없습니다. 그러니 만약 두 의견
　　　이 똑같이 지적으로 훌륭하다면, 절망과 공허를 선택함으로써
　　　무엇을 얻겠습니까? 적어도 파스칼의 내기 쪽이 앞뒤가 맞지
　　　않나요?

질문 : 저는 손익의 관점에서만 생각하지는 않습니다.

답변 : 저도 그렇습니다. 손익은 두 번째죠. 가장 중요한 질문은 진실입니다. 엄청난 양의 심리학적 이익과 엄청난 행복을 받는 대가로 진실을 희생해야 한다면, 혹은 행복을 희생하고 엄청난 진실을 얻을 수 있다면 힘든 선택이 되겠지만, 최소한 저는 행복보다는 진실을 택할 것입니다.

윌리엄 제임스(William James)는 마음을 유순한 마음과 강인한 마음으로 구분했습니다. 유순한 마음은 행복과 이상, 위로, 통합 같은 것들을 구합니다. 강인한 마음은 진실을 추구합니다. 그는 강인한 마음을 가진 사람과 유순한 마음을 가진 사람이 서로를 이해하지 못하며 실제로 언쟁을 벌이지도 못한다고 합니다. 생각해보니 그가 약간 오해한 점이 있는 것 같은데요, 제가 보기에 우리는 모두 깊은 곳 안에 강인한 마음을 가진 사람들이기 때문입니다. 예컨대 이 자리가 아주 근사하기는 하지만, 지금 이곳이 천국이고 제가 신이라고 정말로 생각하는 분이 계십니까? 여기가 천국이고 제가 신이고 이것이 지복직관(beatific vision)이라고 생각한다면, 여러분은 과연 행복할까요? 행복이 가장 중요하다면 그렇게 믿으셔야죠. 하지만 그렇게 하지 않는 것은 그것이 사실이 아님을 우리가 알기 때문입니다. 어리석은 짓이죠. 보십시오. 진실이 행복보다 우선합니다. 진실이 먼저고, 행복은 그 다음입니다.

질문 : 키에르케고르가 말하는 균형 잡힌 믿음의 행위와 니체의 허무주의적 권력 의지를 간략히 비교해주십시오.

도시의 소크라테스

답변 : 짧게 대답해볼게요. 키에르케고르의 믿음은 균형 잡힌 행위
가 아닙니다. 그의 믿음은 일종의 도약입니다. 깊은 어둠 속에
있지만, 온 마음을 다해서 전적으로 헌신하는 것을 의미하지
요. 니체는 정반대의 도약을 말했습니다. 그는 "이제 나는 모
든 신의 존재를 부정하겠다. 만일 신들이 존재한다면 어떻게
내가 신이 아닐 수 있겠는가? 결론적으로 신은 없다." 이것은
믿음입니다. 하지만 정반대의 믿음입니다. 말이 안 됩니다. "천
국의 종이 되느니 지옥의 지배자가 되겠다"는 루시퍼의 믿음
이죠. 저는 니체가 지옥에 도착하면 프랭크 시나트라의 노래
를 부를 것이라고 생각합니다. "난 내 방식대로 살았다네."

질문 : 제가 선생님을 오해한 것 같습니다. 선생님은 악의 결과이든
고난의 결과이든 어떻게든 선한 결과를 낳는다는 생각을 피력
하셨습니다. 비슷한 이야기를 "복된 타락"(Fortunate Fall)이라
는 철학에서 들어봤는데요. 아담과 하와가 죄를 범해서 하나
님께서 그 아들을 보내실 수 있었으니 잘된 일이라는 주장이
었습니다. 하지만 제가 보기에는 말이 안 됩니다. 죽음에 관한
질문에 답하면서 선생님이 무언가를 말씀하신 것 같은데 정말
헷갈립니다.

답변 : 그게 복되다면 왜 안 하겠습니까? 하나님께서 악에서 선을 만
드신다면 우리는 왜 더 많은 악을 행하지 않는 건가요? 우리
가 대장이 아닐뿐더러 대장이신 분께 충고할 처지도 아니기
때문입니다. 우리는 보병이며 전투를 준비하라는 명령이 떨어
졌습니다. 선이 있고 악이 있습니다. 옳은 일이 있고 잘못된 일

이 있습니다. 우리는 악에 맞서 의를 위해 싸울 뿐입니다. 또한 전반적인 전략을 아는 대신, 일부만 알고 있습니다. 하나님은 이렇게 말씀하십니다. "네가 악한 일을 해도 나는 그것을 선으로 만들 수 있단다." 위험한 일입니다. 놀라운 일입니다. 위험하지만 중요한 것을 대신할 수는 없습니다. 우리는 전투를 준비하라는 명령이 무엇을 의미하는지 분명히 압니다. 그러니 명령을 좇아 앞으로 나아갑시다.

아버지 역할의
의미

폴 비츠
2004년 3월 25일

강사 소개　　안녕하십니까? 에릭 메택시스입니다. 트럼프 타워 앞에서 사진 찍는 대신 "도시의 소크라테스"를 찾아주신 개념 있는 여러분을 환영합니다.

　　여담이지만, 5번가의 미적 가치를 높여준 도널드 트럼프 씨에게 이 자리를 빌려 감사의 마음을 전합니다. 밖에 걸린 현수막이 얼마나 근사한지, 마치 디킨스의 소설에 나올 법하지 않습니까? 건물 꼭대기에서 도끼눈을 하고 노려보는 모습이 정말 대단합니다.*

　　아무튼 오늘 밤 이 자리를 찾아주신 여러분을 만나 뵙게 되어 반갑습니다. 이미 알고 계신 분들이 많겠지만, "도시의 소크라테스"는 "성찰하지 않는 삶은 살 가치가 없다"라는 소크라테스의 유명한 금언에 착안하여 시작된 모임입니다. 소크라테스의 논리를 연장해보면, 성찰하지 않은 금언은 기억할 가치가 없다고도 말할 수 있겠죠. 소크라테스의 이 금언은 지난 2,500년 동안 기억되었으니 충분한 성찰을 거쳐 기억할 만한 금언의 반열에 들었다는 뜻이겠지요. 하지만 솔직히 제가 기억하지 못하는 말인지라 사실 여부를 확신하지 못하겠네요.

　　아무튼 "도시의 소크라테스"를 준비하면서 우리 팀이 갖게 된 지론이 있습니다. 그것은 이 휘황찬란한 도시 속에서 살아가는 빛나는 거주민들이—바로 우리 뉴요커들을 말하죠—세계 어느 곳의 사람들보

---

* 이날 행사가 열린 대학클럽 건물 맞은편에는 트럼프 빌딩이 있는데, 그 외벽에 백만장자 도널드 트럼프가 출연한 리얼리티 쇼인 "어프렌티스"(The Apprentice)를 홍보하는 거대한 현수막이 걸려 있었다.

다 자신의 삶을 성찰하기 어려운 처지에 있다는 사실이죠. 그 주된 이유는 뉴요커들이 남부러운 직장뿐 아니라 저급한 유흥거리에 쉽게 마음을 빼앗기기 때문입니다. 100퍼센트 확실한 사실인지는 모르겠으나, 사실 여부를 입증해줄 자료도 없으니 우리의 지론일 뿐이죠. 하지만 오늘 모임이 진행되는 동안 저는 이런 확신을 밀고 나갈 생각입니다. 여러분, 제발 긴장 좀 푸시고 웃어주세요.

어쨌든 지난 5년간 우리는 성찰하는 삶을 살아온 뛰어난 사상가들을 찾아 세계 곳곳을 돌아다녔습니다. 성찰하는 삶을 통해 그들이 얻은 유익을 바로 우리, 성찰하지 않는 도시의 거주민인 우리에게 나눠주도록 말이죠. 그런 분들을 물색하기 위해 당연히 우리는 뉴욕을 넘어 멀리까지 가야만 했습니다. 우리 모임의 전제를 상기해볼 때, 뉴요커들은 지나친 성공을 이뤘을 뿐만 아니라 원래 주의가 산만하고 야심이 큰 까닭에 "도시의 소크라테스"처럼 위엄 있는 모임에서 강연할 수 있을 만큼 자기 성찰과 철학적 깊이를 이룬 이가 없겠다고 짐작했기 때문입니다.

뉴욕을 제외한 세계 도처에서 강연자들이 우리 모임에 다녀갔습니다. 보스턴에서 몇 분, 정확히 말하면 3분의 강사를 모셨습니다. 현재 하버드 대학교 의과대학에서 교편을 잡고 있는 아만드 니콜리(Armand Nicholi) 박사는 C. S. 루이스와 지그문트 프로이트에 대해 강연해주셨습니다. 세인트존스 신학교의 토머스 하워드(Thomas Howard) 박사는 『우연인가, 춤인가?』(Chance or the Dance?)라는 책 제목과 동일한 강의 제목으로 강연해주셨습니다. 마지막 한 분은 현재 보스턴 칼리지의 철학과 교수인 저명한 피터 크레이프트 박사입니다. 보스턴에서만 3명이 왔을 뿐, 뉴욕 출신은 한 명도 없었습니다. 워싱턴에서도 3명의 강연자가 왔었습니다. 우선 「타임」의 전 편집장이자 언론인인 데이비드 에이크먼이 있었죠. 프레데리카 매세위스 그린(Frederica Methewes-Green)은 두 달 전에 왔었습니다. 물론 오스 기니스를 빼놓을 수는 없죠. 그는 "도시의 소크라테스" 모임에서 이제까지 8번이나 강연을 했습니다. 세계 신기록에 오를 만하죠. 기네스북 말입니다.

보스턴과 워싱턴에서뿐만 아니라 유서 깊은 영국에서 온 강연자도 있었습니다. 그저 영국인 정도가 아니라 대영제국의 기사인 존 폴킹혼 경이었습니다. 그러나 이 고담 시에는 소크라테스가 있으리라고는 기대조차 하지 않았습니다. 어제까지는 분명 그랬습니다.

앞에서도 말씀드렸지만, 뉴요커 중에는 이 자리에 설 만큼 학문성이나 탁월함, 자기 성찰을 갖춘 이가 없다고 시종일관 추정했었습니다.

그렇습니다. 이러한 저의 가정에 아마 많은 분이 기꺼이 동의하시리라 생각합니다. 지금 이 연회실에 계신 분 중에도 동의하시는 분들이 분명 있을 것입니다. 그러나 오늘 밤 저는 폴 비츠(Paul Vitz) 박사님을 모신 이 자리에서 이 같은 편견을 가진 모든 이를 대신해서 그간 품었던 우리의 오류를 기꺼이 인정하고 진심으로 사과의 말씀을 드리고자 합니다. 맞습니다. 이해하기 어렵지만, 폴 비츠 박사님은 무수히 많은 소음과 유혹으로 가득 찬 이 거대한 도시 한가운데서도 제대로 살아갈 수 있는 참으로 드문, 매우 특별한 뉴요커일 뿐 아니라 자신을 성찰할 줄 아는 귀한 영혼입니다.

친애하는 뉴요커 여러분, 이런 이유로 저는 박사님께서 상을 받아 마땅하다고 봅니다. 안타깝게도 오늘 밤 우리가 드릴 수 있는 상은 없네요. 하지만 하나가 있는데 바로 경청하는 청중, 곧 여러분입니다. 신사숙녀 여러분, 여러분이 곧 상입니다. 마음에 안 드시나요? 자신이 하찮게 된 것 같나요? 어느 쪽이든, 어쩔 수 없습니다.

이제 뉴욕 본토박이 강연자인 폴 비츠 박사님에 대해 본격적으로 소개해드리겠습니다. 비츠 박사님은 성찰할 줄 모르는 야수의 도시, 뉴욕 한복판에 살고 있습니다. 뉴욕 대학교에서 심리학과 교수로 재직 중이신데, 이 대학 역시 자기성찰을 할 줄 모르는 야수의 도시 한복판에 위치해 있습니다. 비츠 박사님은 심리과학회의 선임연구원이며, 수백 편의 기고문과 여러 권의 책을 썼습니다. 그중 몇 권을 소개하자면 『신이 된 심리학』(*Psychology as Religion: The Cult of Self-Worship*, 새물결플러스 역간), 오늘 우리가 다룰 주제를 다룬 책인 『무신론의 심리학』(*Faith of the Fatherless: The Psychology of Atheism*, 새물결플러스 역간), 그리고 『지그문트 프로이트의 기독교적 무의식』(*Sigmund Freud's Christian Unconscious*), 이 밖에도 다수의 저서가 있습니다. 앞쪽에 있는 북 테이블에서 적절하게 할인된 가격으로 이 책들을 구입하실 수 있습니다. 정중히 부탁하시면 비츠 박사님께서 기꺼이 사인해주실 겁니다.

비츠 박사님은 뉴욕 대학교에서 프랑스어를 가르치고 있는 아내와 함께 뉴욕 그리니치빌리지에서 살고 있습니다. 여섯 자녀를 두었으니, 그것만으로도 "아버지 역할"(fatherhood)이란 주제에 관해 유익한 이야기를 들려줄 수 있는 충분한 자격을 갖추었다고 생각됩니다.

아버지 역할은 그동안, 적어도 제 삶에서는 다소 소홀히 여겨진 주제가 아니었나 싶습니다. 어머니 역할과 관련된 주제는 자주 들리지만 아버지를 다룬 이야기는 자취를 감추었다 해도 과언이 아닐 것입니다. 유행이 지났다고 해야 할까요. 아버지 하면 연상되는 가장 행복한 이

도시의 소크라테스

미지는 "아버지와 인생을"(*Life with Father*) 같은 옛날 영화나 "아버지는 다 알아"(*Father Knows Best*), "비버는 해결사"(*Leave It to Beaver*) 같은 TV 드라마 정도입니다. 비현실적인 면이 없지는 않지만, 그래도 이런 영화나 드라마는 이상적인 아버지의 역할이 무엇인지를 파악하고 있었습니다. 아버지 역할과 관련해 이들 영화와 드라마가 제시한 이미지들은 어떤 면에서 긍정적이라 말해도 무방할 것입니다.

그러나 지난 40년을 거치면서 이런 이미지에 대한 반발이 꾸준히 이어져서 오늘날 우리는 새로운 아버지상을 갖게 되었습니다. 허구의 세계에서는 앨 번디(드라마 "못 말리는 번디 가족"[*Married with Children*]의 주인공—역주)와 호머 심슨(만화 "심슨네 가족들"[*The Simpsons*]의 주인공—역주)을, 현실에서는 초호화 호텔 발코니 난간 너머로 아들을 들어 올린 채 서 있었던 가수 마이클 잭슨을 들 수 있습니다. 터프 가이 앤디 그리피스나 로버트 영일지라도 자기 자식의 얼굴에 복면을 씌우는 일은 하지 않았을 겁니다.*

아무튼 시절이 바뀌었습니다. 이런 변화 때문에라도 저는 비츠 박사님이 들려줄 아버지 역할에 관한 내용이 기대됩니다.

신사숙녀 여러분, 폴 비츠 박사님을 모시겠습니다.

---

* 작고한 팝스타 마이클 잭슨은 아이 얼굴에 복면을 씌운 채 대중 앞에 모습을 드러내는 습관이 있었다. 2002년 독일 베를린의 아들론 호텔에서는 아직 젖도 떼지 않은 아들 프린스를 4층 발코니 난간 너머로 충동적으로 들어 올려 흔들어 보임으로써 팬들에게 충격을 준 사건으로 유명하다.

강연

뉴욕에 대해 제대로 소개해주셨네요. 그렇습니다. 저 또한 뉴욕 사람으로서 이 도시에서 40년가량 살았는데, 그 모든 형용사가 저에게 어울리는지는 강연이 끝날 때쯤 여러분이 판단하실 일이라고 봅니다. 그다지 자신은 없지만, 강연자 명단에서 맨해튼이 빠지는 일이 생기지 않았으면 하고 소망해봅니다.

이 자리에 서는 것이 저로서는 기쁨이자 도전입니다. 여러분 같은 청중, 그러니까 앞선 소개말에 소개된 그런 분들 앞에서 강연을 해보기는 처음인 것 같습니다. 여러분 중 몇 분하고는 만난 적이 있네요. 여러분은 여러 나라에서 오셨습니다. 그래서 무척 이상한 이름을 갖고 계신 분들도 있고, 매우 익숙한 이름을 갖고 계신 분들도 있습니다. 하지만 오늘 밤 뉴욕뿐 아니라 교회적인 의미에서 세계가 이곳에 있으리라 기대하며 시작해보겠습니다.

오늘 제가 하려는 이야기는 일반적인 주제, 즉 아버지 역할에 관한 이야기입니다. 오늘날 우리 문화가 직면한 위기 상황은 다름 아닌 가정의 위기입니다. 저는 짧은 논평과 분석을 통해 이 사실을 여러분에게 보여드릴 수 있습니다. 하지만 그보다 더 중요한 것은 가정의 위기 중심에 아버지 역할의 위기가 있다는 사실입니다. 제가 보기에 우리 세대는

> 그보다 더 중요한 것은 가정의 위기 중심에 아버지 역할의 위기가 있다는 사실입니다. 제가 보기에 우리 세대는 남자가 된다는 말의 의미를 그 기초부터 잃어버렸습니다.

남자가 된다는 말의 의미를 그 기초부터 잃어버렸습니다. 저는 모든 남자는 아버지가 되도록 부름 받았다고 믿습니다. 이 말을 모든 남자는 생물학적인 측면에서 아버지로 부름 받았다는 뜻으로 받아들일 필요는 없습니다. 다만 모든 남자는 인생 속에서 자신보다 어린 어떤 사람들의 아버지로서 부름 받았다고 이해하시면 되겠습니다.

이 주제와 관련해서 히브리어 성경에 언급된 한 구절을 소개해드리고 싶습니다. "아버지의 죄"가 여러 세대, 종종 삼사 대까지 이어진다고 언급한 구절입니다. 아버지의 죄만이 자녀에게로 전해진다고 구약성경이 말하고 있다니 흥미롭습니다.

어머니는 죄를 지을 수 없다거나 나쁜 어머니는 없다는 말을 하려는 것이 아닙니다. 하지만 성경의 관찰에는 깊은 진실이 담겨 있습니다. 우선, 어머니가 어머니 역할을 하리라는 점이 아버지가 아버지 역할을 하리라는 점보다 훨씬 더 신뢰가 갑니다. 상대적으로 "매우 훌륭한" 어머니들이 참으로 많습니다. 따라서 어머니들이 자녀들에게 해를 끼칠 가능성은 적다고 봅니다. 물론 어디나 예외는 있습니다. 저는 최근 수년간 상담 치료를 진행하면서 어머니와의 관계에 심각한 문제를 안고 있는 사람들을 만났습니다. 그렇지만 일반적으로 아버지들이 아버지 역할을 하리라는 쪽보다는 어머니들이 어머니 역할을 하리라는 쪽에 훨씬 더 믿음이 가는 게 사실입니다. 둘째로, 어머니가 신뢰할 수 없는 사람인 경우 보통은 자녀가 어릴 적에 문제가 곧바로 드러나기 때문에 이를 발견한 다른 여자들(할머니, 이모)이 개입해서 문제를 해결합니다. 어머니가 정말 구제불능인 경우, 친척이나 위탁모가 어머니를 대신하는 모습을 여러분도 보았을 것입니다.

마지막으로, 구약성경의 지적이 옳은 또 다른 이유는, 어머니가 정말로 어머니 역할을 못할 뿐 아니라 거기서 아이를 건져줄 사람이 아무도 없는 경우, 다시 말해 어머니 역할 자체가 실패한 경우라면, 아이는 심각한 상처를 입게 되어 자신의 죄를 다른 사람에게 전달하는 것 자체가 불가능하게 되기 때문입니다. 다시 말해 한 사람으로 역할을 못하게 됩니다. 이런 아이들은 퇴행 현상을 보이거나, 정신질환 보호 시설에 보내지거나, 두려움과 불안에 사로잡혀 사회 구성원으로 편입되지 못합니다. 한마디로 낙오되고 마는 겁니다. 이런 아이들은 어른이 되면서 사회와 충돌하게 된다고 할 수 있습니다. 따라서 어떤 의미에서 어머니들의 죄가 다음 세대로 이어질 가능성이 설령 있다 하더라도, 그것은 지극히 낮다고 할 수 있습니다.

그래서 아버지들의 죄를 말하는 것입니다. 그 양상은 이렇습니다. 한 아이가 있습니다. 아이에게는 아주 좋은 어머니가 있습니다. 그런데 아버지가 끼어들어 아이를 망칩니다. 술독에 빠졌거나 가족을 버리고 다른 여자와 딴살림을 차렸을 수 있습니다. 사실 아이에게 가장 치명적인 영향을 주는 사건은 아버지의 때 이른 죽음입니다. 어릴 때 아버지를 잃은 아이는 자신이 버려졌다는 느낌에 사로잡힙니다. 어린아이는 죽음을 사고로 받아들이지 못하기에 자신이 고의로 버려졌다고 느낄 뿐입니다. 이런 상처를 어느 정도 극복하는 방법이 있기는 하지만, 이제부터 우리가 살펴볼 몇몇 사람의 경우에는 아버지의 죽음이 곧 아버지의 실패였습니다. 아버지의 죽음은 이후 누구도 그 자리를 대신할 수 없는 빈자리를 남깁니다.

아버지가 감당해야 할 주요한 역할은 무엇일까요? 나중에 자료를 보여드리겠지만, 아버지는 일종의 "외부인"이며 어머니는 "내부인"이라고 할 수 있습니다. 어머니는 아버지에 비해 아이의 기본적인 성품과 정서, 타인과 능동적인 관계를 형성하는 데 지대한 영향을 끼칩니다. 그에 비해 아버지는 많은 경우 아이에게 바깥 세계를 경험하게 해주는 사람입니다. 아버지는 아이가 마주하게 될 바깥 세계의 구조, 법과 규칙, 여러 활동, 아이가 가정을 떠나서 맞닥뜨리게 될 세계의 체계를 상징합니다.

나쁜 아버지 아래 있었으나 좋은 어머니 덕분에 제대로 성장한 아이에게는 나중에 무슨 일이 일어날까요? 많은 경우 아이는 바깥 세계에 들어가 많은 문제를 일으키게 되는데, 아버지가 그 자리에 없었기 때문입니다. 사실, 사회과학에서 가장 신뢰할 만한 문서화된 증거는 아버지 역할이 실패했을 때 자녀에게 미치는 영향입니다. 우리는 이런 증거를 병리학 관련 색인에서 다양하게 찾아볼 수 있습니다. 실제로 이런 정보가 지난 50년간 충분히 나와 있는데도 내내 관심을 받지 못했다니 믿을 수 없는 일입니다.

그 목록 가운데 일부를 요약해서 말씀드리겠습니다. 연구자들은 아버지가 아이의 성장, 특히 아이의 개인 정체성과 사회 정체성 형성에 지대한 영향을 끼친다는 사실을 발견했습니다. 아버지는 아이가 어머니로부터 심리적으로 독립하도록 도우며 아이 스스로 자신의 충동을 조절하도록 가르치는데, 아이가 성년이 되어서뿐 아니라 특히 어릴 때 지대한 영향을 끼칩니다. 아버지는 아이를 향한 어머니의 관심에 대해 완충 작용을 함으로써 아이가 어머니에게 정서적으로 과도하게 얽매이지 않게 합니다. 아이가 정서적으로 어머니에게 과도하게 집착하는 현상은 아버지가 어머니를 버리고 떠났기 때문에 개입할 사람이 정말로 아무도 없을 때 종종 일어납니다. 아버지는 아이들이 지적으로 성장하고 외부 활동에 참여하며 바깥 세계의 법과 질서를 존중

하는 법을 익히는 데 무척 중요한 역할을 합니다.

범죄 성향은 아버지가 없는 소년과 젊은이에게서 가장 빈번하게 발견됩니다. 어찌나 흔한지 공식이라 해도 무방할 정도입니다. 그러한 사례는 무수히 많습니다. 이 나라의 교도소에는 제대로 된 아버지를 갖지 못한 젊은이들이 넘쳐납니다. 그런 젊은이들이 저지르는 범죄는 아버지의 역할과 훈육이 부족해질 때 나타나는 흔한 반응입니다. 또한 이 젊은이들은 바깥 세계에 대한 이해가 부족할뿐더러, 그 세계를 다루는 기술도 미숙하여 걷잡을 수 없이 화를 내고 분노를 터뜨리고 맙니다. 종종 그들은 자신과 비슷한 다른 젊은이들을 만나 조만간 문제란 문제는 다 가진 패거리를 이루게 됩니다.

한편, 아버지가 있는 아이들은 결국 높은 인지력과 지적 능력을 보입니다. 그뿐 아니라 아버지가 가족 안에 있는 경우, 아이들은 비교적 좋은 직장을 구하고 더 많은 돈을 벌게 되며 대부분 인생에서 성공합니다. 아들이든 딸이든 마찬가지입니다.

"모차르트 효과"라는 말을 여러분 모두 들어보셨을 것입니다. 제가 말하려는 것은 음악이 뇌에 미치는 영향이 아니라 모차르트의 아버지가 모차르트에게 끼친 영향입니다. 모차르트는 아버지의 헌신적 관심이 낳은 산물이었습니다. 비록 그 관심이 좀 과하기는 했지만 말이죠. 사실, 역사 속에는 그런 아이가 수두룩합니다. 파스칼의 아버지는 어린 천재를 가르치는 데 자신의 모든 시간을 사용했고, 존 스튜어트 밀에게는 제임스 밀이라는 아버지가 있었습니다. 어린 밀은 3살 무렵 그리스어를 배웠습니다. 아들을 향한 아버지의 열정은 대단했습니다. 오늘날 스포츠 세계에서 걸출한 실력을 보이는 운동선수들의 경우도 아버지가 그들의 성공에 중요한 역할을 했습니다. 마이클 조던은 아버

　도시의 소크라테스

지가 자신을 이끌어준 롤 모델이었다고 합니다. 연방 대법관 클래런스 토머스에게는 그의 삶에 깊이 관여한 할아버지가 있었습니다. 아버지가 아닌 경우에는 코치나 선생님 또는 다른 누군가가 아버지 역할을 대신합니다.

큰 성공을 거둔 젊은 여성들에게서 종종 볼 수 있는 한 가지 현상이 있습니다. 그들은 아버지가 늘 자기와 함께하면서 그들 앞에 놓인 장애물을 제거해줬다는 확신이 있습니다. 그러한 사례를 제가 모두 아는 것은 아니지만, 최근 신문을 읽다가 큰 성공을 거둔 부유한 뉴요커를 다룬 기사를 보았습니다. 시티 그룹 회장 샌디 와일입니다. 그를 만나본 적은 없지만, 기사에는 딸과 함께 찍은 사진이 실려 있었습니다. 아버지와 딸이 서로를 바라보며 미소 짓고 있었는데, 딸이 첫 주식 공개 상장을 마친 직후에 찍은 사진이었습니다. 아버지는 그 자리에 딸과 함께 있으면서 딸을 지지해주고 있었습니다. 아버지가 자녀들을 위해 해야 하는 일 가운데 하나가 바로 이것입니다.

다시 범죄성 이야기로 돌아가 보겠습니다. 실패한 아버지들이 자신의 죄를 다음 세대에까지 전달하는 흔한 방식이 바로 범죄성일 것입니다. 가난한 환경에서 자랐지만 아버지가 함께했기에 범죄에 빠지지 않은 경우도 많이 있습니다. 우리는 범죄 행위가 빈민가나 도심 지역 같은 곳과 어떤 연관이 있으리라 생각합니다. 사회과학자들이 아버지의 부재 여부와 가정의 안정성 문제를 모조리 거둬내고 본다면, 범죄 행동과 관련하여 민족, 인종, 언어, 문화 요인 같은 것은 전혀 없습니다. 중요한 요인은 가족 구조이며, 가족 가운데 자리를 비운 이는 바로 아버지입니다. 어머니가 있지만, 이런 경우 대개 어머니는 먹고사는 문제를 해결하기에 바쁩니다. 어머니가 일자리를 갖게 되면 아이들은 탁아소로 보내집니다. 어느 쪽이든 아이들을 위해 치러야 할 값은 큽니다.

우리는 모두 아이를 키우는 일이 매우 힘들고 적어도 두 명의 성인이 필요한 일임을 알고 있습니다. 두 사람의 역할이 구분되어 있는 게 바람직합니다. 물론 역할 구분이 항상 같은 방식으로 되는 것은 아닙니다. 대체로 부모 양쪽이 다 해야 하는 공통된 일이 있기 마련입니다. 아버지들이 맡아서 해야 하는 가장 확실한 일은 쓰레기를 내다 버리는 일입니다. 99퍼센트의 어머니들이 동의하는 부분이죠.

그 일 외에 남자는 재정을 책임질 것입니다. 그렇지 않은 경우도 있겠지요. 하지만 대부분 남편과 아내가 하는 다양한 일에는 분명한 남성적·여성적 특징이 있습니다. 물론 몇몇 특정한 일은 성별로 유형화할 수 없지만요. 가끔은 서로가 해야 할 일을 바꿔서 할 때도 있지만, 분명한 것은 두 역할이 필요하다는 사실입니다. 일반적으로 아버지는 권위와 진지한 훈육을 대변합니다. 아버지의 권위는 대부분 그의 몸집에서 나옵니다. 여러분은 작은 아이가 되는 것이 어떤 기분일지 기억할 필요가 있습니다. 여러분의 아버지는 크고 어떤 의미에서는 무서운 존재입니다. 아버지의 목소리는 약간 무섭고, 아버지의 얼굴에 난 수염은 따갑고, 아버지한테서는 냄새가 납니다. 아버지가 여러분을 바라보고 소리치면, 정신이 바짝 듭니다. 여러분은 겁을 집어먹고, 엄마가 항상 여러분을 구해주는 것이 아님을 깨닫습니다. 사실 엄마는 종종 여러분의 잘못을 아빠에게 고자질하는 존재죠!

자, 이것이 아버지의 역할 가운데 일부인데, 특히 아들이 자신의 한계를 깨닫고 훈육을 익히고 절제의 의미를 배우는 데 너무도 중요합니다. 아들이 그런 덕목들을 익히게 되는 것은, 아버지가 아들에게 단지 가르치기 때문만이 아니라 실제로 **보여주기** 때문입니다.

다음에 이야기할 주제에 대한 서론 격인 이야기를 할까요? 현재 우리 사회는 아버지 역할의 실패를 경험하고 있다고 하겠습니다. 아직 TV 같은 매체에 나오지는 않았으나 아버지 역할에 대한 지적 관심이 다시 일어나고 있다는 몇 가지 증거가 있습니다. 단적인 예는 "아버지 역할 회복 운동"입니다. 사려 깊은 지성인들뿐 아니라 여러 전문가 집단에서 아버지를 주제로 다양한 책을 내고 있습니다. 과거 우리가 직관적으로 알고 있던 것, 전통의 일부였던 것을 지적으로 재발견하려는 시도입니다. 모더니즘은 원래 전통에 대한 도전이고, 포스트모더니즘도—후기 모더니즘이라는 편이 맞겠지만—적절한 의문을 던지며 전통을 배척합니다. 하지만 노쇠하여 수명을 다한 이 모더니즘의 그늘 아래 새로운 시대가 시작되고 있는 것 같습니다.

이 새로운 시대에 적합한 이름이 있습니다. 저는 **트랜스모더니즘** (trans-modernism)이라는 표현을 씁니다. 우리는 전통적 이해의 많은 부분이 여전히 유효함을 재발견하게 될 새로운 시대에 진입하고 있는데, 그 발견은 지적 영역에서 시작될 것입니다. 오늘날의 언어로 과거 전통의 가치를 재발견할 터인데, 그 언어는 과학이며 현 시점에서 그것은 사회과학입니다. 과거의 전통 중 대다수가 왜 발전했는지 그 합리적인 이유들을 알게 될 것입니다. 과거에 살았던 사람들이 전통에 대해 왈가왈부할 수 없었던 것은 그들의 일상사가 곧 전통이었기 때문입니다. 하지만 장담하건대 이제 머잖아 우리는 그 많은 전통이 타당한 이유를 깨닫게 될 것입니다. 특히 아이들과 가족, 우리 사회의 건강을 지키는 데 아버지 역할이 중요한 이유와 더 나아가 아버지 역할이 모든 남자에게 참된 유익을 가져오는 이유를 깨닫게 될 것입니다.

저는 남성 각자가 이 사실을 이해하는 것이 무척 중요하다고 봅니다. 남성이 자신의 남성성을 성취할 수 있는 방법이 아버지 역할에 있기 때문입니다. 만일 여러분이 제임스 본드(첩보 영화 "007 시리즈"의 주인공—역주)처럼 살아야 남자로서 자아를 실현한 것이라고 생각한다면, 제정신이 아닌 겁니다. 본드는 누구와도 의미 있는 관계(bond)를 맺지 못하는 사내입니다. 자기 자신과 데이트하는 것일지도 모르지요. 그런데 요즘도 제임스 본드를 보는 사람이 있나 모르겠네요.

저명하고 현명한 심리학자 에릭 에릭슨(Eric Erikson)이 잘 설명했듯이, 생산성(generativity, 중년 이후에 나타나는 후진 양성 욕구—역주)에 초점이 맞춰진 참된 성숙은 자기희생을 포함하는 개념으로, 다른 이들의 삶에 이바지합니다. 참된 성숙은 이 시대의 미디어와 소비주의에 물든 문화가 수반하는 개인의 즐거움을 좇지 않습니다.

핵심은 그것을 넘어서야 한다는 점이며, 그렇게 할 수 있는 힘은 남자로서 다른 이들을 위해 기꺼이 자신을 희생하는 데서 옵니다. 세상은 이타적인 남성들을 간절히 기다리고 있습니다. 이 주제는 뒤에서 다시 다루겠습니다.

> 세상은 이타적인 남성들을 간절히 기다리고 있습니다.

이제 연관된 주제로 넘어가볼 텐데, 제가 10년쯤 전에 우연히 발견한 주제입니다. 당시 저는 널리 알려진 무신론자들의 삶에 대한 몇 가지 연구를 진행하던 가운데 그들과 관련된 글을 찾아 읽고 있었습니다. 읽는 내내 그들이 아버지와 관계가 좋지 않다는 사실을 거듭 발견하면서 "어쩌면 여기에 중요한 단서가 있을 수 있겠다" 싶었습니다. 후에 저는 지그문트 프로이트의 논평을 보게 되었는데, 약간 풀어서 말하자면—그렇지만 그의 표현 거의 그대로입니다—이런 내용이었습니

도시의 소크라테스

다. "아버지에 대한 존경심을 잃은 젊은이가 하나님에 대한 신앙 역시 잃어버리는 일만큼 흔한 일도 없다."

프로이트의 말입니다. 그는 상세한 설명을 덧붙이지는 않았습니다. 이는 그가 남긴 빛나는 여러 가지 표현 가운데 하나입니다. 하지만 이어서 그는 하나님에 대한 서구인들의 심리적 접근이 먼저 아버지와 맺고 있는 심리적 관계를 통해 이뤄진다고 말했습니다. 일상적인 표현으로 옮기면, 하나님은 우리 아버지 같은 분인데, 우리 아버지가 개망나니면 하나님과 어떤 관계도 맺고 싶지 않다는 말입니다.

이런 이해를 바탕으로 널리 알려진 무신론자들의 삶을 살펴보면 흥미롭습니다. 그들이 아직 어린아이일 적, 그러니까 무신론자가 되기 훨씬 이전에 아버지 역할을 제대로 감당하지 못한 아버지가 그들의 심리에 영향을 끼쳤다는 사실을 기억해두셔야 합니다. 또한 아이들이 바라는 것은 아버지가 자기를 사랑해주고 가족과 함께하는 것입니다. 만일 아버지에게 학대를 당한 경우 이런 경험이 장기간 지속해서 분노를 일으킬 수 있다는 사실도 기억해두십시오(이후에 이어지는 무신론자들에 관한 이야기는 비츠 박사의 책 『무신론의 심리학』에서 학문적으로 다루고 있다).

몇 가지 사례를 들어보겠습니다. 저는 서구에서 가장 유명한 무신론자로 여겨지는 이들의 삶을 거의 대부분 살펴보았습니다. 그중에는 루트비히 포이어바흐(Ludwig Feuerbach)라는 흥미로운 인물이 있습니다. 포이어바흐라는 이름이 생소할 수 있습니다. 그는 독일 철학자로서 1840년대에 무신론에 관한 저작들을 남겼습니다. 그는 칼 마르크스(Karl Marx)에게 상당한 영향을 주었는데, 마르크스는 포이어바흐의 저작을 탐독했습니다. 포이어바흐는 하나님이 존재하지 않으며,

신이란 인간의 심리를 투사한 데 지나지 않는다고 주장했습니다. 이 점에서 확실히 그는 프로이트보다 앞섰습니다.

포이어바흐의 어린 시절은 어땠을까요? 그의 부모는 결혼하여 많은 자녀를 두었습니다. 아버지는 유명한 법학자, 변호사였으며 인접한 대학교의 교수였습니다. 포이어바흐가 12~13살일 무렵 그의 아버지는 가족을 버리고 이웃 마을에 사는 다른 여자와 살림을 차렸습니다. 1820년대는 지금보다 훨씬 보수적인 환경이긴 했지만, 오늘날이라 해도 이런 일이 여러분의 가정에 벌어진다고 상상해보십시오. 살림을 차린 여자는 아버지의 절친한 친구의 아내였습니다.

포이어바흐의 아버지는 이 여자와 한동안 함께 살았습니다. 절친한 친구가 이 일을 어떻게 처리했는지는 모르겠습니다만—그 이야기는 전기에 나오지 않습니다—그는 이 여자와의 사이에서 아이를 낳기까지 했습니다. 그는 유명 인물이었기에 이 사건은 엄청난 스캔들이었을 겁니다. 모두가 알고 쑥덕댔을 것입니다. 그의 행동은 명백히 가족을 부인하고 버린 것이나 마찬가지였습니다.

3년쯤 후에 동거하던 여인이 죽습니다. 그러자 그는 가족에게로 돌아갑니다. 포이어바흐의 어머니는 인내심이 무척 많거나 착한, 어쩌면 너무도 연약한 여인이었던 것 같습니다. 전기 작가들은 기초적인 사실만 언급할 뿐, 온 동네가 아는 추문의 주인공과 한 집에 사는 여인의 마음이 어떠했는지에 대해서는 침묵합니다. 포이어바흐의 아버지에게는 별명이 있었는데, "베수비오 화산"이었습니다. 분명 그는 수시로 화를 내고 분노를 터뜨렸던 것입니다. 불같은 남자였나 봅니다.

자, 한 사람의 무신론자, 한 사람의 나쁜 아버지입니다. 그럼 조금 더 살펴보겠습니다. 아르투르 쇼펜하우어(Arthur Schopenhauer)의 경우를 봅시다. 상황은 매우 다르지만, 다시 한 번 실패한 아버지라는 요인을 보게 됩니다. 쇼펜하우어는 어머니와의 관계가 매우 좋지 않았습니다. 쇼펜하우어의 어머니는 평생 그에게 형편없이 대했으며 "나는 너를 원한 적이 없다. 네가 내 인생을 망쳤어"라고 말했습니다. 쇼펜하우어의 아버지는 부유한 상인이었기에 부부는 종종 영국으로 여행을 떠났습니다. 대부분의 경우 어린 아들을 데리고 가지 않았고, 홀로 집에 남겨진 쇼펜하우어는 여기저기서 유모와 지내야 했습니다. 가난한 부모만 아이를 방치하는 것이 아닙니다. 부유한 부모도 마찬가지입니다. 후에 쇼펜하우어는 2~3년 정도 가족과 한곳에서 머물면서 아버지와 좋은 관계를 맺기도 했지만, 그때도 어머니와의 관계는 좋지 않았습니다. 이후 부모가 다른 나라로 가면서 아버지와 다시 헤어졌습니다. 쇼펜하우어가 16살일 때 그의 아버지는 독일로 돌아와 새로운 사업을 시작하면서 어린 쇼펜하우어를 데리고 함께 일했습니다. 그러다가 아버지가 자살을 했습니다.

쇼펜하우어는 버림받았다는 생각에 충격에서 헤어나오지 못했다고 합니다. 이것은 자살이 얼마나 심각한지를 보여주는 한 가지 사례입니다. 자살하는 사람은 자신이 남겨진 이들의 삶에 지우기 힘든 거부감과 적대심, 그리고 버림받은 감정을 남기게 된다는 점은 고려하지 않는 듯합니다. 아버지의 자살을 겪고 나서 쇼펜하우어는 무신론자가 되었으며 이후에 가장 대표적인 염세주의자로 알려졌습니다.

다른 이들은 어떨까요? 토머스 홉스(Thomas Hobbes)를 살펴보겠습니다. 그는 아마도 최초의 무신론자 가운데 하나였을 겁니다. 당시에 무신론자가 되는 것은 정치적으로 다소 위험한 일이었습니다. 그래서 그는 "아, 나는 유물론자입니다"라는 말로 자신의 길을 감추었습니다.

그러나 실은 무신론자였던 게 거의 확실합니다.

홉스가 어릴 적에 그의 아버지는 영국 국교회 성직자였지만, 훌륭한 부류의 사람은 아니었습니다. 자기가 집전하는 예배 때도 조는 것으로 유명했을뿐더러 성마른 기질을 가진 인물이었습니다. 홉스가 서너 살일 무렵, 그의 아버지는 자신의 작은 교회당 앞에서 어느 성직자와 싸움을 벌였는데 상대를 때려눕히고 흠씬 두들겨 팼습니다. 그러고는 줄행랑을 쳤고 그 후로 홉스의 가족은 아버지를 두 번 다시 볼 수 없었습니다. **또다시** 아버지의 유기입니다. 홉스는 유물론자/무신론자일 뿐만 아니라 교권 반대자로서도 유명합니다.

이들 말고도 더 많은 보기가 있습니다. 프로이트는 자신이 제시한 모델에 꼭 들어맞습니다. 프로이트는 아버지를 존경하지 않았습니다. 그가 보기에 신앙심 깊은 유대인이며 진보적 계몽주의자인 아버지는 여러 모로 유약한 사람이었습니다.

모든 전기 작가들이 인식하듯이 프로이트는 자기 아버지가 반유대주의에 대해 소극적으로 대응한다고 생각했습니다. 유명한 일화가 있습니다. 하루는 그의 아버지가 걸어가는데 누군가 그의 모자를 쳐서 떨어뜨리고는 "더러운 유대인"이라 욕하며 싸움을 걸어왔습니다. 프로이트가 "그래서 아빠는 어떻게 하셨어요?" 하고 묻자, 아버지는 "모자를 주워들고 그 자리를 떴지" 하고 답했습니다. 어쩌면 이 순간에 젊은 프로이트는 하나님에 대한 존경심을 잃고 신을 믿지 않게 되었는지도 모릅니다. 그에게 아버지는 분명 하나님과 관련이 있었습니다. 프로이트는 복잡하고 까다로운 사람이었으나 용기 있는 사람이었고 용기를 높이 사는 사람이었습니다.

또한 프로이트는 정신분석에 집중하고 있던 1890년대에 한 동료

도시의 소크라테스

에게 쓴 두 통의 편지에서 자기 아버지가 변태 성욕자였다고 썼습니다(이런 점은 출간된 편지에서는 삭제되었습니다). 프로이트는 아버지의 변태 성욕 증상을 자신의 여동생에게서 볼 수 있다고 했습니다. 저는 프로이트의 아버지를 비난하고 싶지 않으나, 프로이트가 판단하기에 아버지는 변태 성욕자였고 겁쟁이였습니다.

또 다른 예로 볼테르(Voltaire)가 있습니다. 볼테르는 아마도 무신론자가 아니었을 것입니다. 이신론자라고 하는 편이 맞을 텐데, 볼테르의 경우는 구별하기 쉽지 않습니다. 그러나 볼테르가 정말로 자기 아버지를 싫어했다는 점은 분명합니다. 자신이 쓴 편지에서 볼테르는 자기 아버지에 대해 온통 헐뜯는 말만 썼을 뿐 단 한 번도 좋은 이야기를 한 적이 없습니다. 그의 결정적인 행동은 아버지의 이름을 거부하고 "볼테르"라는 이름을 만들어낸 일입니다. 그는 이름을 바꿨습니다. 이는 암묵적으로 "내 아버지, 아버지의 가족, 아버지의 이름과 나를 연결하고 싶지 않다. 내 이름은 '볼테르'다"라고 말한 것과 다름없습니다. 모두가 볼테르라는 이름으로 그를 알고 있지만, 그 이름이 어디서 왔는지는 아무도 알지 못합니다.

볼테르가 20대 청년 시절에 써서 출간한 첫 희곡 제목이 『오이디푸스』였다는 점 역시 저의 흥미를 끌었습니다. 신을 죽이고 왕을 죽이는 맥락을 보여주는 이 희곡은 속이 빤히 들여다보이는 오이디푸스 신화의 재연이었습니다(여기서 왕은 아버지 같은 존재 또는 여러분이 아버지에 대해 분통이 터질 때 증오할 수 있는 누군가를 뜻합니다).

우리가 살펴보고 있는 논지에 관해 가장 강력하고 풍성한 예를 보여 주는 인물 가운데 하나는 프리드리히 니체(Friedrich Nietzsche)입니다. 그의 아버지는 니체가 4살 때 죽었고, 니체는 그 사건을 결코 극복하지 못했습니다. 니체가 "신은 죽었다"고 했을 때, 실제로 그가 하려고 했던 말은 "아버지는 죽었다"였습니다. 그는 자신의 무신론이 논리적 결론이라고 주장하지 않았습니다. 그는 그것을 직감적으로 안다고 말했습니다. 그의 무의식은 그것을 알았고, 그는 아버지의 죽음을 유기로 보았습니다. 그의 아버지는 병약한 채로 2~3년을 보내다 죽었습니다. 니체는 자신의 회고록과 자전적인 기록에서 이 사실을 매우 많이 이야기합니다. 아버지의 죽음은 그의 인생에서 중대한 사건이었고, 그는 가족 가운데 아버지를 대신할 다른 남자를 찾지 못했습니다.

이제 동시대의 인물 두 명을 살펴보겠습니다. 우선, 매들린 머리 오헤어(Madalyn Murray O'Hair)입니다. 여러분 대부분이 그녀에 대해 들어보았을 것입니다. 그녀는 "미국의 무신론자들"(American Atheists) 모임의 대표였습니다. 1960년대 공립학교에서 기도를 금지하는 일에 앞장선 인물이지요. 그녀의 배경에 대해 우리는 몇 가지 사실을 알고 있습니다.

매들린과 아버지의 관계에 대해 매들린의 아들 가운데 한 명이 남긴 기록이 있는데, 그는 매들린이 25센티미터나 되는 칼로 자기 아버지를 위협하며 "죽여버릴 거야. 당신 무덤 위에서 춤을 출 거야"라고 말할 때 그 자리에 있었다고 했습니다. 우리는 그 사건에 대한 책임이 누구에게 있는지 알지 못하지만, 일반적으로 딸들은 자기 아버지에 대해 그런 짓을 저지르려 하지 않습니다. 아마도 무슨 일이 있었던 겁니다. 어떤 일이었는지 우리는 모르지만요.

이 외에도 사르트르(Sartre), 흄(Hume), 버트런드 러셀(Bertrand Russell)처럼 아버지를 잃었거나 죽은 아버지를 대신할 대상이 부재하는 형태에 꼭 들어맞는 이들이 많이 있습니다. 지난 10월 이곳 뉴욕에서 발생한 흥미로운 사건이 하나 있는데, 앨버트 엘리스(Albert Ellis)라는 뉴요커이자 성공한 심리학자의 이야기입니다. 그는 80살이 넘었을 텐데, 뉴욕 시내에 자신이 운영하는 기관을 소유한 진짜 뉴요커입니다. 뉴욕에서 태어나 자랐고, 생각과 행동과 감정의 변화를 목표로 하는 인지 치료의 한 형태인 "합리정서행동치료"(REBT) 학파의 창설자입니다. 상당한 영향력을 행사하는 학파입니다.

저는 그에 대해서 아는 게 없었는데 우연히 어떤 자리에서 그와 함께 강연할 기회가 있었습니다. 저는 나쁜 아버지들이 많은 무신론자의 인생에 정서적으로 영향을 끼쳤다는 근거들을 일부 요약해 제시했습니다. 그는 제 강연을 경청했습니다.

그는 하나님을 믿는 신앙에 반대하는 견해를 주장하는 무신론자로서 이 강연회에 참석했고, 저는 무신론자들의 믿음 이면에 자리한 동기에 관한 해석을 제시하고 있었습니다. 제 이야기의 요점은, 하나님을 믿는 신자들에게만 믿게 된 동기가 있는 것이 아니라 하나님을 믿지 않는 불신자들도 믿지 **않게 된** 동기가 있다는 것이었습니다. 제가 "나쁜 아버지 가설"이라 부르는 견해를 설명했던 것입니다.

강연을 마치고 우리 두 사람은 연단을 내려와 함께 걸었습니다. 그가 저를 바라보며 입을 열었습니다. "흥미로운 주제였어요. 하지만 아시다시피 저와 아버지는 사이가 좋답니다." 저는 "심리학 가설이 100퍼센트 정확한 경우는 드뭅니다. 30~40퍼센트 정도 일치하고 그 정도 성립하는 요인을 찾는다면 꽤 잘한 셈이죠" 하고 응수했습니다.

그 후에 저는 뉴욕으로 돌아와 강연 내용을 글로 정리했습니다. 그런데 편집자인 친구가 원고를 자기에게 보내달라고 해서 그렇게 했습니다.

한 달쯤 후, 얘기를 나누다가 그 친구가 말하더군요. "아 참, 폴, 당신이 쓴 논문 말이에요, 앨버트 엘리스에게 정확히 들어맞더군요." 제가 말했습니다. "조지, 그럴 리 없어요. 앨버트는 내 강연을 거의 다 들었어요. 자기는 아버지와 사이가 좋다고도 했고요." 그러자 친구가 말했습니다. "폴, 앨버트의 전기를 우리가 출간해요. 어젯밤 내가 교정지를 봤어요. 자, 한번 읽어봐요." 그래서 저는 읽어보았습니다.

젊은 시절, 앨버트와 그의 형제들은 아버지에게서 버림받았습니다. 어머니는 정신적으로 온전하지 못했고, 아버지는 바람둥이였습니다. 1920~30년대 뉴욕의 이야기입니다. 바람이 나서 집에 들어오지 않기 시작하더니 얼마 후에는 가족을 완전히 버렸습니다. 이따금 앨버트는 길거리나 그 밖의 곳에서 아버지를 보곤 했습니다. 어린 앨버트와 그의 형제들은 참고 이겨내야만 했습니다. 그들은 어머니를 보살폈고 고군분투한 끝에 그들 모두 뉴욕 시립 대학교를 졸업했으며, 앨버트는 박사 학위를 받았습니다. 이처럼 앨버트는 전형적으로 강인한 인물이며, 오래된 의미의 뉴요커 가운데 하나입니다. 거리에서 자랐으나 매우 똑똑하고 지적인 인물이었습니다. 상당히 이질적인 조합이죠. 아마도 흔히 볼 수 없는 경우일 것입니다.

하지만 앨버트는 분명 아버지에게 화가 나 있었습니다. 생각해보십시오. 1920년대 말에서 1930년대 초입니다. 대공황이 다가오고 있습니다. 그런데 아버지가 없습니다. 여러분과 가족을 버리고 떠나 다른 여자와 살면서 8살, 10살, 12살 먹은 아이인 여러분 앞에 이따금 모습을 보이는 사람이 여러분의 아버지입니다. 여러분은 실망하고, 아마도 분노가 치밀 것입니다. **이것은 아버지의 모습도 아닐뿐더러, 아버지라는 사람이 할 짓도 아닙니다. 대공황 같은 시기에는 더더욱 그래**

도시의 소크라테스

서는 안 됩니다.

지금까지 나쁜 아버지를 둔 무신론자들의 사례를 일부 말씀드렸습니다. 나쁜/부재하는 아버지 가설을 지지하는 더 많은 사례를 말씀드릴 수도 있습니다. 저는 심지어 이 가설에 꼭 들어맞는 유명한 심리학자들도 알고 있습니다.

연구를 진행하면서 저는 역사적 통제 집단(비교의 준거가 될 수 있는 집단)을 설정했는데, 앞서 언급한 무신론자들과 역사적으로 같은 시기에 같은 지역에 살았던 잘 알려진 유신론자들의 아버지들을 살펴보았습니다. 이들은 공개적으로 하나님을 지지한 철학자들과 그 밖의 인물들입니다. 첫째는 파스칼인데, 그는 하나님에 대한 거대한 회의주의가 프랑스를 휩쓸던 시기에 살았던 인물입니다. 파스칼이 3살일 때 어머니가 죽자 아버지는 홈스쿨링을 했고―당시에는 다른 용어였겠지요―매일 몇 시간씩, 몇 년에 걸쳐 어린 파스칼과 그의 누이를 가르쳤습니다.

좋은 아버지를 둔 유신론자의 다른 예는 체스터턴(G. K. Chesterton)인데, 그는 이런 말을 남겼습니다. "알다시피 내 어린 시절은 행복했다. 다른 사람의 삶에서 문제점을 찾아내려는 사람들에게 실망을 안겨줘서 미안하지만, 나는 행복한 유년 시절을 보냈다." 그가 그토록 행복한 유년기를 보낼 수 있었던 이유 가운데 하나는 그의 아버지가 많은 시간을 집에 머물면서 아이들과 함께 시간을 보낸 것입니다. 그의 아버지는 자녀들과 함께 놀면서 놀잇거리를 만들어내고 자녀들에게 책을 읽어주었습니다. "그들은 정말 끈끈한 사이였다" 말해도 좋겠습니다.

이제 좋은 아버지를 둔 또 다른 예를 들어보겠습니다. 보수주의 진영의 위대한 사상가 에드먼드 버크(Edmund Burke)에게는 상당히 좋은 아버지가 있었으나, 아버지에 버금갈 만큼 그의 삶에 엄청난 영향을 끼친 또 한 사람, 아버지를 대신한 사람이 있었으니 바로 그의 삼촌이었습니다. 이 점을 기억해두십시오. 니체는 아버지를 대신할 사람을 찾을 수 없었습니다. 프로이트도 그랬습니다. 하지만 버크에게는 있었습니다. 그에게는 삼촌이 있었습니다. 삼촌은 종종 그와 함께 지냈고 버크에게 평생 헌신적이었습니다. 버크는 삼촌을 일컬어 "내가 아는 최고의 남자"라고 말했습니다.

또 다른 예는 영국의 노예제를 폐지하는 데 큰 역할을 담당한 인물로서 영국으로 하여금 노예제를 금지한 첫 나라가 되게 한 위대한 복음주의자 윌리엄 윌버포스(William Wilberforce)입니다. 그의 온 생애는 노예제 폐지에 집중되었습니다. 9살이 될 때까지 어린 윌버포스는 지극히 평범한 삶을 살았는데, 갑자기 아버지가 죽습니다. 어찌해야 할지 몰랐던 어머니는 아들을, 제 생각에 그분들은 감리교 신자였던 것 같습니다만, 당시에는 "열광주의자"라 불렸던 삼촌네로 보내어 살게 합니다. 그는 삼촌 댁에서 몇 년간 지냈습니다. 거기서 만난 사람 가운데 삼촌과 숙모의 절친한 친구였던 존 뉴턴(John Newton)이란 남자가 있었습니다.

존 뉴턴을 모르시는 분이 있을까 싶어 말씀드리면, 저 유명한 찬송가 "나 같은 죄인 살리신"의 가사를 쓴 인물입니다. 전에 뉴턴은 노예 상인이자 노예선 선장이었는데, 후에 그리스도인이 되었고 이전 인생을 회개하고 크게 돌이켰습니다. "나 같은 죄인 살리신"은 죄인에서 변화된 자기 자신의 이야기였던 것입니다. 이 새로운 가정에서 어린 윌버포스는 소년 시절부터 노예 문제에 대해 깨닫게 됩니다. 후에 이처럼 종교적으로 열광주의적인 환경을 불편해하면서 이를 극단적이라 판단한 그의 어머니는 화를 내며 아들을 집으로 다시 데려옵니다. 윌버포스는 삼촌과 숙모의 집을 떠날 때 마치 부모와 헤어지는 것처럼 울었다고 고백했습니다.

윌버포스는 유복한 젊은이였습니다. 케임브리지 대학교에 진학했고, 20세 무렵에는 국회의원이 되기로 결심합니다. 이후 국회의원에 당선되었고 그 후로 평생 그 자리를 지켰습니다. 20대에 그는 신앙적으로 두 번째 회심을 경험합니다. 긴 세월에 걸쳐서 영국의 노예 무역에 맞서 싸운 결과, 그는 영국과 대영제국 전체에서 노예제를 폐지할 수 있었습니다.

윌버포스는 5명의 아들을 두었는데 그는 아들들에게 무척 헌신적이었습니다. 그중 넷이 성직자가 된 사실을 보면 알 수 있습니다. 그가 아들들에게 쓴 편지들이 남아 있는데, 사랑과 지지가 가득 담긴 감동적인 편지입니다. 편지에서 그는 아들들을 위한 기도와 보고 싶은 마음을 자주 표현했습니다. 그런 편지가 한두 통이 아닙니다. 편지는 수년간에 걸쳐 매월 이어집니다. 편지 전체가 여러 권의 책으로 묶여 있습니다. 자녀들 한 명 한 명을 위해 그는 하루 중 일정한 시간을 따로 떼어놓고 그들을 생각하며 기도했습니다.

좋은 아버지가 있었던 또 한 사람의 주요 유신론자는 스코틀랜드의 위대한 철학자 토머스 리드(Thomas Reid)입니다. 또한 많은 인물 가운데 모제스 멘델스존(Moses Mendelssohn)을 빼놓을 수 없습니다. 그는 유신론 편에 선 첫 번째 유대인 철학자입니다. 그는 아버지와 관계가 좋았습니다. 멘델의 아들이란 뜻의 "멘델스존"을 자기 이름으로 삼을 정도였으니 말입니다. 그의 아버지 이름이 멘델이었습니다(이 경우, 그는 볼테르와 정반대입니다).

유대인 유신론자들에게는 그들을 위해 아버지와 같은 역할을 감당해주고 아버지 역할에 대해 긍정적인 관점을 갖게 해준 랍비들과 학자들이 종종 주변에 있었습니다. 이 경우에도 가족 구성원이 중요합니다. 마르틴 부버를 위해 아버지 역할을 대신해준 사람은 그의 할아버지였습니다.

또 다른 흥미로운 예는 워커 퍼시(Walker Percy)입니다(철학자만 제시하는 것 같아 살짝 건너뛰어 보겠습니다). 미국 남부의 유명한 소설가인 퍼시는 역경을 많이 겪었습니다. 할아버지는 자살했고, 아버지는 우울증을 겪다가 정신 병원에 수용되었는데 후에 총으로 자살했습니다. 이제 워커에게는 동생과 어머니만 남았습니다. 그런데 몇 년 뒤에 어머니마저 자살로 추정되는 교통사고로 세상을 떠났습니다.

이후 어린 워커는 삼촌에게 입양됩니다. 이 삼촌은 평생 워커와 그의 동생을 헌신적으로 돌보았습니다. 그는 영세한 사업가였고 시인이자 문학을 사랑하는 독자였습니다. 그는 두 소년의 교육에 인생을 바쳤고, 그 결과 우리는 또 한 명의 자살자나 무신론 작가 대신에 하나님과 종교에 대해 긍정적인 시각을 가진 뛰어난 소설가를 갖게 되었습니다. 아버지 역할을 대신해주는 사람을 포함해 아버지라는 인물은 자녀들의 종교와 정서에 어마어마한 영향을 준다는 것이 제 주장의 핵심입니다.

한편, 신앙은 있지만 적대적이고 쉽게 분노하며 표리부동한 아버지를 가진 경우도 있습니다. 이런 경우, 자녀들이 아버지의 신앙을 거부하는 상황이 아주 일반적입니다. 목회자의 자녀들조차 여기에 해당할 수 있습니다. 목회자가 가족을 소홀히 하거나 괴롭히거나 자살하는

도시의 소크라테스

경우, 엄청난 분노가 생성되며 결국에는 자녀들이 무신론자나 회의주의자, 불가지론자가 되는 결과를 낳을지도 모릅니다.

　무신론자 아버지와 그 아들 사이에서 일어날 수 있는 색다른 예를 말씀드리겠습니다. 이류 철학자인 제임스 밀과 일류 철학자인 그의 아들 존 스튜어트 밀(John Stuart Mill)을 보겠습니다. 제임스 밀은 전투적인 무신론자였습니다. 그의 배경에 대해서는 찾을 수 있는 사항이 많지 않습니다. 전기적 기록은 그의 부친이 아마도 알코올 중독자였을 것이라는 점만 알려줍니다. 그다지 큰 정보는 아니지만, 아무튼 제임스 밀은 진지한 무신론자였고 아들에게 무척 헌신적이었습니다. 그래서 그는 아들에게 무신론을 가르쳤지만, 동시에 아들을 향한 아버지의 사랑과 지지를 보여주었습니다. 이 두 가지 메시지는 그 의도가 서로 엇갈리는데, 목회자가 한편으로는 하나님과 사랑을 이야기하면서도 다른 한편으로는 마귀처럼 행동하는 경우와 비슷하다고 할 수 있습니다. 밀 가문의 사례에서 우리는 무신론을 말하고 가르치지만 사랑과 지지를 보여주는 아버지를 봅니다.

　최종 결론은 이렇습니다. 존 스튜어트 밀은 살아 있는 동안 종교에 관해 어떤 글도 출간하지 않았습니다. 그가 죽은 뒤 종교를 다룬 저작 일부가 출간되었을 때, 또 한 명의 전투적 무신론자가 정체를 드러내리라고 많은 이들이 예상했습니다. 존 스튜어트 밀은 분명 신앙인은 아니었으나 종교를 대하는 그의 자세는 진실로 관용적이었습니다. 심리학적으로 말할 때, 이것은 두 관점이 절충된 상황이라 할 수 있습니다.

　이제 아버지에 관한 일반적인 이야기로 돌아가 보겠습니다. 제 강연에서 한 가지 메시지만 뽑는다면, 아버지는 종교에 대한 자녀들의 태도를 형성하는 데 엄청나게 중요한 역할을 한다는 점입니다. 지금까지 살펴보았듯이 많은 무신론자가 부정적인 인간관계, 특히 아버지나 아버지에 준하는 존재와의 관계에서 큰 상처를 입었습니다. 물론 어떤 무신론자들은 순전히 이성과 증거, 지성적 요인 때문에 무신론 편에 섰을 수 있습니다. 하지만 다른 이들 대부분이 무신론자가 된 데는 정서와 기질, 비이성적 요소가 중요한 역할을 했으며 이런 감정들이 실제로 그들을 이끌고 있습니다. 니체가 그러했듯이 말입니다.

또한 앞서 살펴보았듯이, 만일 우리가 범죄 행위와 아버지의 부재, 나쁜 아버지와의 상관관계를 검토해본다면, 아버지가 자신의 죄를 자녀에게 어떻게 전해주는지 똑똑히 볼 수 있을 것입니다.

요약하면, 저는 이 모든 증거가 남성들에게 아버지 됨의 의미를 재발견하도록 촉구하는 요청이라고 봅니다. 즉 아버지 됨이란 다른 사람들을 도울 뿐 아니라 그들을 자기희생의 길로 인도하는 것입니다. 그렇습니다. 아버지가 된다는 것, 아버지 역할이란 바로 자기를 희생하는 것입니다. 그것만이 참된 존경을 받는 유일한 길이지요. 남자가 그 길을 갈 때, 대중이 응답합니다. 아내가 응답하고, 자녀들이 응답합니다.

아버지가 된다는 것, 아버지 역할이란 바로 자기를 희생하는 것입니다. 그것만이 참된 존경을 받는 유일한 길이지요. 남자가 그 길을 갈 때, 대중이 응답합니다. 아내가 응답하고, 자녀들이 응답합니다.

9.11 사태 이후 소방대원들과 그들의 죽음 앞에서 우리가 뜨겁게 반응했던 이유 가운데 하나는 타인을 위해 자신을 희생할 줄 아는 진짜 남자의 모습을 그들에게서 보았기 때문입니다. 그들은 돈을 바라며 위험을 무릅쓰지 않았습니다. 더 큰 돈을

벌기 위해 애쓰는 최고경영자처럼 일하지도 않았습니다. 한마디로, 자신의 유익을 위해 일하지 않았습니다. 그래서 9.11 현장에서 소방대원들이 지나갈 때 뉴욕의 모든 시민이 피곤함에도 자리에서 일어나 그들에게 박수를 보냈던 것입니다.

오늘날 세상이 원하는 것, 오늘날 아버지들이 받은 소명이 바로 이것입니다. 나라를 변화시키자는 말이 아닙니다. 여러분은 자신의 삶을 바꾸기 원할 텐데, 성인 남성으로서 더 나은 삶을 사는 길은 바로 아버지가 되는 것입니다. 여러분은 자신의 자녀에게 집중할 수 있고, 가족 밖에 있는 다른 이들에게 집중할 수도 있습니다.

저는 이제 할아버지입니다. 점점 더 노인네가 되어갑니다. 손주들은 아버지가 필요한 또 다른 아이들입니다. 핵심은, 이 세상에는 아버지가 필요한 수많은 이들이 있으며 그들은 여러분의 도움과 지지를 간절히 바라고 있다는 점입니다. 그리고 여러분이 아버지 역할을 다할 때 그들은 행복해질 것이며 여러분 또한 행복해질 것입니다.

질문과 답변 엎어지면 코 닿을 만한 곳에 계셨는데 그것도 모른 채 지난 4년을 보냈다니, 말도 안 됩니다. 자, 그러면 질의 응답 시간을 갖겠습니다.

질문 : 멋진 강연을 해주셔서 감사합니다. 자기희생이 어째서 아버지들의 즉각적인 실천이 필요한 덕목인지 이해하게 되었습니다. 한 가지 궁금한 것은, 하나님을 믿지 않는 무신론자들과 대화할 때 그 점을 어떻게 적용해볼 수 있을까요?

답변 : 이미 말씀드렸듯이, 많은 무신론자가 자신의 삶에서 하나님의 의미, 아버지 역할의 의미에 대해 아주 깊이 실망하고 있습니다. 물론 지적인 문제로 고민하는 이들도 있으나, 그것은 전혀 다른 문제입니다. 저 자신도 20년 동안 무신론자로 살기도 했거니와, 저는 원칙적으로 무신론자에 적대적이지 않습니다.

자기 이익이 아니라 자기희생의 길을 걸어가는 좋은 아버지상을 보여주는 것 외에는 방법이 없습니다. 신앙 안에서 우리는 그런 일에 본이 될 만한 이들을 많이 알고 있습니다. 자기희생은 그리스도께서 고난 받으신 의미 가운데 하나입니다. 그분은 우리를 위해 죽으셨습니다. 무신론자들에게 그들이 갖지 못했던 아버지의 모습을 삶으로 보여주는 사람들의 예를 제시하는 것이 중요합니다.

때로는 다른 방식으로 보여줄 수도 있습니다. 나쁜 아버지,

도시의 소크라테스

형편없는 아버지로 인해 분노했으나 지금은 결혼해서 서너 명의 자녀를 둔 한 남자에게 있었던 일입니다. 저는 그에게 이렇게 도전했습니다. "좋습니다. 당신이 항상 원했지만 가질 수 없었던, 그런 아버지가 되어보세요. 그 과정에서 당신은 예전에는 갖지 못했던 그것을 갖게 될 겁니다." 언제나 중요한 것은 자기희생적인 사랑을 보여주는 것입니다. 그것이 참된 사랑입니다. 여러분이 보여줘야 하는 것 또한 그런 사랑입니다. 우리에게는 희생의 사랑을 더 많이 보여주는 문화가 필요합니다.

질문 : 자기희생이란 주제에 대해 좀 더 이야기하고 싶습니다. 박사님은 용기, 영웅적인 행동, 소방대원들에 대해 말씀하셨습니다. 우리는 수많은 군인 가정에서 전쟁 영웅인 아버지와 아버지의 길을 이어가는 자녀의 모습을 보곤 합니다. 먼저, 가족 안에서 이와 같은 긍정적인 강화가 일어나는 방식이 궁금합니다. 또한 용기나 영웅적 행동에는 무모함이란 요소가 있게 마련인데, 가족 안에서 일어나는 강화가 개인의 무모한 행동과 어떤 연관이 있는지 선생님의 생각을 듣고 싶습니다.

답변 : 무척 어려운 질문입니다. 가족 안에서 일어나는 모방에 대해서는 제가 아는 어느 가정의 이야기를 말씀드리겠습니다. 그 가정은 아버지가 돌아가셨기에 가족 안에서 죽음을 어떻게 대할 것인가 하는 문제가 있었습니다. 그것은 곧 아버지를 어떻게 대할 것인가 하는 문제와 같은 것입니다. 이 점이 매우 중요한데, 제가 만나본 수많은 미망인은 이 사실을 잘 알고 있었습니다. 어떤 이유(사고, 전쟁, 병 등)로 아버지가 돌아가셨

든 살아 있는 동안 그가 좋은 사람이었다면, 가족들은 아버지에 대해 좋은 기억을 간직하고 있었습니다. 아버지를 투명인간 대하듯 부정적인 생각으로 보지 않도록 하는 것이 매우 중요합니다. 이런 일이 군인 가정에서 종종 일어나는 것은 높은 사망률 때문입니다. 말씀하신 영웅적 행동은 특별한 주제입니다. 이 주제에 대해 무언가 말씀드릴 만큼 제가 아는 내용이 많지 않네요.

질문 : 강연 중 많은 이들을 언급하셨습니다. 저는 이것저것 잡다하게 읽었으나, 시간을 내서 체계적으로 읽지는 못했습니다. 키에르케고르, 아시시의 프란체스코, 안나 프로이트(Anne Freud)에 대해서는 어떻게 생각하시나요? 앞의 두 사람은 아버지와 사이가 안 좋았고, 안나 프로이트는 선생님께서도 아시겠지만 아버지에게 전적으로 헌신적이었습니다. 아버지와 끔찍하게 사이가 좋지 않았던 성 아우구스티누스까지 넣어서 말씀해주시죠.

답변 : 책에서 한 장 전체를 할애해서 키에르케고르에 대해 쓰기도 했지만, 키에르케고르는 대학에 들어간 직후인 17~18살 무렵 아버지와 사이가 틀어졌고 그즈음 신앙을 잃은 것이 확실합니다. 그리고 아버지의 임종 직전에 긍정적인 관계를 회복하면서 다시 믿음으로 돌아왔습니다. 당시의 일들을 기록한 글에서 그는 제가 제시한 가설을 공공연하게 명시했습니다. 질문하신 분을 위해 그가 한 말을 찾아드리겠습니다.

안나 프로이트는 아버지와 가까웠고 아버지를 무척 좋아

도시의 소크라테스

했지만, 편지에서 할아버지가 변태 성욕자임을 암시하는 부분을 삭제한 책임이 있습니다. 하지만 잘 모르겠습니다. 지그문트 프로이트와 안나 프로이트의 관계에 대해서는 전기 (biograohy)에 근거한, 복잡하고 수많은 해석이 있습니다. 긍정적이고 끈끈한 관계였다고 하는 이들도 있고—저도 그렇게 생각하는 편입니다—지그문트 프로이트가 자기 딸에게 정신 분석을 했다는 사실을 근거로 일종의 근친상간 관계였다고 보는 주장도 있습니다. 정신 분석학에서는 반드시 수련 과정을 거쳐야만 정신 분석 전문의가 될 수 있는데, 수련 과정에는 연장자인 정신 분석 전문의에게 정신 분석을 받는 과정이 반드시 포함됩니다.

이때 정신 분석을 시도하는 연장자가 가족이어서는 안 된다는 관례가 있는데, 이는 물론 고전적인 정신 분석학에서 어린 시절 부모와 맺는 관계와 오이디푸스 콤플렉스가 긴밀하다고 보기 때문입니다. 하지만 프로이트는 자기 딸 안나에 대해서만큼은 이 규칙을 예외로 해버렸습니다. 그는 자기 딸의 정신 분석의가 되었습니다. 그렇게 해야 할 분명한 필요가 있었던 것은 아닙니다. 정말 일반적이지 않으며, 매우 부적절한 경우였습니다. 하지만 제가 아는 한, 안나 프로이트는 전투적 무신론자와는 거리가 멀었고, 확실히 의식적으로 자기 아버지를 존경하고 변호하고 좋아했습니다. 따라서 그녀는 어느 정도 자기 아버지처럼 되려는 자연 모델을 따랐던 것이며 존 스튜어트 밀 유형에 가깝다고 할 수 있습니다.

아시시의 성 프란체스코는 아버지와 사이가 좋지 않았습

니다. 그는 아버지에게 받은 옷을 마을 광장에서 공개적으로 벗어버리기까지 했습니다. 하지만 그 자리에 있던 주교가 자기 겉옷을 벗어서 그를 덮어주었습니다. 하나님을 나타내는 주교가 프란체스코의 아버지가 되어준 것입니다.

성 아우구스티누스의 경우에 그가 오랫동안 하나님과 그리스도를 외면하고 영접하지 않았던 것은 제 역할을 하지 못한 아버지와 어느 정도 관계가 있으며 아버지를 대신한 사람들이 그를 도와서 궁극적으로 회심하도록 했다고 추정해보는 정도입니다. 우리는 밀라노의 암브로시우스(Ambrose of Milan)가 아우구스티누스에게 새로운 아버지 역할을 했다는 사실을 알고 있는데, 프란체스코의 경우처럼 다시 한 번 주교가 아버지 역할을 해준 것입니다. 게다가 성 모니카로 알려진 그의 어머니는 대단히 경건한 기도의 사람이었습니다. 그녀 혼자만으로도 아우구스티누스에게 강력한 영향력을 끼쳤습니다. 명심해주셨으면 하는 점은, 나쁜 아버지에 대한 저의 가설이 모든 경우에 적용되는 것은 아니며, 모든 경우에 자유 의지가 개입한다는 사실인데 그것이 중요합니다. 제 가설은 다만 각 사람의 자유로운 선택에 따라서 결정적일 수도 있고 그렇지 않을 수도 있는 주요 잠재 압력을 다룰 뿐입니다.

질문 : 안나 프로이트에 대한 질문입니다. 죽기 직전 그녀는 몸 일부를 움직일 수 없게 되었다고 합니다. 그녀는 낡고 다 해진 비옷을 소중히 간직했고, 날마다 간병인의 부축을 받아 산책을 나갔다고 합니다. 프로이트가 삶을 마감할 때 그녀는 런던에

도시의 소크라테스

있었다고 하고요. 그녀는 40~50년 동안 간직해온 비옷에 집착했다고 합니다.

답변 : 아버지의 옷이었나요?

질문 : 네, 『프로이트는 틀렸다』(Freud Was Wrong)라는 책에서 보았습니다. 박사님도 읽으셨겠지만, 무척 흥미롭고 감동적인 책이었습니다.

답변 : 안나는 아버지에게 깊은 애착이 있었습니다. 사람들은 그 애착이 어떤 성격을 띠는가 하는 질문만을 던질 뿐이죠.

질문 : 전에 이런 말씀으로 자녀와의 관계를 재확인해주신 적이 있는데, 자녀와 긴밀하게 생활할 수 없는 아버지일지라도 다른 이들과 긴밀한 관계를 유지하며 살아간다면 사람들을 일으켜 세우는 열정적인 사람이 될 수 있다고 말이죠. 선생님의 자녀들과 연결해서 말씀해주시면 어떨까요? 그렇게 하기 어렵지 않나요? 방법이 있으신가요?

답변 : 그 점에 대해서는 전혀 심리학과 무관한 말씀을 드리고 싶네요. 남자는 겸손하게 아내의 말을 들어야 한다고 말이죠.

질문 : 그만 말씀하셔도 알 것 같습니다. 고맙습니다.

답변 : 무엇보다 아내가 잔소리를 너무 심하게 해서는 안 되겠지만, 어쨌든 남편은 반드시 아내의 말을 들어야 합니다.

질문 : 앨버트 엘리스에 대해 말씀하셨습니다. 그가 바람둥이 아버

지를 두었다는 불운을 이겨내고 성공한 요인이 무엇이라고 보십니까? 아버지는 곁에 없었고 어머니는 정서적 버팀목이 되지 못했고, 어느 것 하나 어린 그에게 우호적인 상황이 없었는데, 그렇다면 그의 힘은 어디서 온 것일까요?

답변 : 우선, 전부를 알 수는 없지만, 부분적으로 이런 것을 말할 수는 있겠습니다. 어떤 아이들은 탁월한 회복력, 즉 어떤 힘을 갖고 있다고 말이죠. 또 하나의 요인은 동생이었습니다. 그와 동생은 평생 긴밀한 관계를 유지했는데, 형제가 작은 팀을 이루었다고 볼 수 있습니다. 앨버트에게는 이야기를 나눌 수 있는 사람, 함께 일할 수 있는 누군가가 있었던 것입니다. 이처럼 한편으로 그는 다른 이들보다 압박과 중압감을 잘 다룰 줄 아는 강인한 기질을 가졌기 때문이며, 다른 한편으로는 함께할 형제가 있었기 때문이라고 말할 수 있겠습니다.

질문 : 그렇다면 그런 힘은 근본적으로 타고난다고 보시나요?

답변 : 기질이 한 요인이 될 수는 있습니다. 저는 앨버트가 좋은 예술가나 시인이 될 수 있다고는 생각하지 않습니다. 아마 그쪽으로는 충분히 예민하지 못했을 것입니다. 그것은 전혀 다른 능력이고, 그는 그런 기질을 가지고 있지 않았습니다. 만일 그에게 그런 기질이 있었다면, 사회적 버팀목이 전무한 상태에서 그는 완전히 무너지고 말았을지도 모릅니다. 그러나 어떤 이유에서든, 그에게 허용된 기질은 그를 강하게 했고 또한 그에게는 버팀목이 되어준 동생이 있었습니다.

제가 추정할 수 있는 내용은 이 정도입니다. 결국 전기

(biography)가 어느 정도 애매하고 불확실한 요소를 띨 수밖에 없는 것은 바로 이런 이유 때문입니다. 모든 이의 인생에는 자유가 존재하는 지점들이 있다는 사실을 잊어서는 안 됩니다. 자기 아버지를 망나니라고 생각하고 말 것인지, 아니면 "아버지를 대신할 더 나은 무언가를 찾겠다"라고 결심할 것인지를 선택해야 하는 순간들이 있습니다. 여러분에게 그런 자유가 주어지는 때가 항상 있기 마련인데, 그 자유야말로 이런 상황에도 해당하는 신비한 요소입니다. 따라서 저는 지금 완전한 결정론자인 것은 아닙니다. 저는 오늘 여러분을 특정한 방향으로 밀고 가는 힘에 관해 이야기했습니다. 그럼에도 사람은 그 힘에 저항하기로 선택할 수 있는 존재임을 기억합시다.

4강

무신론자가
좋은 시민이 될 수 있는가?

리처드 존 뉴하우스

2004년 9월 22일

강사 소개　　생각하는 사람들의 대안, "도시의 소크라테스"에 오신 여러분을 환영합니다.

　　저는 사회를 맡은 에릭 메택시스입니다. 도시의 소크라테스에 대해서 잘 모르시는 분들을 위해 짧게 소개 말씀 드리겠습니다. 그리스 철학자 소크라테스는 "성찰하지 않는 삶은 살 가치가 없다"라는 유명한 금언을 남겼습니다. 물론 터무니없는 말입니다. 그가 살았던 시대는 우리가 사는 시대와 달랐고, 그 시절에는 누구나 그렇게 생각했었죠. 웃어주셔서 고맙습니다. 물론 성찰하지 않는 삶은 살 가치가 없다는 명제는 영원한 진리입니다.

　　"도시의 소크라테스" 모임을 시작하면서 우리는 소크라테스의 말처럼 인생을 성찰하도록 돕는 것이 아주 좋은 생각이라는 데 동의했습니다. 그래서 자주, 이제는 매월이 되었지만, 뛰어난 지성과 언변을 갖춘 분들을 초청하여—지성은 탁월하지만, 강연은 변변치 못한 분이 많아서요—인간 존재의 거대하고 도발적인 질문들에 대한 강연을 듣고 있습니다. 그 질문이란 이를테면 신의 존재, 신의 본질, 믿음의 본질, 신앙과 과학의 관계, 악과 고통의 문제, 인간 본성의 문제 같은 것들입니다. "도시의 소크라테스"에서 논하지 못할 질문은 하나도 없지만, 고백하건대 "쾌속정" 논쟁에는 끼지 않았습니다.*

---

* 2004년 대통령 유세 기간 중, 527명의 베트남 참전 용사로 구성된 "진리 수호를 위한 쾌속정 참전 용사회"(Swift Boat Veterans for Truth)라는 단체는 민주당 대통령 후보로 나선 존 케리(John Kerry)가 받은 무공훈장에 대해 의문을 제기했다.

오늘 밤 우리는 리처드 존 뉴하우스(Richard John Neuhaus) 신부님에게서 "무신론자가 좋은 시민이 될 수 있는가?"라는 대단히 논쟁적인 주제에 관한 강연을 듣게 될 것입니다. 생각건대, 단답형 답변은 "예"이겠죠. 하지만 뉴하우스 신부님이 이 주제에 대해 더 깊고 미묘한 생각을 나눠주시리라 기대합니다.

저는 지난 수년간 뉴하우스 신부님이 하시는 일을 따라다니며 지켜보았고 흠모해왔습니다. 이 말에 놀라지 마십시오. 좋은 분이시니, 여러분, 자리를 지켜주시면 좋겠습니다.

오늘 밤 이 행사가 "한 번에 뽀송뽀송하게"를 표방하는 "바운티" 사의 막강한 후원 덕분임을 빠뜨린다면 저의 업무 태만이 되겠죠. "아마나 레이더 레인지"의 제조사인 "아마나" 사의 후원도 있었습니다. "아마나"가 붙지 않은 "레이더 레인지"는 가짜입니다. 아무튼 "도시의 소크라테스"에 대한 더 많은 정보와 후원 방법에 대해서는 www.socratesinthecity.com에서 확인하실 수 있습니다. 인터넷이 우리 삶을 정말 환상적으로 바꿔놓은 것 같지 않습니까? 사실 이 머리는 오프라인 미용실에서 자른 건데, 다시는 안 갈 생각입니다.

오늘 밤 듣고 계신 이 멋진 음악은 수 송(Sue Song)의 피아노곡이며 우리는 그녀에게 늘 감사하고 있습니다. 수는 거의 모든 소크라테스 행사에 함께했습니다. 그러므로 저는 엄청나게 감사하고 있습니다. 수에게 쉴 기회를 주기 위해 다른 음악가들을 섭외하려고 여러 번 시도했는데, 성공한 적이 없습니다. 번번이 마지막 순간에 취소되더군요.

오늘 밤에는 힙합 가수 팻 조(Fat Joe)를 거의 섭외했는데, 마지막 순간에 일이 생겨 오지 못했습니다. 그의 노래 "긴장 풀고"(Lean Back)의 가사 중에 오늘 저녁에 꼭 맞는 부분이 있는 것 같습니다.

내 친구들은 춤추지 않아

바지를 추켜 올려 흔들 뿐

다음 기회에 팻 조를 섭외할 수 있기를 기대해봅니다. 쓸데없는 얘기는 할 만큼 했으니, 이제 오늘의 주빈인 리처드 존 뉴하우스 신부님에 대해 말씀드리겠습니다. 오늘 밤 "도시의 소크라테스"에 신부님을 모시게 되어 진심으로 설렙니다.

뉴하우스 신부님이 하고 계신 사역에 대해 모르시는 분들을 위해 몇 말씀 드리겠습니다. 무엇보다 신부님은 여기 뉴욕 시에 살고 있습니다. 그는 현대 세계에서 종교의 역할에 관한 한 최고의 권위자 가운데 한 분으로 찬사를 받고 있습니다. 이곳 뉴욕 시에 있는, 종교를 초월한 교육 기관인 "종교와 공적 삶 연구소"(Institute on Religion and Public Life) 대표입니다. 또한 그 연구소에서 발행하는 종교와 공적 삶에 관한 월간지 「소중한 일들」(First Things)의 편집을 맡고 있습니다. 저는 몇 년 전 이 엄청난 잡지에 실리는 특권을 누린 적이 있습니다. 따라서 제가 이 잡지를 섬세한 미적·도덕적 취향을 지닌 잡지로 생각하는 데는 약간의 편견이 개입되었을 수도 있습니다. 사심을 빼더라도 그런 잡지 맞습니다. 진심으로, 정말 끝내주는 잡지입니다.

지난 수년간 뉴하우스 신부님은 시민의 권리, 국제 정의, 세계교회주의(ecumenism)를 도모하는 여러 기관을 이끌어왔습니다. 세계교회주의라는 단어를 처음 들으시는 분은, 수업 후 저를 만나러 오시면 따로 설명해드리겠습니다. 신부님은 여러 대학교와 연구소로부터 다수의 상을 받았습니다. 그중에는 "종교의 자유를 위한 요한 바오로 2세 상"도 있습니다. 뉴하우스 신부님은 카터 행정부를 비롯해 레이건, 부시 행정부 시절 대통령의 임명을 받아 정부 기관에서 봉사한 적이 있습니다. 국가의 리더십을 묻는 설문조사에서 「미국 뉴스와 세계 소식」(*U.S. News and World Report*)은 신부님을 일컬어 "미국에서 가장 영향력 있는 32명의 지성 가운데 하나"로 명명했습니다.

물론 저는 항상 33번째 인물이 누구인지 궁금했어요. 그가 누구든, 멋진 인물이겠죠.

1991년 9월, 뉴하우스 신부님은 뉴욕 대교구의 주임 사제로 부임했습니다. 그가 쓴 책 중에는 『벌거벗은 공적 광장: 미국의 종교와 민주주의』(*The Naked Public Square: Religion and Democracy in America*), 『가톨릭의 순간: 포스트모던 세계에서 교회의 패러독스』(*The Catholic Moment: The Paradox of the Church in the Postmodern World*) 등이 유명하고, 랍비 레온 클레니키(Leon Klenicki)와 공저한 『오늘날의 믿음: 유대교와 기독교의 대화』(*Believing Today: Jew and Christian in Conversation*)가 있습니다. 1995년 뉴하우스 신부님은 예전에 저의 상사였던 찰스 콜슨(Charles Colson)과 함께 『복음주의와 가톨릭: 공동의 사명을 향하여』(*Evangelicals and Catholics Together: Toward a Common Mission*)라는 편저를 냈습니다. 가장 최근의 저서로는 『내가 죽어갈 때: 돌아감에 관한 묵상』(*As I Lay Dying: Meditations upon Returning*)이 있는데, 오늘 밤 몇 권을 비치해둔 것으로 알고 있습니다.

제가 계속 말씀드릴 수도 있지만, 충분히 말했으니 그만하죠. 그럼 이제 본격적으로 시작해보겠습니다. 오늘 밤 이 자리에 이 분을 모시게 되어 무척 자랑스럽습니다. 우리와 같은 맨해튼 사람이라니 아주 신이 납니다. 여러분, 리처드 존 뉴하우스 신부님입니다.

도시의 소크라테스

강연

고마워요, 에릭. 정말 멋진 소개였어요. 제가 방해한 것 같아 미안할 정도예요. 에릭은 33번째 인물이 누구인지 궁금하다는데, 저는 「미국 뉴스와 세계 소식」이 그것을 어떻게 알아냈는지 궁금하네요.

"성찰하지 않는 삶은 살 가치가 없다"에서 시작해보겠습니다. 저희 기관에서 발행하는 잡지 「소중한 일들」에 대해 알고 싶은 분들은, 우리 잡지의 고정 필자인 루터교회 윤리학자 길버트 마일랜더(Gilbert Meilander)가 쓴 "성찰하는 삶은 살 가치가 없다"라는 제목의 멋진 기사를 웹사이트(www.firstthings.com)에서 찾아보시면 되겠습니다. 지식에 대한 소크라테스적 이해와 기독교적 이해가 어떻게 다른지를 살짝 뒤틀어서 보여주는, 기발하고 재미있고 유익한 글입니다.

오늘 강연 제목은 "무신론자가 좋은 시민이 될 수 있는가?"입니다. 덜 논쟁적인 제목으로 할까 생각해보기도 했으나, 그냥 그대로 하기로 했습니다. 자, 이 질문에 대한 답이 뭘까 하며 불안해하실 필요는 없습니다. 저 자신이 이 질문에 대해 아주 긍정적인 답변을 할 것이기 때문입니다. 그래야 마땅하고 예의 바른 일일 것입니다. 질문에 답하기 전에, 먼저 "무신론"(atheism)이란 말이 무슨 뜻인지를 확정해야 하고, 그 다음으로는 좋은 시민이 되는 데 필요한 요건이 무엇인지 좀 더 자세히 알아봐야겠습니다. 그리스어 "아테오스"(*atheos*)는 원래 무슨 뜻이었을까요? 이 단어는 "신이 없는 사람"이란 뜻으로, 오늘날 통용되는 의미에서 신을 믿는가 믿지 않는가라는 뜻이라기보다는 도시나 제국의 수호신들을 숭배하는가 하지 않는가라는 의미에 가까웠습니다.

　바로 이런 의미에서 신을 믿지 않았던 소크라테스는 무신론자라는 죄목으로 고소되었습니다. 초기 그리스도인들도 무신론자라는 비난을 받았는데, 그들은 예수가 **아버지**라고 불렀던 하나님, 다른 모든 남신과 여신과 신성을 심판하시는 이스라엘의 하나님 외에는 다른 신이 없다고 주장했기 때문입니다.

　고대인들의 눈에 "아테오스"가 된다는 것은 "키비타스"(*civitas*), 곧 문명화된 시민 공동체 바깥에 있음을 의미했습니다. 무신론자가 되는 것은 체제 전복을 기도하는 것과 같았습니다. 무신론자는 반역자는 아닐지라도 안전을 위협하는 자였습니다. 그리스도인들이 무신론자 취급을 당한 것은 정확히 말해서 그들이 고백하는 하나님이 공동체의 거짓 신들을 심판하실 뿐만 아니라 그들의 정체를 폭로하실 것이라고 주장했기 때문입니다.

　그렇기 때문에 고대 세계에서 오늘 우리가 던진 질문을 똑같이 던진다면 그 답은 한 치의 양보도 없이 부정적이었습니다. 무신론자는 결코 좋은 시민이 될 수 **없었습니다**. 하지만 오늘날 우리는 고대인들이 **무신론자**라고 부른 이들을 **무신론자**라고 부르지 않습니다. 무신론자라 칭하는 현대인들은 이전 시대 무신론자들이 주장했던 바를 오히려 부정하게 되었습니다. 다시 말해 그들은 유대인이나 그리스도인, 혹은 무슬림들이 하나님이라고 할 때 의미하는 그 실체를 부정하는 것입니다. 이런 형태의 무신론은 계몽주의 이후 및 주로 19세기에 나타난 현상으로, 하나님을 믿는 이들에 대한 강한 편견이 담긴 어휘로 발전했습니다. 하나님의 실재를 확신하는 사람을 묘사하는 말로 **신자**라는 단어가 사용되는 점에 주목하십시오. "신자"(believer)가 되든지

"아는 사람"(knower)이 되든지 해야 합니다.

비슷하게 발전된 용례로서 믿음/이성, 주관/객관, 그리고 도덕 영역에서의 사실/가치 같은 범주에서 양자가 엄격히 구분되기 시작했습니다. **믿음, 신앙, 주관성, 가치**, 이런 표현들은 하나님의 실재를 인정하는 태도와 관련해 유약하고 미심쩍은 단어가 됩니다. 반면에 **지식, 이성, 객관성, 사실**, 이런 표현들은 하나님을 부인하는 태도와 관련해 냉정하고 확실한 단어가 됩니다. 근대의 불신앙이 낳은 이런 편향된 어휘는 오늘날에도 여전히 우리 가까이에 남아 있으므로, 우리는 위대한 철학자 마이클 폴라니처럼 이 편향된 언어에 맞서 싸워야 합니다. 폴라니는 자신의 대표적인 저작 『개인적 지식』(*Personal Knowledge*)에서 생각하는 사람은 누구나 믿는 사람이라고 주장했습니다. 그에 따르면, 무신론자들도 그들이 관습적으로 **신자**라 부르는 이들과 조금도 다름없는 것입니다.

이처럼 왜곡된 구분에는 필연적으로 공적인 면과 사적인 면에 대한 보편적 가정이 따라붙습니다. "종교란 인간이 자신의 고독과 더불어 행하는 무엇"이라고 정의한 알프레드 노스 화이트헤드(Alfred North Whitehead)의 말을 기억하는 분도 계실 겁니다. 종교 음악에 일가견이 있던 윌리엄 제임스(William James) 같은 철학자도 "우리에게 종교란 고독 속에 있는 개별 인간의 느낌과 행동, 경험을 의미할 것이다"라고 썼습니다. 이러한 해석에서 우리는 종교가 공적인 성격에서 급격히 이탈하는 모습을 목격합니다. 고대 도시의 신들과 관련된 종교든지, 성경이 말하듯 열방을 다스리시는 주 하나님과 관련된 종교든지 말이죠.

도시의 신들이나 성경의 하나님은 아주 공적입니다. 하나님이나 신에 관한 질문을 사적 영역으로 제한하려는 경향을 **정치적 무신론**이

라 할 수 있습니다. 오늘날 많은 이들이 사적
영역에서는 신자이며 그것도 아주 독실한 신
자이지만, 공적 영역에서는 설득되거나 겁을
집어먹고 정치적 무신론을 수용하고 있습니
다. 이 모든 것이 제가 다른 데서 묘사한 바 있
는 "벌거벗은 공적 광장"을 이루는 강력한 원
인이 되었습니다. 정치적 무신론은 실제적 혹
은 방법론적 무신론의 변종으로, 간단히 말하
면 하나님에 관한 질문을 다루지 않고도 당면

오늘날 많은 이들이 사적
영역에서는 신자이며 그
것도 아주 독실한 신자이
지만, 공적 영역에서는
설득되거나 겁을 집어먹
고 정치적 무신론을 수용
하고 있습니다.

한 일을 어떻게든 잘 해결할 수 있다는 가정입니다.

고전적인 우화를 하나 말씀드리겠습니다. 알고 있는 분들이 많을
텐데요, 라플라스(Marquis de Raplace) 후작이 나폴레옹 보나파르트
에게 보낸 답신 가운데 나오는 이야기입니다. 우주에 관한 두꺼운 책
을 쓰면서 우주의 "저자"에 대한 언급이 없다고 한 나폴레옹의 지적에
대해 라플라스는 이렇게 답했습니다. "폐하, 제게는 그 가설이 필요치
않았습니다." 이제 하나님은 하나의 가설이 되었으니, 우리는 고대 도
시의 신들과 성경의 하나님으로부터 아주 먼 길을 떠나온 것입니다.
하지만 근대 세계의 **무신론**이 출현하기 위해서는 그만한 거리가 필요
했습니다. 여기서 주목할 점은, 종교의 수호자들이 계몽주의 **철학자**들
의 논의와 후대에 그들의 논의를 모방한 이들이 수립한 용어 체계를
아무 비판 없이 수용했다는 사실입니다.

다행히 모두가 그러지는 않았습니다. 하나님은 "아브라함의 하나
님, 이삭의 하나님, 야곱의 하나님이시지만, 철학자들과 학자들의 하
나님은 아니시다"라고 단언했던 파스칼의 주장을 상기해보십시오. 대

부분의 경우 근대 무신론은 반종교의 산물이라기보다는 아브라함의 하나님을 철학자들의 신으로 대체해버린 종교의 산물이며, 결과적으로 그 "대체된 신"(ersatz god)까지 부인해버린 철학자들의 산물입니다. 데카르트가 이성적으로 의심 가능한 것은 무엇이든 진리로 받아들이지 않기로 하자, 그 시대의 그리스도인들은 하나님의 존재가 이성적으로 의심할 수 없음을 증명하려는 작업에 착수했습니다. 이와 같이 신앙의 수호자들은 믿음으로 나아가는 과정에 내재하며 필수불가결한 의심에 반대하여 믿음을 내세웠습니다.

토론 주제로 자주 등장하는 **하나님의 존재**라는 표현은 하나님이 마치 다른 여러 존재 가운데 하나인 양, 다른 여러 실재 가운데 하나인 양, 여러 배우 가운데 하나인 양 상정함으로써, 우리가 하나님이란 존재에 적합하겠다고 미리 정해둔 기준에 마치 하나님이 맞춰야 하는 것처럼 만들어버림으로써 엉겁결에 판을 내준 셈이 되고 말았습니다. 초월자, 형언할 수 없는 분, 전적 타자, 역사 속에서 일하시는 하나님은 철학자들이 하나님이란 직함에 적합하다고 작성한 직무 일람에 맞춰 순치되었고, 놀랄 것도 없이 철학자들은 종교의 수호자들이 내세운 하나님 개념의 후보군에 대해 적합하지 않다는 판정을 내려버렸습니다.

미국 쪽 사정은 미시간 대학교의 제임스 터너(James Turner)가 『하나님 없이, 신조 없이: 미국 불신앙의 기원』(*Without God, Without Creed: The Origins of Unbelief in America*)이란 책에 잘 소개해두었습니다. 터너는 이렇게 말합니다. "근대의 불신앙을 낳은 친부모는 신앙의 수호자들이었다." 생각하는 다수의 사람들은 마침내 "불신앙을 낳은 부모는 과학이나 사회 변화가 아니라 종교였음을 깨닫게 되었다. 종교를 형성한 이들이 하나님을 지적·도덕적·감정적 측면에서 더

욱더 인간처럼 만들어버림으로써, 이제는 인간이 하나님을 버리고 단순히 인간을 믿는 일조차 가능하게 된 것이다." 터너의 판단은 가차 없습니다. 그는 계속해서 이렇게 말합니다. "하나님의 수호자들은 사회경제적 변화, 새로운 도덕의 도전, 신지식의 문제, 엄격한 과학적 기준 등에 자신들의 종교적 믿음을 조율하는 과정에서 서서히 그분의 목을 졸랐다. 만일 신을 교살한 혐의로 누군가 심문을 받아야 한다면, 그것은 찰스 다윈이 아니라 다윈의 적수로 유명했던 새뮤얼 윌버포스(Samuel Wilberforce) 주교이어야 할 것이며, 불경한 로버트 잉거솔(Robert Ingersoll)이 아니라 경건한 비처(Beecher) 가문이어야 할 것이다."

이런 유형의 환원주의적 개신교에 대해 멘켄(H. L. Mencken)은 이렇게 말했습니다. "[자유주의] 개신교의 주요 공로는 하나님은 따분한 분이라는 증거를 어마어마하게 내놓은 것이다." 이 말은 물론 멘켄이 늘 그랬듯이 공정하지 못하지만 일면 진실을 담고 있습니다. "근대 지성"에게 존중받기 위해 손질되고 순치되고 개편된 신은 갈수록 흥미롭지 못한 존재가 되었는데, 그런 신은 필요 없기 때문입니다.

히틀러 치하에서 활동한 독일 루터교회 출신의 위대한 목회자요 순교자인 디트리히 본회퍼(Dietrich Bonhoeffer)는 그러한 신을 "틈새의 신"(God of the gaps)이라 불렀는데, 인간의 지식과 통제가 아직 장악하지 못한 실체의 조각을 매우기 위해 소환되는 신을 일컫는 표현입니다. 라인홀드 니버(Reinhold Niebuhr)의 형인 리처드 니버(H. Richard Niebuhr)는 자유주의 기독교 복음에 대해 신랄한 묘사를 남긴 것으로 아주 유명합니다. 어떤 이들은 형이 더 지혜로웠다고들 하죠. 리처드 니버는 그들의 복음이 묘사하는 진노하지 않는 신이 "죄 없는 인간을, 십자가가 빠진 그리스도의 사역을 통해, 아무 심판 없이 하나님 나라로 데려갔다"라고 말합니다. 대단한 통찰입니다. 죄도 없고, 신의 심판도 없고, 구속도 없습니다. 사람들이 하나님에 대한 생각을 떨치게 된 것이 조금도 놀랍지 않거니와, 이는 그러한 신이 타당하지 않아서가 아니라 불필요하기 때문입니다. 맞습니다. 멘켄의 말처럼 마침내 따분한 신이 된 것입니다.

현대 세계에 등장한 각양각색의 무신론 가운데 한층 완강해진 물질주의자들도 있는데, 이들은 물질과 운동을 둘러싼 포괄적이고 폐쇄된 현실 밖에는 아무것도 없으며 또 아무것도 있을 수 없다고 주장합니다. 이미 사망했으며 냉대받는 공산주의의 "변증법적 유물론"이 그러한 관점이었습니다. 오늘날 일부 과학자들도 같은 관점에 서 있는데, 특히 포괄적인 신념 체계로서 다윈주의에 헌신하는 생물학 분야의 과학자들이 그러합니다. 모두 알다시피 물리학자들은 갈수록 그리고 전반적으로 형이상학에 대해 마음을 열고 있으며, 이는 매우 환영할 만한 일입니다. 이와 관련해서 아직 읽지 않으셨다면「소중한 일들」최근호에 실린 물리학자 스티븐 바(Stephen Barr)가 쓴 리처드 도킨스의 무신론에 대한 비판을 읽어볼 것을 충심으로 권합니다.

이러한 유물론보다 우리가 자주 접하게 되는 것은 이른바 논리실증주의라 불리는 사조의 다양한 형태일 텐데, 이 사조는 하나님에 관한 주장들은 경험적으로 실증 불가능하기에 혹은 오류 입증이 가능하기에 무의미하다고 주장합니다. 비슷한 맥락에서 분석 철학자들은 "하나님에 관한 이야기"가 엄밀히 말해 허튼소리라고 가르치려 듭니다. 이런 주장들은 우리가 익히 알고 있던 의미의 무신론이 아닙니다. 하나님을 부인하는 것은 하나님을 인정하는 것만큼이나 터무니없다고 주장하니 말입니다. 하지만 "아테오스", 곧 하나님 없는 상태라는 그리스어 본래의 의미에서는 무신론이 맞습니다.

그리고 훨씬 더 급진적인 주장이 있는데, 하나님에 관한 진리 주장의 가능성을 배제할 뿐 아니라 진리 주장의 가능성 자체를 아예 배제하는 관점으로서, 우리 문명사에서 일반적으로 "진리"로 이해되었던 것들마저 배제하는 견해입니다. 미국 내에서 이 관점을 옹호하는 주요 인물로는 리처드 로티(Richard Rorty)가 있습니다. 이 관점은 하나님을 아는 지식이 가능하다고 주장하는 견해에 반대하는 무신론과는 다르다는 점에 주의해야 합니다. 이 주장은 유신론의 불합리성을 주장하는 무신론입니다.

리처드 로티는 종종 기이한 잔소리꾼으로 묘사되는데, 로티 자신도 자신에 대해 자주 그런 식으로 말하곤 합니다. 사실은 데리다(Derrida)와 푸코(Foucault), 그 밖에 하이데거(Heidegger)를 표방하는 니체의 추종자들과 함께 로티는 우리 시대의 지식 문화에 지대한 영향을 끼치고 있는 학문계의 구루(guru)입니다.

여기서 우리는 자신이 상대주의임을 부인하는 상대주의 분파 및 그 주창자들과 조우하게 되는데, 이들은 상대주의 외에 어떠한 대안도 거부하기 때문에 그 결과 "상대주의"라는 용어 자체가 무의미하게 됩니다. 이들은 자신을 급진적 반토대주의자(anti-foundationalist)라고 부릅니다. 그 말은 우리의 진리 주장에 결정적 논거가 없다고 하는 결정적 논거 외에는, 진리에 대한 우리의 주장에 결정적 논거가 없다는 주장입니다. 자, 아주 간략히 표현해도 크게 틀리지 않을 텐데, 이 관점에 따르면 "진리"란 관련된 담론 공동체가 진리라고 부르기로 동의한 어떤 것입니다. 이런 사고방식의 목적은 자기실현이며, 실은 자기창조(self-creation)입니다. 성공적인 인생이란 "새로운 존재"(*novum*)

도시의 소크라테스

로 살아낸 인생, 즉 전례 없는 존재, 전에는 없던 존재, 리처드 로티가 말한 바 "이미 사용된 과거의 어휘"에서 벗어난 자서전적 삶을 살아낸 인생을 말합니다.

이러한 성향은 문학 비평과 철학 분야에서 학문적 아성을 구축한 채 우리의 지적 문화에 산재해 있는 몇 가지 전제를 견고히 뒷받침하고 있습니다. 이 관점에 따르면, 진리를 다루는 주장은 의지 행사와 권력 추구를 위한 위장 전술일 뿐입니다. 젠더(gender)의 문제든, 성적 지향의 문제든, 인종의 문제든 그 목표는 객관적 진리와 상호 주관적인 이성에 호소함으로써 현 상태를 유지하려는 표리부동한 억압자들이 지배하는 관념적 "권력 구조"를 변화시키는 것이라고 합니다.

여러분은 "리처드 로티 같은 이들이 정말로 무신론자인가?"라고 물을지도 모릅니다. 만일 그들에게 직접 물어본다면, 제 경험으로 말씀드릴 수 있는데, 일반적으로 그들은 그런 질문에 대해 "진지하지 못하다"라는 말로 일축해버릴 것입니다. 왜냐하면 무신론이 의지하고 있는 유신론은 그들의 관점에서 볼 때 진지하지 않기 때문입니다. **상대주의**나 **비합리주의**와 마찬가지로 **무신론** 같은 말은 그 용어의 기원이 된 대립 개념과의 관계에서만 의미가 있는 것입니다. 물론 사적 혹은 특정 공동체의 정체성 확립을 위해 어떤 단어든 유용하다고 볼 수도 있습니다. "미국 독립 선언문"이 의미가 있다고 보듯이, 누군가는 "자연과 자연의 하나님"에 대한 이야기에서 의미를 발견할 수도 있습니다. 이러한 견해를 가진 사람들이 자신의 말에 공적 호소력이 없으며 자신의 견해를 타인에게 강제할 권한이 없음을 이해하는 한 그런 식으로 말한다 해도 무방할 것입니다. 로티가 "자유주의적 아이러니스트"(liberal ironist)라 칭하며 찬탄해 마지않은 이들이 어떤 어휘를 동원해서 아무리 기상천외한 표현을 사용해도 괜찮습니다. 단, 자신들의 의견을 강요한다든지 자신들의 "새로운 어휘"를 한정한다든지 하는 식으로 그것이 사실임을 주장하지 않는 한 말이죠.

자기 자신이 하나님을 믿는 유신론자라고 생각하는 사람 가운데 이와 같은 실질적인 무신론을 그 내용으로 하는 해체주의를 열렬히 끌어안는 이들이 있다는 사실은 참으로 아이러니가 아닐 수 없습니다. 모두 아시다시피, 오늘날의 문화 현장에는 이른바 "새로운 영성"이 넘쳐납니다. "미국의 새로운 영적 음성들"로 불리는 최근 선집에 실린 목록을 보면 마법, 생태 신비주의, 잡신 숭배, 선(Zen) 사상을 기반으로 육체·정신 분석을 자처하는 아주 매혹적인 영성들이 포함되어 있습니다. 시간이 되면 알아보고 싶을 정도로 말이죠. 이 모든 것이 자기창조에 유용한 어휘로 여겨집니다.

이른바 새로운 영성이라 하는 것은 종종 더욱 사회적이고 더욱 공공적이며, 내적 진리에 초점을 맞추기보다는 사회학적 진리와 타자 안에 있는 하나님을 연결하는 데 집중합니다. 제 친구인 애버리 덜레스(Avery Dulles) 추기경이 한번은 어느 교구에서 설교를 하는데, 설교하고 있던 법원 내부에 커다란 현수막이 걸려 있었다고 합니다. 현수막에는 "타인들이 곧 하나님이다"(God is other people)라고 쓰여 있었는데, 덜스 추기경은 그 순간 자신에게 매직 마커가 있어서 현수막의 글자 사이에 강조 쉼표 하나를 너무도 찍고 싶었다고 합니다. "여러분, 하나님은 위대한 타자이십니다"(God is Other, people)라고 말이죠.

여러 모양으로 다양하게 표현되고 있다고 하지만, 현대 문화 안에서 급성장하고 있는 "영성 운동" 가운데 다수는 사실 화려하게 종교화된 형태의 무신론입니다. 또 다른 아이러니입니다. 대중 영성 운동

도시의 소크라테스

과 로티식의 허무주의 너머에서, 한때 계몽주의 이신론이 전제했던 합리주의의 한 형태에 대항하는 진지한 주장이 오늘날 제기되고 있습니다. 예컨대 여기서 우리는 알래스데어 매킨타이어(Alasdair MacIntyre)와 그의 경이로운 책 『도덕적 탐구의 세 형태』(*Three Rival Versions of Moral Enquiry*)에 대해 생각해볼 수 있습니다.

매킨타이어는 보편적이고 객관적이며 자율적이고 초월적인 전통이라 자처하는 합리성에 대해 효과적인 반론을 제기합니다. 우리의 상황은 갈등하며 경쟁하는 합리성의 전통 쪽이라고 그는 말합니다. 그가 선호하는 전통은 토마스주의이며 그에 따른 아리스토텔레스와 아우구스티누스의 종합이지만, 그는 엘리트들의 지적 문화를 오랫동안 지배해온 이른바 자율적이고 근간을 형성하는 힘인 이성의 허세를 폭로한다는 점에서 리처드 로티와 합세할 준비가 되어 있습니다. 그는 이 엄청난 폭로와 더불어 경쟁하는 전통 일체를 탁자 위에 꺼내놓는다면, 공정한 경기를 할 수 있지 않겠는가라고 생각합니다. 그렇게 한다면 현실을 가장 잘 설명해주는 전통, 대다수 사람에게 가장 설득력 있는 전통이 결국 이기리라 본 것 같습니다.

저는 알래스데어 매킨타이어를 굉장히 존경하지만 이것은 위험한 게임이라고 봅니다. 오늘날 많은 그리스도인과 신실한 유대인이 이 게임에 관여하고 있습니다. 이 게임이 가치 중립의 허구성과 자율적이고 전통에 구애받지 않는 이성의 가치 중립성을 요청하는 주장의 허위를 폭로함으로써 극단적인 합리적 유신론으로 하여금 지적 담론의 장에서 발언할 길을 열어준 것은 사실입니다. 그러나 모든 주장을 자유롭게 허락하다 보니, 그 밖의 잡다한 주장들에 길을 열어준 셈이 되었습니다. 신의 귀환을 차단하려는 의도로 공적 맹세를 요구하는 식의 규칙을 제정하는 니체식의 권력 의지에도 취약해집니다. 이성의 한 전통, 예컨대 토마스주의가 이성의 또 다른 전통, 이를테면 자율적 지성을 무효화시키기 위해 불합리와 연합 전선을 구축하는 것은, 설령 그것이 한시적인 연합일지라도 아주 위험한 전략일 수 있습니다.

하지만 이와 같은 것이 인간 지성 문화의 미래일 수도 있습니다. 대학에서 그리스도인들과 유대인들, 그리고 점점 늘어나고 있는 무슬림들은 자신들의 진리를 두고 서로 경합을 벌일 것입니다. 여전히 많은 수가 남아 있는 마르크스주의자들과 니체주의자들, 그리고 위대한 대지의 여신을 신봉하는 열성 신자들이 그들의 "진리"를 두고 경쟁하듯 말입니다. 이것은 자기 선전의 기회를 동등하게 주는가 하는 문제입니다. 그러나―다시 한 번 여기에 아주 흥미로운 아이러니가 있는데―그 옛날의 방법론적 무신론과 가치 중립성이, 이에 반대하는 혁명이 일어났음에도 불구하고 우세할 수 있습니다.

다시 말해 진리 주장을 펴는 이들이 자신들은 **유일한** 진리가 아닌 **자신의** 진리를 주장하는 것이라고 자인하는 한, **자신의** 진리를 선전하는 모든 분파는 허용될 것입니다. 참으로 자기 관점을 고수하려면 각자가 선전 활동을 **해야만** 할 텐데, 선전을 대신할 수 있는 대안 따위는 없다고 사전 합의가 이뤄졌기 때문입니다. 그런데 선전을 대체할 대안이 있으니, 바로 합리적 담론입니다.

그러나 제가 볼 때 하나님을 믿는 합리적 믿음이 불합리한 무신론이 정해놓은 규칙에 따라 움직일 경우 그 내용이 변질되거나 골자를 놓칠 우려가 있습니다. 매체가 곧 메시지가 되기 때문입니다. 현대 기독교 신학, 즉 프로테스탄트와 가톨릭의 다양한 신학은 이미 이스라엘의 하나님이라는 진리를 전하기보다는 여러 진리를 팔기 위해 애쓰는

도시의 소크라테스

보따리장수 같은 역할을 너무도 많이 보여주었습니다.

이제까지 무신론의 여러 얼굴, 신 없이 생각하고 살아가는 "아테오스"의 여러 얼굴 가운데 몇 가지를 간단히 살펴보았습니다. 우선, 다른 모든 신을 반대하며 하나님을 제시했던 초기 그리스도인들의 무신론이 있습니다. 둘째, 의심의 여지없는 확실성에 헌신한

제가 볼 때 하나님을 믿는 합리적 믿음이 불합리한 무신론이 정해놓은 규칙에 따라 움직일 경우 그 내용이 변질되거나 골자를 놓칠 우려가 있습니다.

나머지 그 기준에 맞춰 종교인들이 제시한 신을 거부한 계몽주의 합리주의자들의 무신론이 있습니다. 셋째, 자신의 소임을 완수하기 위해 "[신이 존재한다는] 그런 가설이 필요하지 않았던" 라플라스의 실용적 무신론이 있습니다. 넷째, 온건한 자유주의자들의 형상을 따라 그들의 모양대로 만들어진 자유주의의 신에 따분함을 느낀 이들의 따분한 무신론이 있습니다. 다섯째, 니체의 권력 의지 같은 철두철미한 무신론이 있고, 마지막으로 "사실이라고 믿는 바가 유용하다면 그것이 곧 당신의 진리"라는 유사 종교 진리를 판매하는 유신론자들의 무신론이 있습니다.

다시 처음의 질문, 곧 "무신론자는 좋은 시민이 될 수 있는가?"로 돌아가겠습니다. 그 답은 **좋은 시민**의 정의를 어떻게 내리는가에 따라 결정된다고 봅니다. 우리는 무신론자를 자처하는 이들 대다수가 법을 준수하고, 세금을 성실히 내며, 상냥하고, 이웃에게 친절하다고 봐도 무방할 것입니다. 하지만 자기 자신보다 높은 진리, 자기 자신에 근거하지 않는 진리에 책임이 있음을 인정하지 않는 사람이 정말로 신뢰할 만한 사람일 수 있을까요?

많고 많은 이들 가운데 존 로크(John Locke)는 이 질문에 대해 그렇지 않다고 생각했습니다. 로크의 신학은 헷갈리지만, 그를 비롯한 일단의 사람들은 사회 계약이 자연, 즉 세계 본연의 존재 방식에 기초한다고 확신했습니다. 그들은 더 높은 판결을 존중하는 것, 설령 그것이 영원한 심판일지라도 그 판결을 존중하는 것이 좋은 시민이 되기 위한 핵심이라고 굳게 믿었습니다. 그러므로 로크와 그 동료들에 따르면, 무신론자는 좋은 시민이 될 수 없을뿐더러 아예 시민이 될 수조차 없습니다. 로크가 반종교의 기수가 아니라 종교적 관용의 기수로 기념되는 것은 옳은 일입니다. 그는 이렇게 썼습니다. "하나님의 존재를 부인하는 사람들에 대한 관용은 일절 필요 없다." 이는 관용에 대한 그의 유명한 편지에 나오는 말입니다. "인간 사회를 엮는 약속, 계약, 맹세는 무신론자에게 아무런 구속력을 갖지 못한다. 하나님을 빼버리면 모든 것이 해체되어버린다." **하나님을 빼버리면 모든 것이 해체되어버린다!** 모든 글은 구실이 되기 쉽고, 모든 해석은 책략이 되기 쉬우며, 모든 맹세는 기만이 되기 쉽습니다.

제임스 매디슨(James Madison)은 1785년에 작성한 중요 문서인 "종교 과세 반대 진정·항의서"(Memorial and Remonstrance Against Religious Assessments)에서 종교적 자유와 관련해 비슷한 취지의 글을 남겼습니다. 매디슨과 그 밖의 미국 건국 시조들에게 종교적 자유는 양도할 수 없는 의무를 전제한 양도할 수 없는 권리였다는 점은 늘 간과됩니다. 매디슨은 이렇게 썼습니다. "창조주께 합당한 경의를 표하는 것은 모든 인간의 의무다. 이 의무는 순서에 있어서나 당위의 정도에 있어서나 시민 사회의 요구에 우선한다."

그 뒤에, 오늘 밤 우리를 이 자리에 불러 모은 질문에 이보다 더 적합할 수 없는 단락이 이어집니다. 제임스 매디슨은 이렇게 썼습니다. "어떤 사람이든 시민 사회의 구성원으로 여겨지기에 앞서 그는 우주의 통치자이신 분의 신민(臣民)으로 여겨져야 한다. 만일 시민 사회의 한 구성원이 그 예하 어느 조직에든 가입하려 한다면, 그는 반드시 '보편 권위'에 대한 의무를 준수해야 하고 더욱 그리해야 한다." 매디슨은 계속해서 말합니다. "더욱이 특정 시민 사회의 일원이 되려는 사람은 누구나 우주의 통치자께 최종 충성을 표하고 나서 그리해야 한다."

미국의 건국 시기에 각 주의 헌법들은 공직에서 무신론자를 배제할 수 있었고 실제로 그렇게 했습니다. 하지만 종교적·철학적 신념과 관련해서 다수의 건국 시조들이 공통된 생각을 했다는 점은 기억해둘 만한 가치가 있습니다. 특히 제퍼슨이 유명한데, 소수만이 유화된 혹은 강화된 이신론(Deism)에 동조했을 뿐, 사실 대부분이 청교도 전통에 속한 엄격한 칼뱅주의자였고 또한 거의 대부분이 분명 그리스도인이었으며 실재에 대해 프로테스탄트적인 현실 이해의 틀을 가지고 있었습니다. 철학적 담론의 언어로 표현하면, 건국 시조들은 "도덕 실재론자들"이었는데, 이것은 그들이 선의 실재를 자신들이 구상한 바가 아니라 사실로 받아들였음을 뜻합니다. 이는 수많은 자료를 통해 상세히 드러나며, 독립선언서와 헌법 특히 헌법 서문에 잘 드러나 있습니다.

건국 시조들이 강조체로 표현했던 **선**(the good)은 하나의 실재로서 그들이 고안해낸 것도 아닐뿐더러, 도덕 전통을 수용한 이른바 규약주의(conventionalism)에 따른 것도 아니었습니다. 사회 계약에 대한 건국 시조들의 주장은 계산된 이기심을 기계적으로 재단하여 억지로 짜 맞춘 개념이 아니었습니다. 그들의 이해는 그들이 말한 바 "노부스 오르도 세클로룸"(*novus ordo seclorum*), 곧 "세기의 신질서"를 이끌어갈 언약적 목적이란 이해를 전제한 합의의 성격이 훨씬 강했습니다. 이처럼 계약을 아우르는 언약에 대한 이해는, 미국이 최고의 시험에 직면했던 시기에 에이브러햄 링컨에 의해 온전히 권위 있게 표현되기에 이릅니다. 링컨이 제안한 헌법은 타결된 계약을 대변하는 것이 아니라 "그렇게 구상되고 그렇게 봉헌된" 나라를 대변하는 것입니다.

이런 나라에서 무신론자는 시민이 될 수는 있으나 좋은 시민이 될 수는 없다고 덧붙이고 싶은데, 좋은 시민이란 법을 준수하는 시민 그이상을 말하기 때문입니다. 좋은 시민은 정권—자신이 그 일부가 되는 헌정 질서—에 대해 도덕적으로 설득력 있는 설명을 내놓을 수 있어야 합니다. 그는 정부의 적들에 대한 정부의 방어를 옹호할 수 있어야 하며, 정부의 미덕을 다음 세대의 시민들에게 확신 있게 권할 수 있어야 하고, 그래서 다음 세대의 시민들도 아직 태어나지 않은 시민들에게 그 정권을 전할 수 있게 해야 합니다. 이 정권, 자유 민주주의 체제, 자치 공화국은 그 자체로 자명한 선이나 정의가 아닙니다. 그에 대한 설명, 도덕적 해명이 마땅히 따라야 합니다. 근거가 있어야 하며, 우리 자신보다, 우리의 편의보다, 우리의 관습보다 높은 데서 끌어올 수 있는 권위여야 합니다. 우리를 초월하는 데서, 우리의 궁극적 의무가 있는 데서 가져올 수 있는 권위여야 합니다.

아브라함의 하나님, 이삭의 하나님, 야곱의 하나님, 예수의 하나님을 믿는 이들은 결국 최고의 시민으로 드러날 것입니다. 한때 "무신론자들"이라 불렸던 그리스도인들은 이제 신의 수호자들이 아니라 이 자유주의 체제의 근간을 이루는 선한 근거를 지키는 신뢰할 만한 수호자들입니다. 그런 이들만이 최고의 시민이 될 수 있는 것은, 그들이 이런

도시의 소크라테스

정치 질서에 충성한다는 사실 때문이 아니라 그들이 더 높은 질서에 대해 충성함으로써 증명된 충성심 **때문**입니다. 그들이 이 정권의 정당성을 옹호하는 선한 근거에는 이 정권이 시민들에게 지극히 제한적인 충성을 요구한다는 이유가 포함되어 있습니다. 신실한 이들의 궁극적 헌신은 정권이나 헌법 조문에 드려지는 것이 아니라, 하나님의 도성에 드려지며 창조된 목적을 향해 나아가는 우리의 길을 인도하는 거룩한 말씀에 드려집니다.

따라서 이 시민들은 한 정권 안에 있는 **이중** 시민이며, 매디슨과 그 동료들이 잘 이해했듯이, 그 정권은 이중 시민권에 맞게 설계된 정권이어야 합니다. 정권이 자신을 망각하고 시민 사회(*civitas*)의 신들을 재건하려 든다면, 설령 자유 민주주의의 이름으로 그 일이 진행된다 할지라도, 아브라함의 하나님을 따르는 이들은 하나님께 충성을 다할 수밖에 없을 것이며, 그렇게 충성을 다하는 가운데 고대에 "무신론자였던" 그리스도인들이 그랬던 것처럼 다시 한 번 무신론자라 불리는 위험을 기꺼이 맞게 될 것입니다.

한때 "무신론자들"이라 불렸던 그리스도인들은 이제 신의 수호자들이 아니라 이 자유주의 체제의 근간을 이루는 선한 근거를 지키는 신뢰할 만한 수호자들입니다. 그런 이들만이 최고의 시민이 될 수 있는 것은, 그들이 이런 정치 질서에 충성한다는 사실 때문이 아니라 그들이 더 높은 질서에 대해 충성함으로써 증명된 충성심 **때문**입니다.

결론적으로 현대에서 "무신론"이란 말이 갖는 의미는 이렇습니다. 미국이 시도한 입헌민주제는 무신론자들에 의해 구상되거나 봉헌되지 않았으며 오늘날에도 무신론자들에 의해 새롭게 구상되거나 봉헌될 수 없습니다. 이 시험의 시기에 도덕적으로 설득력 있는 설명을 내놓아야 합니다. 사실 매 순간이 이 주어진 자유의 실험을 시험받는 시간이긴 합니다. 여러분은 "누구에게 설득력 있는 설명인가?"라고 물으실 수 있습니다. 유일한 대답은 아닐지라도 한 가지 분명한 대답은 이렇습니다. 우리 동료 시민 대다수에게 도덕적으로 설득력 있는 설명을 내놓아야 합니다. 좋은 시민은 그러한 설명을 제시할 수 있어야 하며, 그래서 어쩔 수 없이 무신론자는 좋은 시민이 될 수 없다고 결론 내릴 수밖에 없는 것입니다. 들어주셔서 고맙습니다.

도시의 소크라테스

질문과 답변　감사합니다, 신부님. 질의응답 시간을 잠깐 갖겠습니다. 저쪽에 계신 분들이 질문하실 내용이 있는 것 같네요. 첫 질문을 해주실 용감한 분은, 방금 들은 강연과 관계없어도 괜찮으니 어떤 질문이든 해주시죠.

질문 : 오늘날 이라크와 프랑스에서 벌어지는 일과 관련하여 세속주의에 대해 질문 드리겠습니다. 두 명의 프랑스 기자가 인질로 잡혀 있는 가운데, 프랑스 공립 학교에서 무슬림의 머리쓰개, 유대인의 머리 가리개, 기독교인의 십자가 착용을 금지하는 법안을 폐지하라는 요구 사항이 제시되었습니다. 이 문제에 대해 어떤 견해든 말씀해주시겠습니까?

답변 : 네, 무척 놀랐습니다. 프랑스에는 1789년 프랑스 대혁명에서 파생된, 정교분리라는 독특한 전통이 있습니다. 반교권적·반기독교적이며 구체적으로는 반가톨릭적 전통이지요. 이 전통이 아주 좋은 이유로 지금은 이슬람에까지 확장되었는데요, 이슬람의 존재는 최근에 나온 한 책에서 "유라비아"(Eurabia, 유럽의 이슬람화)라고 명명했듯이 프랑스뿐 아니라 독일 및 다른 여러 나라에서도 공적·법적으로 지배 문화이자 종교 세력이 될 것이라는 매우 실질적인 가능성이 제기되고 있습니다.

　　여러분 가운데 「소중한 일들」을 읽으신 분들은 버나드 루이스(Bernard Lewis)가 이슬람과 서구 기독교 문명의 충돌에 관해 쓴 글 때문에 제가 그를 무척 존경한다는 사실을 아실 것입니다. 버나드 루이스는 매우 조심스럽고 학자다우며 신중한 사람입니다. 최근 들어 비로소 말을 꺼냈는데, 그가 판단하기에 이번 세기가 끝나기 전에 유럽 대부분이 이슬람화될 것으로 보았습니다. 인구 통계학, 문화, 정치 현실이 그런 미래를 암시합니다. 그런 일이 일어난다면, 서구 문명의 미래에, 기독교 복음의 미래에, 그리고 세계에서 미국이 차지하는 역할의 미래에 실로 엄청나게 의미 있는 국면이 전개될 것입니다.

질문 : 『차라투스트라는 이렇게 말했다』에서 니체는 그런 상황을 어느 정도 애도했습니다. 20세기 벽두에 그는 하나님과 종교가 쇠락하고 있다고 보았습니다. 그는 자기 자신의 가치 체계로 종교적 가치를 대신하려는 시도에 대해 실로 멋진 일이라고 했습니다. 제가 궁금한 것은, 한 사람이 무신론자로서 그런 일을 할 수 있다면, 무신론자도 좋은 시민이 될 수 있지 않을까요?

답변 : 제 생각에는 여전히 **아니오**인데, 우리 모두가 환경에 영향을 받기 때문입니다. 간단히 말해서 우리 모두가 특정한 문화적·정치적·사회적 환경의 일부로 존재하기 때문입니다. 좋은 시민이 된다는 말의 의미가 제 강의를 통해 분명해졌기를 바라는데, 제 강의는 좋은 미국 시민이 되는 것에 관한 이야기였습니다. 그러니 이제 각자가 처한 정치적·문화적 환경과 관련하여 의미 있는 논의를 진행할 수 있을 겁니다.

두말할 필요 없이 저는 니체가 천재였다고 봅니다. 아마도 그의 삶 마지막까지 어떤 기준을 들이대더라도 참으로 미친 천재였던 것 같습니다. 그러나 그는 많은 무신론자와는 달리 특별히 기독교의 하나님, 십자가의 하나님을 노예와 약자의 하나님이라며 단호히 거부했습니다. 니체에게 하나님은 인간이 소유할 만큼 가치 있는 대상이 아니었습니다. 우리는 니체가 기독교 도덕과 기독교 신앙의 자리를 깨끗이 쓸어버린 뒤 그 빈 공간에 어떤 가치를 대신 채워 넣었는지 알고 있습니다.

조금 무모한 이야기일 수 있으나 나치 운동의 최고 신봉자가 니체에게서 자신이 하고 있는 일에 필요한 철학적 명분의 외피 같은 것을 보았음을 부인할 수는 없습니다. 너무도 무모하긴 하지만 니체와 제3제국, 아돌프 히틀러 사이를 과감하게 직선으로 연결해버리는 이들조차 있으니까요. 만일 여러분이 제가 "벌거벗은 공적 광장"이라 부른 어떤 공간, 즉 종교에 기반을 둔 도덕 담론을 포함하여 도덕 담론을 잃어버린 공적 삶이라 칭하는 공간을 만든다면, 여러분은 링컨이 말한 "신비한 끈", 곧 죽은 자와 아직 태어나지 않은 이들과 우리를 하나로 묶어주는 끈을 끊어버리고 마는 것입니다.

자, 설령 누군가 미국의 실험과 헌정 질서가 근본적으로 잘못되었다고 믿는다 할지라도—실제로 이렇게 믿는 이들이 있으며 심지어 그리스도인 중에도 일부 있습니다만—그때에도 우리는 앞서간 이들과 뒤에 올 이들에 대한 책임을 예민하게 인지하면서 우리가 처한 역사의 시간 속에서 우리가 처한 상황에 대해 책임을 지는 수밖에 없습니다.

질문 : 루터교회 신자이자 가톨릭 신자였던 저에게 양쪽의 관점과 논거 및 증거를 가능한 한 공정하게 제시하는 자료를 추천해 주실 수 있는지 궁금합니다.

답변 : 좋은 자료가 아주 많이 나와 있습니다. 지난 20~30여 년 전까 지만 해도 주로 격론을 일으키고 왜곡하며 말 그대로 불공평 한 경향이 있었지만, 에릭이 언급한 세계교회주의 시대에 들 어서는 그 반대로 엄청나게 중요한 차이에 대해서 얼버무리거 나 얼렁뚱땅 넘어가는 경향이 생겼습니다.

　　이 문제를 구체적으로 다룬 책에 대한 서평이 「소중한 일 들」 최근호에 실렸습니다. 질문하신 분이 관심을 가질 만한 거 의 모든 내용이 「소중한 일들」에 실려 있습니다. 마리아가 누 구이며 신앙에서 마리아의 역할은 무엇인가와 같은, 가톨릭 과 프로테스탄트 간의 구체적이고 중요한 차이에 대해서 복음 주의자인 구스타프슨(Gustafson)과 가톨릭 신자인 롱게네커 (Longenecker)가 쓴 글이 있습니다. 「소중한 일들」 웹사이트 에 접속해보시기 바랍니다. 지혜의 보고입니다!

질문 : 신앙과 제국을 지나치게 동일시할 경우 정치적·경제적 추이 에서 하나님 나라에 대한 큰 오해를 불러일으킬 수 있습니다. 급진적 종교개혁이 당시 체재에 동화되기를 거부한 것도 그러 한 이유 때문이었죠. 선생님의 질문을 뒤집어서, 무신론자들 이 반드시 좋은 시민이 될 수 없다면, 회중석을 따뜻하게 데우 고만 있는 나머지 절반의 사람들, 곧 유신론자들은 반드시 좋 은 시민이 될 수 있을까요?

답변 : 그렇습니다. 하지만 반드시라고는 할 수 없습니다. 몇 년 전다른 곳에서 이 주제로 강연을 한 적이 있는데, 「국가」(*The Nation*)란 잡지의 풍자만화가 줄스 파이퍼(Jules Feiffer)에 관한 소식을 들었습니다. 저는 그것이 뉴스거리가 되겠나 싶었는데, 그는 제 주장을 조롱하는 만화를 한 면 전체에 그렸습니다. 거기에는 지난 수개월 동안 끔찍한 범죄를 저지른 종교 지도자들과 유명 기독교인들의 이름이 번갈아 나열되어 있었습니다. 물론 저는 교도소에 수감된 이들 가운데 엄청난 숫자의 사람들이 그리스도인일 거라고 예상했습니다. 비록 무슬림의 비율이 현저하게 높지만 말입니다. 그래서 모든 그리스도인이 좋은 시민이라고 말할 수는 없습니다.

저는 선생님께서 다른 질문이자 매우 중요한 질문, 즉 미국의 실험에 대한 우리의 책임과, 섭리에 근거해 미국에 주어진 뜻 혹은 "명백한 사명"을 동일시하는 태도가 위험하지 않은지 물으실 줄 알았습니다. 이 경우라면 대답은 **예**입니다. 그것은 항상 위험하며 이제까지도 종종 위험했습니다. 그러나 오늘 제가 드리고 싶은 말씀은 이렇습니다. 기독교 역사와 기독교 신학에는 섭리에 대한 인식이 **있다**는 점, 그리고 특정한 정치적·역사적 사건들과 관련해 우리가 그분의 뜻을 정확히 분별하지 못할지라도 우리가 믿는 하나님은 역사 속에서 활동하시는 하나님이시라는 사실을 잊어버리는 것이야말로 훨씬 더 위험하다는 점입니다.

그러므로 제 생각에 우리가 "하나님 앞에서"라는 말로 국기에 대한 맹세를 하는 것은 무척 중요합니다. 대법원의 말처럼, 이 같은 "의례를 위한 이신론"이 가진 "사소한 상징적 표현들"이 특별히 중요한데, 왜냐하면 이런 표현들은 미국이라는 나라가 이스라엘이나 교회가 세워지듯이 어떤 호의와 특권을 입고 세워진 것이 아님을, 더 정확히 말하면 미국이 심판 아래 있음을 상징적으로 보여주기 때문입니다. 하나님 아래 있다는 것은 그분의 자비와 심판 아래 있다는 뜻입니다. 건국 시조들처럼 우리를 초월하는 대상에 역사적·도덕적 책임 의식을 갖는 것은 미국의 자유주의 실험과 민주주의에 새로운 활기를 불어넣는 데 너무도 중요한 문제입니다. 참으로 다시 생기를 불어넣을 수 있다면 말입니다.

질문 : 저는 세인트 존 성당 회중 가운데서 선출된 평신도 지도자, 그러니까 성공회 교인입니다. 성공회는 규모가 큰 교파로 전 세계에 9천만 명 정도의 회중이 있는데, 이러한 교회의 규모를 생각할 때 대영제국의 팽창과 정치적 성장 및 군대의 뒤를 따라간 교회 등을 연결해서 생각하지 않는다면 우리 자신을 속이는 일이 될 겁니다. 세계 종교의 분포를 보여주는 지도가 로마나 콘스탄티노플의 강력한 힘과 항상 연결되어 있었음은 누구나 아는 사실입니다. 제 질문은 이렇습니다. 무신론을 반드시 신학이나 복잡한 이슈와 연결하지 않아도 되는 것 아닐까요? 경우에 따라서는 교회와 국가와의 관계, 그 안에서 벌어지는 싸움, 그 결과 등으로 인한 피로처럼 매우 비종교적인 의미로 볼 수도 있지 않은가 하는 것입니다.

답변 : 그렇습니다, 질문하신 분의 지적이 정확하다고 봅니다. 종교

도시의 소크라테스

나 기독교가 특히 이 나라에서 비교적 활력을 띠는 이유 가운데 하나는 우리가 국가 교회를 가져본 적이 없기 때문입니다. 교회가 역사 속에서 국가 권력과 손을 잡은 것은 제가 판단하기에 현명하지 못한 처사였습니다. 또한 여러분은 관련된 인물들이 있었던 역사적 맥락 속에 들어가봐야 합니다. 예를 들어 오늘날 우리가 4세기의 기독교 유사 체제인 콘스탄티누스주의를 로마 제국의 종교라 정죄하고 거기서 발을 빼기란 너무도 쉬운 일이며, 대부분의 신학자들과 종교학자들이 그렇게 합니다.

여기서 우리는 섭리의 문제, 그리고 하나님의 방법이 얼마나 은밀하고 신비한가 하는 문제와 마주하게 됩니다. 혹시 하나님께서 선을 이루기 위해, 모든 지역에서 선을 전하기 위한 비범한 방법으로 그런 제휴를 사용하신 것은 아닐까요? 비슷하게 말해서, 하나님께서 제국 경영자들의 의도와 동기보다 훨씬 큰 방식으로 선을 이루시기 위해 대영제국을 사용하셨던 것은 아닐까요?

제 원래 성향은 5세기의 성 아우구스티누스 쪽에 가깝습니다. 많은 이들이 생각하듯, 아우구스티누스가 『하나님의 도성』(The City of God)을 쓸 때 로마 제국이 몰락하고 있었다는 것은 사실이 아닙니다. 로마 제국이 어려움을 겪었던 것은 사실이지만, 그는 여전히 제국이 강력하며 미래가 있다고 생각했습니다. 하지만 그에게는 우리가 두 개의 공동체, 두 개의 도성, 즉 그의 표현대로 하면 "인간의 도시와 하나님의 도시"에 동시에 살고 있다는 강렬한 자각이 있었습니다. 제가 말씀드린 그의 이중 시민권과 매디슨이 『진정·항의』에서 말한 내용이 상통한다고 할 수 있습니다. 이 두 도시는 깔끔하게 나뉘지 않습니다. 둘은 무척 골치 아프게, 가끔은 혼돈스럽고 가끔은 갈등하는 방식으로 서로 얽혀 있습니다. 인간의 도시는 그것이 로마 제국이든 자유 민주주의 미국이든, 그 밖의 다른 어느 나라든, 항상 아우구스티누스가 말한 대로 "리비도 도미난디"(*libido dominandi*), 곧 권력과 영광을 얻으려는 욕망에 사로잡히기 마련이며 이는 앞으로도 마찬가지일 것입니다.

하지만 다른 도시들에 비해 뛰어난 인간의 도시, 다른 방법들에 비해 상대적으로 질서 잡힌 방법도 있습니다. 이것은 제 믿음이자 확신이지만—하지만 정치적·역사적 판단이지 신학적 판단은 아닙니다—미국이 하는 실험은, 인간의 존엄성과 사회의 바른 질서뿐 아니라 그 본연의 사명대로 만개하게 될 교회의 자유까지 양쪽 모두를 공정히 다룰 잠재력을 가진 체제라고 봅니다.

질문 : 저는 복음을 전하는 설교자입니다. 듀크 대학교 채플 시간에 하나님의 율법과 명령, 원수에 대한 사랑과 원수를 향한 바른 행동에 관한 설교를 준비하면서 저는 인간의 상황에서 하나님을 대변해줄 목소리나 증언 혹은 목격자를 찾고 있었습니다. 신문을 보고 시스팬(C-SPAN, 미국 정치·의회 중계를 전문으로 하는 방송 매체—편집자 주)과 전국망 뉴스를 들으면서 국가가 지원하거나 관여한 고문, 또는 지휘관의 부주의로 일어나는 고문에 반대하는 5명의 목소리를 발견했습니다.

도시의 소크라테스

그중 교회에서 나온 목소리는 하나도 없었습니다. 다섯 중 넷은 엄격한 유대인이나 기독교인이 아닌 게 분명했습니다. 다섯 번째 목소리는 신부님이 말한 두 번째 의미에서의 무신론자로 유명한 인물이었습니다. 저는 이 결과가 무척 실망스러웠습니다. 이것은 제게 전 세계적 위기의 시기에 교회가 우리에게 실망을 안겨주는 모습으로 보였습니다. 이를 목도한 증인으로서 묻습니다. 신부님은 이에 대해 무슨 말씀을 하시겠습니까?

답변 : 고백하건대 저도 조금 놀랐습니다. 왜냐하면 시간이 허락된다면 저는 도덕적으로 허용될 수 없는 고문에 반대해 아주 강력하고 설득력 있게 이의를 제기하는 500명의 작가, 신학자, 주교 등의 이름을 선생님께 전해줄 수 있기 때문입니다. 저는 하버드 로스쿨의 앨런 더쇼위츠(Alan Dershowitz)가—그는 신실한 유대인은 아니지만—테러 등에 대응하는 전쟁을 수행하는 정상적인 수단인 고문에 익숙해져야만 한다는 생각을 우리에게 강요하는 심각하게 비뚤어진 책을 썼다는 사실에 크게 우려하고 있습니다. 「코멘터리」(Commentary) 지에 있는 제 친구들도 같은 취지의 글을 썼습니다.

저는 그들이 틀렸다고 생각합니다. 분명 가톨릭교회의 가르침에 따르면 고문, 즉 타인을 비하하려는 목적으로 의도적인 고통과 모독을 가하는 행위, 다시 말해 타인의 인간 존엄성을 훼손하는 일은 언제 어디서 자행되든지 잘못입니다. 우리는 이런 일에 무감각해지면 안 됩니다. 앨런 더쇼위츠와는 정반대로, 우리는 인간의 한계를 실험하는 일 따위를 절대로 해서는 안 됩니다. 우리는 죄인이며, 모든 정치 조직과 군 조직 및 경찰 조직도 마찬가지로 죄로 가득 찬 기관입니다. 우리 인간이라는 존재는 고문을 실험해도 될 만큼 신뢰할 만한 존재가 못 됩니다.

질문 : 우리 자신의 영적 여정이란 관점에서 드리는 질문입니다. 저는 가톨릭 교인이며, 주로 가톨릭 교구에서 예배를 드립니다. 제 여동생은 장로교 사역자가 되었습니다. 제가 궁금한 것은 17년 동안 루터교회 교인으로 살다가 가톨릭 사제가 되었을 때, 신부님의 주된 관심사는 무엇이었습니까?

답변 : 긴 이야기이지만 간단히 말하면, 루터교회에 있을 때보다 더 온전한 그리스도인이 되기 위해 가톨릭교회와 풍성한 교제에 들어갔습니다. 저는 저 자신이나 다른 사람들에게 내가 가톨릭 교인이 아니어야 하는 이유를 더는 설명할 수 없게 되었을 때 가톨릭 교인이 되었습니다.

질문 : 링컨이 남긴 위대한 표현 "신비한" 끈에 비추어 볼 때, 현재의 정치 선거에 대해 어떤 말씀을 하시겠습니까?

답변 : 어떤 면에서는 뒤늦은 감이 있지만 가톨릭 주교들 역시 주도적으로 이 문제에 관심을 기울이고 있습니다. 특히 공인과 정치인들에 관련해서뿐 아니라 낙태, 안락사, 태아 줄기세포 연구 같은 사례에서 무고한 이들을 보호하는 일과 관련해 교회의 가르침에 공개적으로 그리고 계속 노골적으로 대항하고 거부하는 이들에 대해서 가톨릭 주교들이 점점 담대하게 앞장서

도시의 소크라테스

관심을 표명하고 있습니다. 저는 주교들이 마침내 마땅히 해야 할 일을 하고 있다고 봅니다. 그리고 이를테면 어디에 투표해야 할지 누구도 당신에게 말해줄 수 없으며 교회 역시 그렇다는 것이 가톨릭교회의 기본적인 관점이라 할 수 있습니다.

개인이 자신의 양심에 따라 행동해야 한다는 것은 정통 가톨릭의 기본 가르침입니다. 아울러 개인이 자신의 양심을 올바로 **형성해야** 한다는 것 또한 가톨릭의 기본 가르침입니다. 양심을 올바로 형성하기 위해 가장 중요한 주교의 책임은 타협하지 않는 순전한 믿음을 수호하고 이를 명확히 말해주는 것입니다. 모든 논란이 이와 관련 있습니다. 논쟁적일 필요가 전혀 없습니다.

> 개인이 자신의 양심에 따라 행동해야 한다는 것은 정통 가톨릭의 기본 가르침입니다. 아울러 개인이 자신의 양심을 올바로 **형성해야** 한다는 것 또한 가톨릭의 기본 가르침입니다.

1984년 제럴딘 페라로(Geraldine Ferraro)가 부통령 후보로 출마하면서, 낙태에 관하여 가톨릭의 견해가 한 가지만이 아니라 여러 다른 관점도 있을 수 있다고 언급하면서 낙태에 찬성하는 동시에 신실한 가톨릭 교인이 될 수 있다고 말한 것을 여러분도 기억하실 것입니다.* 그 발언을 두고 지금은 고인이 되었지만, 제게 신부 서품을 주었던 몹시 그리운 친구인 존

---

* 제럴딘 페라로는 변호사이자 민주당 하원의원이었고 첫 여성 부통령 후보였다. 2011년 3월 26일 작고했다.

오코너 신부는—그가 정치에 관여해 "교회와 국가"라는 정교 분리 원칙을 위반했다고 비난하는 이들이 있음을 알고 있는데, 모두 실없는 이야기입니다—신중하고 명료하게 그리고 침착하게 다음과 같이 말했습니다. "페라로 후보가 가톨릭교회의 가르침과 관련해 공론에 붙인 사안에 대해 저는 뉴욕 대주교로서 이 사안을 두고 무언가 말하도록 허락된다면 그렇게 해야 할 것 같습니다. 무엇보다 제가 말해야 할 것은 이렇습니다. 페라로 후보의 말은 사실이 아닙니다. 그것은 가톨릭교회의 가르침이 아닙니다."

가톨릭이 지금 하고 있는 일이 바로 그런 일입니다. 주변에 "저는 좋은 가톨릭 신자인 동시에 전미낙태권보장연맹(NARAL)과 미국가족계획협회(Planned Parenthood) 및 그들의 집회를 지지하며, 명백하고도 공공연하게 가톨릭교회에 반대하고 적대적인 그들의 대의에 충성을 맹세합니다"라고 말하는 사람이 있다면, 그게 바로 스캔들입니다. 가톨릭에서 말하는 스캔들은 이런 뜻입니다. 성폭력 스캔들이나 은행 강도 같은 것이 스캔들이 아닙니다. 진리와 관련해 신실한 사람들을 혼란스럽게 만드는 행위가 바로 **스캔들**입니다.

주교들은 그 사람을 찾아가 대화하고 설득하여 그로 하여금 자신의 실수를 인정하고 회개하고 삶을 고치도록 힘써야 합니다. 6월에 발표된 주교들의 선언문은 이 점에 매우 유의하면서 특정 상황에서 마주치는 당혹스러운 일들과 주교들의 신중한 판단을 고려했습니다.

그러나 어느 순간 그가 고집을 꺾지 않고 공개적으로 "저

도시의 소크라테스

는 죄 없는 인간의 생명을 의도적으로 앗아가는 [예를 들면] 낙태가 본래 악하다는, 즉 언제 어디서든 악하다는 교회의 가르침을 거부합니다"라고 반항적으로 말한다면, 어느 시점에서 주교는 사랑의 심정으로 강력하게 그를 권고해야 합니다. "친구여, 그대는 지금 교회와의 관계를 위태롭게 하고 있습니다. 이 문제에 대해 가톨릭교회가 옳다면, 그대는 지금 하나님과의 관계를 위태롭게 하는 것입니다. 이는 무척 엄중한 일로서, 그대는 이 문제를 해결하기까지 교회의 믿음과 연합하기 위해 자신을 온전히 내어드리는 중심 행위인 성만찬과 영성체에 참여해서는 안 됩니다."

이것이 바로 주교의 목회적 책임이며, 만일 이것이 이런저런 방식으로 정치적 영향력을 갖는다면, 최종적으로 그 책임은 극단적인 태도를 가진 사람들, 다시 말해 분명한 사실에도 전혀 동의하지 않는 사람들의 몫일 것입니다. 마치 무제한으로 낙태를 허용하는 극단적인 사람들에게 그 책임이 있는 것처럼 말입니다.

5강

우리는 누구인가?:
C. S. 루이스와 인간의 문제

진 베스키 엘슈테인

2005년 9월 29일

강사 소개　　에릭 메택시스입니다. "옥스퍼드 클럽"(Oxonian Society) 대신, 생각하는 사람들의 대안인 "도시의 소크라테스"를 택하신 여러분을 환영합니다. 이런 말을 하면 치사한 언론 플레이가 될지 모르겠으나, 어제 날짜의 「뉴욕 타임스」에 실린 옥스퍼드 클럽 관련 기사 말입니다. 기사에 따르면, 옥스퍼드 클럽과 옥스퍼드 대학교 사이에는 적법한 관계가 전혀 없다고 합니다.

옥스퍼드 클럽 또한 우리와 마찬가지로 뉴욕의 클럽 건물 같은 곳에서 회합을 여는데, 강연자 중에는 샤론 스톤 같은 유명 인사도 있습니다. 최상류층 인사들의 모임인 셈이죠.

짚고 넘어갈 게 있는데, "도시의 소크라테스"는 옥스퍼드 클럽과는 다릅니다. 왜냐하면 우리는 옥스퍼드 대학교와 어느 정도 실제로 관계가 있기 때문입니다. 오늘 밤 강연해주실 진 베스키 엘슈테인(Jean Bethke Elshtain) 박사를 제가 만난 것은 지난여름 옥스퍼드 대학교에서였습니다. 옥스퍼드에서 열린 그녀의 강연은 정말 훌륭했습니다. 그때 생각했습니다. **대단한데! 엘슈테인 박사에게 "도시의 소크라테스"에서 강연을 해달라고 부탁해야겠다.** 그리고 오늘 이 자리에 마침내 모셨습니다.

"도시의 소크라테스"는 옥스퍼드와 다른 인연도 맺고 있는데, 그중 몇 가지만 언급해보겠습니다. 예를 들어 전에 우리 모임에서 강연해주신 적이 있는 조 로콘티(Joe Loconte) 교수님이 지금 여기 맨 앞줄에 앉아 계시는데—이전에 강연하신 분들이 이 줄에 앉으셨습니다—
조와 저는 지난봄 "옥스퍼드 유니언"(옥스퍼드 대학교에서 열리는 토론
클럽—역주)에 참석해달라는 영광스러운 초청을 받았습니다. 우리는
제안을 받아들였고 그들에게 토론의 쓴맛을 보여주었습니다. 아주 이
례적인 일이었죠. 이를 증명해줄 사진도 여러 장 가지고 있습니다. 정
장 차림을 한 채 저녁만찬 석상에서 찍은 사진 같은 것 말이죠. 소크라
테스 모임에서 강연했던 분 중 다수가 옥스퍼드 대학교를 다녔거나,
거기서 가르쳤거나, 지금 가르치고 있습니다.

따라서 어제 「뉴욕 타임스」에서 혼쭐이 난 "옥스퍼드 클럽"과는 달
리, "도시의 소크라테스"는 옥스퍼드와 상당히 적법한 관계를 맺고 있
다고 할 수 있겠습니다. 하지만 우리 모임의 이름은 "도시의 소크라테
스"이며, 소크라테스와는 아무런 실질적 관계가 없음을 말씀드립니다.

이 관계없음이 우리의 특징입니다. 저들은 저들 나름의 관계없음
을, 우리는 우리 나름의 관계없음을 가진 셈이죠. 요점은 "옥스퍼드 클
럽"이나 "도시의 소크라테스"나 와인 좋아하고 허세 부리기 좋아하는
무리라는 것입니다. 존 폴킹혼 경, 엘슈테인 박사 같은 지적 거인들을
모셔다가 지적 허세를 부리고 체면 유지를 하려 드니 말입니다. 제가
샤론 스톤의 이름을 말했는지 모르겠으나, 언젠가는 그녀를 초청할 날
도 올 겁니다.

진지하게 말하지만, 여러분, 우리는 농담을 정말 좋아합니다. 오늘
밤 진 베스키 엘슈테인 박사님을 이 자리에 모시게 되어 정말 자랑스
럽습니다. 박사님은 시카고 대학교에서 정치 및 사회 윤리를 가르치고
있습니다. 그 이력이 눈부시고 성과 또한 방대하기에 저의 쓸데없는
서설은 이만하고 곧바로 본론으로 들어가는 편이 좋을 것 같습니다.

그래도 잠시 교수님의 업적을 말씀드리겠습니다.

약력에 따르면, 엘슈테인 교수님은 현재 정치 철학자로서 정치적 확신과 윤리적 확신 간의 연관성을 밝히는 연구를 하고 계십니다. 그 연관성을 관찰하기 위해 이따금 전자 현미경까지 사용한다고 합니다. 그건 그렇고 귀뚜라미 소리 들리세요? 제 농담이 좀 썰렁했군요. 어쨌든, 전자 현미경과 귀뚜라미만큼이나 기본적으로 정치와 윤리의 관련성을 찾기란 하늘의 별 따기처럼 어렵다는 말을 하고 싶었습니다. 그런데 제가 이렇게 설명을 해야 하는 걸 보니, 제 농담이 서툴거나 여러분이 느리거나 둘 중 어느 한쪽일 텐데, 지금 보니 양쪽 모두 조금씩 해당하는 것 같네요.

본론으로 돌아와서, 엘슈테인 박사님은 1995년부터 현재까지 시카고 대학교의 로라 스펠먼 록펠러 석좌 교수로서 사회 및 정치 윤리를 가르치고 있습니다. 또한 매사추세츠 대학교와 밴더빌트 대학교에서 가르쳤으며, 하버드 대학교와 예일 대학교의 객원 교수이기도 합니다.

엘슈테인 교수님은 9개의 명예 박사 학위를 보유하고 있는데, 물론 이 모든 것을 한 번에 받은 것은 아닙니다. 그건 물리적으로 불가능한 일이죠. 제가 알기로는, 전성기 때의 앙드레 더 자이언트(거구의 프랑스 출신 프로레슬러—역주)조차도 말 그대로 동시에 6명밖에 상대하지 못했어요.

이참에 말씀드리는데, 제가 요즘 명예박사 학위를 받기 위해 정말 열심히 하고 있답니다.

1996년에 엘슈테인 박사님은 미국예술과학아카데미의 연구원에 선출되었습니다. 여러 권의 책을 썼으며 「뉴리퍼블릭」(*The New Republic*) 지의 편집인으로 활동한 바 있습니다. 이 지면이 스캔들을 주로 다루는 잡지가 되기 전까지 말이죠. 아, 그건 「인콰이어러」 (*Enquirer*) 지였죠. 둘이 항상 헷갈려요.

엘슈테인 교수님은 프린스턴 대학교의 고등연구소 연구원으로 재직해왔습니다. 만만치 않죠? 또한 구겐하임 재단의 연구원이자 국립 인문학센터의 연구원이며, 2003~4년에는 의회도서관의 맥과이어 석좌 교수(Maguire Chair)로서 윤리학 및 미국사를 담당했습니다. 의회 도서관의 낡은 맥과이어 의자를 어찌 잊겠습니까? 아마 그 의자 속 쿠션은 말총으로 채워졌을 겁니다. 아닌가요?

엘슈테인 교수님은 의회 도서관 학자 평의회에서 봉사하고 있으며, 밴더빌트 대학교의 학부 수업 지도 과정에 수여하는 최고상인 엘런 그레그 인골스 상을 수상한 바 있습니다. 역시 만만치 않죠? 그러나 이 모든 놀라운 업적보다 가장 눈부신 업적은 2005~6년, 그러니까 올해 에딘버러 대학교에서 열리며 최고의 명성을 자랑하는 기포드 강좌에서 교수님이 강연할 예정이라는 사실입니다. 정말 대단한 영예입니다. 이전의 기포드 강연자들 중에는 알프레드 노스 화이트헤드, 윌리엄 제임스, 알베르트 슈바이처, 닐스 보어, 한나 아렌트, 라인홀드 니버 등이 있습니다.

하나같이 엄청나게 명망 있는 인물들입니다! 기포드 강좌 강연 요청을 받는다는 것은 지적으로 존경을 받는다는 뜻입니다. 생각만 해도 떨리네요. 우리 모임처럼 작고 저급하고 자기만족적이고 와인을 좋아하는 곳에 다소간의 진지함과 명예를 부여해주셔서 정말 고맙습니다. 박사님께 크게 신세 졌습니다.

저는 사람들이 기포드 강좌를 이야기할 때면 언제나 조금 전에 제가 거명한 이름들을 똑같이 언급한다는 사실을 알아챘습니다. 하지만

도시의 소크라테스

이전 강연자들의 이름을 모두 거명하지는 않던데, 저는 거기에 이유가 있다고 봅니다. 예를 들어 그중에는 노엄 촘스키가 있습니다.

자, 믿기 어렵겠지만 차로(스페인 출신 희극배우―역주)도 기포드 강연자였습니다. 사람들이 이 부분은 언급하지 않는데, 굳이 말해서 이익될 일이 없기 때문입니다. 하비 키틀(미국 영화배우―역주)과 맘스 마블리(미국 코미디언―역주)도 기포드 강연자였습니다. 점점 암울한데, 최근에는 커티스 슬리와(방범 회사 사장―역주), 존 고티 주니어(전 갱단 두목―역주), 이 두 사람도 기포드 강연자로 선정된 바 있습니다.

따라서 전체 그림을 알고 보면, 기포드 강연자라는 엄청난 영예가 실은 그렇게 굉장한 것이 아님을 알 수 있습니다. 선택해서 거명하면 굉장한 것처럼 들리기 쉽습니다. 비슷한 예로, 맨날 듣는 이야기 중 스티븐 호킹이 케임브리지 대학교 수학과 루카스 석좌 교수로 선임되었다는 이야기가 있습니다. 이 말 뒤에는 "전에 아이작 뉴턴 경이 선임되었던"이라는 수식어가 반드시 따라 붙습니다. "아이작 뉴턴 경이 선임되었던, 케임브리지 대학교 수학과의 루카스 석좌 교수."

혹시 이 자리에 있을지도 모를 스티븐 호킹 팬들에게 알리고 싶은 소식은 아니지만, 호킹 박사가 그 자리에 취임하기 10분 전에 아이작 뉴턴 경이 그 자리를 내려놓고 떠난 게 아닙니다. 알다시피, 아이작 뉴턴 경은 1701년에 석좌 교수직을 사임했다고 역사가 말해주는데, 뉴턴의 취임과 호킹의 취임 사이에는 278년이라는 엄청난 간격이 존재합니다. 그뿐만 아니라, 1701년과 1979년 사이에 형편없고 자격 없는 수많은 이들이 루카스 석좌 교수직을 차지했었음을 역사는 보여줍니다. 알랑거리기 좋아하는 전기 작가들은 편리하게도 이 사실을 잊게 하죠.

예를 들어 아이작 뉴턴 경이 그 자리를 사임한 뒤로 정숙하지 못할뿐더러 입이 험한 몇몇 여인이 그 자리를 꿰찼고, 후에는 선병(scrofula)에 걸린 야비한 구두수선공이 그 뒤를 이었습니다. 가장 충격적인 사실은, 요실금 걸린 가정부가 여러 해 동안 그 자리를 차지했다는 사실입니다. 사정이 이러하니, 이후로 여러분이 루카스 석좌 교수직에 관해 이야기를 듣게 되더라도 크게 감동하실 필요는 없습니다.

어디까지 얘기했었죠? 맞습니다. 우리는 진 베스키 엘슈테인 박사님의 강연을 듣기 위해 여기 유니언 클럽에 모였습니다. 오늘 밤 엘슈테인 교수님은 "우리는 누구인가?"라는 질문에 대해 강연해주실 겁니다. 지금까지 우리는 온갖 중요한 질문을 던졌습니다. "악의 본질은 무엇인가? 우리는 어디서 와서 어디로 가는가? 하나님은 계신가? 만일 계시다면 그분은 어떤 분이신가? 각각의 세계관은 악에 대해 무어라고 말하는가?" 이런 것들이 우리가 던진 질문이었습니다.

오늘 밤에는 "우리는 누구인가?"라는 질문을 던집니다. 그리고 이 질문에 대해 엘슈테인 박사님의 강연을 들을 것입니다. 저는 지난여름 옥스퍼드 대학교에서 열린 C. S. 루이스 학회에서 오늘 밤 강연 내용을 먼저 듣는 특권을 누렸습니다. 그러니 이런저런 말은 그만하고, 큰 기쁨으로 진 베스키 엘슈테인 박사님을 모시겠습니다.

강연

이렇게 초대해줘서 정말 고마워요, 에릭. 여러분도 알 겠지만, 에릭은 다른 사람을 설득할 줄 아는 사람이에 요. 에릭의 잔소리가 시작되었을 때, 저는 내가 지겠 구나 싶었고, 이내 "할게요"라고 말할 수밖에 없었습 니다. 그러다가 뉴욕에 와야 할 일이 생겼고, 결국 이렇게 일이 잘 풀 렸습니다. 그럼, 이제 본론으로 들어가겠습니다. 아주 진지한 주제로 말이죠.

올해 3월, 저명한 「뉴잉글랜드 의학 저널」(*New England Journal of Medicine*)에 장애를 가진 신생아들의 안락사를 허용하자는 주장이 담 긴 "네덜란드 흐로닝언 제안서"에 동조하는 상세한 에세이가 실렸습 니다. 2005년 7월 10일자 「뉴욕 타임스 매거진」(*The New York Times Magazine*)은 "영아 안락사: 인도적인가, 야만적인가?"라는 제목 아래 이 제안서의 내용을 그대로 실었습니다.

자, 중립을 가장한 이런 식의 대안 제시는 최근 들어 의견을 드러 내는 전형적인 방법입니다. 저는 「뉴욕 타임스」의 평균 독자들이 야만 적 방식이 아닌 인도적 대안을 택할 것이며, **만일** 흐로닝언 제안서를 따를 경우 그 인도적 방법이란 결국 영아 살해를 지지하는 것임을 우 리 모두가 알고 있으리라 생각합니다. 이런 상황에서 영아 안락사는 사람들 사이에서 이성적인 방법으로 회자되고, 반대로 선을 넘어서는 안 된다고 말하는 이들의 주장은 글쓴이가 비이성과 동일시하는 **감정** 을 조장하는 셈이 됩니다.

에세이를 쓴 짐 홀트(Jim Holt)라는 연구원은 독자들에게 다음의 문제를 두고 설전을 벌이는 저녁 식사 자리를 상상해보라고 제안합니다. "이성적 방법이란 미국에서 하듯이 궤변으로 문제를 감추기보다는 위축됨 없는 정직함을 뜻한다. 도덕 감정은 관성이 있어서 도덕 이성의 힘에 저항하기 때문이다." 에세이는 다음과 같은 결론을 내리며 끝납니다. "베르하겐 씨가"―베르하겐은 영아 안락사에 찬성한다고 선언한 네덜란드 의사인데―"자신이 집도한 낙태 수술을 묘사한 부분을 인용해보자. '어떤 면에서 그것은 아름답다. 죽은 다음에야 영아들이 처음으로 편안해지는 모습을 당신은 보게 된다.' 그러고 나면 저녁 식사 자리에서 펼쳐지는 도덕적 진보에 대한 모든 열띤 논쟁은 일순간 할 말을 잃고 만다."

글을 쓴 홀트 씨는 기형이나 확실한 질병을 갖고 태어난 영아가 마침내 편안해지는 그림 앞에서 저녁 만찬 자리가 일순간 침묵에 빠지는 장면을 상상해보라고 제안합니다. 제 생각에 이 자리에 모인 우리 대부분은 경악하며 침묵할 것 같습니다. 그것은 곧 "이 불안한 영혼들에게 궁극의 평화를 주자. 그들에게 죽음을 선사하자"라는 주장과 다름없으니 말입니다. 또한 홀트 씨는 장애를 가진 아이들을 어떻게든 살리기 위해 어떤 과감한 조치 같은 것을 취하기보다는 이런 일에 있어서는 잔인하더라도 솔직한 것이 윤리적으로 바람직한 길이라고 믿는 것 같습니다. "맞아요, 나는 그들에게 죽음을 선사할 겁니다. 그것이 옳은 일이니까요." 그의 궤변은 혼돈을 야기합니다. 우리의 도덕적 불편함을 드러내는 방향은 어떤 것이든지 정직하지 못하며, 솔직하게 살인의 길을 열어주는 방향은 어떤 것이든지 정직하고 이성적이라는 말이겠지요.

도시의 소크라테스

자, 여기 계신 분 가운데 C. S. 루이스를 아시는 분들이 있나요? 이 문제에 대해, 즉 어둠이 빛이 되고 치료자가 살인자가 되는 이 방식에 대해 루이스가 어떤 말을 했다면 의심하실 분이 있나요? 여러분 가운데는 그러실 분이 없으리라 생각되지만, 혹시 저의 작업에 대해 조금 아는 분들이 있다면 제가 이 문제를 가지고 긴 시간 동안 씨름해왔음을 아실 겁니다. 저는 우리가 이성의 이름으로 인간이란 범주 자체를 제거해버리고 있는 것은 아닌지 우려됩니다.

예를 들어 완전치 못함에 대한 우리 시대의 반감이 얼마나 강력한지 오늘날 미국에서는 다운 증후군 판정을 받은 태아의 90퍼센트 정도가 낙태되고 있습니다. 이 모든 일이 선택 항목으로 나와 있거니와, 이는 선택권을 확장한다는 관념 아래 인간됨의 정의뿐 아니라 모

> 저는 우리가 이성의 이름으로 인간이란 범주 자체를 제거해버리고 있는 것은 아닌지 우려됩니다.

든 아이를 환영하는 환경을 만들어야 할 책임감마저 축소하려는 방향으로 진행되는 것입니다.

안락사를 통해서든, 결함 있는 태아에 대한 조직적이고 선택적인 낙태를 통해서든, 만일 우리가 고통 받는 인간, 그럼에도 인간임이 분명한 인류의 한 축을 제거하려 든다면, 그것은 도덕 공동체의 경계를 감히 설정하려는 위험한 시도일 것입니다.

2차 세계대전의 종전을 앞두고 게슈타포에 처형당한 반(反)나치 신학자 디트리히 본회퍼는 『윤리학』(Ethics)이란 저서에서, 타고난 생명의 온전함과 권리를 제거하려는 과격한 시도에 대해 **자의적 살인**이라 했습니다. 그는 이를 "무고한 생명을 고의로 살해하는 행위"로 정의한 뒤, "살 권리는 본질적인 문제"라고 말합니다. 사회에서 부여할 수

있는 가치가 아니라는 뜻입니다. 여기에는 본회퍼가 말한 대로 "가장 미천한 생명일지라도 하나님 앞에서는 살아갈 가치가 있기 때문이다" 라는 진리 주장이 있습니다.

본회퍼와 마찬가지로, 루이스도 나치주의와 스탈린주의의 그늘 아래서 글을 썼습니다. 그가 쓴 "인간 폐지"라는 에세이는 1944년에 나왔는데, "고등 교육 기관의 영어 교수법과 관련된 교육에 대한 고찰"이라는 부제가 붙어 있습니다. 이 에세이와 제가 말씀드리려는 중대한 문제가 특별한 관계가 없어 보일지도 모르겠습니다. 하지만 그렇지 않습니다. 결국 루이스는 모든 초등학교 교과서에서 유해한 경향을 보았습니다. 처음에는 어리둥절하지만 이내 이해가 됩니다. 전반적인 문화 환경―위대한 고전인 『미국의 민주주의』(*Of Democracy in America*, 한길사 역간)의 저자 알렉시스 드 토크빌(Alexis de Tocqueville)의 표현에 따르면 어떤 문화가 더 요구하는 것들―은 언제나 우리가 아이들에게 읽게 하는 책들, 우리가 아이들을 가르치기 위해 사용하는 책들 속에 내장되어 구현되기 때문입니다.

그렇다면 도대체 무슨 일이 있었기에 위대한 루이스가 영어 교과서에 주목했던 것일까요? 먼저 그는 주관주의의 수용을 눈치 챘습니다. 인식론적인 용어로 말하면, 주관주의란 실증주의(positivism)와 정의주의(emotivism)를 모두 포용하는 관점을 말합니다. 이 부분은 이야기를 해나가면서 명확해질 테니 걱정하지 마십시오. 1944년 및 전후 수십 년 동안 이러한 접근법은 전성기를 누리면서 초등학교로 잠입해 들어갔고, 대영제국의 엘리트를 양성하는 고등 교육 기관에서조차 지배적인 교육 철학으로 자리 잡았습니다.

그러면서 가치는 화자의 주관적 감정, 다시 말해 「뉴욕 타임스」 기사에서 언급한 대로 이성에 반대되는 주관적 **감정**으로 격하됩니다. 도덕적 주장이 주관적 감정으로 격하되면서 서로 맞물리는 두 명제를 수용하는 결과로 이어지는데, 그 견해 자체가 두 가지 명제를 수용한 결과이기도 합니다. 루이스는 이 둘을 이렇게 요약합니다. "첫째, 가치 술어를 담고 있는 모든 문장은 실상 화자의 감정 상태를 진술한 것이다. 둘째, 그러한 모든 진술은 중요하지 않다."

　루이스는 교육 현장의 일반 철학으로 넘어갑니다. "이 철학을 보급하기 위해서 모든 가치는 주관적이며 사소한 것이라고 굳이 언급할 필요가 없다." 그가 지적하듯이, 참으로 많은 교과서 집필자들은 자신들이 지금 아이들에게 무슨 짓을 하고 있는지를 인식하지 못하는 듯합니다. 분명 "그 아이도 지금 자신이 어떤 일을 당하는지 모르고 있다. 이런 방식으로 인간의 유산 일부가, 학생들이 제대로 이해할 만한 나이가 되기도 전에 조용히 그들에게서 떨어져 나간 것이다."

　제가 경험한 일 가운데 이와 같은 일반적 접근의 실례를 들어보겠습니다. 제 딸 제니가 우리가 살던 마을에 있는 진보적인 공립 학교 5학년을 다닐 때 있었던 일입니다. 목가적인 뉴잉글랜드 대학 도시 가운데 한 곳인 그 마을은 대학 재학생 수가 원 거주자보다 더 많은 곳이었습니다. 딸아이는 사실과 가치를 구분하는 문제지를 완성하는 숙제를 받아왔습니다. 가치는 당연히 인지할 수 있는 내용이 **아닌** 주관적 견해로 규정됩니다. 이성적으로 사유하는 내용이 아니라는 말입니다. 이것이 바로 루이스가 언급한 실증주의와 정의주의입니다.

　제니는 큰 소리로 읽으면서 숙제를 풀고 있었고 그동안 저는 이런 일을 만날 때면 흔히 그렇듯이 불편한 심정을 표현하기 시작했습니다. 결국 저는 딸아이의 이해를 돕기 위해 이렇게 말했습니다. "제니야, 만약 엄마가 어떤 일이 잘못되었다고 말한다면, 엄마는 사실을 말하는 걸까, 가치를 말하는 걸까?" 물론 가치죠. 기억하세요, 가치는 우리 모두가 가지고 있는 것이지만 우리가 가치와 사실을 구별하지 못하는 것은 그 모든 것이 주관론자들의 조바심에서 나오기 때문입니다.

예상대로 제니의 답변은 "가치"였습니다. 거기까진 괜찮았습니다. 도움을 주려는 생각에 저는 이렇게 덧붙였습니다. "자, 마틴 루터 킹 주니어는 노예제와 인종 차별이 잘못되었다고 말했단다. 그런데 만일 어떤 사람이 나타나서 노예제는 좋고 필요하다고 말했다고 해보자. 그러면 우리는 그가 틀렸고 마틴 루터 킹 주니어가 옳다고, 노예제와 인종차별은 나쁜 것이라고, 마틴 루터 킹 주니어만 그렇게 생각하는 게 아니라고 말하면 안 되는 걸까?"

제니는 잠깐 쩔쩔매더니 이렇게 말했습니다. "저도 노예제가 잘못되었다고 생각하지만, 그건 단지 제 의견일 뿐이죠."

짐작하시겠지만, 딸아이와의 토론은 거기서 끝나지 않았습니다. 하지만 이 경험은 루이스가 그의 글에서 고발하는 가르침이 교육 현장에 만연해 있다는 주장에 힘을 실어줍니다. 루이스에 따르면, 인간의 일반 감정이 이성에 반대된다고 설정하는 것은 참으로 위태로운 일입니다. 그는 기본적인 인간 감정에 대한 서투른 처방은 잘못되었을 뿐 아니라 도덕적으로도 위험하다고 말합니다. "어린 학생들의 감수성을 굶겨 죽이고 나면, 무언가를 선동하려는 사람들이 올 때 학생들은 그들의 쉬운 먹잇감이 될 뿐이다."

루이스는 플라톤, 아리스토텔레스, 스토아 학파, 기독교, 일부 동양 종교에는 "객관적 가치가 존재한다는 가르침, 곧 우주와 인간의 어떤 측면에서 어떤 태도는 진실로 참되고 어떤 태도는 진실로 거짓되

　　　　　　　　　　　　　　도시의 소크라테스

었다는 믿음"이 공통으로 있다고 주장합니다. 이처럼 문화를 초월하는 우주적 가치에 대한 공동 합의를 그는 도(Tao, 전통 도덕)라고 칭합니다. "이처럼 정서적 상태는 이성적일 수도 있고 비이성적일 수도 있다. 이성과 정서와 감정을 구분하는 일에 실패하지 않는 한, 정서적 상태는 이성에 반대되지 않는다." 그에 반해 그가 비판하는 실증주의 관점에 대해서는 "사실의 세계는 가치의 문제와 전혀 관계없고, 감각의 세계는 참과 거짓, 정의와 불의의 문제와 전혀 관계없어서, 이 두 세계는 서로 맞설 뿐 둘 사이에 어떤 화해도 가능하지 않다. 너무도 무시무시한 단순성이다"라고 말하지요.

60년대 후반에서 70년대 전반까지 제가 대학원생일 때, 이 "무시무시한 단순성"은 사실상 정치학 분야에서 지배적인 접근법이었습니다. 사실을 말하자면, 저는 그것을 전적으로 받아들이지 않았고, 이것이 제가 정치학자가 된 이유 가운데 하나라고 할 수 있습니다. 정치학자들은 정치학 세계 내부에 존재하는 일종의 하류 계층입니다. 왜냐하면 우리는 정의, 예의, 진리 등과 같은 특이한 질문들을 끊임없이 던지기 때문입니다. "무시무시한 단순성"에 기초한 이 접근법은 가치에 관한 이런 질문들을 사실에 관한 질문들과 거리를 두도록 강요했습니다.

60년대 말에서 70년대 초까지 철학자인 찰스 테일러(Charles Taylor), 알래스데어 매킨타이어 같은 사상가들에 의해 이런 접근법에 대한 비판이 시작되었습니다. 당시 어렸던 저는 이런 결정적인 비평들이 마침내 인문 과학 분야에서 실증주의라는 관에 못을 박았다고 굳게 믿었습니다. 하지만 그렇지 않았다는 사실이 드러나고 있습니다. 이런 접근법은 사회과학 분야에서 최근 지배적인 접근법으로 힘차게 재등장했습니다. 이른바 **합리적 선택 이론**(rational choice theory) 말입니다.

여기서 합리적 선택, 혹은 몇몇 사람이 선호하는 말로 **쥐의 선택** (rat choice)이라 하는 이 이론을 분석할 때는 아닌 것 같습니다. 다만 이렇게 말하는 것으로도 충분할 듯합니다. 일단의 한정된 경제적 의사 결정 과정을 다루는 더욱 신중한 접근 방식이라기보다 전반적인 세계관으로 확장되어 사용되는 이 **쥐의 선택**은 모든 가치 진술을 하찮게 여깁니다. 가치는 진리를 보장하거나 주장할 수 없다고 봅니다. 이 이론은 인간의 객관적 선호도의 총합, 인간이 하는 한계 효용의 계산이 곧 인간의 인격이라는 환원주의적 견해를 신줏단지 모시듯 합니다. 이러한 세계에서는 원칙적으로 모든 것이 상품화될 수 있습니다. 원칙적으로 모든 것에 가치보다는 가격이 붙어 있습니다. 인간의 선호도가 인도하는 곳에 사회가 가하는 규제는 그것이 무엇이든지 참으로 자의적인 것입니다. 본질적으로 선한 것과 악한 것이란 없습니다. 그 자체로 가치 있는 것은 없습니다.

예를 들어 우리는 어떤 특정한 방식으로 아기를 소중히 여길 수 있습니다. 이것은 아주 오래된 감정이며 따라서 우리는 아주 감정적이 되곤 하지만, 이것은 합리적 내용이 전혀 담기지 않은 주장일 뿐입니다. 또한 우리는 아기에 대한 생각을 상품화할 수 있는데, 매우 잘 알려진 특출한 주창자들의 주장처럼, 아기를 원치 않는 사람들이 자기 아기를 광고해서 최고 입찰가를 제시한 사람에게 팔 수 있는 시장이 생길 수도 있습니다. 모든 액면가는 선호도일 뿐이며, 그것은 효용을 극대화하는 언어로 표기될 수 있습니다.

이와 관련된 또 다른 예를 제시해보겠습니다. 제가 전에 가르치던 한 대학교에서 있었던 일입니다. 젊고 열정적인 사회학 강사 지원자가

도시의 소크라테스

대학에서 요구한 강연을 시연하고 있었습니다. 그는 자신이 받아야 했던 훈련, 즉 잘못된 교육에 대해 그다지 선택권을 갖지 못했던 사람 중 하나였던 것 같습니다.

그에게는 모든 것이 선호도로 판단되는 대상이었습니다. 그에게는 선호도를 빼고는 정치나 도덕에 대해 말할 수 있는 다른 방법이 없었습니다. 그가 미국인의 정치 생활에 대한 발언을 마쳤을 때, 저는 이렇게 물었습니다. "마틴 루터 킹 주니어는 자신의 위대한 연설에서, '나에게는 꿈이 있습니다'라고 했지 '나에게는 선호하는 것이 있습니다'라고 하지 않았어요. 이 점에 대해 어떻게 설명하겠어요? 두 말에 어떤 차이가 있나요?"

그는 잠시 허둥대더니 이렇게 말하더군요. "글쎄요, 킹이 꿈이라고 말한 것은, 실제로는 그가 선호한 것이었습니다." 저는 이렇게 대꾸했습니다. "그렇다면 킹 목사의 꿈이나 물건에 가격을 매기기 위한 논의가 원칙적으로는 차이가 없다는 거군요."

이 지원자의 사고방식은 우리의 도덕 감정과 하나님이 우리에게 주신 능력, 즉 참되고 선하고 가치 있는 것이 무엇인지를 판단하는 힘을 망쳐버립니다. 1944년에 루이스가 우려했던 문제가 분명 이것이었습니다. 그는 한번 잃어버리고 나면 회복하기 어려운 소중한 것들을 잃게 될까 우려했습니다. 그리고 1944년과 마찬가지로, 규범적 지위를 갖는 가치와 진리로서 정당화된 가치를 부정하는 이들이 암암리에 자신들의 가치를 증진시키고 있습니다.

루이스는 말합니다. "전통적 또는 (그들의 표현에 따르면) '감상적' 가치를 '허튼소리로 치부하는' 많은 사람의 배후에는 그들이 무비판적으로 견지하는 다른 어떤 가치가 자리 잡고 있다." 예컨대 모든 것을 의심하지만 자신의 굳은 신념만은 의심하지 않는 근본주의자나 모든 것을 상대화하지만 자신의 도덕적 상대주의만은 견지하는 도덕적 상대주의를 주창하는 사람들을 떠올려 볼 수 있습니다. 따라서 루이스 시대에나 우리 시대에 중요한 것은 개인의 존엄성과 모든 인간의 삶이 아니라 종족 보존을 포함하는 다양성의 문제일 뿐입니다. 이것은 제 연구 주제와도 관련되는군요. 중증 장애를 안고 태어난 신생아들은 거기에 끼지 못합니다. 도구로서의 가치가 없으니 말입니다. 그들은 생식 능력을 극대화하지 못할 것입니다. 그러므로 그들은 가치 없는 존재로 낙인찍힐 것입니다.

둘째, 그들은 생산에 기여할 수 없을 것입니다. "시장"에서 그들은 쓸모가 없을 것입니다. 이것은 또한 그들이 가치 없는 존재임을 의미합니다. 우리는 자의적으로 그들에게 가치를 부여하는데, 그것은 감정에 따른 행동일 뿐 이성적인 판단은 아닙니다. 흥미롭고도 곤혹스러운 사실은, 우리가 인권이 최우선인 시대에 살고 있다고 하지만, 우리가 사는 세상에는 그 자체로 강력하고 지속적인 인권 보장의 기초가 될 수 있으며 인간 존엄성의 단단한 토대를 허무는 힘들이 작동하고 있다는 점입니다.

흥미롭고도 곤혹스러운 사실은, 우리가 인권 최우선의 시대에 살고 있다고 하지만, 우리가 사는 세상에는 그 자체로 강력하고 지속적인 인권 보장의 기초가 될 수 있으며 인간 존엄성의 단단한 토대를 허무는 힘들이 작동하고 있다는 점입니다.

우리의 인간성에 절개해버려야 할 부분이 있다는 것은 분명합니다. 예컨대 미국인이나 유대인이나 혹은 그의 생각에 동의하지 않는 무슬림을 포함한 이교도들을 언제 어디서든, 남자든 여자든 어린아이

도시의 소크라테스

든, 무장했든 안 했든 관계없이 처단해도 된다고 했던 오사마 빈 라덴의 주장이 그러합니다. 이와 같은 수사에 격앙된 사람들의 말과 행동 속에서 모든 인간의 권리는 빼앗기고 맙니다. 미국인들은 9월 11일 너무도 비극적인 경험을 통해 이를 배웠고, 우리 영국인 형제자매들은 7월 7일(런던 지하철 테러가 일어난 날—역주)에 배웠습니다. 사람들은 단지 자신들이 누구라는 이유만으로 무차별적으로 살해당했습니다.

온전하든 부서졌든, 정상이든 비정상이든, 젊든 나이 들었든 우리 인간성 전체를 좀먹으며 인간 존엄성의 기초를 허무는 또 다른 세력들이 있습니다. 집단 생물학과 계량 경제학의 관점은 이를 수행하기 위해 인간이 고안해낸 두 가지 방법입니다. 이런 접근법들이 의료계의 사고방식과 의료 행위에 이미 버젓이 침투했으며, 의료 윤리 역시 마찬가지입니다. 저는 종종 길 건너에 있는 시카고 대학교 의예과에 가서 의료 윤리라는 필수 과목을 듣는 학생들과 세미나를 하기 때문에 이 점에 대해 잘 알고 있습니다. 저는 학생들에게 복잡하고 실제적인 도덕 문제와 동떨어진 교과서를 내다 버리라고 말합니다.

중증 장애를 가진 영아를 안락사시켜야 한다고 주장하는 사람들이 제 말에 반감을 느끼리라는 점을 잘 알고 있습니다. 그들은 품위와 인간적 면모를 지키기 위함이며 "불필요한" 고통을 예방하기 위함이라고 주장할 것입니다. "불필요한" 고통이란 말은 묘한 표현인데, 그것은 인간이 겪는 유익한 고통이 있음을 암시하기 때문입니다. 하지만 안락사 지지자들은 그 가능성을 절대 인정하려 들지 않을 것입니다.

공리주의와 실증주의 세력에 맞서 싸우는 이들은 이와 같은 상황의 긴박성을 인정해야 합니다. 그들이 반대하는 이들은 대부분의 경우 괴물이 아닙니다. 비록 "저승사자"라 불리기를 마다하지 않은 잭 케보

키언 박사(안락사 시술로 유죄 판결을 받은 미국인 의사—역주)처럼 심한 정신적 장애를 앓고 있으면서 주사 바늘을 손에 쥔 이들이 분명 있기는 하지만 말입니다. 저는 이 견해를 가진 사람 대부분이 바른 일 하기를 원한다고 봅니다.

루이스도 이 점을 알고 있었습니다. 그는 다양한 사상들이—죽을 권리를 주장하는 최근의 주장들도 여기 포함되는데—전체 맥락이 무시된 채 임의로 왜곡되어 통용되고 있는 현실을 알았고, 이에 그는 이제껏 자신이 논의해왔고 그가 "도"라 부르는 진리 기준을 참조합니다. 이런 사상들이 전체 문맥에서 멋대로 찢겨져 나올 때 "그것들은 고립 속에서 광기로 발전하며, 이런 식으로 인간 가치에 대한 주장은 약화되거나 미신에 불과한 것으로 축소되어버린다"라고 주장합니다. 니체 철학의 윤리는 전통적인 의미의 도덕을 순전히 오류로 여겨 폐기하면서 가치 판단의 근거라는 것을 아예 찾을 수 없다는 관점에 설 때나 비로소 수용할 수 있는 것입니다.

이 지점에서 루이스는 자연에 대한 우리 인간의 정복으로 분명하게 초점을 돌립니다. 루이스 시대에 자연의 임의성에 대해 인간의 승리를 선도했던 사람들의 방식에 대해서 말이죠. 여기서 그가 드는 예는 오늘날 여러분에게는 구식이자 기이하게 들릴 수도 있는데, 가령 비행기, 무선 통신 기술, 피임약 같은 것입니다. 물론 각각의 예시에 대한 상세한 토론이 따라야 하겠지만요.

피임약에 대해 자세히 설명해보겠습니다. 그가 비판하는 내용은 과연 무엇일까요? 루이스는 이 도구를 통해 살아 있는 자가 살아 있지 않은 자의 존재를 부정한다고 주장합니다. 여기서 그가 참으로 우려하는 것은 피임법이 자연을 도구로 취급하는 선택적 생식이라는 점입니

도시의 소크라테스

다. 가혹한 말일지 모르겠으나, 이 힘을 행사한다는 것은 자신의 후손을 원하는 방식으로 만들 수 있음을 의미한다는 사실을 고려해야 합니다. 이 힘이 국가에 의해 행사되거나 심지어 장려될 수도 있기 때문입니다. "인간이 얻은 각각의 새로운 힘이 또한 다른 인간을 장악하는 힘이기 때문이다. 각각의 진보는 인간을 강하게 할 뿐 아니라 취약하게 한다.…인간이 우생학과 출산 전 태아 검사를 이용하게 될 때, 그리고 [마치] 완전한 [학문인 양 여겨지는] 응용 심리학에 기반을 둔 교육과 선전에 따라 자기 자신에 대한 완전한 장악력을 얻게 되는 단계에 이를 때, 인간은 마지막 단계를 맞게 될 것이다. 인간 본성은 인간에게 굴복하는 자연의 마지막 일부가 될 것이다."

나치가 우생학 정책을 시행하던 시절에 루이스가 이 글을 썼으며 이런 발전에 대해 큰 우려를 표명했음을 기억하십시오. 그는 "진짜 엄마들, 진짜 간호사들, 그리고 (무엇보다) 진짜 아이들의 선한 완고함이…인간이라는 종이 지금 가지고 있는 온전한 정신을" 보존해주리라는 희망을 붙듭니다. 아울러 그는 "하지만 다가올 새 시대에 맞는 인간을 만들어내는 일은 전능한 국가 권력과 저항할 수 없는 과학 기술로 무장하게 될 것이다. 마침내 우리는 그들이 원하는 방식대로 마음대로 후손을 조정할 수 있는 인류를 얻게 될 것이다"라고 말합니다.

이 점에 있어서 루이스가 얼마나 선견지명이 있었는지 놀랍습니다. 여러분이 게놈 관련 자료를 아무거나 찾아 읽어본다면 "유전적 개선"을 말하는 언어를 보게 될 텐데, 이는 우리가 주문한 사양대로 인간을 개조해내려는 열망과 정확히 일치합니다. **우생학**(eugenics)이란 단어는 역사적으로 끔찍한 사건을 연상시키기 때문에 그 표현을 쓰는 사람은 아무도 없겠지만, 언젠가 인간을 완벽하게 조절하여 만들어내고자 하는 열정은 읽을 수 있을 것입니다.

앞서 지적했듯이, 루이스와 그의 독자들이 참조했던 것은 잔혹하게 우생학을 시행했던 국가 사회주의 치하의 독일이었을 것입니다. 저는 영국인 다수가 언젠가는 그들의 사회가 전체주의 깃발 아래 있는 위험한 지역이 되리라 기대하지는 않았다고 생각합니다. 하지만 인간의 선택과 자유라는 규정 아래 위험한 곳이 될 수도 있다고는 생각했으리라 봅니다.

루이스가 후기 인류에 대해 염려했다면, 우리에게는 여러분도 알다시피 후기 인류의 사도들이 있습니다. 1944년 루이스가 인간의 폐지에 관해 썼을 때, 그는 은유법을 사용하지 않았습니다. 그는 실제로 인간에 대한 인간 자신의 이해가 폐지되었음을 뜻했던 것입니다. 그는 인간 자신에 의해, 다시 말해 성 아우구스티누스가 "리비도 도미난디"라 말했던, 우리 본성의 지배를 포함하는 지배욕을 우리가 제한하지 못함으로써 우리가 알고 있는 인간됨이 종말을 맞이하리라고 생각했던 것입니다. 이런 욕망은 러시아의 집단 수용소나 나치의 죽음의 수용소처럼 명백히 혐오스럽고 악한 형태를 띠기도 하지만, 위장한 형태로 나타나거나 선을 행한다는 미명 아래 나타나기도 합니다.

제가 도덕적인 평형을 무너뜨리려는 것이 아님을 말하고 싶습니다. 긍정적으로 여겨지는 최근의 우생학이 나치 치하 국가 주도로 실

> 1944년 루이스가 인간의 폐지에 관해 썼을 때, 그는 은유법을 사용하지 않았습니다. 그는 실제로 인간에 대한 인간 자신의 이해가 폐지되었음을 뜻했던 것입니다. 그는 인간 자신에 의해…우리가 알고 있는 인간됨이 종말을 맞이하리라고 생각했던 것입니다.

　　　　　　　　　　　도시의 소크라테스

행된 우생학 정책과 같다고 말하려는 것도 아닙니다. 하지만 바로 지금 우리 세계에 존재하는 진짜 위험에 대해 경고하고 싶습니다. 현재의 자기 극복 프로젝트는 그 내용을 정확히 이해하기가 어려운데, 20세기 전체주의의 공포처럼 그 끔찍함이 겉으로 드러나지 않기 때문입니다. 그 이유는 정확히 **선택**, **동의**, **자유**처럼 우리 문화를 지배하는 언어들로 자신을 포장하기 때문이며, 우리에게 인간 조건을 탈출하여 우리 대부분이 도달하고자 하는 지배의 영역에 들어갈 것을 약속하기 때문입니다. 따라서 우리는 새로운 자아의 약속에 기꺼이 속을 준비가 되어 있는 셈입니다.

사실상 우리가 유전학적 근본주의/DNA 근본주의라는 극심한 고통의 상태에 빠져 있음을 인식해야 합니다. 아울러 인간으로서 가진 충만함과 한계에 대한 우리 인식의 근간을 허물어뜨리는, 유전학에 대한 강박 관념 체계에 사로잡혀 있음을 고려해야 합니다. 인간 게놈 프로젝트를 추동하는 한 가지 전제는 언젠가는 우리가 개입하여 완벽한 인간이라는 "산물"을 만들 수 있다는 생각이었습니다. 이러한 발전을 지지하는 이들은 전에도 열광적이었고 지금도 마찬가지입니다. 예를 들어 한 유전학자가 작성한 1986년 발표문에 따르면, 인간 게놈 프로젝트는 "인간 유전학의 성배이며 '너 자신을 알라'라는 명령에 대한 궁극적 답변"입니다. 만일 여러분이 이 신사에게 "우리는 누구입니까?"라고 물었다면, "당신은 당신 유전자의 총합입니다. 그 이상도 그 이하도 아닙니다"라는 답을 들었을 것입니다.

또한 오늘날 사람들은 자신의 어떤 면에 대해서도 수동적인 지위를 부여하기 싫어합니다. 우리는 그런 식의 이야기를 좋아하지 않습니다. 왜냐하면 그것은 우리가 조작하거나 바꿀 수 없는 것이 있음을 나타내기 때문입니다. 그럼에도 분명한 사실은, 아기와 접촉해본 사람이라면 누구든지 자연이 전제하는 인간과의 관계에서 섬세하고 정교하게 반응하도록 프로그램화된, 꼼지락대는 복잡하고 작은 몸이 아기에게 실제로 있음을 알게 되는데, 그것이야말로 아이 양육의 모체라 할 수 있습니다.

만일 우리가 이렇게 몸을 구체적으로 생각한다면, 우리는 완전함에 대해 달리 생각하는 일부 사람들을 좇아 "이 작은 몸이 완전한가?"라고 물을 것이 아니라 이 작은 몸이 들어오려는 이 세상에 관해 물어야 할 것입니다. 하지만 이 작은 몸이 들어오려고 하는 이 세상은 친절하고 따뜻하며, 우리 모두처럼 완벽에 못 미치지만, 곧 태어날 이 특별하고 독특한 아이를 책임 있게 맞이할 준비가 되어 있습니까?

만일 우리가 생물구성주의자들 쪽으로 경도된다면, 곧 몸은 공들여 만들어내야 할 원재료일 뿐이라는 생각을 받아들인다면, 몸이 위치한 환경은 희미해지고 완벽한 몸만이 일종의 메시아 프로젝트로 추앙받을 것입니다.

여기 한 가지 예가 있습니다. "우리는 우리의 후손을 선택하는 작업을 불가피하게 시작해야만 한다. 의학적 예후에 따라 아이들의 출생을 허용하거나 막음으로써 태어날 생명을 선택하자는 말이다." (생물구성주의자인 한 저자가 최근에 쓴) 이 특정 에세이에 담긴 주장은 이렇습니다. 사회가 우리 행동의 자유를 제약하지 않는 한 우리는 진보의 노정을 계속할 것입니다. 뛰어나지 못한 인생이 될 이들은 죽음으로 인도하거나 아예 존재하지 않게 함으로써 "과도한 고통이나 장애로 상처 입는 일이 없도록" 출생에 대한 전권을 행사할 것입니다. "과도한 고통과 장애"라니요! 아시다시피 교묘하기 이를 데 없는 표현입니다.

작년에 제가 런던에 있을 때 일어난 사건 가운데 실제로 신문에 실린 두어 가지 사건이 있습니다. 하나는 한 여인의 사례입니다. 그 여인은 산부인과에 다니고 있었는데 의사가 초음파 검사를 해보니 아기가 구개열이 의심된다며 낙태할 것을 고집했지만 그녀는 이를 거부했습니다. 구개열을 심각한 결함으로 보는 이들이 현재 있거니와, 이는 아이가 태어나지 말아야 한다는 뜻입니다. 그런데 그 의사는 낙태를 권한 사실을 부인하지 않았습니다.

루이스가 **극한의 합리성**이라 했던, 즉 "모든 내재적 가치를 역사의 쓰레기통 속에 던져버리는 편협한 개념의 합리성"과 같은 진리를 수용하는 이들은 명확하고 합리적인 기준으로는 그러한 가치를 방어할 수 없다고 단정합니다. 이는 결국 스스로 조금 더 정직한 가치를 믿는다고 하는 주관주의를 고취하면서 마무리되는데, "이런 일이 일어날 경우, 가장 강력한 권력 의지를 갖고 있는 이들의 가치가 승리를 거두게 될 것"입니다.

이와 대조적으로 루이스에 따르면, "객관적 가치에 대한 교조적 믿음은 독재가 아닌 통치[삶의 방식], 굴종이 아닌 순종이란 개념에 반드시 필요"합니다. 장애를 가진 신생아를 안락사시켜도 된다는 현실 세계의 이야기에서 멀리까지 온 것 같습니다만, 바라건대 만일 제가 잘 설명했다면, 여러분은 유아 살해를 용기 있고 이성적인 행동 혹은 이성의 "명령"에 따른 일로 추켜세우는 흐름에서 1944년에 루이스가 우리에게 이미 경고한 것과 같은 종류의 위험성을 볼 수 있을 것입니다.

하나님께서 주신 이 무력한 존재를 사랑해서는 안 되는 걸까요? 장애를 가진 이 아이가 은혜와 아름다움에 대해, 인간의 삶에 대해, 카리타스, 곧 사랑과 자비에 대해 우리에게 무언가를 가르쳐줄 수 있지 않을까요? 왜 우리는 살리든지 대담하게 죽이든지 하는 방법 대신 고통과 불편을 개선할 방법을 찾지 못하는 것일까요?

한 가지 이야기를 들려드리는 것으로 결론을 대신하겠습니다. 지난해 제 사촌의 18살 된 아들이 세상을 떠났습니다. 유아기를 넘기지 못하고 필시 돌이 지나기 전에 죽을 거라는 진단을 받았던 아이입니다. 아이는 무뇌증을 가지고 태어났습니다. 말을 못했고, 음식을 먹지 못했고, 앉거나 기거나 걷지도 못했습니다. 인간이 일반적으로 하는 보통의 일 가운데 어느 것도 할 줄 알거나 배울 줄 몰랐습니다.

의사들의 말에 따르면, 있어야 할 "그것"이 그곳에 없다고 했습니다. 아론은 재론할 여지없이 영아 살해 후보자였습니다. 분명 여러분이 프린스턴 대학교 피터 싱어 교수의 의견을 좇는다면, 출생과 동시에 아론은 안락사시켜야만 했습니다. 싱어에 따르면, 부모는 아이가 태어난 후에도 그런 결정을 내릴 수 있습니다. 하지만 아론을 직접 본 사람이라면, 그 아이가 크고 푸른 눈에 상상할 수 있는 가장 검은 눈썹을 가진 사랑스런 아이임을 압니다. 초점 없는 눈으로 세상을 바라보다가도 엄마가 시야에 들어오면 아론의 얼굴은 환하게 빛나곤 했습니다. 달리 다른 표현을 찾을 수 없을뿐더러, 여러분이 아론을 직접 보았다면 여러분도 아마 똑같은 말을 했을 겁니다. 달리 어떻게 표현할 수가 없어요. 아론은 엄마를 알아보았고 사랑했습니다. 이를 부정하는 사람이 있다면, 저는 그와 단호히 맞서겠습니다. 엄마의 사랑과 돌봄과 헌신 때문에 아론은 18살까지 살 수 있었습니다.

아론이 떠났을 때 온 가족이 그의 죽음을 슬퍼했습니다. 부모, 형제, 조부모, 이모, 삼촌, 사촌, 그리고 온 동네가 말입니다.

도시의 소크라테스

저의 사촌 폴라 진은 자신의 운명을 한탄하거나 아론이 다른 모습으로 태어났다면 어땠을까라는 생각을 해본 적이 단 한 번도 없었습니다. 아론은 그녀에게 주어진 선물이었고, 그녀는 기쁘게 그 선물을 맞았습니다. 스스로 전혀 움직일 수 없는 이 젊은이에게 18년 동안 한 번도 욕창이 난 적이 없었습니다. 환자를 돌본 경험이 있는 이들은 욕창이 생기지 않게 하는 일이 얼마나 어려운지를 잘 알 것입니다.

아론과 폴라 진의 이야기는 인간의 은혜와 인내를 일깨워주는 놀라운 이야기입니다. 그들의 이야기가 우리에게 말하는 바는 이렇습니다. 우리가 할 수도 없고 해서도 안 되는 일이 있다고 우리가 속한 더 큰 문화가 우리에게 말할 때라도, 우리는 그런 일을 할 수 있는 힘이 우리 안에 있음을 발견하게 됩니다. 저는 여러분이 **이 이야기**와 안락사를 옹호하는 의사들이 퍼뜨리는 평화의 비전을 비교해보시기를 권합니다.

여기 인간의 미래에 관한 두 가지 상반된 그림이 있습니다. 인간 폐지를 선언하는, 즉 우리를 참 인간이게 하는 것들을 말소해버리는 어쩌면 마지막 장이 될 이야기를 쓰시겠습니까, 아니면 아무리 보잘것없고 불완전할지라도 우리의 인간성을 보듬고 사랑하며 살아가시겠습니까?

질문과 답변

질문 : 말씀에 깊은 감동을 받았습니다. 저는 정신 지체와 관련된 특
　　　수 교육 분야에서 박사 학위를 했고, 이후 대부분을 중증 장애
　　　를 가진 아이들을 치료하는 데 보냈습니다. 지난 수년간 제가
　　　맡은 반에는 다운 증후군을 가진 아이들이 많이 있었는데, 그
　　　아이들은 제가 그들에게 준 것보다 훨씬 많은 것을 제게 주었
　　　습니다.

　　　　마더 테레사는 낙태를 허용하는 국가는 시민들에게 사랑
　　　하는 법을 가르치지 않는다고 말했습니다. 또한 그녀는 "상처
　　　를 입을 때까지 사랑하라"라고 말했던 것으로 압니다. 제가 드
　　　리고 싶은 질문은 이렇습니다. 선생님은 우리나라가 사랑하는
　　　법을 모른다고 보십니까, 아니면 너무 두려운 나머지 아무것
　　　도 하지 않는 것일까요? 사랑은 끊임없이 자신에 대하여 죽는
　　　것일 텐데요.

답변 : 생각의 여지가 많은 질문입니다. 두 부분으로 나눠서 접근해
　　　보죠. 하나는 이 아이들, 다운 증후군을 앓는 아이들로부터 오
　　　히려 받는다고 하신 선생님의 발언입니다. 아시겠지만, 이러
　　　한 깨달음은 실제로 그런 아이들과 시간을 함께 보내며 일하
　　　는 사람들에게서 흔히 발견되는 사실입니다. 다운 증후군 아
　　　이들과 구체적으로 지낸 경험이 없다면 이러한 범주를 삭제

해버리기가 너무 쉽다고 봅니다. 소중한 깨달음을 나눠주셔서 고맙습니다.

몇 해 동안 제가 특별히 관심을 갖게 된 것이 있습니다. 어떤 토론을 제안하고 나면 수업 후 저를 찾아와 "저한테는 다운 증후군을 앓고 있는 형제, 자매가 있습니다"라고 말하는 학생들이 많이 있었습니다. 제게 대단히 흥미로웠던 것은, 그들 다수가 장애를 가진 아이와 성인을 돌보는 일과 관련된 분야에서 일하기를 원한다는 사실이었습니다. 이것은 선생님의 질문에 대한 두 번째 답변과 이어지는데, 그들의 도덕적 책임감과 목표가 그들의 능력을 확장시켜 어떤 의미에서 우리와 많이 다른 이들을 사랑할 수 있게 만들었다고 말해도 무방하다고 봅니다. 그들은 인간입니다. 하지만 우리와 다르게 창조된 인간입니다.

이 점을 생각할 때 저는 우리가 사랑하는 법을 알고 있는지 묻지 않을 수 없습니다. 사랑은 복잡한 일이며 자신을 내주는 능력이 필요합니다. 저는 지난 40여 년 동안 미국인의 생활에서 사랑이란 개념 자체가 평판이 나빠졌다고 봅니다. 왜냐하면 우리가 "자아"라는 개념 자체를 마치 제로섬 게임처럼 이해하고 있는 듯하기 때문입니다. 즉 제가 만일 다른 사람에게 제 일부를 내준다면,

> 사랑은 복잡한 일이며 자신을 내주는 능력이 필요합니다. 저는 지난 40여 년 동안 미국인의 생활에서 사랑이란 개념 자체가 평판이 나빠졌다고 봅니다. 왜냐하면 우리가 "자아"라는 개념 자체를 마치 제로섬 게임처럼 이해하고 있는 듯하기 때문입니다.

저로서는 손해입니다. 제가 10퍼센트를 준다면 저는 90퍼센트 만 남게 됩니다. 자기 포기와 자기희생 사이에는 방정식이 성립하는데, 이는 자신을 내주고 동시에 받기도 하는 우리의 능력을 분명한 방식으로 제한합니다. 왜냐하면 추상적으로 생각해보면 자신의 것을 내주면 아무것도 얻지 못할 것이기 때문입니다. 주고, 주고, 또 주고 나면 결국 남는 게 없을 테니까요. 물론 우리가 받는 것을 정량화할 수는 없습니다.

유용성을 극대화하고자 하는 사람들에게 이는 말도 안 되는 이야기입니다. 그런 사람들이 기독교 순교자, 이를테면 신앙을 위해 목숨을 버린 이들을 떠올리려 한다는 점을 여러분도 아실 겁니다. 신앙을 철회하기보다 용감하게 죽음을 맞이한 사람이 어떻게 최대의 유용성을 추구했다고 할 수 있는지 아주 우스운 설명을 할 수 있으니 말이죠. 곧 죽음 이후의 생명을 선택함으로써 유용성을 극대화했다고 보는 관점입니다. 하지만 저들이 다루지 못하는 매우 강력하고 근본적인 인간의 요소들이 있는데, 그중 하나가 사랑입니다.

따라서 제가 말씀드린 견해들이 문화 속에 점점 더 넓고 깊게 확장되는 만큼 우리는 사랑에 대해 지극히 감상적이고 낭만적인 태도를 보이기 쉬우며, 반면에 베풂과 수용이란 고된 노동은 두려워하게 될 것입니다.

질문 : 저는 뉴욕 시내 한 의과 대학에 다니고 있습니다. 선생님께서 가설을 세우는 데 루이스가 분명 도움을 준 것 같지만 논거를 준 것 같진 않습니다. 전자, 뉴런 등을 다루는 논거에서부터 가

능한 한 빨리 플러그를 뽑아 생명 연장을 포기하자는 오늘날의 합리적 결정, 혹은 생명 연장을 위해 비합리적 조처를 하자는 "비합리적" 결정 등과 관련된 논거들까지 말입니다.

저는 루이스의 에세이가 40년대 고등 교육에 어떤 영향을 끼쳤는지 모릅니다. 드리고 싶은 질문은, 그렇다면 우리가 할 수 있는 일은 무엇일까요? 일 년 내로 저는 24시간 뜬눈으로 미친 듯이 일해야 하는 인턴 과정에 들어갑니다. 언젠가 제가 [연명 치료 중단 결정과 관련해] 어떤 결정을 내리려고 할 때, 제 결정을 이해하지 못하는 의료 공동체 앞에서 제 결정을 철학적으로 변호할 수 있을지 확신이 서지 않습니다.

높은 권위를 가진 사람이 제게 어떤 선택을 강요하고 있는 새벽 3시, 어떤 선택을 해야 하는 때가 닥쳐왔을 때, 제 견해를 펼치기 위한 철학적 토대를 쌓는 데 도움이 될 어떤 자료 같은 게 있습니까?

답변 : 곤란한 처지시군요. 겪게 될 일을 조금은 알겠습니다. 제 남동생이 의사인데, 그 일이 얼마나 사람을 녹초로 만들며 또 시간은 얼마나 부족한지 알고 있습니다. 사실 거의 시간이 없다고 봐야 하겠죠. 생각할 수 있는 시간은 순식간에 사라지죠. 처하신 상황이 이해됩니다.

의과 대학에서 직면했던 문제를 실제로 맞닥뜨릴 때 앞서 언급했듯이 생각할 시간은 없고 아마 이미 늦은 경우가 태반일 겁니다. 다시 말해 언급하신 주류 처방을 대신할 대안이 될 수 있는 이해와 생각의 틀을 적용 가능한 형태로 미리 가지고 있어야 합니다. 제가 보기에는, 설령 교과서에 나오지 않는다

하더라도 이 문화에서 가능한 대안을 가지고 있어야 할 것 같습니다. 이것이 바로 루이스가 참된 어머니들과 간호사들에게 희망을 건다고 했던 이유 가운데 하나입니다. 루이스는 영국에서 자신을 키워준 유모들을, 꿋꿋이 살아남아 잘 성장해서 이 범주를 무너뜨리고 나오는 진짜 어린이들을 희망으로 언급합니다.

질문하신 분은 그 아이들을 그들이 안고 있는 질병으로 환원하여 정의함으로써 더 넓은 의미에서 인간됨의 의미를 잊거나 잃어버리기 쉬운 상황에 있는 사람들을 상대하고 있습니다. 이는 강의 처음에 얘기했듯이 의사의 도움을 받는 안락사에 대해 경각심을 일깨울뿐더러 종착역에 다다른 사람의 생명을 끊임없이 연장하는 것과 같은 상황을 환기해줍니다. 저는 여기에도 일종의 잔인한 면이 있다고 보는데, 일단의 의료 장비에 의지해야만 하는 환자들의 경우 종종 사랑하는 사람들로부터 접촉과 보호를 받지 못하도록 격리되기 때문입니다. 그러므로 질문하신 분의 사명은 아주 중요하다고 할 수 있습니다.

의과 대학의 교육 과정에 이 문제를 다루는 수업이 없다면, 기독교 의료인 모임을 시작해보십시오. 시카고 의과 대학에는 그런 모임이 있습니다. 실습 과정 및 나중에 자신들이 마주하게 될 의학적 딜레마를 두고 대화할 뿐 아니라 서로 지원을 아끼지 않습니다. 홀로 감당하기에는 너무 어려운 과제니까요.

계속되는 지원은 적더라도 엄청난 도움이 될 것입니다. 선생님에게 행운을 빌 수밖에요. 선생님이 당면한 힘에 맞서 굴

도시의 소크라테스

복하지 않기란 어렵습니다. 그 점 십분 이해합니다. 하지만 가끔 저는 이런 생각을 해봅니다. 애매한 상황을 정면으로 돌파하며 "잠깐만요, 지금 우리가 뭘 하고 있는 거죠? 잠깐만 생각해봅시다" 하고 말한다면 그게 버팀목이 되고 유익한 결과를 낳을 수도 있겠다고 말이죠. 사람들은 "음…알다시피…그게 될지…" 이렇게 말합니다. 그들에게 자신이 지금 무슨 일을 하고 있는지를 직시하게 해줄 필요가 있습니다. 물론 결과가 보장되는 일은 아니지요.

정치 철학자 한나 아렌트(Hannah Arendt)가 웅변적으로 주장했듯이, 정치 이론가의 책무는 사람들에게 무엇을 할지 말해주는 것이 아니라 사람들이 자신이 하는 일에 대해 생각하도록 돕는 것입니다. 저는 이것이 바로 이 방에 있는 수많은 분들이 각자 자신의 일터에서 완수해야 할 일이라고 봅니다. 사람들로 하여금 지금 자신이 무슨 일을 하고 있는지 잠깐만이라도 생각해보도록 도전하십시오.

질문 : 출산율 조절 문제에 대해 묻고 싶습니다. 저는 모든 결혼에는 어느 정도 출산율 조절 문제가 개입되어 있다고 생각합니다. 결혼 상대자를 선택하는 문제, 결혼 과정에 있는 여러 과정들이 의식적으로 장차 태어날 아이에 대한 제한 조건이 될 수 있다고 봅니다. 주로 경제적 이유 같은 게 되겠죠.

그렇다면 선생님은 이런 것이 우리가 비난받을 기준이 될 수 있다고 보시나요? 그런 선택은 아직 태어나지 않은 아이를 결정하는 의식적 선택이 될 수 있으니 말입니다.

답변 : 분명 루이스가 이 자리에 있지는 않지만, 여기 있었다면 좋았 겠네요. 그렇다면 저와의 토론보다 훨씬 즐거운 토론이 되었겠 지요. 루이스가 결혼한 커플이 출산 계획을 세우는 일에 대한 일반적인 진술을 했다고 보지는 않습니다. 그가 우려했던 것은 그것—즉 우리가 모든 것을 완전히 통제할 때 비로소 가장 인 간적이며, 누구를 살리고 누구를 죽게 할지 결정할 때 가장 인 간답다고 생각하는 관념—을 시행하려는 커플과 더불어 고취 되던 철학이었습니다. 분명 어떤 커플이 어떤 형태의 출산 계 획을—저는 제한(control)이란 말을 아주 싫어합니다—세울 때, 이는 전혀 다른 전제에서 시작됩니다.

이렇게 말해보죠. 20세기 초 출현한 산아 제한 운동은 많은 분들이 아시는 것처럼 우생학 운동이기도 했습니다. 미국의 산아 제한 운동의 사도였던 마거릿 생어(Margaret Sanger)는 우생학자였으며 우생학을 전파하는 잡지를 운영했습니다. 유 대인들은 자녀를 많이 낳아서는 안 된다, 남유럽 출신은 열등 하므로 자유롭게 자녀를 낳게 해서는 안 된다 등등. 그녀는 유 럽 특정 지역 출신의 "덜 귀한 사람들" 및 기타 사람들에 대해 서 이민자 제한 할당제를 시행해야 한다고 주장했습니다.

루이스가 염두에 두었던 배경에는 이런 일들이 있었습니 다. 그 전면에는 나치의 우생학이 있었고요. 그가 특별히 언급 하듯이, 부도덕한 과학자들과 무소불위의 국가가 사악한 동맹 을 맺을 때가 바로 루이스의 제한이라는 개념이 나타나는 핵 심 지점입니다. 인간이 이런 철학에 몰두하는 한, 루이스는 그 것이 특별히 부패한 일이라고 우리에게 경고할 것입니다. 세

도시의 소크라테스

자녀를 낳은 부부가 **이제 됐다**고 생각하는데 루이스가 그들을 향해 "부끄러운 줄 아시오. 10명은 낳아야지" 하고 말하지는 않으리라 봅니다. 그러진 않을 겁니다. 그가 비판하고자 했던 것은 일어나고 있는 일들을 둘러싼 더 넓은 철학적 환경이었다고 생각합니다. 왜냐하면 그는 출산 계획에 반대하는 글을 쓴 적이 없으니까요.

질문 : 저는 가치와 가치 체계의 구분에 관한 문제를 제기하고 싶습니다. 제가 좋아하는 이야기 중에 "이단 심문관" 이야기가 있는데, 예수께서 이 땅에 다시 오시자마자 체포되어 이런 추궁을 당합니다. "어떻게 감히 다시 돌아왔는가? 그대가 개인들에게 선사한 책임감이 그들을 망가뜨리고 있소. 따라서 우리 교회는 그 책임감을 몰수했고 개인들에게는 가치 체계를 주었지. 그들 스스로 가치 체계를 만들어낼 책임을 갖지 않아도 되도록 말이오." 도스토예프스키의 친구였던 솔로비요프도 말하기를, 심문관의 말이 의미하듯이 사랑이 핵심이며 사랑은 타인의 절대 가치를 인지하는 것이라고 말했습니다. 그렇다면 개인이 객관적 가치를 갖는다는 생각은 공동체이자 개인인 우리가 여전히 주관적으로 도달해야 할 가치일 수 있을까요?

답변 : 정리해보죠. 제가 볼 때 어떤 이슈를 인지하는 측면에 대해 선생님이 이해하는 주관적이라는 말의 의미는 그저 선생님이 주체로서 어떤 사물에 대해 생각한다는 뜻인 것 같습니다. 그런 주관주의와 루이스가 비판했던 주관주의를 구분하고 가면 좋겠습니다.

루이스가 말하고자 한 주관주의는 우리 각자가 전적이고 독특한 주관적 가치 체계를 가진 자신의 고립된 작은 세계에 살고 있다고 상정합니다. 이 경우 가치는 사람마다 다르므로 어느 쪽이 옳다고 판결을 내릴 방법이 없습니다. 이것이 루이스가 우려한, 선생님이 말씀하신 가치 주장을 허무는 주관주의입니다.

만일 우리가 각 사람이 가지고 있는 어떤 앎—이것을 **주관적 가치**라고 합시다—을 좀 더 큰 객관적 가치와 소통시킬 수 있는 사회에 살고 있다면, 루이스가 여기서 얘기한 문제는 우리에게 일어나지 않으리라 봅니다. 문제는 **불통**입니다. 가치 주장이 **실제로 있고**, 우리가 사는 우주와 우리 피조 세계에 참인 것과 거짓인 것이 **실제로 있다**는 생각을 사람들이 포기할 때 주관주의가 승리합니다. 아주 걱정되는 건 바로 불통입니다.

수업 시간에 저는 가치나 가치 체계보다 도덕 기준이나 정언 명령에 대해 말하기를 더 좋아하는데, 그 이유는 그런 언어에 스며든 주관주의자들의 그럴듯한 의견 때문이며, 가치라는 말에 따라붙는 시장 언어의 관습 때문입니다. 모든 것에는 가치, 다시 말해 가격이 붙습니다. 따라서 이런 언어를 사용해 특정 주제에 대해 말하는 것은 사안 자체를 특정한 방향으로 몰아가는 것과 같습니다. 이는 전혀 다른 문제이며 오늘 여기서 이 문제를 다루지는 않겠습니다. 오늘 밤 제가 다루는 문제와는 별개의 문제이기 때문입니다.

질문 : 최근 우리 사회가 당면한 문제이자 정치학자로서 선생님이

도시의 소크라테스

논평하신 문제와 관련하여 질문 드리겠습니다. 미국 대법원의 새로운 대법관 선거에 대해, 이 나라를 지탱하는 헌법의 명시적 최종 결정권자가 될 차기 대법관 후보에 대한 토론에 대해 문화 전쟁 진영에서는 어떤 의견을 내놓고 있는지 알고 싶습니다. 우리가 모여 있는 이 클럽은 1862년 뉴욕 시장이 북부 연합에서 탈퇴하려고 할 때 남부와 주다 벤저민(Judah Benjamin)을 지지했던 곳임을 기억합시다. 그러한 역사와 문화 전쟁을 고려할 때, 차기 대법관 투표를 앞둔 시점에 이러한 주제에 대해 우리는 어떤 의견을 제시할 수 있을까요?

답변 : 살얼음판 위를 걷는 것 같네요. 아무튼 질문에 답하겠습니다. 제 생각에 로버츠 판사는 분명 법관의 역할에 대해 아주 훌륭하게 말했다고 봅니다. 어떤 의미에서 법관은 법의 근본 구조를 존중해야 하는 사람이지요. 아시다시피 미국 헌법에는 인간에 대한 보편적 전제와 그러한 인간 이해를 전제로 할 때 마땅한 정부 형태에 대한 내용이 담겨 있습니다.

상원에서 열린 청문회를 들으면서 저는 충격을 받았습니다. 그때 저는 워싱턴에서 열린 회의에 참석하고 있었는데 그다지 즐겁지 않았습니다. 그래서 짬이 날 때마다 호텔 방으로 달려가 시스팬 방송을 보았습니다. 정말 충격적이었던 내용 가운데 하나는─이것은 오늘 밤 제가 말한 내용과 연결되며, 이 때문에 제가 선생님의 질문에 답하기로 한 건데─그의 고매한 자격 조건, 그의 지성, 의회에서 얻은 그의 명성을 고려할 때, 그에 반대하는 것이 분명해 보이는 이들이 그가 감정이 부족하다는 점을 물고 늘어진다는 사실이었습니다. 들으셨나요?

그에게 감정이 부족하다는 것입니다.

그들은 이성/감성이라는 구분을 받아들이고 있습니다. 새로 출현한 가장 똑똑한 친구일지 모를 후보에게 그들은 슈머 상원 의원의 말처럼 "젊은이, 심장은 어디 두고 왔나?" 이렇게 물었던 것입니다. 정확히 그는 이렇게 말했습니다. "당신이 이 청문회에 섰었던 어느 누구보다 똑똑할지 모르나, 나는 당신의 **심장**에 대해 알고 싶습니다."

이 말은 실상 이런 뜻이었습니다. "보통 사람들의 감정이 당신한테는 흘러나오지 않는 것 같군요." 이것은 법안에 담겨 있는 주장의 객관적 상황이 충분하지 못하다고 말하는 것과 다름없습니다. "'오프라 윈프리 쇼'에 나가서 큐 사인에 곧바로 눈물 흘릴 수 있음을 증명해야 하오"라고 말하는 셈이죠. 저는 이런 일이 우리의 공적 담론을 망친다고 봅니다. 왜냐하면 그런 일은 필요하다면 누구나 할 수 있는 일이기 때문입니다. 하지만 법은 일시적으로 분출되는 이런 종류의 과잉 감정에 맞서 우리를 보호할 수 있어야 합니다.

이성에 기반을 둔 감정을 담고 있을 때 법은 최선의 기능을 발휘합니다. 분명 이 나라의 건국 시조들은 인간의 자유와 존엄, 그밖에 가치 있는 것들을 논할 때 이를 믿었습니다.

하지만 이성과 감정을 구분하는 관점은 문화 안에 만연해 있으며, 루이스가 1944년 에세이에서 비판했던 생각들을 정확히 조장하고 보존하고 있습니다.

질문 : 정신이 번쩍 들게 하는 강연을 약속하셨는데 성공하신 것 같

습니다. 루이스의 설명을 따라가며 선생님께서 그려낸 궤적은 전반적으로 일종의 몰락을 보여주는 것 같습니다. 궁금한 점은 문화 전반에서 다른 방향으로 나아가는 흐름을 보고 계신 것이 있는지요? 개인적인 삶 외에 좀 더 넓은 문화라는 맥락에서 이러한 몰락을 공박할 길은 없을까요?

답변 : 1944년 루이스가 보았던 문제에 관해 말한다면, 뭐랄까, 그 사회는 나치에 저항했던 사회였습니다. 따라서 아직 사회에 굳건한 면이 남아 있었고, 루이스는 그 점을 받아들였으나 문제가 될 다른 징후를 보았던 겁니다.

세대와 세대를 이어주는 희망을 비롯해 희망의 재발견과 관련해서 사용할 수 있는 자료에 관해 최근 제가 충격을 받았던 일을 말씀드리겠습니다. 왜냐하면 제가 비판한 여러 발전상의 한 가지 특징은 일종의 태도, 곧 "세상은 나로부터 시작해서 나와 함께 끝난다. 나는 과거에 빚진 바 없으며 미래에 일어날 일에 대해서도 그다지 신경 쓰지 않는다. 더는 여기 없을 테니"라고 말하는 **현세주의**(presentism)이기 때문입니다.

"나는 거인의 어깨 위에 서 있다"라고 한 샤르트르의 베르나르(Bernard of Chartres)의 경구처럼, 저는 우리가 인류라는 거대한 연결망 속에 있는 일부라고 봅니다. 나 혼자의 힘으로 이 모든 것을 만들어낸 게 아닙니다. 교황 요한 바오로 2세의 장례식 때 미디어를 놀라게 했던, 엄청나게 밀려든 인파를 보면서 저는 이것을 강렬하게 느꼈습니다. 수백만의 젊은이들이 장례식에 왔고, 단지 장례식에 참석하기 위해 불편한 여건에도 불구하고 여러 날을 머무는 것을 보면서 저는 큰 충격을 받

있습니다.

무언가가 그들을 부르고 있었던 것입니다. 교황은 노쇠한 나이에 파킨슨병을 앓고 있으면서도 그들에게 무언가를 말했던 것입니다. 이 일을 깊이 생각해본다면—그 안에 어떤 메시지가 담겨 있고 어떤 희망이 제시되는지 살펴보는 일은 무척 흥미로운 훈련이 될 텐데—우리는 우리 인간성의 갱신을 위한 불씨를 좀 더 온전히 지필 수 있을 것입니다. 루이스가 말한 대로요.

질문 : 의사의 의무, 의사의 사명에 대한 선생님의 깊은 식견과 관련된 질문이 있습니다. 저도 의사고 가까이서 고통을 지켜봐 온 사람입니다. 저는 큰 비용을 들여 아동들을 돌보는 시설에서 근무했는데 그러한 시설에 찬성하지만, 다시 생각해 보면 "전능한" 의사 신화 때문에 괴롭습니다. 저 자신이 전능한 의사이기를 바라나 현실은 그렇지 못하기 때문입니다. 저는 정서적으로나 지적으로 손상을 입은 아이들과 함께 일합니다. 제가 궁금한 것은, 왜 우리 사회가 루이스 같은 이들을 지지하기 원한다고 하면서도 정작 우리에게 충분한 재원을 주지는 않을까 하는 점입니다.

답변 : 이미 말씀드린 대로, 저는 매일은 아니지만 종종 의과 대학에 가서 수업합니다. 저는 의사인 남동생이 있고, 많은 자료를 읽습니다. 제가 분명히 아는 것은 의사들이 하는 첫째 약속은 해를 입히지 않겠다는 것입니다. 이 강연에서 제가 제안하고 싶은 이야기는 **해**(harm)란 복잡하고 난해한 단어이며, 해를 입

도시의 소크라테스

게 되는 길은 무척 다양하다는 것입니다. 우리는 "나는 제대로 하고 있어. 고통을 줄여줬잖아. 이것도 하고 저것도 하고…" 하면서 자신을 합리화하고 안위합니다.

또 한 가지 결론은 의사들이 받는 압박의 대부분이 환자에게서 온다는 점입니다. 즉 환자는 의사의 전능성에 대해 나름의 견해를 가지고 있으며 수많은 방법으로 의사에게 압박을 가합니다. 연락할 가족도 없이 치명적인 백혈병으로 죽어가고 있는 체코 이민자 동료의 대변인으로 암 병동에 머물 때의 일입니다. 저는 거기서 많은 시간을 보냈습니다. 때때로 의사들은 가족들이 최선이라고 생각했을 일을 넘어서는 일들을 밀어붙였습니다. 때때로 의사들은 "이 환자는 퇴원시켜야겠어요. 진지하게 생각해보세요" 같은 말을 할 준비가 되어 있었습니다. 하지만 그들은 가족들의 압박 때문에 희망이 없음에도 계속할 수밖에 없다고 느끼더군요.

이것은 우리 각자가 자신의 직업 속에서 다양한 방식으로, 분명히 의사들의 경우 특별히 강력한 방식으로 숙고해봐야 할 일련의 문화적 전제입니다.

훌륭한 인생:
인생의 목적과 의미, 진리를 찾아서

찰스 콜슨
2006년 5월 24일

강사 소개 배리 본즈에게 야유를 보내는 대신, 생각하는 사람들의 대안인 "도시의 소크라테스"에 오신 여러분을 환영합니다.* 네, 죄송해요. 하지만 배리 본즈에 대해서 제가 좀 마음을 털어놔야겠어요. 곧 나아지겠죠. 제 마음을 치유해주시려고 이 자리에 오신 320명 여러분 고맙습니다.

저는 에릭 메택시스입니다. 강연자 소개에 앞서 드리고 싶은 말씀이 있는데 제가 본즈 일로 좀 골치가 아프네요. 이건 좀 곤란한 문제예요. 제가 (메이저리그 사무총장인) 셀리그라면, 차라리 연탄가스를 마시고 죽겠습니다. 요즘 연탄을 구할 수 있을지는 모르지만요.

농담은 이쯤하고, 버드 셀리그가 배리 본즈와 그가 달성한 큰 숫자에 무슨 짓을 하고 있는 것일까요? 본즈는 이제 막 714개의 홈런을 쳤습니다. 그는 기록을 세웠지만, 문제가 있다는 것을 우리는 압니다. 그러나 제가 해결책을 생각해냈습니다. 여러분은 저의 해결책을 고려해보시고 하고 싶은 대로 하시면 됩니다.

좋습니다, 제 해결책은 이렇습니다. 대학 시절에 저는 영어를 전공했는데, 제가 직장을 못 구한 건 다 그 때문이죠. 저는 『주홍 글씨』를 읽었는데, 앞으로 어떻게 될지 호손(Nathaniel Hawthorne)이 이미 우리에게 단서를 준 것 같습니다. 제가 셀리그에게 제안하는 바는 기자

---

* 강연이 열릴 즈음 배리 본즈는 베이브 루스가 세운 통산 홈런 714개라는 역사적 기록을 경신했다. 2007년에 그는 금지 약물인 스테로이드제 복용 사건에 휘말림으로써 자신이 세운 기록과 운동선수로서의 위상에 오점을 남겼다.

회견을 열어서 전국적으로 이어지고 있는 이 기나긴 악몽을 끝내자는 것입니다.

강연자와 관련하여 워터게이트 시절의 농담을 하나 하겠습니다. 게리 포드(Gerry Ford, 워터게이트 사건으로 물러난 닉슨의 뒤를 이은 미국 38대 대통령—역주)를 기억하는 사람이 몇이나 있을까요? 낙인을 찍어야 될 사람에 관한 이야기 도중이었으니까, 이건 논외의 이야기입니다.

다시금 저의 해결책은 이렇습니다. 셀리그는 본즈의 등번호를 유지하게 해주되 선수로 활동하는 동안, 남은 인생 동안, 시즌이 끝난 뒤에도, 마지막까지—짐작하셨군요!—주홍 별표를 하고 다니게 하겠다고 발표해야 합니다!

진지하게 생각해볼 필요가 있는데, 왜냐하면 남은 여름 내내 사람들의 궁금증은 증폭되어 "도대체 어떻게 할 건데?"라고 물을 것이기 때문입니다. 만일 여러분이 버드 셀리그라면 어떻게 하시겠습니까? 저라면요? 유니폼에 주홍 별표를 붙일 것입니다.

휴, 문제를 해결하고 나니 기분이 좀 나아지네요. 그러니 주제를 바꿔보죠. "도시의 소크라테스"에 이렇게 많은 청중이 모이다니 아주 이례적이네요. 이 모음에 처음 오신 분들을 위해 말씀드리면, 우리 모임은 저글링과 마술에 관한 정보를 공유하고 데이비드 블레인(David Blaine, 미국 출신의 세계적 마술사—역주)을 조롱하는 곡예사와 마술사 협회입니다.

물론 농담입니다. "도시의 소크라테스"는 연속 강좌로서, 그것도 탁월한 강연자를 모시는 강연회입니다. "성찰하지 않는 삶은 살 가치가 없다"는 소크라테스의 금언에 착안하여 시작된 모임입니다. 저는 소크라테스의 말에 동의합니다. 아마 생각 있는 사람들이라면 대부분 그 말에 동의할 텐데, 제 친구 중 뉴욕에 있는 몇몇 친구들이 특히 성찰하지 않는 삶을 사는 것을 보고 저는 큰 충격을 받았습니다. 차마 그들의 이름까지 언급하진 않겠습니다. 예를 들면 짐 레인 같은 친구 말이죠.

이런, 미안해요, 짐. 하지만 요점은 제 친구들뿐 아니라 뉴요커 대부분이 성찰 없는 삶을 살기로 유명하다는 사실입니다. 그래서 저와 제 친구들은 이 문제에 대해 무언가를 해보자고 생각했습니다. 그래서 연속 강연회를 열어 탁월한 사상가이자 동시에—이는 아주 드문 일인데—탁월한 강사를 초청하여 인생에서 중대한 질문들, 모두가 말하기 꺼리는 중대하고 논쟁적인 문제들과 관련된 생각을 나누도록 하자고 결정했습니다.

중대한 질문이란 이런 것들입니다. 인생은 의미가 있는가? 하나님은 계신가? 만약 계시다면, 그 하나님을 알 수 있을까? 악은 어떠한가? 온갖 중대한 질문을 제기하고—이것이 바로 "도시의 소크라테스"의 본업이죠—그와 관련해 우리 스스로 생각해보는 태도가 중요하니 대화를 시작하도록 노력해보는 것이죠. 중대한 질문에는 반드시 위대한 답변이 있다고 생각합니다. 대부분의 사람이 자신은 위대한 답변을 할 수 없다고 생각하는데, 그렇지 않습니다. 그들에게는 답이 있습니다. 이것이 바로 "도시의 소크라테스"가 이 자리에 모인 이유죠.

그동안 기막히게 멋진 강연자들이 많이 다녀갔습니다. 오늘 밤도 물론인데, 오늘의 특별 강연자는 이전에 저의 상사였고 예나 지금이나 저의 영웅인 찰스 콜슨(Charles Colson) 씨입니다.

하지만 고백할 게 있는데, 오늘 밤 이곳으로 걸어 들어오면서 저는 약간 어리둥절했습니다. 사실 매우 당황스러웠는데, 오늘 강연자의 실제 이름이 "척 콜슨"인 것을 제가 모르고 있었던 것입니다. 저는 오늘 밤 강연자가 가수 샤카 칸(Chaka Khan, 그래미상을 10회 수상한 펑크의 여왕—역주)인 줄 알았습니다. 말도 안 되는 일이죠. 그녀를 아세요? 한동안 샤카와 척을 혼동했는데, 샤카와 척이 다른 사람이라니 몹시 당황스럽습니다.

저 혼자만 그런 게 아니에요. 수많은 사람이 척 콜슨과 샤카 칸을 혼동합니다. 우선, 두 이름이 놀랍도록 비슷합니다. 많은 사람들이 혼동하는 게 당연하죠. 하지만 쑥스럽기 때문에 소수만이 자기 실수를 인정할 텐데, 저는 기꺼이 인정하렵니다. 척 콜슨 씨 밑에서 일할 때에도 저는 척 콜슨과 샤카 칸을 혼동했으니까요. **정말** 당황스러웠죠.

처음 몇 번은 알아차리지 못하시더군요. 얼마나 하나님께 감사했는지 모릅니다. 하지만 생각했죠. **무언가 대책을 세워야겠어. 계속 실수해서 어쩌려고.** 그래서 저는 마술사가 하듯이 손바닥에 감출 정도의 작은 커닝 페이퍼를 준비해서 척 콜슨과 샤카 칸의 다른 점을 일일이 적어 내려갔습니다.

아무도 인정하려 들지 않겠지만, 여러분 중 절반은 분명 둘의 차이를 구별하지 못한다는 걸 제가 압니다. 그러니 여러분에게 도움을 드리기 위해, 둘의 차이점을 몇 가지 알려드리겠습니다. 실은 세 가지가 다릅니다.

준비됐나요? 첫 번째, 척 콜슨은 교도소 선교회(Prison Fellowship)의 설립자이지만, 샤카 칸은 펑크 음악의 여사제입니다.

도움이 되죠? 좋아요.

두 번째, 1973년으로 돌아가보면, 척 콜슨은 닉슨 대통령의 특별 보좌관이었으나, 그때 샤카 칸은 그룹 루푸스의 리드 싱어였습니다. 이것도 도움이 되겠죠?

도시의 소크라테스

마지막으로 세 번째, 척 콜슨은 종교 부문에서 템플턴 상을 수상했으나, 샤카 칸은 "좋은 말을 해줘"(Tell Me Something Good)라는 곡으로 그래미 상을 받았죠. 스티비 원더가 작곡한 곡입니다.

그러므로 오늘 밤 이 자리에 와 계신 척 콜슨과 이 자리에 **없는** 샤카 칸을 구별하는 데 저의 조언이 유익한 지침이 되었기를 바랍니다. 샤카 칸은 펑크 가수이고, 척 콜슨은 펑크 가수가 **아닙니다.** 콜슨 씨, 만일 스티비 원더가 곡을 하나 써 준다면, 엄청난 히트를 치고 탈출할 수도 있을 텐데, 그렇죠? 아무도 모를 일이죠.

이런, 제가 "탈출"이라고 했나요? 올라오기 전에 수전이 이렇게 경고했었거든요. "에릭, 무슨 말을 해도 좋지만, 교도소 관련된 말은 절대 쓰지 마세요. 콜슨 씨가 불쾌해할 거예요." 그런데 "탈출"이란 말을 해버렸네요. 미안해요! 제가 이 말을 한 것은 청중 여러분 때문입니다. 콜슨 씨처럼 안에 다녀온 사람들은 우리처럼 밖에만 있는 사람들이 교도소 용어를 쓰는 것을 별로 달가워하지 않아요. 그러니 여러분이 콜슨 씨를 만나거든, 교도소를 "감방"이라 한다든지 "큰집"이라고 한다든지 하는 말을 절대 하지 마세요. 부탁하건대, 자제해주세요.

콜슨 씨는 "영창"이란 말도 싫어합니다. 유치장, 콩밥 먹다, 큰집 다녀왔다 등 이런 말은 죄다 싫어합니다. 알았어요, 지나쳤군요. 사과드릴게요. 여기서 멈춰야지 그렇지 않으면 누군가 내게 면도칼을 들이대거나 교도관이 낌새를 알아채고 올지도 모르겠어요. 농담은 관두고 진지하게 해야겠어요. 용서해주세요.

사실 여러분은 오늘 밤 제가 얼마나 기쁜지 아실 거라 생각합니다. 척 콜슨 씨가 "도시의 소크라테스"에 오다니 실로 엄청나죠. 콜슨 씨를 모시는 게 쉬운 일이 아닙니다. 솔직히 콜슨 씨가 저를 별로 좋아하지 않거든요. 그래서 딴 사람인 척했죠. 보세요, 여기 와 계십니다.

진심을 말하자면 떨립니다. 물론 여러분 대부분이 콜슨 씨의 이야기를 알고 계실 겁니다. 그의 공에 흠집을 낼 생각은 없지만, 콜슨 씨는 닉슨 정부에서 일하다가 워터게이트 사건에 연루되어 교도소에 수감되었습니다. 하지만 이 세상을 위해 더할 나위 없는 축복의 사건이었지요. 콜슨 씨는 거기서 인생이 완전히 바뀌는 경험을 했고, 전에는 알지 못했던 인생의 의미를 발견했습니다. 가장 좋은 소식은 이 부분인데, 그 경험이 너무도 생생했기에 콜슨 씨는 자신이 발견한 것을 다른 이들과 나눌 뿐 아니라 전 세계의 재소자들과 나누고 싶다는, 그들의 인생에도 참 의미가 있음을 보여주고 싶다는 강한 열망을 품게 되었습니다.

고통 받는 이들, 교도소에 있는 이들에게 마음이 있는 사람은 비록 인생이 무엇인지 모를지라도 인생에 대해 예의주시합니다. 그것은 마치 고통과 고통의 의미를 이해하고 고통 받는 이들과 함께하는 것과 매우 가깝다고 할 수 있습니다.

오늘 밤 우리는 콜슨 씨로부터 그의 책 『이것이 인생이다』(*The Good Life: Seeking Purpose, Meaning, and Truth in Your Life*, 홍성사 역간)에 관한 이야기를 들으려 합니다. 오늘처럼 "도시의 소크라테스"의 핵심 정신을 보여주는 강의 제목은 없었던 것 같습니다. 우리는 대개 에둘러 표현했는데, 콜슨 씨는 우리 "도시의 소크라테스"가 누구인지를 정통으로 말해주는 책을 쓰셨습니다.

앞서 언급했듯이, 저는 수년간 콜슨 씨를 위해 일하는 특권을 누린 바 있습니다. 제가 이분 밑에서 일하고 싶었던 이유는 그의 책들을 읽은 적이 있기 때문입니다. 그 책들이 여기 북 테이블에 준비되어 있습니다. 한두 권 집으로 가져가셔서 읽고 나서 친구들에게 주셨으면 좋겠습니다. 콜슨 씨처럼 책을 잘 쓰는 사람도 드무니까요.

콜슨 씨는 중대한 질문들에 대해 기꺼이 이야기하는 매우 드문 공인 중 한 명으로, 중대한 문제와 의미에 대해 말하고 골치 아픈 문제들과 씨름할 때 따르게 마련인 수고를 마다하지 않는 분입니다. 개인적으로 저는 이분의 수고에 엄청나게 감사하고 있습니다. 그의 책은 제게 큰 영향을 미쳤고 제가 인생의 의미를 발견하는 데 큰 도움을 주었습니다.

몇 해 전 저는 친구들과 함께 콜슨 씨를 따라서 코네티컷 주 댄베리 교도소를 방문할 기회가 있었습니다. 저는 댄베리에서 자랐고 거기서 여러 해를 보냈지만, 2년 전 콜슨 씨와 교도소를 방문하기 전까지는 그 앞조차 지나간 적이 없었습니다. 댄베리 교도소를 방문한 것은 제 인생에서 가장 의미 있는 일 가운데 하나였습니다.

교도소 면회에 관심이 있거나 교도소 선교회에 대해 더 알고 싶으신 분들은 주저하지 마십시오. 큰 기쁨을 누리게 될 것입니다.

앞서 언급한 대로, 콜슨 씨는 닉슨 정부에서 일했고 여러 권의 책을 냈습니다. 또한 세계 문제에 대한 논평을 제공하는 "브레이크 포인트 라디오" 프로그램의 진행자이며, 1993년 영예로운 템플턴 상을 수상했습니다. 사람들은 모든 상이 영예롭다고 하지만, 정말로 영예로운 상은 몇 가지 안 됩니다. 템플턴 상이야 말로 진짜 영예로운 상이라고 할 수 있습니다.

이것만 말씀드리고 마치려 합니다. 콜슨 씨의 수많은 업적 가운데 가장 인상적인 것은 아마도 그가 스테로이드제를 복용하지 않고 이 모든 일을 했다는 점이 아닐까 싶습니다.

신사 숙녀 여러분, 제 친구 척 콜슨 씨를 모시겠습니다.

강연

이 자리에 서게 되어 얼마나 기쁜지 모르겠습니다. 저는 지난 33년 동안 이런 강연을 해왔습니다. 5,702번이나 정치인 만찬에 초대받아 다니면서 이곳과 비슷한 분위기에서 만찬 후 강연을 수없이 해보았습니다. 길드 홀과 버킹엄 궁전뿐 아니라 세계 곳곳에서 강연했습니다. 강연하러 가면 보통 여러분처럼 거기 앉아서 생각합니다. **이 친구가 소개말을 마치긴 하려나?** 성취한 것이 많을수록 소개말은 길어지게 마련입니다. 그 모든 말을 듣고 있기란 강연자로서 정말 힘든 일이 아닐 수 없습니다. 그런데 오늘 밤은 제가 들어본 어느 소개말보다 신선하고 창의적이었습니다.

솔직히 저는 저기 앉아 있으면서 에릭의 소개말이 끝나지 않기를 바랐습니다. 저를 소개하는 말은 너무 많이 들은 터라 그 말이 좀처럼 귀에 들어오지 않는 편인데, 오늘은 정말 끝내줬어요. 아주 잘했어요. 고마워요, 에릭.

지난여름, 에릭과 저는 옥스퍼드 대학교의 C. S. 루이스 협회에서 열린 연속 강좌에 참석하기 위해 영국에 함께 있었습니다. 제가 관여하는 이런 종류의 사역은 사람을 잔뜩 거만하게 만들 수 있는데, 하나님은 여러 방법으로 다시 현실로 돌아오게 하십니다. 아침 강연을 하고 나서―엄청난 청중이 모였고, 실로 대단한 경험이었습니다―에릭과 저는 (생각해보니, 짐 레인이 이를 주선했던 것 같은데) 옥스퍼드의 여러 학자와 이 강좌에 참석하기 위해 옥스퍼드에 와 있던 일단의 기독

도시의 소크라테스

교 지도자와 한자리에 모였습니다. 우리 모두는 유서 깊은 한 단과 대학 건물의 식당에 모여 다함께 점심을 먹었습니다. 옥스퍼드 대학교의 캠퍼스를 가로지르고 복도를 따라 걷노라면, 고딕식 건물과 마호가니 합판을 댄 아름다운 벽들이 마치 수세기 전 과거로 돌아간 듯한 느낌을 줍니다.

위대한 테이블에 둘러앉은 우리는 주요 사건들을 분석해서 그 정보를 전 세계로 보내는 교수들의 모임, 이른바 "옥스퍼드 애널리티카" 회원들의 이야기에 귀를 기울였습니다. 지적 호기심을 최고로 자극하는 2시간이었습니다. 그러나 저는 오후 순서에 참석하기 위해 서둘러 돌아가야 했는데, 앤터니 플루(Antony Flew)의 강연이 옥스퍼드에서 잡혀 있었기 때문입니다. 그는 무신론을 이끄는 세계적인 철학자였고, 그래서 저는 돌아가서 그의 강연을 듣고 싶었습니다.

식당을 떠나면서 저는 2시간 동안 테이블에서 토론한 온갖 아이디어로 인해 무척 들떠 있었습니다. 큰길에 이르렀을 때가 오후 2시였습니다. 미국의 집은 9시였죠. 저는 매일같이 아내에게 전화하는데, 그래서 전화를 꺼내 집 전화번호를 눌렀습니다.

아내가 전화를 받고 제가 옥스퍼드 중심가로 접어들고 있던 그때, 한 여인이 시야에 들어왔습니다. 큰 몸집에 흰색 운동화를 신고 머리카락을 사방으로 흩날리며 활기차게 걸어왔기에 눈에 띄지 않을 수 없었습니다. 그녀는 제가 백만 번은 보았던 표정을 짓고 있었습니다. 저를 보자 그녀는 "어" 하고는 제가 있는 쪽으로 건너왔습니다. 아내와 통화 중이던 저는 걸음을 재촉하기 시작했고, 그녀도 빠르게 걸어왔습니다. 마침내 그녀는 제 귀를 바라보고 있었습니다. 저는 보청기를 착용하지만 대부분은 그 사실을 잊고 지내는데, 그녀가 제 보청기를 유심히 바라보는 것이었습니다.

저는 아내에게 "조금 있다가 다시 전화하겠소" 하고 전화를 끊고는 '친절히 대해야지'라고 생각했습니다. 모퉁이까지는 아직 상당히 멀었고 하나님께서 제게 양심의 가책을 주셨기 때문이었습니다. 그래서 그녀와 대화를 시작했는데, 그녀의 인생 이야기를 듣고 내 책들이 그녀에게 어떤 의미가 있었는지를 듣느라 내가 말을 많이 할 필요는 없었습니다. 모퉁이까지 왔을 때 정말이지 마음에 가책을 느꼈는데, 제가 그다지 친절하지 못했기 때문입니다. 그래서 그녀를 향해 몸을 돌리며 말했습니다. "아주머님, 길 건너는 것을 도와드릴까요?"

"아, 좋아요!" 그녀가 말했습니다. 그래서 저는 그녀의 팔을 부축해 길을 건너기 시작했습니다. 차들은 양방향으로 쌩쌩 지나갔습니다. 길 중간에 왔을 때 그녀가 멈춰 섰습니다. 양쪽에서 차가 달리고 있어서 움직일 수 없었습니다. 그녀가 나를 바라보더니 이렇게 말하더군요. "콜슨 씨, 정말 미남이시네요." 누구나 듣고 싶은 말이죠. 그리고 곧이어 이렇게 말했습니다. "그런데 생각보다 나이가 훨씬 많으시네요." 착한 일을 하고도 욕먹는다고 하잖아요.

에릭과 함께 "도시의 소크라테스"라는 모험에 동참하게 되어 기쁩니다. 이것이 무척 멋진 일인 것은, 성찰하지 않는 삶은 진실로 살 가치가 **없기** 때문입니다. 소크라테스가 옳았습니다. 저는 우리 가운데 성찰하지 않는 삶을 사는 사람은 사실 아무도 없다고 생각합니다. 우리 대부분은 중요한 질문을 던지며 살아갑니다. 우리 안에는 질문들이 내장된 것 같습니다. 그 질문들에 대해 오늘 밤 이야기해보면 좋겠습니다. 우리가 그러한 질문을 피하고 외면하는 것은 그것과 직면하고 싶지 않기 때문입니다. 그러나 질문은 항상 그곳에 있습니다.

그래서 저는 이 일을 하고 있는 에릭과 그의 동료들을 칭찬하고 싶습니다. 사람들을 모아 지적인 토론을 벌이다니, 놀라운 기회입니다. 수년 전 에릭을 처음 만났을 때 저는 예일 대학교 로스쿨에서 제가 이미 글로 쓴 적이 있는 주제, 곧 "예일에서 법규를 가르치지 못하는 이유, 그리고 예일 로스쿨이 법규를 약화시킨 이유"에 관해 강연하고 있었습니다. 지적 토론에 관한 이야기였죠. 제 생각에 그 강연은 폭동과 같았습니다. 실제로 강연장은 사람들로 가득 찼고, 시내에서 많은 사람이 와서 앞자리에 앉아 있었습니다. 에릭과 그의 동료들 같은 예일 졸업생들 말입니다.

오늘날과 같은 현대 교육의 저주 가운데 하나는, 진리란 없으며 따라서 논쟁할 것도 없다는 이야기가 사람들의 귀에 공공연히 들려온다는 점입니다. 학생들은 모두 이렇게 생각합니다. "그래, 이건 콜슨의 생각이지. 그렇게 생각하라지. 내 생각은 달라. 논의할 가치도 없어." 무엇이 진리인지에 대한 공통 근거가 없이는 제대로 된 대화가 불가능합니다. 그런 질문은 따분하기 이를 데 없었습니다. 에릭만 빼고 말이죠. 그는 모든 중요한 질문을 던지기 시작했고, 저는 그를 주목하며 생각했습니다. **이 친구가 보이는 것만큼 똑똑하다면**─질문하는 사람이 아무도 없었기에 경쟁이 치열하지는 않았지만─**이 친구를 좀 알아둬야겠군.**

에릭과 저의 우정은 그렇게 시작되었습니다. 그때로부터 벌써 여러 해가 흘렀군요. 에릭은 제가 하는 사역에 함께했고 저를 도와 전국의 수천 개 라디오 방송을 통해 중개되는 프로그램인 "브레이크 포인트" 일을 훌륭히 해냈습니다.

또한 저는 교도소 선교회 부대표인 프랭크 체루티와 함께 왔는데,

저는 그와 함께 참 많은 곳을 다니고 있습니다. 우리의 대중 사역을 보면서 사람들이 참여할 수 있는 지역 사역은 없는지, 우리가 라이커스 섬 교도소에서 하는 일은 없는지 제게 물어온 이들이 있습니다. 물론 있습니다. 우리는 라이커스 섬에서 놀라운 사역을 펼치고 있습니다. 관심 있는 분들이 계실 것 같아 우리 선교회의 뉴욕 담당 이사인 라이언 마이어스를 소개합니다. 라이언, 사람들이 볼 수 있게 자리에서 일어나 주세요. 여러분 중에 혹시―에릭이 꺼내지 않은 표현이 하나 있는데 재소자들 사이에서 가장 흔히 쓰이는 표현이죠―깜빵에 관심 있으신 분은, 라이언이나 프랭크를 만나주세요.

제 인생 이야기를 하나 하겠습니다. 저에 대해 좀 아시는 분들은 제 삶이 롤러코스터 인생이었음을 아시겠지요. 하지만 제 인생이 명백히 보여주는 한 가지 사실은, 인생이 역설이란 점입니다. 예상대로 되는 법이 없고, 어떤 때는 우리가 행한 최악의 사건이 최선의 결과로 나타나기도 하고, 우리 생각에 정말 잘했다 싶은 일이 참혹한 실패로 드러나기도 합니다.

일 년쯤 전에 저는 댄 래더(Dan Rather, 미국 TV 방송사 CBS의 전 앵커―역주)의 피디로부터 전화 한 통을 받았습니다. 래더가 방송을 그만둘 것이라는 공식 발표를 들은 터였습니다. 세상에! 담당 피디가 저에게 뭐라고 한 줄 아십니까? "래더의 마지막 쇼 가운데 한 프로그램에 출연해주시겠습니까?"였습니다. 래더가 자신이 취재했던 큰 이야기와 관련된 사람을 인터뷰하고 싶어 한다는 것이었습니다. 저는 실소를 터뜨렸습니다.

저는 댄 래더와 전혀 엮이고 싶지 않았습니다. 그날 밤 귀가해서 아내에게 말했습니다. "당신 생각은 어때요? 그가 자기 쇼에 나와 달

도시의 소크라테스

라는데, 이게 말이나 되는 일이오? 나는 못 한다고 했지." 그랬더니 제 아내가 이렇게 말하더군요. "그건 정말 기독교인답지 않아요. 안 그래요?" 아내들은 놀랍게도 늘 이런 식이죠.

다음 날 그들은 다시 전화를 해왔고 저는 이렇게 말했습니다. "댄을 바꿔주세요." 저는 댄과 통화를 했고 인터뷰에 응하기로 하고 통화를 마쳤습니다. 이것이 무척 흥미로운 경험이었던 것은, 저는 지난 30년 동안 그를 만난 적이 없었거니와 그는 나를 몰아낸 작자 중 하나였기 때문입니다. 그는 힘든 시기를 거치고 있었고 우리는 곧 멋진 대화를 나눌 수 있었는데, 카메라가 돌아가자 그가 말했습니다. "콜슨 씨, 30년 전 제가 당신과 워터게이트 사건, 백악관을 취재했을 때와는 너무도 달라 보입니다."

저는 이렇게 말했습니다. "달라졌습니다! 아니, 사실 저는 워터게이트 사건 때문에 하나님께 감사합니다." 댄 래더의 눈이 휘둥그레졌습니다. 이 부분은 최종 편집에서 빠졌지만―편집실에서 잘려나갔죠―그는 당황했습니다. "어떻게 워터게이트 사건으로 하나님께 감사할 수 있죠?" 하지만 저는 솔직히 그렇습니다.

인생을 되돌아볼 때, 권력과 명예 그리고 막강한 정부를 통해서 제가 얻고자 했던 것을 저는 하나도 얻지 못했습니다. 후에 교도소에 갔고, 제가 애써 노력한 모든 것이 아수라장이 되었고, 제가 알고 섬기며 사랑했던 대통령은 탄핵을 받아 물러났습니다. 갑자기 모든 게 사라져버렸습니다.

교도소 생활은 힘들었습니다. 특히 정부 고위직에 있던 사람한테 더욱 어려운 점은, 많은 재소자가 그를 보면서 그가 바로 자신들을 교도소에 넣은 사람이라고 판단하기 때문입니다. 그래서 생명의 위협도

느꼈습니다. 결코 유쾌한 경험이 아니었죠. 교도소에 가면 옷, 소지품, 반지까지 갖고 있던 모든 것을 빼앗깁니다. 그러고는 팬티 2벌을 받습니다. 제가 받은 팬티에는 5개의 숫자가 찍혀 있었습니다. 제가 교도소에서 그 팬티를 입은 여섯 번째 사람이었던 것입니다. 저는 해군을 제대했기 때문에 별별 곳에서 다 자봤으나, 낙심과 절망이 가득한 재소자의 쓸쓸한 삶은 정말 익숙해지지 않았습니다.

무엇보다 견디기 어려웠던 것은, 이민자의 손자인 꼬마로 출발해서 가족 가운데 처음으로 대학에 진학해 브라운 대학교에서 학위를 받으면서 **"다른 사람보다 앞서가서, 언젠가는 정상에 올라가 권력을 잡고 사람들의 삶에 영향력을 행사하는 사람이 되겠다"**라고 다짐했던 기억을 떠올릴 때였습니다. 저는 정치적 이상주의자였습니다. 브라운 대학교에서 정치 철학을 공부했는데, 그 공부가 정말 맘에 들었습니다. 그래서 생각했습니다. **"정부에 들어가 사람들의 삶에 정말로 영향력을 행사하고 싶다."**

오늘날 워싱턴의 썩어빠진 정치인들 이야기를 신문에서 쉽게 볼 수 있지만, 그럼에도 많은 사람이 이상적인 생각을 품고 정치에 입문합니다. 진짜로 나라를 섬기겠다는 생각으로 정치판에 들어옵니다. 그들은 조국을 위해 무언가 이바지하기를 원합니다. 저도 그랬습니다.

교도소에 들어와 생각하니, 그 모든 것이 무너졌습니다. 저는 공공의 적 1호, 워터게이트 사건의 1호 악당입니다. 제가 살면서 참으로 중요하게 여겼던 일들을 다시 할 기회는 절대 찾아오지 않을 것입니다. 제게는 그것이 교도소에서 알게 된 가장 절망적인 사실이었습니다.

주위를 둘러보니, 저와 같은 이들이 침대에 누워 몸은 삭아가고 영혼은 죽어가는 모습이 보입니다. 제가 교도소에서 나오게 되고 하나님

도시의 소크라테스

께서 제 인생을 사용하셔서 전 세계 113개 나라에 있는 수천 명의 자원봉사자가 참여하고 성탄절이면 700만 명에 달하는 아이들에게 선물을 보내는 "엔젤 트리"라는 거대한 운동을 시작하게 하시리라고는 꿈에도 생각하지 못했습니다. 매 순간 저는 하나님께서 이 놀라운 사역을 친히 지휘하셨음을 보았습니다.

이 연회실에 모인 분 가운데 혹시 믿지 않는 분이 있다면, 제가 "하나님의 주권"을 말할 때 이상히 여기며 **또 하나님 얘기군**, 이렇게 생각할지 모르겠습니다. 하나님 얘기가 아닙니다. 여러분, 소설을 읽을 때처럼 불신을 잠시 보류해주십시오. 이 이야기를 마칠 때까지 잠깐만 믿지 않는 마음을 유보해주십시오. 이 일은 제가 직접 목격한 일이기 때문입니다. 제 인생에 일어난 좋은 일들은 대부분 제가 계획한 일이 아니었습니다. 제 의지와 관계없이 일어난 일들이었죠. 지난 30여 년 동안 있었던 가장 기이한 사건은 이 운동이 전 세계로 퍼져나간 과정입니다.

여기서 제가 깨닫는 바는, 이따금 우리에게 일어나는 최악의 사건이 최선의 결과로 드러나기도 한다는 점입니다. 제가 아침마다 즐겨 읽는 묵상집에 고난은 믿음의 학교란 말이 나옵니다. 피터 크레이프트 박사가 이 자리에서 그 문제에 대해 어떤 말씀을 하셨는지 모르겠지만, 루이스는 고난이 하나님의 메가폰과 같다고 말합니다. 루이스는 고난에 대해 우리의 관심을 환기시킵니다. 구원은 고난을 통해 우리가 이해할 수 없는 방식으로 찾아옵니다. 이따금 우리에게 일어나는 최악의 사건은 최선의 결과로 드러나기도 합니다. 제가 믿듯이, 하나님께서 통치하신다면, 절망할 이유가 **전혀** 없습니다.

우리는 종종 위기 속에서 인생의 의미를 발견합니다. 그때 우리는 중요한 질문 앞에 서게 되고, 인생의 모든 것이 눈앞에서 산산조각나는 모습을 보면서 중요한 질문에 대해 참으로 진지하게 생각하기 시작합니다. 지난 시간 인생을 살아오면서—미합중국 대통령을 보좌하는 정치 권력에서 시작하여 교도소를 거쳐 이제는 전 세계의 교도소를 다니며 다양한 인생들을 만나면서—저는 우리가 착각에 빠지기 쉬운 존재라는 사실을 깨달았습니다. 강제 수용소에서 지낸 10년의 경험을 다룬 『수용소 군도』에서 알렉산더 솔제니친(Alexander Solzhenitsyn)은 이 점을 잘 묘사했습니다. 그는 말합니다. "복되어라, 교도소여. 내 인생에 네가 있어서 얼마나 복된 일인지. 썩어가는 교도소 지푸라기 위에 누워 나는 깨달았네, 인생의 목적은 우리가 착각하듯이 번영이 아니라 영혼의 성숙이라는 것을."

저는 자기 자신보다 다른 사람들이 더 중요해질 때 비로소 영혼의 성숙이 확연히 드러난다고 주장하고 싶습니다. 이것은 오늘 밤 제가 드리는 가장 반문화적인 진술입니다. 우리는 자기 탐닉, 자기 중독의 문화 속에 살고 있습니다. 70년대가 "자기중심주의 시대"였다면 오늘날은 세상 모든 것이 나를 중심으로 돌아가는 시대입니다. 이 나라는 2억8천만 명의 황제가 사는 나라입니다. 정치적·사회적 문제에 대해 우리가 합의를 도출하지 못하는 이유가 여기 있습니다. 우리가 서로를 향해 고함을 지르는 이유가 여기 있습니다. 대법원 판결문에 실린 저 혐오스러운 문구에 따르면, 모두가 자기 자신을 "자율적인 개인"으로 보기 때문입니다. 저는 이것이 인생을 망치는 인생관임을 깨달았습니다.

저는 플로리다 주 네이플스란 곳에 살고 있는데, 세계 유명 휴양지 중 하나입니다. 골프를 좋아하는 사람들의 낙원과 같아서 많은 사

도시의 소크라테스

람이 찾아오는 곳이죠. 그들은 하나같이 주요 회사의 최고경영자들인데, 은퇴 후 네이플스를 찾습니다. 한마디로 가장 "핫"한 곳입니다. 27개의 골프 코스, 수 마일에 걸쳐 펼쳐진 반짝이는 해변, 최고의 컨트리클럽 등. 저는 그들을 바라봅니다. 그들은 힘이 있습니다. 그들의 얼굴에는 뉴욕의 모습이 보이는데, 모두 단호한 표정입니다. 그런데 갑자기 그들은 자신이 참가한 골프 경기 횟수로 자기 삶을 평가하기 시작합니다.

저는 종종 그들에게 묻습니다. "정말로 여러분은 작고 하얀 공을 좇아 잔디를 가로질러 다닌 횟수나 세면서 인생을 보내고 싶으십니까?" 그러면 그들은 싱긋 웃어 보이는데, 그 웃음이 불안해 보입니다. 6개월 만에 그들은 자신의 삶이 얼마나 따분한지를 깨달았기 때문입니다. 그들은 성채 같은 집을 짓고, 싫증이 나면 더 큰 성을 짓습니다. 그런데도 불행합니다. 인생의 목적은 우리가 생각하듯이 돈이나 권력이나 쾌락을 얻는 데 있지 않습니다. 성배도 아닙니다. 인생의 목적은 영혼의 성숙이며, 그 성숙은 여러분이 자기 자신보다 다른 사람들에게 더 관심을 기울일 때 드러납니다.

> 인생의 목적은 영혼의 성숙이며, 그 성숙은 여러분이 자기 자신보다 다른 사람들에게 더 관심을 기울일 때 드러납니다.

저는 인생의 루비콘 강을 건너야 했습니다. 왜냐하면 저는 자기중심적이고, 밀어붙이고, 돌진하는 사람이었기 때문입니다. **이제** 저는 템플턴 상 같은 데서 기쁨을 찾지 않습니다. 물론 100만 달러의 상금이 주어지는 엄청난 상이었으나, 모두 교도소 선교회로 보냈습니다. 메달을 받았었는데, 며칠 전에 누군가에게 물었습니다. "메달이 어디

있더라?" 메달은 제게 큰 의미가 없습니다.

오히려 저는 대니 크로스 같은 이들을 생각합니다. 그는 매사추세츠 주 플리머스의 한 교도소에 수감되어 있었습니다. 어느 날 밤, 술에 취한 채로 운전해서 귀가하다가 경찰관을 치어 죽게 했습니다. 그는 절망한 나머지 자살을 생각했습니다. 그러다 성경을 발견했고 그리스도께 삶을 드렸습니다. 그는 교도소 담당 목사님을 만나 성탄절에 딸아이가 선물을 받도록 "엔젤 트리"에 딸의 이름을 올렸습니다. 그의 삶은 교도소 안에서 변하기 시작했습니다. 나중에 그는 휘튼 대학교의 척 콜슨 장학금에 대해 알게 되어, 그 장학금을 받고 성경과 신학을 전공하여 학과 최고 성적으로 휘튼 대학교를 졸업했습니다. 이제는 자신이 재소자로 있던 교도소로 돌아와 2천 명을 위한 교도소 담당 목사로 섬기고 있습니다.

대니 혹은 호세 아브루―그의 아내 미라가 오늘 이 자리에 와 있습니다―를 볼 때면, 그리고 그들의 이야기를 들을 때면, 저는 하나님께서 그들을 택하셔서 교도소에서 꺼내어 그 인생을 완전히 변화시키시고 아름다운 집과 가정을 그들에게 주셨음을 알게 됩니다. 한때 인생을 망쳤던 사람들의 이야기이며, 제게 무한한 기쁨을 선사하는 이야기입니다.

얼마 전 샌프란시스코에서 만난 체리스는 21살의 아름다운 아프리카계 미국인 여성입니다. 그녀는 제게 아버지에게 맞으며 자란 자신의 인생 이야기를 들려주었습니다. 그녀의 침대 옆 벽에는 구멍이 있었는데, 아버지가 툭하면 그녀를 학대하며 그녀에게 물건을 던지곤 했기 때문입니다. 그녀가 어떤 가정에서 어떤 학대를 받으면서 자랐는지 알게 된다면, **역기능**이란 말을 다시 정의할 수밖에 없을 것입니다. 후

도시의 소크라테스

에 그녀의 아버지가 교도소에 들어가자 그녀는 "엔젤 트리" 프로그램에 포함되었고 우리가 진행하는 프로그램 가운데 하나에 들어오게 되었습니다. 이 아름답고 젊은 여성은 그리스도께 나아갔습니다. 그녀는 이제 버클리 대학교 4학년생으로, 조만간 하버드 대학원에 진학할 예정입니다.

인생은 구원받을 수 있습니다. 여러분은 밤에 베개를 베고 누워 인생에 대해 생각합니까? 그게 중요합니다. 어떤 사람이 더 나은 인생을 살도록 돕기 위해 당신은 무엇을 할 수 있을까요? 여러분이 인생을 평가하고자 할 때 중요한 것은 그런 것들입니다. 골프 경기에 몇 번 참석했는지, 얼마나 큰 집에 사는지, 얼마나 큰 스포츠카를 타는지 하는 것들이 중요한 게 아닙니다.

기독교 신앙은 우리의 눈이 아니라 하나님의 눈으로 인생을 이해하는 방식입니다. 가장 단순하게 설명하면 그렇습니다. 자기를 중심으로 인생을 바라보는 것이 아니라 사회의 가장자리에 있는 사람들, 이를테면 소외된 사람들, 잊힌 사람들, 가난한 사람들, 버림받은 사람들, 재소자들이 기회를 얻도록 그들을 돌보는 일이 하나님을 얼마나 기쁘시게 할지를 생각해야 합니다. 저는 주일마다 아름다운 교회에 가서 예배를 드립니다. 저는 이 예배가 좋습니다. 하지만 누군가가 빈민가에서 구원받는 것을 볼 때도 저는 예배합니다. 그것은 온전한 의미에서 예배입니다.

여기 앉아 계신 분 가운데 "글쎄, 그야 척 콜슨에게나 해당하는 얘기지" 하실 분들이 있을지도 모르겠습니다. 제가 목격한 어느 유명한 기자의 사연이 기억납니다. 그의 이름은 말씀드리지 않겠습니다. 어느 날 그가 저를 만나자고 했습니다. 그는 하나님에 대한 생각으로 고민에 휩싸여 있었습니다. 그래서 우리는 워싱턴에 있는 커다란 식당에서 만나 점심을 먹었고, 그는 이렇게 말했습니다. "앞으로 1시간 동안 하나님이 계시다는 것을 나에게 설득해보세요." 그는 식사를 했고 저는 땀을 흘리며 이야기했습니다.

우선 제가 그리스도를 만난 일을 얘기해주었더니 그가 말하더군요. "그거 잘됐군요. 당신에게 아주 잘된 일이에요." 그리고 이렇게 말을 이었습니다. "캘리포니아에 사는 친구가 있어요. 그녀는 수정을 모으는데, 그게 마약 중독에서 그녀를 건져줬지요. 그런 것도 효과가 있어요." 이처럼 여러분 중에도 거기 앉아서 그렇게 생각하는 분이 있지 않을까 싶습니다. 왜냐하면 그게 자연스러운 반응이거든요. **척 콜슨에게 효과가 있었다니. 잘된 일이야. 하지만 그게 나와 무슨 상관이지?** 이렇게 생각하는 거죠.

저는 기독교가 단지 개인적 경험이 아니라고 말씀드리고 싶습니다. 저는 90퍼센트의 그리스도인이 말을 오해하고 있다고 생각합니다. 이 방에 있는 여러분 가운데도 그런 분이 계실 겁니다. 릭 워렌(Rick Warren)은 이 말을 제대로 이해했습니다. 그의 책이 2,800만 부나 팔린 이유는 책의 첫 문장, 곧 "이 책은 당신에 관한 책이 아니다. 이 책은 하나님에 관한 책이다"에 있었습니다. 기독교를 생각할 때 우리는, 우리가 그리스도인이 되고, 우리가 교회에 가고, 우리가 도덕적 교훈을 배우는 등 우리와 관련된 것이라고 생각합니다.

기독교가 개인적으로 제게 어떤 의미가 있는지 수많은 이야기를 할 수 있겠지만, 저는 기독교가 각 사람으로 하여금 삶의 의미와 목적을 발견하게 해주기 때문에 중요할 뿐만 아니라 공동체로 살아가는 선한 삶, 곧 어떻게 함께 살아갈 것인가 하는 문제를 푸는 데도 필수라

도시의 소크라테스

고 말씀드리고 싶습니다.

5~6년쯤 전에 낸시 피어시(Nancy Pearcey), 해럴드 피켓(Harold Fickett)과 함께 『그리스도인, 이제 어떻게 살 것인가』(How Now Shall We Live?)라는 책을 썼는데, 그 책에서 우리는 기독교가 어떻게 우리 삶의 전 영역에 영향을 주는지를 살펴보았습니다. 1800년대에서 1900년대로 넘어가는 전환기의 위대한 신학자 가운데 한 사람인 아브라함 카이퍼(Abraham Kuyper)는 네덜란드 수상이었습니다. 그는 암스테르담의 자유대학교를 봉헌하며 이렇게 말했습니다. "인간 삶의 모든 영역 가운데, 홀로 주권자이신 그리스도께서 '이것은 내 것이다!'라고 선포하지 않는 영역은 단 하나도 없다."

음악, 과학, 정치, 심지어 법률까지 이 모든 것에 대해 하나님은 말씀하십니다. 저는 그분이 말씀하시는 뜻을 이해하려고 할 때 여러분이 곱씹어볼 만한 간단한 명제를 하나 제시하겠습니다. 우선 몇 가지 근거를 덧붙여 이를 설명할 텐데, 제 이야기가 여러분의 생각을 자극했다면 질의응답 시간에 질문해주시기 바랍니다. 그 명제는 이렇습니다. 즉 삶을 바라볼 때 우리는 **세계관**이라고 부르는 성경적 이해의 렌즈를 통해서만 비로소 삶을 제대로 이해할 수 있다는 것입니다. 세계관은 대학교수 같은 소수를 위한 용어가 아니라, 모두를 위한 일반 용어입니다.

이 방에 있는 한 사람, 한 사람이 각자 세계관을 갖고 있습니다. 세계관이란, 루이스가 설명했듯이 세계가 작동하는 방식이며 그 세계에 여러분이 자신을 맞추는 방식입니다. 세계관은 네 가지 기본 질문에 대한 답변입니다.

첫째, "우리는 어디서 왔는가?" 이것은 성찰하는 삶을 위해서 가장

먼저 던져야 하는 질문입니다. 이 질문에 대
한 답변에 다른 모든 것이 달려 있기 때문입
니다. 만일 우리가 오늘날 사람들이 믿듯이,
그리고 여러분의 아이들이 공립학교의 수
업 시간에 배우듯이 원시 수프에서 나왔다
면, 인간 존엄성의 근거는 없습니다. 하지만
우리가 사랑의 하나님에 의해 창조되었다
면, 우리는 존엄성을 지닌 존재입니다.

둘째, "이 세상은 왜 혼란스러운가?" 혹시 죄나 악이 없다고 생각
하시는 분이 계십니까? 세상이 엉망진창이 아니라고 생각하시는 분이
계십니까? 인생 대부분은 난장판입니다. 여러분은 항상 무언가와 싸
우고 있습니다. 좀 정리가 되었다 싶으면, 세상이 여러분을 밟고 옵니
다. 제 동료 가운데 한 사람의 아내가 어제 병원에 실려 갔습니다. 폐
렴이려니 생각했는데 알고 보니 폐에 구멍이 뚫려 폐강에 물이 찼으
며, 암일 가능성도 있다고 합니다. 어떤 날은 건강하지만, 어떤 날은
그렇지 않습니다. "죄와 고통은 왜 있는가?" 이 질문은 태초부터 지금
까지 인류를 괴롭혔습니다.

셋째, "탈출구는 있는가?" 죄와 고통이 정말로 있고 그것들이 어디
서 오는지 답할 수 있다면, 다음 질문은 "탈출구는 있는가?"입니다. 나
는 어떻게 구원받을 수 있을까요? 우리는 어떻게 구원받을 수 있을까
요? 예수님을 포함해—그분을 위대한 사상가라 불러봅시다—모든 사
상가가 이 질문에 대답했습니다. 유토피아를 말하는 모든 약속은 구원
의 약속이었습니다. 마르크스는 이렇게 말했습니다. "억압자들을 몰아
내고, 결박을 끊어버려라. 노동자여, 일어나라. 결박을 끊어버려라." 프

도시의 소크라테스

로이트는 이렇게 말했습니다. "어린 시절의 억압을 제거하라. 성적 욕망을 자유롭게 풀어놓아라. 그러면 자유로워질 것이다." 모든 철학은 구원의 약속을 포함합니다.

여러분이 하나님의 형상대로 창조되어 하나님과 교제하며 영원히 살도록 온전하게 만들어졌으나 죄가 그 속에 들어왔고, 죄가 들어오게 된 것은 하나님께서 동산에 있던 우리의 최초 조상들에게 선택권을 주셨기 때문이 아니라 그분께서 우리를 너무나 사랑하셔서 자유 의지를 주셨기 때문이라고 말하는 세계관은 오직 하나입니다. 우리가 그분의 형상대로 지음 받았다면, 우리에게는 자유 의지가 있습니다. 이 점을 이해하는 것이 핵심입니다.

하지만 우리에게 자유 의지가 있다는 말은 아우구스티누스의 표현처럼 우리가 선한 것 대신 선하지 않은 것을 선택할 수도 있음을 전제합니다. 우리의 첫 조상은 선하지 않은 것을 선택했고, 그 후로 사람들은 선하지 않은 것을 계속 선택해왔습니다. 사람들은 날마다 선하지 않은 것을 선택하며, 그 결과는 죄와 악입니다. 이는 우리의 책임입니다. 그러나 기독교적 관점으로 볼 때, 우리는 그리스도를 통해 구원을 받았습니다. 십자가는 예수 그리스도께서 우리를 대신해 십자가에서 죽으셨음을 의미합니다.

33년 전 어느 날 밤, 친구의 집 앞 도로에서 처음으로 복음을 듣던 날을 떠올려봅니다. 기독교에 대해서 진지하게 들은 것은 그때가 처음이었습니다. 대부분의 미국인처럼 저도 그리스도인이었습니다. 저는 미국에서 자랐고, 유대인이 아니었습니다. 일 년에 두 번 교회에 갔으니, 그리스도인이 분명했습니다. 그러나 그때 저는 처음으로 복음을 들었습니다. 그리스도께서 내 죄를 위해 죽으셨음을 이해했고 한없이 눈물을 흘리며 하나님께 외쳤습니다. 그게 벌써 33년 전이군요. 말씀도 몰랐고 아무것도 몰랐습니다. 그날을 생각할 때면 깨닫습니다. 그밤이 없었고 십자가라는 사실이 없었다면, 오늘 저는 죽은 상태로 있었을 것입니다. 저 자신의 역겨운 죄 속에서 질식해 죽었을 것이기 때문입니다.

돌이켜 생각할 때마다 그리스도께서 제 죄를 가져가시고 저를 용서하셨음을 깨닫습니다. 너무나 감사하기 때문에—체스터턴(Chesterton)이 말한 것처럼 감사는 모든 덕의 어머니죠—저는 제게 맡겨진 사명을 언제나 감당할 것입니다. 이것이 바로 기독교의 구원입니다.

우리가 어디서 왔는지에 관한 질문에 발을 들이게 되면, 거기에는 심원한 논의가 있음을 알게 됩니다. 죄와 고통은 왜 존재하는가를 묻게 되면, 끝없는 논쟁이 이어지지만 아무도 좋은 답을 내놓지 못하고 있음을 알게 됩니다. 저는 이 문제에 대해 제가 드릴 수 있는 최고의 답변을 여러분께 드렸습니다. 만약 여러분이 구원을 포함하는 무언가에 관해 검증된 진리를 살펴보기 원한다면—이때 진리란 무엇입니까? 진리란 실재와 부합하는 것을 말합니다—이제 여러분에게 제시된 다양한 방식의 구원을 살펴보면서 어떤 구원이 실제로 작용하는지 살펴봅시다.

어떤 세계관이 진리인지 아닌지를 알고 싶다면, 지도를 테스트하듯이 그것을 시험해보라는 말이 있습니다. 여러분이 지도 사이트에 접속해 여기서 버팔로까지 가는 방법을 알아보고 그 지도대로 따라갔는데 하트포드에 도착했다면, 그것은 제대로 된 지도가 아닙니다. 다시 한 번 했는데 이번에는 펜실베이니아 주 이리에 도착했다면, 역시 제대로 된 지도가 아닙니다. 마침내 버팔로로 인도하는 지도를 얻는다면, 그 지도를 뭐라고 부르겠습니까? **진리**, 그 지도가 바로 진리입니

도시의 소크라테스

다. 진리는 실재와 세계관을 비춰줍니다. 제 생각에 인생의 큰 목표는 실재와 일치하는 세계관, 곧 진리의 세계관을 찾는 것입니다.

저는 이 이야기를 『이것이 인생이다』에 썼습니다. 변호사 일을 할 때 제 꿈은 대법원에서 변론하는 것이었습니다. 나중에 저는 정부가 제기한 항소심에서 승소했는데, 그 사건은 곧 대법원으로 올라갈 예정이었습니다. 변론을 앞두고 저는 소송 준비를 열심히 했습니다. 그 사건에 큰 흥미를 느끼고 있었는데, 그때 갑자기 정부의 임명을 받아 닉슨 대통령의 특별 보좌관이 되었습니다. 갑자기 전혀 다른 세상에 와 있었습니다. 결국은 그 사건을 변론하지 못했고, 크게 실망했습니다. 그래서 저는 대법원에서 변론해본 적이 없으나 지금도 그것을 꿈꿉니다. 나중에 천국 대법원에서 하나님께서 저로 하여금 실재에 관해 유일한 성경적 관점, 즉 우리가 하나님의 형상으로 창조되었으나 우리 자신의 자유 의지로 죄에 빠져 이 땅에 죄가 들어오게 하였고, 그리스도께서 그 죄에서 우리를 구원하셨다는 사실을 변론하도록 허락해주실 것입니다. 그러고 나면 네 번째 질문이 남습니다.

넷째, "구원받은 내 인생의 목적이 무엇인지 아는가?" 제 인생의 목적은 타락한 문화를 구속하도록 돕고, 사회에 만연한 죄와 고통의 결과를 완화하도록 힘쓰는 것입니다. 여러분은 매일 아침에 잠에서 깨어나 자신의 삶에 목적이 있음을 이해함으로써 참으로 가슴 뛰는 인생을 살 수 있습니다. 그것은 네이플스로 내려온 중역들이 매일 아침에 일어나서 "오늘 정원사는 왜 이렇게 관목 정리를 잘못한 거지?"라고 불평하는 생각 따위와는 비교가 안 됩니다. 기분이 상한 그는 9번 홀에서 골프를 치지만 숙취가 풀리지 않습니다. 결코 목적이 있는 인생이 아니지요. 하지만 기독교 세계관은 여러분에게 위대한 목적을 선사합니다.

저는 이 네 가지 진술을 마음으로 받아들입니다. 하나님의 형상으로 창조되었고, 우리 자신의 자유 의지로 죄에 빠졌으며, 하나님께서 우리 삶에 개입하셔서 구원을 받았고, 피조물과 세상을 돌보라는 하나님의 명령을 성취하는 목적이 있는 삶. 하늘 대법원에서 저는 이를 변론하며 이렇게 말하고 싶습니다. "실재와 일치하며 인생의 목적을 제시하는 **유일한** 세계관은 이것뿐입니다." 유교, 힌두교, 불교, 이슬람과 비교해보십시오. 다른 어느 철학과도 견주어보십시오. 유효한 세계관은 이것뿐입니다.

인간의 역사는 인간의 문제에 대한 유토피아적인 약속이 빚어낸 잿더미와 같아서, 그 모든 답변이 결국 독재로 귀결되고 말았습니다. 20세기를 한번 보십시오. 20세기 모든 독재자들이 저마다 구원자가 되겠다고 약속했습니다. 그 약속은 거짓 구원, 거짓 약속이었습니다. 독재자들이 약속하는 거짓 구원은 캄보디아의 킬링필드, 러시아의 강제 수용소, 독일의 홀로코스트에 피의 강이 흐르게 했습니다. 그들은 사람들을 착취하기 위해 약속을 들먹였을 뿐입니다.

인간을 착취하지 않은 유일한 한 분이 계십니다. 그분은 구원을 선물로 주시는 평화의 왕이십니다. 우리가 아연실색하는 이유는 그 구원이 공짜로 주어지기 때문입니다. 이것이 바로 복음이 그토록 교양 있다는 많은 사람에게 외면당하는 이유입니다. 이 구원은

인간을 착취하지 않은 유일한 한 분이 계십니다. 그분은 구원을 선물로 주시는 평화의 왕이십니다. 우리가 아연실색하는 이유는 그 구원이 공짜로 주어지기 때문입니다. 이것이 바로 복음이 그토록 교양 있다는 많은 사람에게서 외면당하는 이유입니다.

도시의 소크라테스

너무 간단하지 않습니까? 너무 쉽습니다.

저는 여러 세계관을 비교하는 사건 변론을 하고 싶습니다. 오늘날 우리가 세계관이 충돌하는 시대에 살고 있으니 말입니다. 새뮤얼 헌팅턴(Samuel Huntington)은 90년대 중반 『문명의 충돌』(The Clash of Civilizations and the Remaking of World Order, 김영사 역간)을 쓰면서 이 점을 정확히 파악했습니다. 그 책을 읽으신 분 있나요? 그 시절에 이 책에 대한 이야기를 들었거나 「뉴욕 타임스」에 실린 서평을 읽은 기억이 나시죠? 새뮤얼 헌팅턴은 하버드 대학교의 교수입니다. 모든 이들이 프랜시스 후쿠야마(Francis Fukuyama)가 말한 "역사의 종언"에 이르렀다고 말할 때 그는 이 책을 썼습니다. 유토피아주의자들에 관한 이야기였습니다. 역사의 종말 말입니다!

서구 자유민주주의는 20세기의 위대한 경쟁 이념 가운데 하나였습니다. 자유민주주의가 승리하면서 사람들은 영원히 평화롭고 행복하게 살 수 있을 것으로 생각했습니다. 그런데 9.11이 닥쳤고, 모든 사람이 밖으로 나가 헌팅턴의 책을 찾았습니다. 헌팅턴의 주장은 이렇습니다. 세계에는 3대 주요 종교 권역이 있습니다. 동양 종교, 동쪽으로 인도네시아에서 서쪽으로 나이지리아에 걸쳐 35개 국가가 믿고 있는 이슬람, 그리고 유대-기독교 진리의 세례를 받은 서구 자유민주주의가 그것이죠. 헌팅턴은 21세기의 변증 및 가장 큰 분쟁과 전투는 이슬람과 서구 세계 사이에서 벌어질 것이라고 주장합니다. 그는 이슬람이 이길 것이라고 말하고 싶어 하는데, 그 이유는 서구 사회는 타락한 반면, 이슬람은 단일 사회이며 전투적이기 때문입니다.

이 부분은 받아들이기 어렵지만, 그의 말은 그렇습니다. 2001년 9월 11일 이후, 상황이 정말 심각하다는 것을 모두가 깨달았습니다. 제가 장담하건대, **지금도** 심각합니다. 저는 이슬람에 대해 지난 5년간 할 수 있는 한 많은 연구를 했는데, 이슬람 파시즘이 나치 파시즘만큼이나 악하다고 확신하기에 이르렀습니다. 그것은 테러리즘을 넘어서는 전혀 이질적인 세계관입니다. 우리는 이슬람 파시즘을 지나치게 과소평가하는 듯합니다. 최대치로 계산했을 때 무슬림 가운데 지하드 전사가 1억1천만 명입니다. 물론 무슬림 대부분이 평화를 사랑한다는 것은 인정하지만, 그러나 그들 중에는 사이드 쿠틉(Sayyid Qutb)의 가르침을 받아 급진적으로 변한 이들이 있습니다. 두 세계관을 비교해보면, 전혀 경쟁이 안 됩니다.

우리는 어디서 왔습니까? 두 세계관 모두 우리가 하나님에 의해 창조되었다는 데 동의합니다. 그러나 유사점은 거기까지입니다. 이슬람은 알라가 명령으로 다스린다고 말하지만, 우리는 그렇게 믿지 않습니다. 우리는 하나님이 말씀하셨지만, 우리에게 은혜를 베푸신다고 말합니다. 이슬람에는 은혜라는 개념이 없습니다. 우리는 인간이 자신의 죄에 대한 책임을 져야 한다고 믿습니다. 우리가 타락하여 죄에 빠졌기 때문입니다. 이슬람은 인간이 근본적으로 선하기 때문에 알라의 말을 행한다면 영원히 행복하고 평화롭게 산다고 믿는 유토피아적 종교입니다.

전 세계에 있는 이슬람 공화국들이 얼마나 행복하고 평화롭게 사는지 여러분은 볼 수 있습니다. 도둑의 손목을 자르고 수십 명의 사람을 학살합니다. 완벽한 독재자의 공식이요, 구원은 없습니다. 기독교 복음은 구원을 빼면 아무것도 아닙니다.

이슬람교에는 성전(聖戰, 지하드)에 참여하지 않는 한 구원이 없습니다. 하지만 성전에 참여하면 낙원에서 72명의 처녀를 거느리고 살게 됩니다. 터무니없는 왜곡된 사상입니다. 코란은 30년에 걸쳐 기록되었는데, 조각조각 써진 글을 나중에 한데 모은 것입니다. 거기에는 융통성이라곤 하나도 없는데, "신의 말씀을 받아 적은" 것이기 때문입니다. 이는 하나님의 영감으로 기록되었으나 이성과 이해의 빛 아래서 해석해야 한다고 믿는 기독교 및 유대 성경과는 너무도 다른 면입니다. 이슬람은 그렇지 않습니다. 그래서 그토록 가혹한 것입니다.

이슬람교는 **성전**을 통해 전진하지만, 기독교는 위대한 **제안**을 통해 전진합니다. "혼인 잔치에 오세요", "와서 식탁에 앉으세요" 하는 초대 말입니다. 우리는 사람들에게 짐을 지운다는 비난을 받는데, 사실 우리는 누구에게 어떤 짐도 지울 수 없습니다. 우리가 가진 것은 잃어버린 세상을 향해 깨어진 마음으로 사랑 가운데 하는 제안뿐입니다. 하나님은 우리를 부르시며 "오라" 하십니다. 지하드를 통한 전진과는 전혀 다릅니다.

마지막으로, 기독교는 다원적인 믿음 체계입니다. 우리는 기독교가 시장 한복판에 자리를 잡고 거기서 전성기를 누려야 한다고 믿습니다. 동시에 우리는 현대 기독교인으로서 건국 시조들처럼 이렇게 말합니다. "우리는 이 진리가 자명하다고 믿는다. 즉 모든 사람은 평등하게 창조되었고, 그들의 창조주로부터 양도할 수 없는 권리를 부여받았으며, 그 양도할 수 없는 권리 중에는 생명과 자유 및 행복을 추구할 권리가 있다." 이는 유대인이든 무슬림이든 불교도든 힌두교도든, 불가지론자이든 무신론자이든 모두에게 똑같이 적용됩니다. 이슬람은 그렇지 않습니다. 이슬람은 여러분이 죽을 때까지ㅡ여러분이 불신자인 경우를 말하는데, 이 방에 있는 분들을 슬쩍 보니 아마 다들 불신자, 곧 유대인, 기독교인, 비무슬림인 것 같네요ㅡ평화는 없으며 알라가 다스릴 수 없다고 믿습니다. 이는 악한 믿음 체계이며 신정 정치입니다. 국가 교회를 믿지는 않으나, 교회 국가[신앙이 곧 국가]를 믿는 것입니다. 완전히 이질적인 세계관입니다.

이와 비슷하게 이질적이면서도 오늘날 유행하는 세계관은 제가 **세속적 자연주의**라고 부르는 것으로서, 미국인들의 삶 가운데 횡행하는 믿음 체계입니다. 그것은 60~70년대 유행한 상대주의가 낳은 자식입니다. 그 핵심 주장은, 진리란 없고 진리의 기준도 없으므로 무엇이 옳고 정의롭고 참인지 각자 자기 관점을 세우고 그에 따라 살아가면 된다는 것입니다. 아울러 인간은 원시 수프에서 나왔으므로 인간 존엄성의 기초 같은 것은 없습니다. 그래서 프린스턴 대학교의 저명한 윤리학 교수인 피터 싱어가 모든 종이 똑같다고 말할 수 있는 것입니다. 그는 한 토론에서 수간(獸姦)을 지지했다가 제 동료로부터 "하지만 그 경우 동물에게는 선택권이 없지 않습니까?"라는 이의 제기를 받은 바 있습니다.

호주 출신의 프린스턴 윤리학 교수로서 자신의 실용적 윤리관을 우리에게 강요하기로 결심한 사람의 지략을 과소평가해서는 안 됩니다. 후에 "동물을 인도적으로 사랑하는 사람들"(PETA) 모임에 가서 행한 어느 강연에서 그는 이렇게 말했습니다. "물론 동물에게도 선택권이 있습니다. 동물들도 애정 표현을 할 줄 압니다." 또한 그는 출산 직후의 영아 살해를 허용해야 하며 나이 든 이들은 죽도록 내버려둬야 한다고 믿습니다. 의료비 지출의 80퍼센트가 인간 삶의 마지막 6개월 동안 발생하고 있으니, 죽기 전 6개월 동안의 치료를 그만두자는 것입니다. 맞는 말입니까? 여러분은 그저 남은 날을 거꾸로 세고 있기만 하면 됩니다. 거기에는 아무런 문제가 없습니다. 싱어는 실제로 그렇게 하라고 말합니다.

또한 싱어는 중병을 앓고 있는 사람들에 대한 치료를 그만두어야 한다고 말합니다. 오늘날 미국 병원에서 흔히 쓰는 표현대로 하면 "**쓸데없는 치료**", "**부질없는 연명 치료**"인데 이는 "사회의 가장자리에 있는 사람들을 치워버리라"라는 뜻을 에둘러 표현한 말에 불과합니다. 생각해보십시오. 우리가 원자의 대충돌과 돌연변이의 결과로 만들어졌다는 세속적 자연주의가 옳다면, 그리고 수백억 년이 지난 지금—혹시 폴킹혼 박사의 강의를 들으셨다면 아실 텐데, 그는 인간의 세포 구조와 그 세포가 몸에 정보를 전달하는 방식을 살펴봄으로써 자연주의를 확실히 논박합니다—여러분이 세속적 자연주의를 믿는다면, 옳고 그름의 기준이 있고 인간 존엄성의 기초가 있다는 전통적 윤리의 기초는 무엇입니까? 아무것도 없습니다.

그렇다면 여러분의 선택지는 무엇입니까? 최대 다수를 위한 최대선을 행하고 모든 종의 개인적 행복을 극대화하는 것입니다. 이것이 오늘날 미국의 엘리트 지성인 80퍼센트가 생각하는 윤리에 대한 실제 정의입니다. 직설적으로 말하지는 않겠지만, 정확히 이 말 그대로입니다. 존 스튜어트 밀이 주장한 공리주의의 21세기 개정판인 셈입니다.

도발적인 진술 하나만 덧붙이고 끝내겠습니다. 시간이 충분해서 자세히 설명하면 좋겠지만, 아쉽더라도 더는 상술하지 않겠습니다. 저희 프로그램 가운데 성경적 세계관을 가르치는 "센추리온 프로그램"을 이수한 두 사람이 이곳에 함께 와 있습니다. 척 스테슨과 쉴라 웨버입니다. "센추리온" 회원이 여기 또 있나요? 저는 지난 3년 동안 해마다 찾아오는 사람 100명에게 성경적 세계관을 가르쳤습니다. 평소대로 하려면 2시간이 필요한 주제지만, 강연 후에 있을 질의응답 시간을 위해 생각할 거리를 미리 드리려는 것입니다. 좀 더 부연 설명을 원하신다면, 그때 가서 하겠습니다.

자, 다시 돌아와서, 제가 드리고 싶은 도발적 진술은 이렇습니다. 현실에 대한 기독교적 견해에는 다섯 가지 독특하고 특별한 점이 있습니다. 생각해봅시다. 첫째, 인간 존엄성에 대한 생각입니다. 이는 노예 무역 폐지 200주년을 기념해 만들어진 영화 "어메이징 그레이스"(*Amazing Grace*)로 우리에게 알려진 윌리엄 윌버포스(William Wilberforce)가 그 일을 행한 이유입니다. 윌버포스는 혐오스러운 악습을 종결하기 위해 영국의 모든 권력과 맞서 지칠 줄 모르고 싸웠던 그리스도인입니다. 윌버포스는 200년 전에만 있는 것이 아니라 오늘날에도 있습니다. 지난 5년간 북한, 수단의 인권 신장을 위해 벌인 운동들, 노예 제도와 인신매매 근절을 위한 활동 모두가 그리스도인들이 이끈 활동이었습니다. 왜 그랬을까요? 우리는 근본적으로 각 사람의 존엄성을 믿기 때문입니다. 다른 누가 그렇게 생각하겠습니까? 도발적 진술이지만, 이게 사실입니다. 궁금하면 확인해보세요.

첫째는 유대-기독교 사상인 **인간의 존엄성**이며, 둘째는 **초월적 권위**에 대한 개념입니다. 저는 법과 정부가 초월적 권위와 별개로 작동할 수 있다고 보지 않습니다. 오늘날 서구 자유민주주의에서 우리가 누리는 것들은 **영역 주권**이라는 종교개혁의 교리, 곧 삶의 모든 영역에는 각각의 자리가 있다는 사상에서 나온 결과임이 분명합니다. 영역 주권은 스코틀랜드 성직자였던 사무엘 러더포드(Samuel Rutherford)가 쓴 『법과 군주』(*Lex, Rex*)라는 책의 직접적인 결과인데, 이 책을 썼다는 이유로 그가 사형 선고를 받을 만큼 급진적인 사상을 담고 있는 책입니다. 그 책이 말하는 바는 이렇습니다. 법이 곧 왕이지 왕이 곧

도시의 소크라테스

법은 아니며, 법치는 여기서 나옵니다. 서구 자유민주주의의 모든 요소를 살펴보면, 그 모든 것이 기독교의 공헌에서 비롯되었음을 분명히 알 수 있습니다. 이슬람은 하나도 창출하지 못했습니다. 불교도 만들어내지 못했습니다. 서구 자유민주주의는 기독교 사상의 피조물입니다. 또 하나의 도발적 사상입니다.

셋째, 우리는 문화를 건설해야 하는 이유가 있습니다. 멋진 책이 한 권 있는데 여러분이 꼭 사서 읽었으면 좋겠습니다. 로드니 스탁 (Rodney Stark) 교수가 쓴 『이성의 승리: 기독교는 어떻게 자유와 자본주의, 서구의 승리를 낳았는가』(*Victory of Reason: How Christianity Led to Freedom, Capitalism, and Western Success*)입니다. 스탁 교수는 버클리에 있다가 워싱턴 대학교로 옮겼고, 지금은 베일러 대학교에 있습니다. 기독교의 영향력이 어떻게 서구 문명을 형성했는지 설명해주는 아주 설득력 있는 책입니다. 여러분이 일반적으로 생각하지 못한 많은 내용이 담겨 있습니다. 저는 안경을 쓰는데, 안경을 쓰지 않으면 여러분을 잘 볼 수 없습니다. 누군가 잘 볼 수 없다는 이유로 일을 못하게 되고 타인의 노예가 되어야 한다면 그것이야말로 비극이라고 생각한 그리스도인들에 의해 안경은 발명되었습니다. 이처럼 그들은 사람들로 하여금 일자리를 얻게 해주려는 인류애적 노력에서 안경을 발명한 것입니다. 알고 계셨습니까? 수력 발전은 "노예제는 잘못됐다. 이 사람들 어깨에 물을 이고 나르게 하는 것도 잘못됐다"라고 말했던 그리스도인들이 생각해냈습니다. 그리스인들과의 급진적 결별이었던 것이죠. 노예들이 물 나르는 것을 원치 않았던 그리스도인들은 노예들이 물을 나르지 않아도 되도록 수력 발전을 개발했습니다.

넷째, 기독교는 다른 사람들을 돌보도록 도덕적 자극을 줍니다. 엄청난 긍휼 사역들을 보십시오. 우리가 하는 교도소 선교회 사역을 보십시오. 왜 교도소에 갑니까? 공리주의 사회라면 우리는 최대 다수의 최대 이익을 구하고 개인의 행복을 극대화할 것입니다. 그렇다면 누가 재소자에게 신경을 쓰겠습니까? "그들을 생각해서 뭐해. 바위나 깨다가 죽으라지." 왜 우리는 교도소에 가야 합니까? 기독교는 자아를 격상하는 문화와 대면할 때 지극히 반문화적입니다. 인생의 목적과 의미는 자신을 위한 일이 아니라 타인을 위한 일에 있습니다. 이는 인간 본성에 전적으로 반하는 일이지만, 정확히 기독교가 행하는 일이기도 합니다.

> 기독교는 자아를 격상하는 문화와 대면할 때 지극히 반문화적입니다. 인생의 목적과 의미는 자신을 위해 하는 일이 아니라 타인을 위해 하는 일에 있습니다.

이제까지 한 이야기를 정리해본다면, 우리는 하나님께서 인간을 창조하면서 가르쳐주신 방식에 기초한 선한 삶의 개념으로 이루어진 사회에 살고 있음을 깨닫게 됩니다. 다른 방식은 효과가 없습니다. 오늘날 그리스도인들은 말합니다. "우리는 우리의 견해를 강요하는, 거대하고 악한 종교 우파라는 비난을 받습니다." 그렇지 않습니다. 우리는 누구에게든 아무것도 강요할 수 없습니다.

마틴 루터 킹 주니어의 말을 기억합니다. "변화시키고 싶은 그 사람을 먼저 사랑해야 합니다." 우리는 이를 전파하고 권하며 위대한 제안을 전하는 도구가 됩시다. 따라서 제가 여러분 앞에 내놓는 위대한 제안은 이렇습니다. 인생은 하나님의 눈으로 볼 때 비로소 의미가 있으며 그 의미를 찾기까지 여러분은 행복하지 못할 것입니다. 영원히 안식하지 못할 것입니다. 아우구스티누스는 말했습니다. "오직 당신

안에서 안식하기까지 우리 마음은 쉼을 얻지 못합니다." 이게 사실입니다. 시험해보십시오.

제가 영국에서 만났던 81세의 무신론 철학자 앤터니 플루는 평생 고수했던 무신론을 철회했는데, 지적 설계 운동을 연구하면서 우주에는 지성을 가진 분이 있어야 한다는 점을 깨달았기 때문입니다. 그는 아인슈타인과 똑같은 결론에 이르렀고, 자신이 견지하던 무신론을 떠나 전혀 새로운 방식으로 삶을 이해하기 시작했습니다. 이것이 제가 여러분께 드리고 싶은 인생 제안입니다. "오직 당신 안에서", 하나님 안에서 쉼을 찾을 때, 우리에게 말씀해주신 삶의 방식대로 삶을 이해하기 시작할 때, 비로소 인생이 무엇인지를 알게 됩니다. 이것으로 제 변론을 마칩니다.

질문과 답변   고마워요, 척. 멋진 강의였어요. 스테로이드제를 드시나 봐요. 평소와 마찬가지로 질의응답 시간을 갖겠습니다. 그러나 "도시의 소크라테스"에서 늘 그러듯이, 반드시 **질문**의 형태로 해주셔야 합니다. 이 점이 매우 중요합니다.

질문 : 제 질문은 다른 친구들과 나눴던 토론과 관련됩니다. 우리가 이슬람 국가들을 이야기하다가 끊임없는 잔혹 행위에 대해 언급하자, 무슬림들은 "그렇다면 서구 국가들도 그리스도의 가면을 쓰고 온갖 끔찍한 행위에 가담하지 않았느냐?"라며 이의를 제기했습니다. 종교 재판과 십자군 원정이 뜨거운 이슈였죠. 선생님이라면 이 두 주제를 어떻게 다루실지 궁금합니다.

답변 : 종교 재판은 여러 세기에 걸쳐 진행되었습니다. 우리는 그 이야기를 늘 듣습니다. 다른 무엇이 아닌 종교의 이름으로 끔찍한 일이 자행되었다고요. 공개된 이야기이며 어느 정도는 모두가 인정하는 바입니다. 하지만 기본적으로는 거짓입니다. 스탁의 책은 암흑시대가 전혀 어둡지 않았다고 말합니다. 더 나아가 왜 어둡지 않았는지를 설명합니다. 종교 재판은 3세기에 걸쳐 진행되었고, 끔찍한 일들이 많이 일어났습니다. 아무도 막지 않았고, 막을 수도 없었습니다. 이단적 신앙을 가졌다는 이유로 사람들이 죽었습니다.

그러나 3세기에 걸쳐 죽은 사람의 숫자는 모두 합쳐 수백 명 정도입니다. 역사라는 맥락으로 가져가 20세기의 끔찍한 사건들과 비교해보면, 그 의미가 현저히 약해집니다.

십자군과 반십자군 원정의 경우, 역사책을 펼쳐서 이슬람과 서구 사이에 치고받은 전투를 살펴본다면, 그것이 단지 종교 전쟁이 아니었음을 알 수 있습니다. 이단을 진압하려는 시도가 아니었습니다. 전적으로 정치적인 사건이었습니다.

저는 아일랜드의 양 진영에서 강연하며 많은 시간을 보냈습니다. 그들의 반목은 가톨릭 대 개신교의 문제가 아니었습니다. 누가 북아일랜드를 다스리고, 누가 일자리를 마련하느냐의 문제였습니다. 십자군은 이와 무척 닮았는데, 그것은 이슬람의 오점이자 서구의 오점입니다. 이슬람을 헐뜯고 싶지 않지만 아무도 말하지 않을 테니 말하자면, 서구의 십자군과 이슬람이 기독교인과 유대인을 죽이기 위해 일으킨 반십자군 사이에는 근본적인 차이점이 있습니다. 이슬람은 믿음 체계와 일관된 방식으로 행동했습니다. 지금도 그렇지요. 하지만 그리스도인이 십자군을 보낼 때, 그들은 자신들의 믿음과 반대로 행동했습니다. 분명 잘못된 행동이었습니다. 우리는 언제든 위선자가 될 가능성이 있습니다. 왜냐하면, 어떤 일이 잘못되었음을 깨달으면서도 믿음을 따라 살지 않기 때문입니다. 그때 우리는 위선자가 됩니다. 만약 여러분이 어떤 일이 잘못되었다고 인정하지 않는다면, 여러분은 결코 위선자가 될 일이 없습니다. 이런 이유로 세상 사람들의 눈에 우리는 더 죄가 많은 사람으로 보입니다. 그러나 숫자나 결과로 볼 때, 20세기에 무신론의 이름으로 자행된 끔찍한 사건에 견줄 수조차 없다고 봅니다.

질문 : 이슬람을 바라보는 우리 서구 사회의 관점은 죄책감에 그 뿌리를 두고 있는데, 서구 사회는 그 문제를 해결하지 못한 채 이슬람의 위협을 크게 느끼고 있습니다. 선생님께 드리고 싶은 질문은, 이것이 문화에도 적용된다고 보시는지요? 우리가 이 문제를 이슬람에 적용할 경우에 말이죠. 이슬람은 자유를 다룰 수 있을 만큼 충분히 강하다고 보십니까?

답변 : 판정이 아직 나오지 않았다고 말해야겠네요. 솔직히 말해서, 잘 모르겠습니다. 하지만 이론적으로는 아니라고 말할 수 있습니다. 이론적으로 신정 정치는 민주주의가 될 수 없습니다. 그 정의상 불가능에 가깝죠. 유일한 희망은 무슬림 각 나라에서 케말 아타튀르크(정교분리 정책을 시행한 터키 건국의 아버지—역주) 같은 인물이 나오는 것일 텐데, 그조차도 몹시 불안합니다. 바라는 만큼 지속적인 영향력을 미치기 어렵기 때문입니다.

보시는 것처럼 각지에서 전쟁이 벌어지고 있습니다. 저는 민주주의를 완강히 거부해온 세계의 한 지역에 민주주의를 수출하려는 이 정부의 노력이 결국은 옳은 일이라고 믿게 되었는데, 그 외에는 달리 장기적인 해답이 보이지 않기 때문입니다. 그러지 않는다면, 우리는 다음 천 년 동안 테러리스트와 전쟁을 지속하게 될 것입니다. 미국인들은 잘 잊는다는 사실을 기억해야 합니다. 우리는 9.11이 "아주 오래된" 일인 것처럼 생

도시의 소크라테스

각하는데, 만일 그렇다면 왜 아직 군인들이 고향으로 돌아오지 않는 것입니까? 이것이 미국인들의 사고방식입니다. 그러나 이슬람의 사고방식은 다릅니다.

생각해봅시다. 무함마드는 기원후 632년부터 코란을 기록하기 시작했는데, 백 년 후 이슬람 군대는 파리에서 수백 마일 떨어진 푸아티에까지 진격해 올라왔다가 거기서 격퇴당했습니다. 치열한 전투가 이어졌습니다. 나중에 동유럽으로 편입되는 지역 대부분, 스페인의 대부분, 프랑스 남부, 그리고 북아프리카가 그들의 점령지였습니다. 이 전투는 1683년 폴란드와 독일 보병대가 터키 군대를 비엔나 밖으로 패퇴시킬 때까지 계속되었습니다. 이 전투는 오스만 제국을 격퇴한 결정적인 전투였는데, 무함마드 때로부터 천 년 후의 일이었습니다.

아주 흥미로운 점은—세계관은 중요하지 않다거나 생각이 결과를 낳는 것은 아니라고 생각하실 분들을 위해 드리는 말씀입니다—1683년 폴란드와 독일 보병대가 터키 군대를 돌려보낼 때, 그 결정적 전투를 벌인 날이 9월 11일이었습니다. 철저하게 훈련받은 신학자이자 학자인 빈 라덴이 이 사실을 몰랐다고 생각해서는 안 됩니다. 그들은 이것이 오래된 전쟁이라고 말하는데, 우리는 한가하게 앉아서 "왜 이 일을 못 끝내는 거지?"라고 말하고 있습니다. 제가 두려워하는 것은, 만일 우리가 민주주의를 전 세계에 진작시키지 못한다면, 우리는 오랫동안 싸워야 할지도 모른다는 점입니다. 이는 아름다운 그림이 아닙니다.

질문 : 선생님께서 서구를 지키기 위한 카롤루스 마르텔루스(Charles Martel [690~741], 카롤루스 대제의 조부이자 프랑크 왕국을 통일한 지배자—역주)의 공로를 기억하고 계시다니 기쁩니다. 프랑스인들이 최근 우리를 위해 아무것도 한 게 없다고 말하는 사람들은 그 사건을 되돌아봐야 할 겁니다. 제가 볼 때 우리 문화에는 자신감의 위기가 있는 것 같은데, 어떻게 하면 문화적 자신감을 회복할 수 있을까요?

답변 : 저는 문화가 문화계 인사들과 정치 지도자들의 강력한 명령으로 변할 수 있다고 생각하지 않습니다. 문화는 마치 담벼락을 극복하고 한 이웃과 함께하듯이 그렇게 한 번에 한 사람을 변화시키는 것인데, 오늘날 미국 문화에서 우리는 참으로 부정적인 영향을 받고 있습니다. 나쁜 뉴스가 팔립니다. 그래서 항상 사건의 부정적인 면을 듣게 됩니다.

오스 기니스가 옳게 말한 "권위의 위기"라는 것이 있는데, 옳고 그름에 관한 도덕적 합의를 도출해주는 지배적 진리 기준이 없을 경우 사람들이 서로 나뉘어 이념 투쟁에 빠지게 된다는 말입니다. 이는 빠져들기 쉬운 또 다른 영역입니다.

우리는 사람들이 어떤 일에 수긍하게 할 수 없습니다. 반대 의견은 끊임없이 나타나게 마련이죠. 정치 및 사회 담론 안에 적대감이 크게 자리하기 때문입니다. 따라서 우리는 자신감 부족을 경험할 수밖에 없습니다. 확신하건대, 이 연회실에 있는 사람 중 월스트리트와 시장의 말을 따르는 사람은 아무도 없을 것입니다. 저는 지난 6개월 동안 믿기 어려울 정도로 긍정적인 경제 자료와 "상황이 얼마나 안 좋은지"를 전하는 엄청난 경제 보도를 보면서 깜짝 놀랐습니다.

　자기충족적인 사회가 되어버렸습니다. 여러분이 상당 기간 어떤 것에 대해 좋지 않은 이야기를 하면 사람들은 그 말을 믿게 될 것입니다. 신뢰에 심각한 위기가 온 것입니다. 저는 인류가 역사를 통틀어서 문화를 변화시켜온 것과 같은 방식으로 잃어버린 신뢰를 회복할 수 있으리라 생각합니다. 그것은 마음의 습관, 즉 사람들의 태도, 가치, 성향이 변할 때 이루어지는 것일 뿐, 위에서 명령한다고 되지 않습니다. 오히려 아래로부터 이뤄집니다. 생각하는 사람들이 변화를 만들어낼 수 있는 이유지요. 저는 여러분이 이 사회의 가치를 갑자기 바꿀 수는 없다고 생각합니다. 하지만 대중의 태도를 변화시킬 수는 있으리라고 생각합니다.

질문 : 뉴욕 시 교통국을 섬기는 목사입니다. 교통국 사역은 65살에 개척했어요. 지금은 일 년이 지났지요. 세계 곳곳에서 영적 전쟁이 진행되는 상황에서 복음주의의 역할은 무엇이며 기독교 교회의 관점에서 볼 때 현재 진행되는 일들의 양상은 어떠한지 관심이 있습니다. 선생님은 어떻게 생각하시나요? 제 생각에 복음주의는 너무도 자주 정죄한다는 인상을 주는 것 같습니다. 선생님의 의견을 듣고 싶습니다.

답변 : 비기독교인들을 대상으로 그리스도인들의 특징을 물은 최근 여론조사 자료에 따르면, 가장 많이 나온 단어가 **판단**이었습니다. 그들은 판단합니다. 그리스도인들이 그런 인상을 주고 있다니 슬픈 일입니다. 제가 좋아하는 나일즈 주교(Bishop

Niles)의 말이 있습니다. "기독교는 한 거지가 다른 거지에게 어디서 빵을 얻었는지를 알려주는 것이다." 우리는 사람들을 판단해서는 안 됩니다. 판단하지 말고 사랑해야 합니다. 비판이 만연해 있습니다. 비기독교인의 측면에서 저는 그것이 변명이거나 책임 회피이기도 하다고 생각합니다. "당신들은 너무 사람들을 판단하니 당신들의 주장에는 귀 기울이지 않겠다." 대략 이런 자세인데, 저는 판단하는 사람이 그렇게 많다고는 보지 않습니다.

이는 참으로 오늘날 미국인의 생활에서 지배적인 역할을 하는 가치 앞에서 드러나는 반응입니다. 미국인의 생활에서 지배적인 가치는 관용입니다. 관용은 진리보다 높은 가치로 여겨지지만, 우리가 생각하는 관용과는 의미가 다릅니다. 관용은 제가 학교에서 배우고 자라면서 믿게 된 의미, 곧 내가 격렬히 반대하는 견해를 가진 사람의 말을 존중함으로 경청하는 태도가 아니라 내가 근본적으로 동의할 수 없는 말을 하는 사람의 말할 권리를 지켜준다는 뜻입니다.

오늘 여러분이 누군가가 동의하지 않는 이야기를 한다면 여러분은 그의 기분을 상하게 한 것이며, 이제 이런 일은 해서는 안 되는 범죄와 같습니다. 관용의 정의가 왜곡되었습니다. 『이것이 인생이다』에서 저는 도로시 세이어즈(Dorothy Sayers)가 관용에 대해 쓴 감명 깊은 문장을 인용했습니다. "세상에서 관용이라고 부르는 것을 지옥에서는 절망이라 부른다." 우리는 포기했습니다. 언쟁을 벌일 일이 없으니 말입니다. 그 결과 그리스도인은 관용이 없고 남을 판단하는 사람이라는

도시의 소크라테스

무척 볼썽사나운 인상만 남았습니다. 많은 사람이 이런 인상을 받고 있습니다. 이것을 바꾸기 위해 노력해야 하겠지만, 진리를 주장하는 것이 타인에 대한 공격으로 받아들여지지 않는 사회 또한 필요하다 하겠습니다. 진리 주장은 그 정의상 배타적일 수밖에 없습니다.

『이것이 인생이다』에서 적은 바 있지만, 몇 년 전 실리콘밸리에서 점심을 먹은 적이 있습니다. 거기서 많은 그리스도인, 많은 사업가, 일부 비그리스도인을 만났지요. 세계 제일의 미래학자이자 기고가인 폴 새포(Paul Saffo)와 함께한 시간은 매우 즐거웠습니다. 새포는 내 왼쪽에 앉아 있었는데, 식사 시간의 절반가량 동안 무척 분개해 있었습니다. 마침내 그가 입을 열었습니다. "내가 당신들 그리스도인들에게 화가 나는 이유는 당신들이 유일한 길을 안다고 생각하기 때문입니다. 모든 종교는 결국 똑같습니다. 어느 한 종교가 다른 종교와 다르다고 말해서는 안 되지요."

저는 이렇게 답했습니다. "어느 한 종교가 다른 종교보다 반드시 낫다고 말할 수는 없겠지만, 두 종교가 다르다고는 말할 수 있다고 봅니다. 선생님이 약속의 자녀로 태어난 유대인이든 아니든 말이죠. 예수님께서는 '나를 통하지 않고서는 아버지께로 올 자가 없느니라'라고 말씀하셨죠. 모든 종교에는 나름의 진리 주장이 있습니다. 그들의 주장이 모두 맞

> 모든 종교에는 나름의 진리 주장이 있습니다. 그들의 주장이 모두 맞을 수는 없습니다. 모두가 틀릴 수는 있지만, 모두가 맞을 수는 없는 것입니다."

을 수는 없습니다. 모두가 틀릴 수는 있지만, 모두가 맞을 수는 없는 것입니다." 우리는 격렬한 논쟁을 벌였고, 마침내 그는 내가 펜을 들어 6번 떨어뜨리기 전에는 인정하지 않겠다고 했습니다.

저는 말했죠. "펜이 떨어질 때마다 물리 법칙이 작용하는 것처럼 도덕 법칙도 있습니다. 저는 이 펜이 떨어지지 않을 거라고 말할 수 없습니다. 왜냐하면 이미 떨어졌으니까요."

그러자 그는 얼굴을 붉히더니 화를 내며 말했습니다. "그건 입자가 입자 사이를 통과해가는 거요. 양자 역학이오."

저도 응수했죠. "허튼소리 하지 마시죠. 덩어리가 덩어리와 부딪히는 거죠. 선생님 눈으로 보듯이."

최종적으로 우리의 대화는 그가 이렇게 말하며 끝났습니다. "좋아요, 초자연적인 어떤 것이 있다는 점은 인정하겠소."

사람들은 스스로 끔찍한 상자 속으로 들어가곤 합니다. 이게 복음주의를 힘들게 하지요. 질문하신 분이 하고 싶던 말이 이런 것이었으리라고 생각됩니다.

질문 : 서구와 이슬람 사이에 긴 전쟁이 있을 수 있다고 보신 문제에 대해 발언하고 싶습니다. 서구 사회가 그 근본인 기독교로 돌아가지 않은 채 다른 나라들을 하나씩―이라크가 되었든 이란이 되었든―평화로운 민주 정부로 바꾸려 한다면, 그게 가능한 일일까요? 기독교적 토대가 없는데도 말입니다.

답변 : 저는 우리가 아프가니스탄이나 이라크 같은 나라를 기독교 국가로 만들 가능성은 조금도 없다고 생각합니다. 제 관점에

서나 합리적으로 생각할 때, 민주주의는 다른 어떤 제도보다 탁월한 최고의 제도일 것입니다. 선생님의 주장이 옳다고 봅니다. 저는 하나님이 만물을 창조할 때 정하신 자연법칙이 있다고 믿습니다. 그 방식을 따라 살면 편안합니다. 역행하면 괴로움을 겪는 거죠. 그러므로 저는 이슬람 국가들에 그러한 변화가 찾아오기를 바라지만, 가능성은 적다고 봅니다.

이들 나라에 우리가 할 수 있는 최선은 다른 종교도 인정해줄 수 있는 참된 다원주의 체계를 만들어내는 것입니다. 아프가니스탄에는 다원주의가 없습니다. 파키스탄에서 기독교로 개종한 남자가—그의 이름은 잊어버렸는데—아프가니스탄에 돌아가 사형 선고를 받자 이탈리아로 탈출할 수밖에 없었던 것도 그 때문입니다. 가만히 있다가는 죽을 테니까요. 참된 의미의 다원주의 체제, 미국이 피 흘려 얻은 그 보화가 그들 나라에는 없습니다.

길고 어려운 과정이 되겠지만, 개방된 다원주의와 자유 시장 경제가 자리를 잡는 게 우리가 바랄 수 있는 최선이겠죠. 흥미로운 점은, 이 문제를 깊이 생각하고 종교적 관점에서 살펴보면 알 수 있는 사실인데, 인도, 중국, 남아메리카에서 서구 자유민주주의가 폭발적으로 성장하고 있다는 점입니다. 심지어 **아프리카** 일부 지역과 러시아에서도 터져 나오고 있습니다. 그러나 이슬람 국가는 **없습니다**. 이유가 무엇일까요? 이는 신학적 질문입니다.

신이 직접 자신의 말을 구술하여 받아쓰게 했다고 믿는다면, 코란에 담긴 모든 내용과 신의 언어는 신성불가침의 영역에 속할 것입니다. 반면 성경의 경우처럼 하나님께서 인간에게 영감을 주어 말씀하셨다고 믿는다면, 수천 년에 걸쳐서 그 의미를 합리적으로 이해하고자 노력하게 될 것입니다. 교조적이 될 위험성이 현저하게 줄어듭니다.

이슬람에는 유연성이 없고 베풂이 없습니다. 그래서 이슬람이 위대한 문화를 창출하지 못하는 것입니다. 문화를 창출하던 때가 있기는 했으나, 대부분 그리스 문화를 본떴습니다. 야만족들이 유럽을 점령한 암흑시대에 아리스토텔레스와 플라톤을 보존한 것이 그 문화의 대부분이었습니다. 그때가 이슬람의 호시절이었으나 독창적인 문화는 전혀 없었습니다. 독창적 문화라고 할 만한 것을 아무것도 창조해내지 못했던 것입니다.

『이성의 승리』에서 스탁 교수는 이 점을 신학적으로 명쾌하게 설명하고 있습니다. 진짜 문제는 신학의 문제인 것입니다.

7강

순전한 기독교:
이해를 추구하는 기독교 신앙

N. T. 라이트
2006년 10월 27일

강사 소개   좋은 저녁입니다. 마크라메(매듭 공예)와 데코파주(종잇조각 장식) 대신, 생각하는 사람의 대안인 "도시의 소크라테스"에 오신 여러분을 환영합니다.

저는 에릭 메택시스입니다. 오늘 밤 많은 분이 이렇게 많은 자리를 빼곡히 채워주시다니 행복합니다.

반드시 여러분 얘기는 아닐 수 있지만, 여러분 같은 뉴요커들이 이 멋진 클럽에서 와인을 한 잔 마시며 멋진 강연자의 강연을 듣기 위해 모인 것을 보고 저는 진심으로 놀랐습니다. 정말 놀라워요. 말이 안 되잖아요. 여러분 같은 분들이 왜 여기 오셨는지 모르겠지만, 아무튼 환영합니다.

와인을 한 잔 하신 여러분, 이제 좀 취기가 올라올 때죠. 졸음이 오고, 눈꺼풀이 무거워지죠. 방은 따뜻하니, 눈 좀 붙이고 싶지 않나요? 그저 눈을 좀 감고 싶을 텐데, 졸지 마세요. 강연자께서 기분 상하실 테니까요. 잠은 나중에 자도 괜찮습니다.

오늘 밤 "도시의 소크라테스"에서 N. T. 라이트(N. T. Wright) 주교님의 강연을 듣게 되어 영광입니다. 그렇습니다, 우리는 다시 한 번 여러분에게 영국 억양을 지닌 강연자를 모셔왔습니다. 음절 하나하나가 진정한 영국 억양입니다. 우리가 추적한 바로는 위조 억양은 아직 한 음절도 없었습니다. 사실 여론 조사에 따르면 여러분은 5명 중 1명꼴로 영국 억양을 지닌 강연자를 선호한다고 합니다. 우리는 여러분이 원하는 것을 여러분에게 제공하기 위해 애쓰고 있습니다. 또한 어떤 직함이든 있으면 플러스 요인이 된다고 합니다. 그래서 우리는 여러분을 위해 오늘 밤 직함**뿐 아니라** 영국 억양까지 가진 분을 모셨습니다.

만일 훌륭한 주교께서 해주실 이야기에 딱히 흥미가 없다면, 여론 조사 기관에 항의하세요. 제가 불만 접수까지 하고 싶진 않거든요. 우린 다만 설문 조사에서 여러분이 원한다고 한 것을 여러분께 선사할 뿐이니까요. 저한테 불평하시면 안 됩니다. 알겠죠?

자, 우스갯소리가 맞지만, 미국인들이 영국적인 것에 매혹되는 현상은 부정할 수 없는 사실입니다. 그 이유 중 일부는 영국 역사의 풍성함 때문입니다. 우리 미국인들은 그런 풍성함을 갖지 못했습니다. 우리는 역사라고 할 게 별로 없죠. 우리 미국인들은 역사를 따라 올라가 봤자 1976년, 그러니까 브루스 제너가 올림픽 10종 경기에서 금메달을 딴 해까지밖에 거슬러 올라가지 못합니다. 우리 역사가 거슬러 갈 수 있는 가장 먼 옛날입니다. 그 이전은 전부 흐릿하죠. 아는 게 거의 없어요. 바이킹족, 공룡 같은 건 몰라요. 제너가 금메달을 따기 전에는 죄다 안갯속이에요.

그러나 영국은 대단히 풍성한 역사를 가지고 있습니다. 그래서 우리가 영국에 감동하는 거죠. 영국 억양을 가진 강연자에게도 물론이고요. 우리는 조너선 에이트킨, 데이비드 에이크먼도 모신 바 있습니다. 공평을 기하기 위해 말씀드리자면, 우리는 영국적인 분위기에 조금은 겁먹기도 합니다. 때때로 그들은 우리가 불편해하지 않을 영역을 넘어서기도 합니다. 몇 달 전 콕스 남작 부인이 장대하게 수를 놓은 비단 가운을 입고 나타난 순간을 누군들 잊을 수 있겠습니까? 얼굴 가리개와 터무니없이 풀을 먹인 주름 옷깃이란! 그 거대한 풀 먹인 깃을 기억하시죠? 미국인들은 그런 옷차림에 익숙하지 않습니다. 우리는 조

도시의 소크라테스

깅복과 편한 옷을 무척이나 선호하죠.

존 폴킹혼 경이 갑옷으로 완전 군장을 하고 나타났던 때를 기억하시죠? 여러분 중 일부는 여기서 그 모습을 봤습니다. 투구를 쓰고 도끼눈을 하고 우리에게 말하는 모습에서, 작위를 받은 그 영국 양식에서 저는 지극히 비미국적인 면을 보았습니다.

자, 영국 문화의 **그러한** 면이 없다면 우리는 살 수 없으니, 고마움을 표합니다. 아주 솔직히 말한다면, 영국인 강연자를 초청하는 것은 정말 도박과도 같은 일 아닙니까? 무엇을 얻게 될지 정말 알 수 없거든요.

주교님이 오시면서 주교관과 주교 지팡이 같은 것을 전혀 가져오지 않으셔서 마음이 조금 놓인다고 말씀드려야겠습니다. 그런 복장을 하지 않고 오신 것에 먼저 감사드립니다. 강연자를 소개하면서 그런 집기를 꺼내 보여야 하는 게 싫었거든요. 하지만 전에 두 번이나 그런 일로 불편했던 적이 있었기에, 우리가 불편하게 느끼는 게 무엇인지 언급해야 할 필요가 있을 것 같아 이렇게 말씀드립니다.

자, 오늘 밤 우리는 라이트 주교님의 강연을 들을 것입니다. 주교님은 자신의 최근 책 『톰 라이트와 함께하는 기독교 여행』(*Simply Christian: Why Christianity Makes Sense*, IVP 역간)에서 다룬 주제에 관해 강연해주십니다.

모르시는 분들을 위해 말씀드리자면, 오늘의 강연자 라이트 주교님은 더럼의 주교입니다. 그리고 아주 이상하게도―제가 꾸며낸 이야기가 아닙니다―오늘 아침 7시에 "새 가나안 협회"라는 곳에서―이곳은 제가 코네티컷에서 참여하는, 미확인비행물체를 숭배하는 사교 집단입니다―제가 강연자를 소개했는데, 그 사람 역시 성이 라이트였고 철자도 똑같았으며 목회자였습니다. 어느 지역의 목회자일까요? 노스

캐롤라이나 주의 더럼. 으스스하지 않나요? 하나님께서 뭐라고 하시나요? 저는 <u>으스스</u>합니다. 하지만 사실입니다.

따라서 라이트 주교님, 주교님은 오늘 제가 소개하는, 더럼에서 온 두 번째 목회자입니다. 이것으로 정말 충분합니다. 두 번이 제 한계거든요. 의사의 명령입니다. 만일 세 번째가 있다면, 죄송하지만 자리를 떠나야만 할 겁니다.

아무튼, 오늘 아침에 제가 소개한 라이트 씨는 노스캐롤라이나 억양을 가졌는데, 라이트 주교님이 하는 가장 어리석은 말조차도 영국 억양 때문에 멋지게 들릴 것과 마찬가지로, 그가 한 모든 멋진 이야기에서 남부 억양만이 지금도 귓가에 쟁쟁합니다.

공정하진 않지만, 사실은 사실이죠. 사실이 그렇잖아요. 자, 오늘 밤 우리가 듣게 될 책 『톰 라이트와 함께하는 기독교 여행』은 제가 쓴 책 『당신이 하나님에 대해 알고 싶어 하던 모든 것(그러나 두려워서 묻지 않았던 것)』과 격이 다른 책은 아닙니다. 물론 제 책이 주교님의 비범한 작품에 견줄 수 있다는 뜻은 아닙니다. 공정한 마케팅과 유통망 덕분에 주교님과 접전을 벌일 수 있게 되었다는 의미에서 그렇다는 거죠. 저는 준비되었습니다, 주교님.

오늘 밤 모임을 위해 제 두 번째 책을 소개해야 하겠습니다. 저는 18세기 노예제 폐지론자인 윌리엄 윌버포스의 전기를 집필하고 있습니다. 오늘 밤 라이트 주교님의 강연이 있다는 것을 알았을 때, 특별히 **더럼의 주교**라는 말을 들었을 때, 저는 "더럼의 주교라, 어디서 들어본 적이 있는데"라고 혼잣말을 했습니다. 그래서 지금 한창 교열 중인 제 원고를 살펴보았더니, 거기에 1795년경 더럼의 한 주교에 관해 짧은 내용이 실제로 나와 있는 게 아니겠습니까.

아무도 저를 말리는 사람이 없으니, 제 원고를 읽어보겠습니다. 어쩌겠어요? 꼼짝없이 들으셔야죠.

그 배경이 흥미롭습니다. 1795년의 상황은 노예제 폐지에 대해 호의적이지 않았던 것 같습니다. 윌버포스는 정말 진심으로 애쓰고 있었는데 말이죠. 말 그대로 영혼의 어두운 밤이었습니다. 상황은 열악했고 사람들은 대열에서 이탈하기 시작했습니다. 책에서 저는 윌버포스의 친구 제임스 스티븐이 어떻게 그를 찾아왔는지, 서인도제도에서 와서 윌버포스와 모든 사람을 격려함으로써 어떻게 기운을 북돋워주었는지 언급했습니다. 마침내 영국에 도착했을 때, 그는 자신의 온 가족과 **서인도산 거북이 3마리**를 가지고 런던에 들어왔습니다. 세관을 거쳐 통관한 뒤였겠죠?

그는 이 3마리 서인도산 거북이를 윌리엄 윌버포스에게 선물하기로 했습니다. 2년 후에 윌버포스는 결혼하고 자녀를 낳고 애완동물도 키우게 되지만, 이 시점에서 그는 미혼인데다 먹고 살기 바빴기에 지구 반대편에서 온 거북이 3마리를 돌본다는 것은 꿈도 꿀 수 없는 일이었습니다. 여기서 제 책을 인용하겠습니다.

"그래서 윌버포스는 그 서인도산 거북이 3마리를 자기 친구인 더럼의 주교에게 주었다. 이어서 그 친구는 거북이를 자기 요리사에게 주었다. 이어서 그 요리사는 거북이를 시중드는 이들에게 주었고, 그들은 거북이를 주교의 만찬에 온 55명의 손님에게 대접했다. 손님들은 대단히 즐거운 시간을 보냈고 모두—주교는 감사의 편지를 써서 윌버포스에게 알렸는데—노예제 폐지를 지지하게 되었다."

자, 나오셨군요. 라이트 주교님, 주교님께서 강연하시기 전에 말씀드리고 싶었습니다. 누군가가 주교님께 귀여운 동물을 선물한다면 그것으로 요리하시면 안 됩니다. 그런 일은 하지 않는 게 맞죠. 그러나 주교님의 선조는 그런 일을 했습니다. 그가 주교님의 조상 맞나요? 그렇게 말해도 괜찮을까요? 물론 아니겠죠.

아무튼, 진지하게 마무리 말씀을 드리겠습니다. 라이트 주교는 세계적인 신약 학자 가운데 한 분으로, 오늘 이분을 모시게 되어 제 마음이 무척 떨립니다. 라이트 주교는 리치필드 성당의 주임 사제이며 웨스트민스터 사원의 참사회원 신학자입니다. 최근에는 이미 우리가 말한 대로 더럼의 주교로 섬기고 있습니다.

그는 케임브리지 대학교와 옥스퍼드 대학교에서 가르쳤으며 30권 이상의 책을 집필했습니다. 또한 "ABC 뉴스", "데이트라인", "아메리칸 밴드스탠드"를 비롯한 여러 TV 프로그램에 출연했습니다. 마지막 프로그램은 잘못 적힌 것일 수도 있겠네요. 확실히는 모르지만.

평소와 마찬가지로 강연자가 35~40분 동안 주제 강연을 하고, 그 후에 같은 시간 동안 질문과 답변의 시간을 갖겠습니다. 마이크가 설치되어 있으니, 질문과 답변 시간에는 마이크 앞으로 나와주십시오.

더는 지체하지 않겠습니다. N. T. 라이트 주교님을 여러분께 소개할 수 있어서 저로서는 영광이었습니다.

강연

감사합니다. 이런 소개는 처음입니다. 앞으로도 이런 소개는 다시는 없을 것 같아요. 영국적인 것에 대한 이야기를 듣고 보니 얼마 전 제 친구가 해준 이야기가 생각납니다.

제 친구이자 이전 직장 동료였던 존 보워터(John Bowater)는 영국의 가장 중요한 신학자인데 회의 참석차 종종 미국을 오갑니다. 그가 제게 말하기를, 한번은 자신의 수첩을 보다가 자기가 참석해서 연설하기로 예정된 회의를 발견했다고 합니다. 그는 곧바로 비행기를 탔는데, 실제로 무슨 말을 해야 할지 전혀 준비하지 못했다고 합니다. 그래서 주제가 뭔지 알아보기 위해 수첩을 흘끗 보았더니 "21세기의 하나님" 혹은 그와 비슷한 단어가 쓰여 있더랍니다. 그래서 그는 펜을 들어 신속하게 적어나갔고, 회의장에 도착해서 곧장 연단으로 올라가 50분짜리 강연을 했으며, 마침내 하나님에 관한 감동적인 결론에 이르렀답니다. 그의 결론은 삼위일체 교리가 없다면, 그것을 만들어낼 필요가 있다는 말이었습니다.

우레와 같은 박수가 터져 나왔고, 그가 자리에 앉자 옆자리에 있던 사람이 이렇게 말했답니다. "무척 대담했어요. 대담한 결론이에요." 그러자 제 친구가 말했답니다. "대담하다고요? 왜 그렇죠? 저는 다소 정통적이라고 생각했는데." 그러자 그 사내가 말했습니다. "여기는 유니테리언 교회 회의잖아요." 제 친구가 말했습니다. "그런데 저 사람들은 왜 박수를 친 거죠?" 그러자 그 사내가 말했답니다. "당신의 (영국식)

억양이 좋아서죠."

그러니 제 논리에 다소 명확하지 못한 점이 있더라도 영국식 억양으로 보충하겠습니다.

지난 3년 동안 저는 약간은 끔찍하지만 상원 의원으로 있으면서—에릭, 이걸 빠뜨렸어요!—수년 전의 빛나던 순간, 곧 헤일셤 경이 영국 대법관으로 있던 때가 생각났습니다. 대법관은 근사한 법복을 입고 법관 의무 복장을 하잖아요. 그러고서 자리에 앉아 있으면 종종 국회의 사당 중앙 복도 주위에 둘러선 방문객과 관광객 무리가 보입니다. 하루는 헤일셤 대법관이 상원 의원실에서 나오다가 한 무리의 미국 관광객과 마주쳤습니다. 그와 동시에 복도 아래쪽에서 문이 하나 열렸습니다. 닐 마틴이라는 당시 벤버리 지역의 하원 의원이던 친구가 갑자기 문을 열고 나왔는데, 복도 아래쪽으로 25미터 정도 떨어진 지점이었습니다. 닐 마틴의 주의를 끌고 싶었던 헤일셤은 자신의 얼굴을 바라보고 있던 관광객들을 못 본 척하며 손을 추켜들고 외쳤습니다. "닐." 그러자 관광객들도 모두 그를 똑같이 따라 했답니다.

저는 이런 것이 영국인이 미국인 청중을 상대로 연설할 때 빠지기 쉬운 함정이라고 봅니다. 우리의 공통 언어 혹은 별로 공통적이지 않은 언어 내에서 오해의 소지는 아주 크고 잘 알려졌으며 그에 관한 기록들도 있습니다. 이 책『톰 라이트와 함께하는 기독교 여행』의 미국판과 영국판에도 그런 차이가 보입니다. 두 권 모두 지금 제 수중에 있습니다만, 이 두 책은 두 명의 다른 저자가 썼습니다. 하나는 N. T. 라이트가 썼고, 다른 하나는 톰 라이트가 썼습니다. 제가 쓴 두꺼운 학문적인 책들과 달리 이 책이 독자 친화적인 책이기를 원하는 영국 출판사는 제가 톰이기를 더 원합니다. 그러나 미국 출판사는 확실히 제가

도시의 소크라테스

좀 더 진지한 모습으로 비치기를 원합니다. 그래서 그들은 제 이름의 약자를 전부 넣었습니다. "N. T. 라이트"라고 말이죠. 두 책은 같은 책입니다. 사실 저는 미국판 표지가 더 마음에 들지만, 아무튼 상황이 그렇다는 겁니다. 저자는 자신이 출판하는 책이 어떻게 나올지는 결코 알 수 없습니다.

우리는 무척 혼란스러운 세계에 살고 있습니다. 여기 오기 전에 저는 북쪽 매사추세츠 주 케임브리지에 있는 하버드 대학교에서 오늘날 문화 속에서 일어나는 몇 가지 혼돈에 관해 강연했습니다. 최근 신문에 실린 인상적인 사설이 생각납니다. 영국 유대교 최고 지도자인 조너선 색스(Jonathan Sacks)가 런던에서 간행되는 「타임스」에 기고한 글입니다. 색스는 오늘날 영국에서 로완 윌리엄스(Rowan Williams) 대주교와 더불어 신앙과 인생에 대해 가장 분명하고 우아한 해설을 제시하는 인물 중 하나입니다.

아무튼 조너선 색스는 광야를 걸어가는 이스라엘 자손과 그들을 인도하시는 하나님에 관해 멋진 글을 썼습니다. 그는 GPS 시스템을 모델로 들어 그것이 어떻게 작동하는지 설명합니다. 여러분의 차에 GPS 시스템, 혹은 "위성 항법 시스템"(내비게이션)을 장착하면 어떤 일이 일어납니까? 색스는 말하기를—저라면 무모하게 그렇게 말하지 않았을 테지만, 아무튼 그의 표현은 이렇습니다—"200미터 후에 우회전하라고 명령하는 여성의 목소리를 가진 이 GPS를 만든 사람은 평균적인 유대인 남성을 염두에 두지 않았던 게 분명하다. 왜냐하면 이 목소리가 '200미터 후에 좌회전하십시오'라고 말하면 유대인 남성은 '나를 뭐로 아는 거지? 그렇게 하지 않겠어. 우회전 하겠어'라고 응답하리라는 것을 모두가 알기 때문이다. 그렇게 하고 나면, 잠깐 침묵이 흐른 뒤 그 목소리는 사실상 이렇게 말한다. '이것은 우리가 염두에 뒀던 경로가 아닙니다. 이제 여기 왔으니, 당신은 이것도 하고 싶고 저것도 하고 싶겠죠.'"

그러고 나서 색스는 말합니다. "이스라엘 자손의 처지가 이와 비슷했다. 그들은 '이것을 해라, 이것을 해라'라고 말씀하시는 하나님을 그들 가운데 모시고 있었다. 그러나 그들은 '싫습니다. 우리는 이것 대신 저것을 할 것입니다'라고 말했다." 하지만 그럴 때에도 하나님은 참고 견디시며 그들과 함께 가십니다.

이것이 우리 시대의 모델일까요? 오늘날 서구 문화 속에서 살아가는 우리의 모습일까요? "이것을 해라, 이것을 해라, 이것을 해라" 말씀하는 하나님의 음성이 여전이 우리 가운데 있는데 우리는 거기에 조금이라도 주의를 기울입니까? 랍비 색스는 이것이 현실이라고 확신하지 못하는 것이 문제라고 지적했습니다. 오늘의 현실을 설명해주는 또 다른 모델이 있는데, 어쩌면 이것이 실제로 현재의 모습을 훨씬 더 적실하게 반영하는지도 모릅니다.

또 다른 모델이 작동하는 방식은 이렇습니다. 확실히 개미들 중에는 길을 잃으면 앞에 있는 개미를 따라가도록 프로그램된 유형의 개미가 있습니다. 자, 보통 때 이것은 똑똑한 행동인데, 왜냐하면 저쪽 어딘가에 어디로 가야 할지 알고 있는 녀석이 있으니 그를 따라가다 보면 결국은 목적지에 도착할 것이기 때문입니다. 색스는 말을 잇습니다. "그러나 가끔은 개미 군단 전체가 거대한 원을 그리며 돌 때가 있다. 각각의 개미는 앞에 있는 개미를 따라가고 있다. 그들은 모두 굶어 죽는데, 그들 중 누구도 자신이 어디로 가고 있는지 모르기 때문이며 원에서 벗어나는 방법도 모르기 때문이다."

도시의 소크라테스

조너선 색스는 다소 날카로운 질문을 던지며 칼럼을 마칩니다. "우리는 어느 쪽에 가까운가?" 오판을 내렸지만, 여전히 음성을 듣고 있는 이스라엘 자손에 가깝습니까? 아니면 그저 앞에 있는 개미 꽁무니만 따라가는 개미처럼, 지적으로든 사회적으로든 문화적으로든 혹은 그 무엇으로든 유행이 이끄는 대로 따라가기만 하면 나아지리라고 바라지만, 실은 쳇바퀴 돌 듯하는 이들에 가깝습니까? 저는 이런 이미지를 염두에 두고 이 책을 시작했습니다.

『톰 라이트와 함께하는 기독교 여행』은 전체 3부로 이루어져 있는데, 그 구성에 대해 먼저 말씀드리겠습니다.

사실, 애초의 계획은 4부로 쓰는 것이었습니다. 3부를 거의 다 썼을 즈음 제가 이 책을 위해 할당했던 시간을 거의 다 썼더군요. 그래서 출판사에 전화를 걸어 말했습니다. "3부를 막 끝냈는데, 사실 4부까지 쓰고 싶어요. 그런데 언제 할 수 있을지 모르겠어요." 그러자 출판사는 "3부까지 썼다면 이미 200쪽을 넘겼을 테니, 그 정도면 분량은 충분합니다. 그리고 제가 보기에는 책 한 권처럼 보이는 걸요." 이것 말고도 하고 싶은 다른 이야기가 많이 있지만, 그 이야기들은 아마 또 다른 책의 기초가 되겠죠.

1부의 제목은 "한 목소리의 메아리들"입니다. 1부에서는 위성 항법 장치나 광야의 이스라엘 자손 등을 명시적으로 말하지 않습니다. 저는 실제로 모든 인간이 듣고 있고 알고 있지만 정작 들으면 매우 놀라는, 실제로 거의 모든 문화 속에 있는 목소리에 관해 이야기합니다.

첫 번째는 정의를 행하라고 명령하는 목소리입니다. 여러분은 정의가 있다고 사람들에게 가르칠 필요가 없습니다. 4살 먹은 아이들이 모여 노는 놀이터에 가보십시오. 그 아이들이 하는 얘기에 귀를 기울이면—이는 C. S. 루이스의 『순전한 기독교』(Mere Christianity, 홍성사 역간)에서 가져온 이야기인데, 기꺼이 모자를 벗고 경의를 표합니다— 이내 한 아이가 이렇게 말하는 것을 듣게 될 것입니다. "이건 공평하지 않아!"

이 아이가 정의에 대한 현대 이론을 다루는 세미나에 다녀왔습니까? 아니죠, 그렇지 않습니다. 아이는 공평이란 가치가 있음을 그냥 압니다. 그를 때렸거나 그의 공을 훔쳐간 아이는 정의와 공정함을 따르지 않았다는 사실을 그냥 아는 것입니다. 물론 우리 어른들도 정확히 이 아이들과 똑같이 행동합니다. 민족도, 나라도, 사회도 마찬가지입니다. 우리는 모두 "바로잡는" 일, 곧 정의를 행하고 문제를 해결하는 일이 있어야 한다는 사실을 압니다. 하지만 우리는 그런 일이 드물게 일어날 만큼 어렵다는 점을 알게 됩니다.

웨스트민스터에 있을 때 저는 이 점을 절감했습니다. 웨스트민스터에서 5번 아이언으로 친 공이 닿을 만한 거리 안에(제 골프 실력이 형편없어요. 아마 3번 아이언이지 않나 싶네요) 사법부를 이끄는 네댓 개의 건물 곧 국회의사당, 대법관 사무실, 런던 경시청(모든 경찰이 여기서 대부분의 시간을 보내죠), 그 밖에도 두어 건물이 더 있습니다. 그리고 런던 시를 가로질러 흐르는 템스 강을 따라, 전함을 채울 수 있을 만큼 충분한 법정 변호사들이 있습니다. (그 모든 변호인이 떠드는 통에 전함은 쳇바퀴 돌듯 돌기만 하겠지만요.) 그토록 많은 기관과 변호사들이 있음에도 여전히 정의는 요원합니다. 그 모든 사람이 고액 연봉을 받으며 사법부에서 일하지만, 정의는 손가락 사이로 스르르 빠져나갑니다. 우리는 가끔 정의를 이해하지만, 대부분의 경우 오해합니다.

국제적으로도, 전 지구상으로도 마찬가지입니다. 전 세계적인 규모

도시의 소크라테스

로 정의를 실현하는 것이 현시점에서 가장 중요한 문제임은 제가 굳이 말할 필요도 없습니다. 우리가 "맞아, 이제 뭘 해야 할지 알겠어"라고 생각하고, 가서 무언가 하려고 할 때마다 보통 사태는 더 악화됩니다.

이처럼 우리는 풀 수 없는 문제에 직면해 있습니다. 우리 모두가 알고 있는 정의로의 부름에 저는 "한 목소리의 메아리들"이라는 표현을 붙였습니다. 우리는 어디선가 들려오는 이런 목소리를 듣습니다. "너는 상황이 공정해야 하고, 정리되어야 하고, 정의로워야 한다는 것을 직감적으로 알고 있어. 그런데 공정함을 위해 너는 무엇을 하고 있지?" 우리는 이렇게 반응합니다. "맞아, 무언가를 했으면 좋겠어." 하지만 우리는 모두 예외 조항을 몰래 끼워 넣습니다. 완벽한 정의는 나에게 다소 불편할 수 있습니다. 다른 사람은 전부 정의를 실천해야 하지만, 나는 슬금슬금 뒤로 빠져나가 회피하고 싶다는 생각이 들 수 있습니다. 우리 인간의 경험 속에는─여러분의 종교적·문화적 배경이 무엇이든─이처럼 이해할 수 없는 면이 자리해 있습니다. 즉 우리는 모두 정의가 중요하면서도 무척 어렵다는 사실을 알면서도, 자신의 경우만은 예외로 하고 싶어 합니다.

제가 이 책에서 추적한 두 번째 목소리는 "영성"입니다. 30년인가 40년 전, 세속주의가 걷잡을 수 없이 횡행하던 시절에는 **영성**이란 단어가 유행하지 않았습니다. 제가 자랄 때, 사람들은 영성에 대해 별로 말하지 않았습니다. 기도에 대해 말하면서 대개 이런 언급을 덧붙이곤 했습니다. "어릴 때는 나도 기도했지. 하지만 더는 하지 않아." 이런 식의 이야기와 영성은 관계가 없었습니다.

자, 한번 상상해보세요. 어느 나라가 있는데, 어디서나 샘물이 솟아나 사방이 진흙탕으로 지저분합니다. 곧 독재자가 나타나 사방에 콘크리트를 깔고 이렇게 말합니다. "물을 원한다면, 파이프를 박아 수로를 내겠다. 그러면 안전하게 물을 얻을 수 있을 것이다." 제가 자라난 세계가 그와 같았습니다. 세속주의가 등장해서 풍성하게 솟구치는 영성의 샘물 위로 모조리 콘크리트를 깔아 버렸습니다. 그러자 사람들이 말했습니다. "우리에게는 **교회**라고 하는 수로가 있어. 영성이란 것을 얻고 싶으면, 거기 가서 얻을 수 있을 거야." 하지만 교회로 간 사람은 많지 않았습니다. 이런 상황이 계속되는 가운데, 얼마 후 샘물의 활동이 지나치게 왕성해졌습니다. 샘물이 콘크리트 바닥을 뚫고 나와 사방으로 흘러갔고, 무척 혼란스러운 상황이 되었습니다. 이제 목이 마른 사람들은 자신들이 구할 수 있는 물이면 그게 무엇이든, 흙탕물에 더러운 물일지라도 마시고 있습니다.

뉴에이지 영성의 신(新)범신론이 오면서 세속주의가 사망한 이후로 현재까지 우리가 처한 상황이 이와 같습니다. 온갖 종류의 새로운 종교 운동이 일어나고 있습니다. 아무 책방에나 들어가서 "마음·몸·영혼" 같은 코너에 가보세요. 정상적인 주류 기독교를 제외한, 기이하고 괴벽스럽고 놀라운 온갖 종류의 종교를 볼 수 있을 것입니다. 우습지 않습니까? 사람들은 자신이 영성을 원한다고 생각하지만 교회에서 영성을 발견하리라고는 가정하지 않습니다. 안타깝게도, 너무도 자주 그들이 맞습니다. 우리 교회들의 수치죠.

그러나 진정한 영성의 추구, 다시 말해 시험관이나 은행 잔액을 채우는 일보다 더 높은 차원의 삶이 있다는 의식이 다른 여러 문화 가운데 사람들의 뇌리에서 떠나지 않습니다. 하지만 다시 한 번 사람들은 그 문제를 어떻게 다뤄야 할지를 알지 못합니다. 어쩌면 기도를 해볼 수 있습니다. 하루는 효과가 있지만, 다음날은 없습니다. 거룩한

도시의 소크라테스

책을 조금 읽습니다. 하루는 이해가 되지만, 다음날은 무슨 말인지 통 이해가 안 됩니다. 기타 등등.

자, 이것도 한 목소리, 인간 삶의 다른 차원으로 우리를 부르는 그 목소리의 메아리와 같습니다. 그 목소리는 집요하게 말합니다. "이 말에 귀를 기울여야 해." 우리는 말합니다. "그래, 나도 알아, 하지만 어떻게 해야 할지 통 모르겠어." 이 목소리에 귀를 닫지 않는 한, 우리는 모두 우리가 다차원적인 인간으로 살도록 지어졌다는 것을 압니다.

그러나 진정한 영성의 추구, 다시 말해 시험관이나 은행 잔액을 채우는 일보다 높은 차원의 삶이 있다는 의식이 다른 여러 문화 가운데 사람들의 뇌리에서 떠나지 않습니다.

그러나 참되고 부유하고 지속되는 영성을 어디서 찾아야 할지 확신하지 못합니다.

세 번째 메아리는 "관계"입니다. 기본적으로 우리는 서로를 위해 지어졌으나 우리가 그것을 망쳐버렸다는 사실을 압니다. 우리는 주로 가장 가깝고 친밀한 관계, 이를테면 우리의 가족, 우리의 결혼, 우리의 직장을 망치고 엉망으로 만듭니다. 또한 우리는 전 지구적으로도 그런 짓을 합니다. 우리 모두가 지구 공동체로 어울려 지낸다면 그것이 얼마나 멋진 일인지를 우리는 알고 있습니다. 그 일에 힘쓰고 있고 고액 연봉을 받는 외교관들도 있습니다. 유엔(UN)과 그 밖의 여러 기관이 있습니다. 관계를 바로잡기 위해 전력을 다하지만, 여전히 오해가 꼬리를 뭅니다. 여전히 전쟁이 있고 전쟁의 소문이 들려옵니다. 이 세상이 제대로 되었는지 지구에 사는 아무에게 묻더라도 그들은 이렇게 말할 것입니다. "아니요, 우리에게는 이 관계의 문제를 해결할 능력이 필요합니다. 제대로 회복시킬 능력이 필요합니다." 그러나 우리는 할 수 없습니다.

그래서 이 또한 수수께끼요 마음에 울려 퍼지는 메아리입니다.

네 번째 메아리는 "아름다움"입니다. 책의 일부분을 조금 읽어드리겠습니다. 아름다움에 관한 장 앞부분에 제가 사용한 비유입니다.

오스트리아 작은 마을의 어느 먼지 자욱한 낡은 다락을 뒤지던 수집가는 우연히 여러 쪽에 달하는 희미한 악보를 발견한다. 피아노 악보였다. 호기심이 동한 수집가는 악보를 중개인에게 가져간다. 중개인은 친구에게 전화를 걸고 30분 후에 친구가 나타난다. 그는 악보를 보더니 흥분하고 깜짝 놀란다. 모차르트 자신의 육필 악보인 것 같다. 그러나 잘 알려진 소절은 아니다. 실은 전에 들어본 적이 없는 곡이다. 몇 곳에 전화를 더 건다. 더 큰 흥분이 일어난다. 더 많은 곳에 문의해본다. 정말로 모차르트의 악보가 맞는 것 같다. 몇몇 단락이 조금이나마 비슷하지만, 이미 알려진 모차르트의 작품 중 어느 것과도 상응하지 않는다.…아마도 미완성작인 듯하다.

이어지는 이야기를 요약하면 이렇습니다. 곡 군데군데에 공백이 있습니다. 절정부 직전으로 보이는 지점에서 곡이 끊기고 나중에 다시 절정부를 향해 갈 것 같습니다. 이 흥분한 작은 무리에게 진실이 차츰 분명해집니다. 그들이 보고 있는 악보는 분명 모차르트의 곡입니다. 참으로 아름답습니다. 그러나 피아노 연주부에 다른 악기 혹은 어쩌면 다른 여러 악기가 따라붙어야 합니다. 피아노만으로는 실망감을 줄 정도로 불완전합니다. 이는 전에 있었고 장차 나타날 수도 있는 어떤 것을 지시하는 이정표입니다.

궁금해하실 분들을 위해 말씀드리자면, 저는 몇 개월 전에 이 작은

도시의 소크라테스

이야기를 썼습니다. 필라델피아의 한 진취적인 사서가 우연히 발견한 베토벤의 육필 악보가 진짜로 베토벤이 직접 그린 악보—그의 마지막 현악 4중주인 "대 푸가"(Grosse Fuge) 중 두 대의 피아노를 위한 악보—로 드러나기 전의 일입니다. 인생과 예술은 매우 진기한 방식으로 서로 모방하나 봅니다.

요점은 이렇습니다. 아름다움과 마주할 때 우리는 바로 그런 지점에 서게 됩니다. 위대한 그림 앞에 선다고 해봅시다(오늘 메트로폴리탄 미술관에 가서 이런 생각을 했습니다). 여러분이 가장 놀라운 석양을 마주할 때, 혹은 어린 아기의 모습이든 사랑스럽고 지혜로운 노인의 모습이든 아름다운 인간의 얼굴을 볼 때면 어떤 느낌이 드는데, 그 자체로 완벽하지는 않다는 어떤 느낌입니다. 그것은 코앞에 있지만 보이지 않는 더 큰 진리를 가리키는 이정표입니다. 손에 넣을 수 없고 만질 수 없는 진리 말이죠. 마치 한 목소리의 메아리를 듣고 있는 것과 비슷한데, 우리는 그게 누구의 목소리인지, 무슨 말을 하려 하는지 듣고 싶어 합니다. 아름다움이 주는 즐거움의 일부는 그 아름다움이 더 크고 온전한, 눈에 보이지 않는 무언가의 일부임을 깨닫는 데 있습니다. 그 무언가에 이끌려 우리는 앞으로 나아가고, 기다리고, 경탄합니다.

물론 정의, 영성, 관계와 마찬가지로 그 후에 문제에 봉착합니다. 석양은 지고, 아름다움은 흔적도 없이 사라집니다. 사랑스럽던 얼굴이 냉랭하고 굳어집니다. 그 모두가 속임수였나요? 우리가 속아서 거기에 영원한 가치와 의미가 있다고 생각했던 걸까요?

분명 똑같은 것을 말해줄 다른 목소리의 다른 메아리도 있을 것입니다. 지금 제가 이 책을 다시 쓴다면, "자유"를 포함하여 같은 분석을 시도할 것입니다. 하지만 당분간 이 네 가지 메아리는 제가 말하고자 하는 내용으로 이끄는 길라잡이 역할을 할 것입니다.

저는 여러분이 하나님의 존재를 **증명**할 수 있다고 생각하지 않습니다. 무슨 말이냐 하면, 여러분이 어떤 틀을 세워(그것이 "후기 계몽주의의 합리성"이든 뭐든 간에) 그 틀을 가지고 "하나님"을 시험하여 "하나님"이 그 시험을 통과하는지 지켜볼 수 있다고 생각하지 않는다는 말입니다. 물론 절대적 기준이나 시험 같은 것을 통해 하나님의 존재를 "증명"해야 한다고 생각하는 사람들이 많이 있는 줄로 압니다. 그러나 그런 일을 시도할 경우 실제로 여러분이 해야 하는 첫 번째 일은 자기 생각의 틀을 신격화하는 것입니다. 그 틀에 실제로 들어맞는 어떤 존재가 있다면 그는 신이 아닐 것입니다. 왜냐하면 신이란 존재가 있다면, 신은 그 정의상 우리의 모든 사고의 틀보다 위에 있어야 하기 때문입니다. 따라서 그런 시험은 입증의 방법이 될 수 없습니다.

그렇다면 하나님에 관해 토론할 방법은 없는 것일까요? 있습니다. 저는 이 "한 목소리의 메아리들"이 그 방법이라고 생각합니다. 수학적 증거, 합리적 "증거" 따위는 원래 없습니다. 우리에게 있는 것은 우리 세계의 특징, 인간의 경험 안에 있는 거의 보편적인 요소들―정의, 영성, 관계, 아름다움, 자유, 그리고 다른 많은 것들―같은 **이정표**들입니다. 이것들은 적어도 의문을 제기하고, 질문을 던지며, 우리로 하여금 사안에 직면하게 합니다. 미친 듯이 바쁜 삶을 살며, 쏜살같이 달려가면서 수백 가지 일을 해내는 우리일지라도 가끔은 잠시 멈춰 서서 이 모든 사안을 찬찬히 살펴볼 필요가 있습니다.

자, "한 목소리의 메아리들"을 정리했으니 이제 책의 중심부로 들어가 기독교의 이야기에 대해 말해보겠습니다. 저는 이것을 "태양을 응시하기"라 부르는데, 그 이유는 정확히 이렇습니다. 태양을 응시하면, 눈이 부십니다. 실제로 태양을 볼 수는 없습니다. 태양이 너무 밝기 때문이죠. 하나님을 바라보고자 할 때도 그와 똑같습니다. 그분을 꼼짝 못하게 했다고 생각하는 순간, 핵심을 벗어난 것입니다.

제가 책에서도 밝혔듯이, 적어도 기독교의 이야기에 따르면 사람들이 하나님을 정말로 꼼짝 못하게 못 박았던 때가 한 차례 있었습니다. 가장 충격적이고도 계시적인 순간 중 하나였죠. 그 사건은 **하나님**이란 단어가 실제로 의미하는 바를 새롭게 정의했습니다. 생각해보십시오. 여러분이 사람들로 붐비는 거리에 나가서 "하나님을 믿으세요?"라고 사람들에게 묻는다면, 어떤 대답을 얻을 것 같습니까? 현재 미국의 통계가 어떤지는 모르겠으나, 제 조국에서는 50퍼센트의 "예"와 50퍼센트의 "아니요"를 듣게 될 것입니다. 그러나 정말 흥미로운 질문은 "하나님"을 믿느냐 믿지 않느냐가 아니며, 정말로 흥미로운 답변은 **예** 또는 **아니요**로 응답한 사람의 답변이 아니라 그 질문에 당신을 응시하면서 "어느 신을 말하는 거죠?"라고 말하는 사람의 답변입니다.

아시다시피 우리 문화권에 있는 사람 대부분이 **하나님**이란 단어는 한 가지 뜻만을 의미한다고 생각합니다. 하지만 실은 그렇지 않습니다. 옥스퍼드 대학교에서 신약을 가르칠 때 저는 대학 교회 교목 일을 했습니다. 학교에 갓 입학한 학부생 가운데—그중에는 영국 성공회 사제를 처음 만나는 이들도 있었는데 무척 긴장하더군요—제게 다가와 이렇게 말하는 학생들이 있었습니다. "저를 자주 보기 어려우실 거예요. 저는 하나님을 믿지 않거든요."

저는 그런 학생들에게 으레 이렇게 말합니다. "어떤 신을 믿지 않는다는 건가?" 그러면 학생들은 어쩔 줄 몰라 합니다. 너무도 빈번하게 그들이 걸려 넘어지는 문제는, 구름 위에 앉아서 이 땅을 내려다보다가 우리에게 화가 나서 어떤 사람은 천국으로 보내고 어떤 사람은 지옥으로 보내는 긴 수염 달린 노인입니다. 저는 이렇게 말합니다. "그렇다면 자네에게 아주 좋은 소식을 말해주지. 그런 신은 나도 믿지 않는다네."

학생들의 얼굴 위로 그늘이 스쳐 지나가는 것을 보면서 저는 말합니다. "아니, 나는 나사렛 예수 안에 계시된 하나님을 믿는다네. 나를 비롯해 교회의 형제자매들은 우리가 **성령**이라고 부르는 이상한 힘과 바람을 통해 그분이 일하고 계심을 발견하지. 자네가 그런 하나님을 알고 싶다면 말이지, 그분은 좀 전에 자네가 묘사한 분과는 완전히 다른 분이라는 걸 기억해야 할 걸세." 제가 말하는 그런 하나님이라면 더 깊이 알아볼 가치가 있을 것입니다. 어떤 이들은 저의 이러한 초대에 이의를 제기하지만, 어떤 이들은 수긍합니다.

그러면 우리는 하나님을 어떻게 이해해야 할까요? 여기 두 가지 극단이 있습니다. 이것은 개괄적인 신학이지만 도움이 될 겁니다. 실제로 제 책 전체를 관통하는 주제이기도 하니까요. 역사적으로 사람들이 하나님을 이해한 두 가지 주요 방식을 고려해보는 것은 도움이 됩니다.

한쪽 편에는 하나님과 세상이 기본적으로 같다고 보는 범신론이 있습니다. 이것은 장성한 이교주의와 진배없습니다. 이교주의는 강도 신, 하늘도 신, 나무도 신, 결혼도 신, 전쟁도 신, 모든 것이 신이라고 합니다. 모든 것이 신이죠. 남신이든 여신이든 말입니다. 이것은 이교주의입니다. 범신론은 그 모든 것을 합쳐서 이렇게 말합니다. "이것을 좀 더 세련되게 말해보자. 만물 안에는 신성이 있다. 만물과 만인 안에 신적 능력이 있으니 **당신**의 내면에도 신적 능력이 있다." 이것은 처

도시의 소크라테스

음 듣기에는 좋을지 모르나 안 좋은 소식도 있습니다. 나무에도 돌에도 강에도 신적 능력이 있다면, 결국 그것은 대수롭지 않은 것일 수 있습니다. 하지만 많은 사람이 세상과 우리 안에 기이함 혹은 기이한 힘이—이것을 **신성**이라 해둡시다—있음을 지각하는데 이것을 설명해주는 한 가지 방법이 범신론입니다. 우리는 평평한 땅에서만 사는 사람들이 아닙니다. 이 세상은 다차원적입니다. 세상은 생명으로, 아마도 신적 생명으로 고동칩니다.

범신론은 악의 문제에 대한 답이 전혀 없다는 문제를 드러냅니다. 만물이 어떤 의미에서 신적이라면, 악의 존재는 어떻게 설명하겠습니까? 설명은 고사하고, 악의 문제를 어떻게 **다루겠습니까**? 어떻게 대처하겠습니까? 1세기에는 많은 범신론자가 있었는데, 이 질문에 대한 그들의 답변은 대개 이러했습니다. 이 세계의 존재 방식 혹은 당신을 다루는 인생의 손길이 마음에 들지 않는다면, 문은 언제나 열려 있으니 당신이 떠나면 됩니다. 즉 자살은 악의 문제에 대한 범신론의 답변인 셈입니다. 그다지 즐거운 생각은 아니죠. 바로 이런 생각 때문에 오늘날 자살이 늘고 있습니다. 상황을 개선할 방법이 전혀 없으니 당장 떠나는 게 더 낫겠다고 생각하는 거죠.

범신론이 하나님과 세계를 한데 뒤섞어버렸다면, 신학적으로 그 반대편에서 우리는 하나님과 멀찌감치 떨어져 있는 세상을 만납니다. **이신론**이라 부르는 이 믿음은 하나님이 세상을 만드셨을 수도 있고 이따금 세상에 개입하시기도 한다고 봅니다. "개입"이란 말이 의미하는 바를 주목해봅시다. 하나님은 바깥에 계시면서, 세상에 잠깐 내려왔다가 재빨리 하늘로 돌아간다는 암시를 줍니다. 그러나 대부분은 우리 혼자 있고, 우리가 우리 뜻대로 세상을 운영해야 합니다. (어떤 사람들에게 이것은 좋은 소식입니다. 그분이 우리가 알아서 하도록 맡겨두었으니 더는 하나님 때문에 신경 쓰지 않아도 되고, 우리가 원하는 대로 일을 처리할 수 있게 되었으니 말입니다!) 이러한 이신론은 하나님과 세상이 확고히 나뉘어 있다는 이원론을 만들어냅니다.

이러한 이원론이 지난 200년 동안 서구 문화의 많은 부분을 형성한 기초가 되었습니다. 실제로 미국은 이 기초 위에 세워졌다고 할 수 있습니다. 이원론은 토머스 제퍼슨에게도 있었고 그가 기초한 미합중국 헌법에도 있었습니다. 미국인인 여러분이 교회와 국가, 개인적인 믿음과 공적인 삶을 철저히 분리하는 이유가 여기 있습니다. 하지만 제 생각에는, 이것이 모든 문제의 출발점입니다. (우리 영국인들은 우리 자신의 문제가 있지만, 그것은 다른 사안입니다!) 우리 문화에 속한 사람 대부분이 제가 말한 후자의 견해에 따라, 즉 하나님과 세상 사이에 엄청난 거리를 둔 채 살아왔습니다.

그러므로 하나님과 세상의 관계를 설정하는 질문에는 다음과 같은 두 가지 기본적인 방법이 있습니다. 이교주의와 범신론처럼 하나님과 세상을 서로 합치거나, 이신론처럼 그 둘을 완전히 분리하는 것입니다. 그러나 유대교와 기독교는 그렇게 하지 않습니다. 유대교와 기독교는 세상 안에 계신 하나님에 대해 훨씬 흥미롭고 복잡한 견해를 보입니다. 그들은 하나님과 세상, 하늘과 땅이 실제로 중첩되고 흥미로운 방식으로 서로 맞물려 있다고 주장합니다. 예루살렘 성전의 의미 중 일부는 그것이 하늘과 땅이 중첩

> 유대교와 기독교는 세상 안에 계신 하나님에 대해 훨씬 흥미롭고 복잡한 견해를 보입니다. 그들은 하나님과 세상, 하늘과 땅이 실제로 중첩되고 흥미로운 방식으로 서로 맞물려 있다고 주장합니다.

도시의 소크라테스

하는 대지 위에 실재하는 장소라는 점입니다. 따라서 그 성전에 들어가는 것은 **마치** 하나님의 임재 안으로 들어가는 것과 **비슷한** 상황이 아닙니다. 그 성전에 들어가는 것은 **실제로** 하늘로, 하나님의 임재 안으로 들어가는 것입니다. 그래서 시편이 구약성경의 현재 그 자리에 있는 것입니다. 시편은 땅에 있는 사람들이 하늘의 찬송을 부르는 합창대에 동참하는 통로입니다.

하늘과 땅이 서로 중첩되고 맞물려 있으며 이따금 우리가 전혀 예상치 못한 방식으로 서로에게 나타난다는 생각은 유대교와 기독교를 이해하는 측면에서 범신론이나 이신론의 "양자택일"보다 훨씬 더 풍성한 사고의 맥락과 틀을 제공합니다. 이 책에서 제가 하나님에 대해 말할 때 살펴보려고 하는 것이 바로 이 풍성한 사고의 맥락입니다.

"한 목소리의 여러 메아리들"을 살핀 뒤 이어지는 장에서는 이스라엘 문제를 검토합니다. 어떤 이들에게는 놀라운 일일 수도 있는데, 너무도 많은 그리스도인이 하나님과 예수님과 성령님을 생각할 때 이스라엘과 연관해서 보지 않습니다. 하지만 이스라엘 백성과 그들의 이야기에 대한 이해 없이는, 다시 말해 구약성경에 대한 이해 없이는 예수 그리스도를 이해할 수 없습니다.

따라서 제가 이 장에서 그렇게 하듯이 이스라엘 이야기를 하고 또 하게 될 때 우리는 이스라엘의 이야기가 이 책의 1부에서 우리가 추적해온 목소리, 즉 그 메아리들에 귀를 기울이는 것과 깊은 관계가 있음을 발견합니다. 이스라엘은 "정의를 행하라"라고 말씀하시는 목소리에 귀를 기울이도록 부름 받았습니다. 이스라엘은 하나님의 임재를 발견하도록 부름 받았습니다. 이것이 곧 영성인데, 시편을 생각해보고, 예언서와 욥기에 나타난 친밀하고 강력한 구절들도 생각해보십시오. 이스라엘은 함께 살아가는 법을 배우고, 온갖 수준의 인간관계를 맺는 방법을 배우도록 부름 받았습니다. 유대인 토라의 많은 부분이 이 부분, 즉 어떻게 함께 어울려 살지를 말하고 있습니다. 잠언은 인간 사회에서 어떻게 지혜롭게 어울려 살지를 다룬 책입니다. 또한 이스라엘은 예루살렘의 아름다운 처소이며 온 땅의 기쁨인 성전을 통해 발견되는 아름다움을 장려하고 찬양하도록 부름 받았습니다. 현대의 우리가 다시는 볼 수 없는 종류의 아름다움이지요. 이스라엘은 "하나님께서 만물을 새롭게" 하시고 "물이 바다를 덮음같이 여호와의 영광이 세상에 가득"하게 될 새 창조의 궁극적 아름다움을 그려내는 언어로부터 자라난 비전을 간직하고 기리도록 부름 받았습니다. 이것들은 네 가지 갈망, 한 목소리의 네 가지 메아리에 조응하는 놀라운 이미지입니다. 앞서 말했듯이 제가 책에 쓴 것 외에 자유라는 주제를 가지고도 같은 이야기를 할 수 있을 텐데, 이 자유의 곡조 위에서 이스라엘의 크고 작은 노래가 모두 만들어졌습니다.

그러므로 하늘과 땅이 이런 식으로 중첩되는 구약의 페이지를 넘어 복음서에 그려진 예수님의 모습과 만날 때, 우리는 하나님과 세상이 마침내 화해하여 온전해질 것을 말씀하시는 이가 바로 이 유대 전통에서 오신다는 사실에 놀라지 않게 됩니다. "하나님 나라"라는 구호는 하나님께서 세상을 바로잡으시고 권력을 잡으시고 통치하심을 의미합니다. 그리고 이를 선언하는 예수, 즉 정의, 영성, 관계, 그리고 아름다움에 열정적으로 관여하시는 그분이 있습니다. 그분은 "들의 백합화가 어떻게 자라는가 생각해보라"라고 말합니다. 우리가 사는 세상이 어떤 세상인지, 이 세상을 만드신 하나님에 대해 그분의 말씀이 무어라 하시는지 잠시 생각해봅시다.

하늘과 땅을 화합시키는 일에는 "악의 문제"가 등장합니다. 앞에서 이교주의와 범신론을 언급하면서 했던 말, 즉 만일 하나님과 세상이 똑같다면 악을 이해하거나 처리할 방법이 없다는 점이 가장 큰 문제라고 언급했던 것을 기억하실 겁니다. 그것은 문제의 일부일 뿐입니다. 악은 근본적이므로, 이따금 문제를 겪는 사람들이 일부 있기는 하지만 그렇게 중요한 문제가 아니라는 말로 무시하고 외면한다고 해서 해결될 일이 아닙니다. 그렇지 않습니다. 악은 우리 각 사람을 관통하고 인간 사회를 관통해 흐릅니다. 만일 하나님과 세상이 화합한다면—이것은 구약 유대 전통의 고유한 특성으로 신약 예수님의 이야기 속에서 급격히 하나가 되는데—또한 우리는 만물이 절정에 이르는 것을 반드시 보게 될 것입니다. 그때 모든 사건과 모든 긴장이 마침내 하나로 수렴됩니다. 이런 식으로 복음서를 읽지 못한다면 우리는 복음서의 의미를 전혀 이해할 수 없을 것입니다.

궁극적 충돌이 어떻게 일어나는지를 논한 장에서 짧은 단락을 하나 읽어보겠습니다.

이 이야기의 의미는 광대한 내러티브에서뿐만 아니라 [복음서의 수난 내러티브 속] 세세한 데서도 드러난다. 모든 시대의 고통과 눈물이 갈보리에서 하나로 합쳐졌다. 하늘의 슬픔이 땅의 괴로움과 함께했다. 하나님의 미래에 저장되어 있던 용서하시는 사랑이 현재에 부어졌다. 정의에 대한 갈망과 영성에 대한 열망 및 관계를 추구하고자 하는 염원과 아름다움을 추구하고자 하는 소망은 수많은 사람의 마음속에서 울려 퍼지는 소리가 되어 그들로 하여금 한 목소리로 비참한 마지막 비명을 지르게 했다. 이교주의 역사를 통틀어 어느 것도 이와 같은 긴장과 의미의 조합 근처에라도 다가간 적이 없다. 당황스럽고 어슴푸레한 예언 외에는, 유대교의 어느 것도 이런 일을 예비하지 못했다.

유대인의 왕, 이스라엘의 운명을 짊어지신 분, 하나님이 자기 백성과 맺으신 약속의 성취이신 나사렛 예수의 죽음은 이 세상이 이제껏 경험했던 가장 어리석고 비상식적인 낭비요 오해였거나, 그게 아니라면 세계 역사의 전환점이었다. 기독교는 후자를 믿는 믿음에 기초한다.

예수님 이야기의 요점은, 마치 우리가 윤리를 조금 더 알 필요가 있다는 듯이 예수님께서 오셔서 우리에게 새로운 도덕 교훈을 주셨다는 게 아닙니다. 분명 그럴 필요가 있겠지만, 그것이 예수님께서 오신 이유는 아닙니다. 예수님께서는 좋은 본보기를 보여주기 위해 오신 것도 아닙니다. "예수님께서 놀라운 도덕적 모범을 제시하셨다!" 이렇게 말하는 사람들이 있습니다. 앞서 말한 것처럼, 제 골프 실력은 형편없습니다. 저는 타이거 우즈가 골프공을 날리는 환상적인 모습을 보면서 "이제 어떻게 해야 할지 알겠어"라고 말하지 않습니다. **나는 절대로 저렇게 못할 거야**라고 생각하죠. 도덕적 모범인 예수님을 볼 때 제 느낌이 솔직히 그렇습니다.

그렇지 않습니다. 예수님은 세계 역사를 절정으로 끌어올리시기 위해 오셨습니다. 서구 세계에서 사는 우리가 이 개념을 이해하지 못하는 이유 가운데 하나는 우리가 우리를 지배하는 담론에 따라 살아왔기 때문입니다. 우리 문화를 지배하는 담론에 따르면, 18세기 유럽 철학자들이 **계몽주의**라는 것을 고안해냈을 때 세계 역사는 이미 정점에 도달했습니다. 오늘날 수많은 사람이 세계 역사가 계몽주의와 더불어 알파와 오메가에 이르렀다고 하는, 이 이야기에 따라 살아가고 있

도시의 소크라테스

습니다. 반면에 우리는 우연히 그 이야기에서 조금 벗어나 살아가고 있습니다.

당연한 말이지만, 우리는 세계 역사에 두 번의 정점이 있었다는 관점에 설 수는 없습니다. 계몽주의가 옳다면, 기독교는 분명 틀린 것입니다. 계몽주의는 기독교를 여러분이 도덕적으로 동의하기만 하면 되는 일련의 도덕적 진리 혹은 현재는 영적으로 지내다가 죽은 다음에는 천국에 가는 일련의 교리적 진리로 축소해버렸습니다. 하지만 그것은 핵심이 아닙니다. 교리, 중요합니다. 영성, 중요하죠. 궁극적 운명, 역시 중요합니다. 그러나 예수님은 그분 안에서, 그분을 통해서 세계 역사를 정점에 이르게 하고 위대한 전환점을 맞이하게 하려고 오셨습니다. 이 정점을 중심으로 만물이 움직입니다. 핵심은 나사렛 예수와 더불어 우주의 거대한 문이 활짝 열렸고, 그 문을 통과해 들어가도록 우리가 초청받았다는 사실입니다.

이것이 예수님 부활의 핵심 의미 중 일부입니다. 이것에 대해 잠깐 말씀드리겠습니다. 지금까지 제가 쓴 책 가운데 가장 긴 책에서 부활에 관해 다룬 바 있는데, 750쪽에 달하는 『하나님의 아들의 부활』(*The Resurrection of the Son of God*, 크리스챤다이제스트 역간)이란 책입니다. 그 책을 제 아버지께 보내드렸더니―저는 제가 쓴 모든 글을 아버지께 보내드립니다―아버지는 사흘 반나절 만에 다 읽으셨습니다. 나이 많으신 노인이라, 지금은 은퇴하셔서 종일 아들의 책을 읽는 것 외에는 딱히 달리 할 일이 없으신 분입니다. 딱한 분이죠. 아버지가 제게 전화를 걸어 이렇게 말했습니다. "방금 다 읽었다. 600쪽 넘어가면서부터 정말 재미있어지더구나." 제가 들어본 최고의 칭찬 중 하나입니다.

하지만 현대 문화에서 지독하게 오해받아온 부활에 관한 요점은, 부활이 주로 죽은 다음에 천국에 가는 일을 의미하지 않는다는 점입니다. 물론 바울은 이렇게 말했습니다. "차라리 세상을 떠나서 그리스도와 함께 있는 것이 훨씬 더 좋은 일이라"(빌 1:23). 부활은 그 후에 일어나는 일과 관련됩니다. 부활은 창조의 선함을 다시 확증하는 사건이며, 부활절과 함께 시작된 하나님의 새 창조 계획의 시작이요 출발점입니다.

아시다시피 우리 문화에는 영지주의적인 현실 도피가 만연해 있습니다. 그래서 신앙이나 믿음 또는 기독교의 참된 핵심이 마치 이 비참한 세상을 뒤로하고 어딘가 다른 곳으로 떠나가는 것인 양 생각합니다. 그러나 복음은 그보다 훨씬 더 좋은 것입니다. 예수님께서 십자가에서 세상의 악을 해결하심으로써 하나님의 새 창조 계획을 시작하실 수 있게 되었고, 그분께서 우리를 새 창조의 수혜자이자 행위자로 초청하셨다는 사실이 바로 복음입니다. 이것이 어떻게 가능합니까? 내 영리함과 선한 의지와 힘으로 저 밖으로 나가 세상을 더 나은 곳으로 만들겠다고 분투하고 바란다고 해서 그 바람대로 일이 이루어질까요? 아닙니다. 수많은 사람이 그렇게 해보았으나 실패하고 또 실패했습니다. 오히려 새 바람, 새 숨결, 곧 하나님의 영을 통해 값없이 주시는 하나님의 능력을 불어넣음으로써 그 일은 이루어집니다.

그래서 2부 "태양을 응시하기" 끝에 성령을 다루면서 두 장을 할애했습니다. 성령은 너무도 자주 오해받았습니다. 이 점에 대해 많은 이야기를 할 시간이 없으니, 여러분 스스로 그 두 장을 읽어보시라고 제안만 하겠습니다.

이 책의 중간 부분인 2부를 요약하면 이렇습니다. 태양을 응시하

도시의 소크라테스

고 있는 이 그림을 보면서 기독교에서 말하는 하나님 이야기에 주의를 집중하기 시작할 때, 다시 말해 여러분이 진짜 이야기, 곧 예수가 **정말로** 누구셨는가라는 질문과 복음서 이야기에 계시된 하나님의 뜻에 주의를 기울일 때, 여러분이 전에 들어보았던 한 목소리의 여러 메아리들—정의, 영성, 관계, 아름다움—을 통해 여러분이 전에 귀 기울여 듣던 그 목소리가 누구의 목소리인지를 깨닫게 될 것이라는 주장이 이 책의 기본 주제입니다. 이 이야기를 알 때 여러분은 전에 들었던 그 목소리를 알아듣기 시작합니다.

섬뜩한 생각인가요? 그럼 이제 어떻게 해야 할까요?

이 책의 마지막인 3부의 제목은 "그분의 형상대로"입니다. 요점은 이렇습니다. 그리스도인이 되면 인간 이하, 또는 절반쯤 인간, 또는 최소한 온전한 인간에 못 미치는 인간이 되는 양 생각하는 사람들이 많이 있습니다. 저 바깥 길가에 있는 친구들은 인간의 삶을 만끽하며 즐겁게 지내는데, 우리는 비좁고 답답한 교회 안에서 지냅니다. 글쎄요, 실은 그렇지 않습니다. 그리스도인이 된다는 것은 **더욱 진정한 인간**, 더욱 자신다운 사람이 되는 것을 말합니다. 다시 말해 하나님의 형상을 반영하는 사람이 되어야 한다는 말입니다.

창세기 1장에 따르면 인간이 된다는 것은 곧 하나님의 형상을 반영하는 것을 의미합니다. 그런데 **그게** 무슨 뜻입니까? "형상"이란 개념은 단순한 거울과 같은 것이 아닙니다. 그 거울을 통해 하나님이 되돌아오는 자신의 모습을 내려다보는 양상이 아니지요. 물론 그런 의미도 담겨 있습니다. 그러나 핵심은 형상이 일종의 **각진** 거울을 의미한다는 점입니다. 인간은 하나님의 형상을 바깥세상에 반영하도록 지어졌고, 그와 동시에 경배와 찬양을 통해 나머지 세상을 창조주께 반영하도록 창조된 존재입니다.

설명해보겠습니다. 저는 훈련을 받은 고대 역사학자입니다. 예전에 제가 옥스퍼드 대학교에 있는 애슈몰린 박물관을 지나가면서 든 생각인데, 박물관에 수집된 로마 황제들과 그 가족의 조각상은 로마가 아니라 터키, 그리스, 시리아, 팔레스타인, 이집트, 북아프리카, 다시 말해 로마를 제외한 모든 곳에서 발견되었습니다. 로마에 사는 사람들은 자신들의 황제가 누구인지를 알았습니다. 그러나 로마 밖 다른 지방에서 황제는 자신이 통치하는 도시와 나라의 사람들이 "이분이 우리 황제시다"라고 말할 수 있도록 자신의 모습을 새긴 상을 세웠던 것입니다.

창세기 1장의 요점은 이렇습니다. 로마 황제와는 달리 자비로우신 하나님께서 자신이 만드신 세상 속에 그분의 형상을 따라 **남자와 여자**라는 그분의 형상을 넣어두셔서 그분이 어떤 분이신지를 세상에 보이도록 하셨습니다. 비극적이게도 우리 인간은 오히려 돌이켜 세상을 세상에 비추고, 바울의 말처럼 창조주보다 피조물을 경배하고 섬기기로 했습니다. 따라서 하나님의 형상은 깨지고 부서졌고 인간의 세상 통치는 왜곡되었습니다. 하지만 일단 우리가 한 목소리의 저 메아리들에 귀를 기울인다면, 다시 말해 예수의 이야기에 귀를 기울임으로써 새롭게 된다면, 우리는 다시 한 번 그 형상을 비출 수 있게 된다는 점이 중요합니다.

이 일은 예배와 함께 시작됩니다. 아니, 반드시 예배와 함께 시작되어야 합니다. 그리스도인 가운데 그리스도인이 된다는 것이 머리로 하는 무엇인 양, 도덕적인 삶으로 풀어야 하는 무엇인 양, 친구들과 공동으로 누리는 무엇인 양, 그런 뒤 주일에 교회에 가서 찬송을 몇 곡

도시의 소크라테스

부르는 게 전부인 양 여기는 사람이 많습니다. 그러나 그리스도인이 된다는 것은 그런 뜻이 아닙니다. 그리스도인이 된다는 것은 여러분에게 자신의 형상을 덧입혀주신 하나님을 사랑의 마음으로 바라보면서 그분의 형상을 세상에 비추는 것입니다. 이것이 곧 예배입니다. 사람은 자신이 예배하는 대상을 닮습니다. 이것이 영성의 기본 법칙 가운데 하나입니다. 따라서 여러분이 자신의 형상을 덧입혀주신 하나님을 예배한다면 여러분은 그 하나님을 세상에 비추기 시작할 것입니다.

이처럼 예배가 절대적 중심입니다. 그리스도인 가운데 이 사실에 당황해하는 이들이 많은데, 이것은 그들이 교회가 자신들의 문화와 다르다고 지루해하기 때문입니다. 많은 이들에게 "교회"는 자신의 활동 무대가 아니며 자기 스타일이 아닙니다. 이는 오늘날 다양한 형태의 문화 속에서 살아가는 우리가 겪는 문제입니다. 충분히 이해합니다. 하지만 우리는 우리의 창조주요 구원자께 우리의 예배와 찬양을 표현할 방법을 궁구해야 합니다. 포기해선 안 됩니다. 이것이 중심이기 때문입니다.

예배 속에서 기도가 피어납니다. 우리는 앞서 사용한 틀을 활용하여, 사람들이 기도에 대해서 어떻게 생각하는지 그 방식을 추적해볼 수 있습니다.

선택 1, 범신론자의 기도입니다. 만일 하나님과 세상이 기본적으로 같다면, 기도는 우리 주변의 만물 속에 내재한 "신성"과의 접촉일 뿐입니다. 만일 그게 사실이라면, 귀신이 없다고 생각하거나 소리를 질러 귀신을 내쫓으려고 하는 사람들은 그렇게 하기보다는 신적 능력에 접촉하는 편이 나을 것 같습니다. 하지만 기독교나 유대교의 기도는 그런 게 아닙니다.

선택 2, 이신론자 혹은 이원론자의 세상에서 기도는 듣고 있는지 조차 알 수 없는 멀리 계신 하나님을 향해 허공에 외치는 소리입니다. 바다에 표류하는 뱃사람이 구조 메시지를 병에 넣어서 바다에 던지며 어딘가에 있을 누군가가 읽기를 바라는 오랜 그림과 비슷합니다. 많은 이들이 기도를 이렇게 생각합니다. 하지만 기독교의 기도는 실제로는 그렇지 않습니다.

요한복음 13장에서 17장을 보면 그리스도인의 기도에 관한 놀라운 모범을 발견할 수 있습니다. 기도는 친밀하고도 두려운 행동입니다. 이 둘의 조합은 우리 눈에 특이해 보이지만, 기도란 게 그렇습니다. 창조주 앞에 서면 두려움이 있지만, 그 창조주께서 우리에게 그분을 **아버지**라고 부르도록 초대하시니 친밀함 또한 있습니다.

우리가 기도 가운데 마음을 열고 두려움과 친밀함과 발견을 비범한 본분으로 알고 살아간다는 것은 예수님께 더욱 가까이 나아가 그분을 더욱 깊이 알게 되는 것을 의미합니다. 물론 위험이 있습니다. 예수님께 가까이 다가갈수록 여러분은 십자가에 더욱 가까이 다가갑니다. 세상의 기쁨뿐만 아니라 세상의 고통도 알게 될 텐데, 그 고통은 여러분을 잡아당겨 마침내 사지가 끊어지는 듯한 아픔을 느끼게 할 것입니다. 바울은 이것이 중요하다고 말합니다. 한 사람의 마음속에서 성령이 일하실 때 그와 같은 일이 일어나서 그들이 "그 아들의 형상을 본받게"(롬 8:29) 하신다는 말이지요. 이것이

> 물론 위험이 있습니다. 예수님께 가까이 다가갈수록 여러분은 십자가에 더욱 가까이 다가갑니다. 세상의 기쁨뿐만 아니라 세상의 고통도 알게 될 텐데, 그 고통은 여러분을 잡아당겨 마침내 사지가 끊어지는 듯한 아픔을 느끼게 할 것입니다.

도시의 소크라테스

온전한 그리스도인이 드리는 기도의 의미입니다. 그리스도인에게 주어진 소명의 일부는 세상의 고통과 하나님의 고통이 하나로 합쳐지는 사람, 그러한 공동체가 되는 것입니다. 로마서 8장을 읽어보십시오. 거기에 전부 나와 있습니다.

이처럼 기도는 가장 비범한 부르심이며, 이제까지 말했듯이 하나님과 세상이 같지 않다는, 곧 하나님과 세상이 멀리 떨어져 있지 않으며 서로 중첩되고 맞물려 있다는 진리를 반영하고 그 진리를 따릅니다. 우리는 이 진리를 살아내는 백성이 되도록 부름 받았습니다. 아주 고통스러운 소명일 수 있으나, 또한 무척 기쁜 소명일 수도 있습니다.

이 모든 것 한가운데 성경이 있습니다. 제가 강의하는 내내 성경을 인용하고 많이 언급했습니다만, 우리 문화에서는 많은 그리스도인이 성경과 관련해 실제적인 문제를 겪고 있습니다. 예컨대 어릴 적에 여러분은 성경으로 머리를 맞았던 적이 있었을 수도 있습니다.

저는 전문적으로 성경을 연구하는 모임에 속해 있는 사람들을 많이 알고 있는데, 많은 경우 그들이 성경을 연구하는 이유는 아침, 점심, 저녁으로 성경을 가까이하는 환경에서 자랐기 때문입니다. 그들은 자신이 자라난 체제에서 빠져나오지 못했습니다. 대학에 가서 성경을 공부하면서 성경이 실은 그들처럼 평범한 사람들에 의해 기록된 인간의 작품임을 알게 되었습니다. 교수들은 성경에는 수수께끼와 특이한 사건, 심지어 모순되는 일까지 잔뜩 들어 있는 것 같다고 지적했습니다. 그리고 나면 다시 한 번 우리는 두 가지 선택 앞에 서게 됩니다. 우선, 성경을 공동체 내부에서 자라난 인간의 작품으로 간주하는 사람들이 있습니다. 그들은 성경에 "신성"이란 게 있다면 범신론적 모델 안에서 이해하면 된다고 여깁니다. 다른 한편에는, 이원론적 방식으로 성경을 보는 이들도 있습니다. 그들은 우리에게서 멀리 떨어져 계신 하나님이 아주 먼 곳에서 보낸 책이 바로 성경이라고 생각합니다. 성경이 멀리 떨어진 하나님에게서 우리에게로 흘러들어왔다는 말이지요. 이것이 근본주의 다수에 박혀 있는 뿌리입니다.

한번은 전 캔터베리 대주교 마이클 램지(Michael Ramsey)가 이에 대해 강연하는 내용을 들은 적이 있습니다. 그는 말했습니다. "성경이 검은 가죽으로 제본된 채 **완벽한 상태로 지도와 함께** 하늘에서 내려왔다고 생각하는 사람들이 있습니다." 이는 고전적인 이원론적 관점입니다. 하지만 성경은 그보다 훨씬 더 풍성합니다. 그렇습니다. 성경은 인간의 작품이지만, 신과 인간이 중첩되고 맞물리는 곳 가운데 하나입니다. 혼란스럽겠지만, 앞의 두 가지 방법 가운데 한쪽을 택하는 지나치게 단순한 방법으로는 이 혼란이 해결되지 않습니다.

앞에서 제 부친 이야기를 했는데요, 이 책을 받은 아버지께서 이렇게 말씀하시더군요. "이 책은 항상 148쪽에서 허물어지더구나(물론 아버지는 영국판을 읽고 있었습니다)." 왜 그럴까요? "사람들이 집에 올 때마다 나는 그들에게 이 장의 시작 부분을 읽어준단다." 아버지가 말하는 장은 13장, "하나님의 숨으로 만든 책"입니다. 읽어보죠.

성경은 큰 인물이 등장하는 큰 이야기가 들어 있는 큰 책이다. (단지 성경 속 인물에 관한 이야기가 아니라) 큰 생각과 큰 실수를 담고 있다. 하나님, 탐욕, 은혜에 관한 책이다. 인생, 욕정, 웃음, 외로움에 관한 책이다. 탄생, 출발, 배반에 관한 책이다. 형제자매 간 관계, 옥신각신하는 다툼, 성(性)에 관한 책이다. 권력, 기도, 감옥, 열정에 관한 책이다.

도시의 소크라테스

바로 창세기입니다.

우리는 성경이 얼마나 경이로운 책인지를 잊어버렸습니다. 저는 매일 아침 사제와 함께 기도를 드리고 성구집에서 성경 구절을 찾아 읽습니다. 구약에서 발췌한 15~20구절가량의 본문과 신약에서 찾은 비슷한 구절이지요. 우리는 시간을 갖고 멈춰 선 채 묵상합니다. 예배 후 저는 가끔 이런 생각을 합니다. 만일 옛적에 이 성경이 사라졌다가 고고학자들에 의해 이집트의 모래 속에서 발굴되었다면, 예컨대 이 사야서, 열왕기서, 스가랴서, 누가복음, 요한계시록 혹은 어떤 성경이든 만일 우리 시대의 누군가에 의해 발견되어 고고학 잡지에 실렸다면, 전 세계적인 특종이 될 테고, 사람들은 성경이 가장 놀랍고 풍성하고 치밀하고 강력하며 게다가 놀랍도록 오래된 시라고 이야기할 텐데 말이죠. 우리 그리스도인들은 종종 성경을 당연시하는데, 그래서는 안 됩니다. 이 성경은 숨 막힐 정도로 대단하고 아름답고 치밀하고 풍성하고 강력한 책입니다.

우리 그리스도인들은 책장에서 성경을 꺼내 조금 읽고는 희미하게 한두 가지 기억한 뒤 다시 책장에 올려놓습니다. 우리 수중에 보화가 있지만, 모르고 지냅니다. 참으로 우리는 성경의 모든 이야기를 다시 살아낼 필요가 있습니다. 성경은 그저 "가치 있는" 책 그 이상이며, 생명을 줍니다. 성경에 대해 수많은 말씀을 드릴 수 있지만, 이 점에 대해서는 제가 쓴 다른 책들을 찾아보시면 좋겠습니다. 이제 시간이 거의 다 되었거든요.

성경 이야기 뒤에 교회에 관한 장을 덧붙였습니다. **교회**라는 단어는 너무도 많은 사람에게 지루한 말이 되었으나, 오늘날 세상의 많은 사람에게 교회라는 단어는 절대적인 생명줄입니다. 예를 들어 보겠습니다.

우리 주교들이 하는 일 중에는 견진성사가 있습니다. 뉴캐슬의 타인 강 건너편 교구의 북쪽 끝자락에 있는 게이츠헤드에 있었을 때의 일입니다. 몇 주 전 거기서 견진성사 예배를 진행하고 있었습니다. 견진성사를 받을 청년들이 줄지어 앞으로 나와서, 자신이 왜 교회에 나오며 교회는 그들에게 어떤 의미가 있는지를 확인하는 문답을 진행하고 있었습니다. 할 말을 준비하지 못했던 한 여자 청년이 무척 불안해하고 있었습니다. 하지만 교구 목사가 "당신이 어떤 사람인지 우리에게 말해주시겠습니까?"라고 묻자, 그녀는 교회를 둘러보더니 이렇게 말했습니다. "크고 거대한 두 번째 가족을 갖게 된 것 같아요." 그러고 나서 저를 보더니 이렇게 말했습니다. "이렇게 말하면 되는 거죠?" 그래서 저는 "네, 맞아요!"라고 답했습니다. 교회가 **무엇이어야 하는지** 그녀에게 가르쳐준 사람은 아무도 없었으나, 그녀는 실제로 교회를 발견했던 것입니다.

그녀는 형제자매들이 자신을 돌봐주고 자신과 함께하면서 좋을 때든 힘들 때든 자신을 지지해준다는 사실을 발견했습니다. 부유하지 않은, 평범한 지역의 평범한 교구가 교회라는 역할을 하고 있음에 대해 하나님께 감사드립니다. "교회"는 그런 곳이어야 합니다.

제 책의 마지막 장은 새 창조를 다룹니다. 새 창조의 핵심은 이렇습니다. 그리스도인이 된다는 것은 세상을 간신히 통과해가는 것이 아니라, 곳곳에 작은 변화를 이뤄가다가 마침내 죽은 뒤에는 (천국이라고 하는) 영적 목적지에 다다르는 것입니다.

전에도 말했지만, 다시 말하겠습니다. 천국은 중요합니다. 하지만 천국이 세상의 끝은 아닙니다. 성경은 **새 하늘과 새 땅**을 약속하고 있

도시의 소크라테스

으며, 이 둘은 함께 갑니다. 성경의 마지막 장면인 요한계시록을 보면, 우리가 이 땅에서 하늘로 들려 올라가는 장면이 절정이 아니라 하늘로부터 새 예루살렘이 땅으로 내려오는 장면이 절정입니다. 이는 도망자들의 영성인 모든 영지주의에 대한 최종적인 부정입니다.

하나님께서는 슬픔 많고 낡은 이 땅을 새롭게 하려 하십니다. 하나님은 이 땅을 다 끝내신 게 아닙니다. 제3일째 되는 날 예수님의 부활과 함께 시작된 새 창조는 땅과 하늘이 하나가 되는 날, 즉 이사야 11장의 멋진 예언적 환상처럼 "이리가 어린양과 함께 살며…어린아이에게 끌리며", "여호와를 아는 지식이 세상에 충만할" 그날에 완성될 것입니다.

이 비전을 신약이 이어받습니다. 오늘날 서구 기독교는 이를 차단해버렸습니다. 이 비전을 어떻게 다루어야 하는지 모릅니다. 하지만 새 창조의 개념이 거기 있습니다. 신약성경을 통틀어서 새 창조는 중요합니다. 핵심은 기독교 윤리의 배경이 새 창조라는 점입니다. 기독교 윤리는 누군가가 생각해낸 우스꽝스러운 낡은 규칙 묶음이거나 하늘에 달려 있으면서 우리를 위협하는 칸트식 정언명령 같은 게 아닙니다. 또한 우리의 깊숙한 정서에 접근하는 문제도 아닙니다. 그런 것은 실존주의나 낭만주의의 세계일 뿐, 기독교 윤리가 아닙니다. 그런 것은 선택 1의 "범신론자"가 세상을 바라보는 방식의 변형입니다. 즉 자신의 내면 깊숙한 곳에 자리한 자아와 접속하기만 하면 되며 그게 "옳고" 적어도 "당신한테는 옳은" 것입니다. (범신론의 다른 문제들과 마찬가지로, 여기서도 문제는 악에 대한 비판이 없다는 점입니다. 당신의 "내밀한 자아"가 학살자라면 어떻게 하겠습니까?)

선택 2, 이신론자 혹은 이원론자의 생각 또한 나을 게 없습니다. 오늘날 많은 사람이 "기독교 윤리"를 이런 틀에 두고 생각합니다. 즉 하나님께서 괴상한 규칙 다발을 만들어서 우리의 생활 방식을 옥죄고 있으며, 우리가 그 법을 어기면 불같이 화를 낸다고 말이죠. 하지만 그렇지 않습니다. 이 또한 기독교 윤리하고는 거리가 멉니다.

기독교 윤리에 따르면, 우리는 하나님의 선하신 창조 세계에서 살아가며 그 창조 세계는 근본적인 악에 의해 훼손되었습니다. 하나님은 그리스도 안에서 이 근본적인 반역과 악—이것을 죄라고 불러도 괜찮지만, 다만 그 뜻이 자의적인 명령에 대한 자의적인 위반이 아님을 기억하십시오—을 처리하셨고 지금도 처리하고 계십니다. 따라서 하나님은 자신의 새 창조를 시작하고 계시며 여러분과 저와 함께 그 일을 시작하십니다. 하지만 여기서 멈추지 않습니다. 우리가 하나님의 형상을 세상에 비추는 각진 거울이라면, 우리는 **새 창조의 행위자**로 부름 받은 것입니다. 이 말은, 진지한 그리스도인이라면 생태를 위해 일하고, 세계적인 부채 감면 및 폐지를 위해 일하며, 과학 공동체를 향해 "에이즈에 걸린 이 사람들은 치료제가 필요하며 지금 당장 그들에게 공급해줘야 합니다. 경제적으로 비용이 얼마나 들던지 말이죠"라고 말해야 한다는 뜻입니다. 진지한 신앙을 가진 그리스도인들은 사회 곳곳에서 활동하고 있습니다. 미시적으로는 여러분이 사는 거리에서, 거시적으로는 정치인들을 통해서 말이죠.

정리해보죠. 우리가 이런 일을 하는 것은 언젠가 절벽 아래로 떨어질 기계 바퀴에 기름을 칠하는 행동이 아닙니다. 오히려 미래에 완성될 새 창조를 현재 속에서 **바라보는** 것입니다. 우리는 우리의 노력으로 "하나님 나라를 건설하지" 않습니다. "사회 복음"이 오랫동안 그런 주장을 펼쳐왔지만, 이는 항상 위험을 수반하는 일이며, 결국 교만과 잘못된 기대로 흐르고 말뿐입니다. 제 말을 오해하지 마십시오. 하나님 나라는 선하신 하나님이 주신 은혜의 선물로 여전히 남아 있을 것입니다. 하지만 우리가 할 수 있고 해야만 하는 일이 있습니다. 바로 그 나라를 가리키는 이정표를 세우는 일입니다. 그 나라가 임하면, 그 이정표들이 실제로 그것들이 지시하던 실재에 참여했음이 드러날 것입니다.

이것을 설명하기 위해 제가 자주 사용하는 이미지가 있습니다. 거대한 성당을 짓는 석공을 떠올려보십시오. 건축가는 놀라운 계획을 갖고 있지만, 석공은 알지 못합니다. 건물의 최종 형태가 어떤 모습일지 참으로 알지 못합니다. 방금 돌 하나를 받아 그 위에 문양을 새겨 넣으라는 명령을 받았을 뿐 다음 문양이 어떻게 이어질지조차 알지 못합니다. 그의 임무는 순종하는 것이며, 받은 지시에 따라 돌을 깎는 것입니다. 깎은 돌을 건물 어디에 끼워 넣을지는 이후에 건축가가 정할 일입니다.

맡은 일에 최선을 다해야 하는 이유는 이 일이 헛되지 않음을 알기 때문이라고 사도 바울이 고린도전서 15장 끝에서 말한 것은 바로 이런 의미였습니다. 우리가 하나님과 이웃을 향한 사랑 및 성령의 능력으로 현재 행하는 모든 일은 결국 하나님의 새로운 세계의 일부가 될 것입니다. 비록 어떻게 그런 일이 일어나는지, 장차 그것이 어떤 모습일지 당장은 모르더라도 말입니다.

이것이 바로 제가 말한 바, 우리가 새 창조의 수혜자일 뿐만 아니라 **행위자**로 부름 받았다고 할 때 의미한 바입니다. 구원이 내 전부인 양 생각해서는 안 됩니다. 구원은 하나님의 선물이며, 교회를 향한 선물일 뿐만 아니라 교회를 **통해** 주어진 선물이기 때문입니다.

책의 마지막 단락을 읽으면서 강연을 마치려고 합니다.

영성을 위해 창조된 우리는 자기성찰에 빠진다. 기쁨을 위해 창조된 우리는 쾌락에 천착한다. 공의를 위해 창조된 우리는 복수에 열광한다. 관계를 위해 창조된 우리는 자신의 방식을 고집한다. 아름다움을 위해 창조된 우리는 감각에 만족한다. 하지만 새 창조는 아직 시작되지 않았다. 태양은 떠오르기 시작했다. 그리스도인들은 깨어지고 불완전한 현세에 속한 모든 것을 예수의 무덤에 전부 버려두고 떠나라는 부름을 받는다. 성령의 능력으로 우리의 합당한 역할, 충만한 인간의 역할을 감당할 때다. 그 역할은 동터오는 새로운 날의 대리인, 전령, 집사의 역할이다. 아주 단순히 말해, 이것이 바로 그리스도인이 된다는 의미다. 그리스도를 좇아 우리 앞에 펼쳐진 새로운 세상, 하나님의 새 창조 속으로 들어가는 것이다.

도시의 소크라테스

질문과 답변 질문이 있으신 분은 마이크 앞으로 뛰어 나오십시오. 질문을 최대한 짧게 해주세요. 17음절에서 20음절이면 좋겠습니다. 음절수를 세는 직원이 있으니, 21음절째가 되면 여러분 말을 끊을 겁니다. 그러니 질문 있으신 분은 주저하지 마시고 마이크 앞으로 나와주십시오!

질문 : 최근 가정 성경 공부 모임에서 선생님이 쓰신 로마서에 관한 책을 보기 시작했습니다.

답변 : 어떤 책이죠? 큰 책인가요, 작은 책인가요?

질문 : 『모든 사람을 위한 바울신학』(*Paul for Everyone*)입니다. 아주 좋았습니다. 책에 나오는 기독교 세계관에 대한 혁명적 개념에 대해 질문하고 싶습니다. 저는 그 내용에 전심으로 동의합니다. 그리스도인으로서 우리는 이 세상에서 구체적으로 소금과 빛이 되어야 한다고 봅니다. 그러면 정책과 목표에 영향을 주고 아프리카에까지 손길을 뻗게 할 뿐 아니라 이에 관한 여러 정책에 영향을 주겠죠. 제 첫 질문은 이렇습니다. 선생님은 그런 일이 일어나는 것을 어떻게 보시는지요? 왜냐하면 처음에는 이런 일이 다소 이상향처럼 보이기 때문입니다. 선생님은 그런 일이 일어나는 것을 경험하신 적이 있으신지요?

또한 선생님은 예수님의 기도에 대해 말씀하시면서 예수님께서 주로 일치에 대해 말씀했다고 하신 것 같습니다. 서로 다른 교단에 속한 이들이 어떻게 이처럼 이상향을 지향하는 세계관을 공유할 수 있을까요? 선생님은 그런 일이 일어나는 것을 경험하신 적이 있으신지요?

답변 : 두 가지 다른 질문이 섞여 있는 것 같네요. 하나는 "그것은 이상향인가?"이고, 다른 하나는 교회의 일치에 대한 질문입니다. 둘은 서로 밀접한 관계를 맺고 있습니다. 이상향처럼 보일 수 있는데, 특히 이런 비전이 이루어지는 것을 보기는커녕 그런 비전을 구체적으로 가져본 적조차 없는 교회에서 살아온 이들에게 그러합니다.

사실 제 인생을 통틀어서 교회가 거대하고 급진적인 변화를 이룬 비범한 두 가지 사례를 보았습니다. 하나는 남아프리카에서입니다. 여러분 가운데 연배가 좀 있으신 분들은 70년대 중반에 어떤 일이 있었는지 기억하실 겁니다. 매기와 저는 1975년에 남아프리카공화국에 있었습니다. 당시에는 20년 후에 어떤 일이 일어날지, 흑인 대주교가 "진실과 화해 위원회"의 의장을 맡아 비극적인 증언을 청문하고 공동체가 화해와 용서를 모색하게 하리라고는 꿈도 꾸지 못했습니다. 그것은 실로 비범한 일이 아닐 수 없습니다. 그 일이 어떻게 이루어졌는지를 알고 싶으시다면, 하나님이 하셨다고밖에 말할 수 없을 것이며, 하나님은 교회의 신실하고 매우 위험한 증인들을 통해 그 일을 하셨다고 말해야 할 것입니다.

또 하나의 예는 70년대 후반 폴란드인 교황을 선출한 일인데, 당시에는 그 일이 2~3년 후 폴란드 국민이 자유 노조의 깃발을 높이 들어 올릴 용기를 주리라는 것을 아무도 깨닫지 못했습니다. 그 일은 동유럽 공산주의라는 견고한 성채에 균열을 내었고, 다음 10년간 그 성채는 완전히 붕괴하여 사라지게 됩니다. 특히 이 나라 사람들은 다른 주체들이 동유럽 공산주의를 종결시킬 것이라고 믿었습니다. 하지만 저는 교회가 요한 바오로 2세를 교황으로 선출했을 때 그 일이 이미 시작되었다고 봅니다. 삶은 보기보다 훨씬 복잡하지만, 오래된 복음에는 여전히 능력이 있습니다. 그것은 바로 복음을 살아낸 결과였습니다.

이처럼 거시적 시야에서 볼 수도 있지만, 저는 제 교구의 거리에서 목격한 일을 말씀드리고 싶습니다. 제가 주도한 일이 아니므로 자랑스럽게 말씀드릴게요. 제가 생활하는 교구는 대체로 무척 가난한 동네입니다. 교회는 거리에서 일어나는 일들에 대처하고 그것을 처리하는데요, 그중에서 실업률이 높은 사우스 실즈 지역에서 펼친 놀라운 사역을 소개하려고 합니다. 그 지역은 상점의 절반이 문을 닫았습니다. 가계가 안 되니 은행도 문을 닫았습니다. 평범한 작은 교회는 다른 교회들과 함께 교회 연합을 위해 힘썼습니다. 성공회 교회와 로마 가톨릭교회, 감리교회, 그리고 한두 교회가 더 함께했습니다. 그들은 오래된 은행 건물을 인수하여 문맹자 교육 및 신용 조합을 운영하고 어머니들과 유아들을 위한 공간으로 사용하며 낮 동안 노인들을 돌보는 장소로 활용했습니다. 이것만으로도 기쁨의 눈물을 흘리기에 충분합니다. 교회에서 성만찬을 마치고 거리로 나오면, 복음이 이루어져 사람들의 삶을 변화시키는 모습을 볼 수 있습니다. 그러한 일은 지금도 일어날 수 있습니다.

물론 큰 문제가 있습니다. 사역 자체가 단속적이고 부분적이기 때문입니다. 우리의 순종이 단속적이고 부분적이듯 말이죠. 그러나 이 일은 가능하며 장기적으로도 사람들의 삶을 바꿀 수 있습니다. 단기적인 일인 것만은 아니죠. 지역 사회 전체에 오랫동안 지속하는 변화를 실제로 만들어낼 수 있습니다. 또 실제로 일어나는 일입니다.

교회 연합 문제는 이렇습니다. 만일 우리가 교단을 넘어서 자신에게 "이 일은 우리가 지금 해야 하는 일이야"라고 말할 수 있다면, 수많은 일에 동의를 이루어낼 수 있음을 발견하게 될 것입니다. 소매를 걷어붙이고 담장에 페인트를 칠하고 노인들의 집을 청소해주는 일 등을 하면서도 우리는 신학적 문제 다수를 해결할 수 있습니다. 저는 그런 일들을 봐왔습니다.

질문 : 강연 첫머리에 이스라엘 자손과 GPS 시스템 이야기를 하셨는데, 우연의 일치겠지만 저는 유대인이며 지난 7년 동안 GPS에 대한 글을 썼습니다. 여기에 어떤 상징이 있다고 생각되는데, GPS 시스템을 처음 발명한 곳이 미국 국방성이기 때문입니다. 오늘날 유럽에서는 갈릴레오 시스템이라 부르는 것을 사용하는데, 제 생각에 이것은 기본적으로 유럽인들의 시기심이 만들어낸 제품입니다. 유럽인들은 위성 항법 시기심 장치를 가지고 있는 셈이죠.

저는 이게 미국과 유럽 사이에서 일어나고 있는 심각한 분열의 징후라고 봅니다. 이 점에 대해 언급하셨으니 덧붙일 말씀은 없으신지요?

답변 : 미국과 유럽 사이의 분열에 대한 말씀이신가요?

질문 : 분열 맞습니다. 믿기 힘들 만큼 적개심이 자라나고 있습니다. 우리 편에서는 그렇게 보이는데, 저쪽에서는 다르게 보이리라 확신합니다. 이 점에 대해 선생님께서 하실 말씀은 없으신지 궁금합니다.

답변 : 제가 유럽 전체를 대변할 수는 없는 일이고, 사실 유럽 연합은 아주 다양한 곳입니다. 선생님이 베를린, 파리, 마드리드에 가서 같은 질문을 던진다면, 각각 다른 답을 듣게 될 것입니다. 영국인으로서 우리는 미국과의 우정을 소중하게 생각하며, 상당수 사람이 이곳에 오고 싶어 한다고 봅니다. 저의 가장 좋은 친구들 다수가 미국인입니다. 이런 표현을 써도 괜찮겠죠? 미국인들의 에너지와 여타의 것에 존경과 애정과 찬탄을 보내 마지않습니다. 하지만 그렇다고 해서 여러분의 정부가 취하는 모든 정책에 우리가 반드시 동의해야 하는 것은 아닙니다. 마찬가지로 제가 전에 히브리 대학교에서 가르쳤지만―제게는 유대인 친구가 많은데, 예루살렘에서 근무하며 거기서 살았기 때문입니다―그렇다고 해서 유대인(이스라엘) 정부의 모든 정책과 그들이 하는 모든 일을 제가 지지한다고 서명하고 거기에 간 것은 아니었습니다. 제가 그들 정부의 정책을 지지하지 않는다고 반유대주의자인 것은 아니죠. 마찬가지

로 제가 여러분의 어느 대통령을 지지하지 않는다고 해서—여기서 구체적인 이름은 언급하지 맙시다—반미주의자인 것은 아닙니다.

이따금 문제가 되는 때는 영국 국민들이 쉽게 이해할 수 없는 정책을 미국의 몇몇 대통령과 의회가 추구할 때입니다. 두 문화 간 차이점을 연구함으로써 우리는 왜 어떤 미국인들이 우리 유럽에는 없는 통제 내러티브에 추동되는지 이해할 수 있습니다.

이 점에 대해서 로버트 저윗(Robert Jewett)은 『미국 슈퍼히어로의 신화』(The Myth of the American Superhero)라는 책을 썼습니다. 우리 영국인들에게는 그런 특정 신화가 없습니다. 우리는 그런 것을 보면서 미국인들이 일하는 방식을 봅니다. 그들에게는 정상적으로 보이는 통제 내러티브에 따라 살아가는 모습이 우리에게는 매우 낯설고 이상해 보입니다. 거기서 온갖 일들이 진행되는 거겠죠.

질문 : 지난 일요일자 「뉴욕 타임스」에 리처드 도킨스의 새 책 『만들어진 신』(The God Delusion, 김영사 역간)의 서평이 실렸습니다.
답변 : 뭐라 하던가요?

질문 : 슬쩍 보았는데, 조금 지나치다고 보는 것 같았습니다. 도킨스가 지나치다는 평가를 받은 게 이번이 처음은 아니겠죠. 하지만 조금 더 넓은 의미에서 볼 때, 저는 박사님께 질문 전체를 아우르는 응답을 주실 수는 없는지 궁금합니다. 즉 "모든

것이 다 마음의 문제다. 인간은 어떤 유형을 찾도록, 목적을 추구하도록, 그런 것이 없을 때는 만들어내도록 프로그램되어 있다. 신비한 것은 시냅스의 점화 및 그것을 뒷받침하는 뇌 기관의 특정 부위뿐이다"라는 전반적 견해에 대해 답변해주시면 좋겠습니다.

답변 : 도킨스의 책을 아직 다 읽지 못했습니다. 이번 여행길에 보려고 가져왔는데 절반 정도 읽었네요. 여기 오는 길에 최근 영국에서 나온 2개의 서평을 보았습니다. 하나는 아주 오래전부터 마르크스주의 문학평론가로 활동해온 테리 이글턴(Terry Eagleton)의 글인데, 그는 에둘러 말하지 않더군요.

질문 : 저도 보았습니다.

답변 : 도킨스의 책은 완전 쓰레기입니다. 이것은 「런던 리뷰 오브 북스」에 나온 말로서, 웹사이트(www.fulcrum-anglican.org.uk)에서 확인하실 수 있습니다. 아무튼 이글턴의 서평은 탁월합니다. 또한 제 친구며 동료이자 셋포드의 주교인 데이비드 앳킨슨(David Atkinson)의 서평이 있습니다. 그는 과학자였다가 신학자가 된 친구입니다. 그는 무척 조심스럽게 말하지만 기본적으로 도킨스가 택한 모델의 약점을 지적합니다.

도킨스는 논쟁 상대로 엉뚱한 사람들을 꼽습니다. 극단적 창조론자들, 근본주의자들, 그리고 신학자 중에서는 실제로 자신이 가장 다루기 쉬운 목표물만 고릅니다. 존 폴킹혼이나 아서 피콕(Arthur Peacocke) 같은 사람들과는 교류하지 않습니다. 그는 이들을 인용한 뒤 이렇게 덧붙입니다. "이 사람들은 매번 과학자인 동시에 그리스도인인 것으로 떠받들어진다. 글쎄, 나는 이 친구들이 하는 회의에 참석해보았다. 그들의 말을 주의 깊게 들어봤으나 솔직히 무슨 소리를 하는지 모르겠다. 그게 다다."

실례지만, 이 모임에서 이 사람을 초대할 계획이 있나요? 저는 과학자가 아닙니다. 그런 척하지도 않습니다. 기본적인 교육 외에 학교에서 따로 과학을 공부한 적도 없습니다. 그래서 전문가가 아닙니다. 하지만 저는 도킨스의 책에 실망했는데, 왜냐하면 그는 "여기 자신을 생각하는 그리스도인으로 여기는 이들을 향한 도전이 있다" 하고 말하지만, 중반쯤 읽었는데도 열심을 갖고 파고들 만한 내용이 여전히 없기 때문입니다. 그저 격한 비판과 불평뿐입니다. 물론 이 책보다 훨씬 더 진지한 책을 쓰는 지혜로운 사람들이 있습니다. 그런데 흥미로운 점은 도킨스가 50년 전 루이스가 남기고 간 옛 토론을 재탕한다는 점입니다.

루이스의 답은 이렇습니다. 만일 당신이 종교와 하나님을 믿는 신앙이 실제로는 우리 안에 프로그램된 상태와 같아서 마치 우리가 미처 깨닫지도 못하는 사이에 신경이 까딱이는 것과 마찬가지라고 주장한다면, 당신은 우리가 그렇게 프로그램되었다는 생각 자체도 마찬가지로 전적으로 우연한 시스템의 산물이라고 말할 수밖에 없습니다. 하지만 이런 설명은 그다지 성공적이지 못합니다. 그건 마치 그런 식으로 말한 뒤에 "그런데 우리가 왜 힘들게 당신의 얘기를 들어야 하죠? 우리 모두 밖에 나가서 시간이나 보내면서 자연스럽게 할 일을 하

도시의 소크라테스

지 그래요?"라고 말하는 것과 같기 때문입니다. 실제로는 아무도 그렇게 살고 싶어 하지 않습니다.

저는 이야기 중간에 모든 인간이 듣고 있지만 여전히 관심을 가질 필요가 있는 네 가지 메아리를 언급했습니다. 도킨스 같은 이들은 이 메아리들의 중요성을 축소하려 들겠지만, 그 메아리는 쉽게 가라앉지 않을 것입니다.

질문 : 선생님은 유대 민족과 하나님의 관계에 대해 많이 말씀하셨습니다. 선생님이 보시는 현실에서 팔레스타인 사람들의 위치는 어디인가요?

답변 : 중요한 질문입니다. 저는 팔레스타인에 살았던 적이 있고 이스라엘과 팔레스타인의 경계선 양쪽에 다 친구들이 있으므로 할 수 있는 한 최선을 다해 그곳 소식을 접하려 합니다. 현재 미국에는 민족적·지리적 이스라엘이 스가랴, 다니엘, 에스겔 등의 예언으로 성취되었다고 믿는 종교 우파들의 집단적인 움직임이 있습니다. 기독교 시온주의라고 하는 움직임이죠.

30여 년 전 대학원생이던 시절 그러한 견해에 매혹되었던 기억이 납니다. 하지만 그러한 견해를 지지하는 근거를 찾기 바라며 신약성경을 연구한 후, 특별히 바울을 연구하면서 저는 그러한 견해가 바른길이 아님을 알게 되었습니다. 신약에서는 **온 세상이 하나님의 거룩한 땅**입니다. 이때 다시 한 번 로마서 8장은 전형적인 예가 됩니다. 하나님께서 예수님 안에서, 예수님을 통해 하신 일들을 생각할 때 우리는 구약에 나오는 거룩한 땅이 창조 세계 전체가 하나님의 것임을 미리 보여 주는 은유였다는 결론을 내리게 됩니다. 일종의 이정표였던 셈이죠. 사도들의 활동과 더불어 우리는 새로운 시대에 접어들었거니와, 이 새로운 현실을 구약이라는 이정표가 지시하고 있었던 것입니다.

이러한 배경 위에서 바울은 로마서 9장으로 접어들면서, "그렇다면 우리와 유대 민족은 어떤 관계인가?"를 묻습니다. 그는 이 문제로 씨름하는데, 저도 그와 함께 씨름하면서 순종하려고 노력했습니다. 하지만 그 땅은 유대 민족의 소유물로서 빼앗을 수 없으므로 그들과 팔레스타인 사이에 무슨 일이 일어나든 양도 불가능한 권리가 유대인에게 있다는 주장을 유대인뿐만 아니라 일부 그리스도인을 통해 들을 때면, 저는 "정의를 행하라"는 메아리의 관점에서 그런 주장을 단순히 지지할 수 없습니다.

흥미로운 이야기를 해보겠습니다. 팔레스타인 해방 기구 신학자인 나임 아티크(Naim Ateek)는 20년쯤 전에 『마땅히 공의만을』(*Justice and Only Justice*)이란 책을 썼습니다. 신명기 16:20에서 인용한 제목이죠. "너는 마땅히 공의만을 따르라"(히브리어 성경에는 공의라는 단어가 두 번 등장한다. 영어는 이를 각각 번역했으나 우리말 개역개정은 "공의만을"로 번역했다—편집자 주)라는 구절에 대한 주석에서 랍비 중 한 명은 "왜 하나님께서 공의라는 말을 두 번 말씀하시는가?"라고 묻습니다. 그 랍비는 이렇게 답합니다. "왜냐하면 공의는 이스라엘과 그 이웃에게 모두 필요하기 때문이다."

이것이 나임이 끌어내는 요점입니다. 그렇습니다. 이스라엘에게 공의가 필요합니다. 안전 지역이 필요합니다. 유대 민족은 안전해야 합니다. 우리는 누차에 걸쳐 그 교훈을 배웠기를 바라고 기도합니다. 하지만 주변 이웃에게 폭력을 행사하고 끔찍한 불의를 행함으로써 공의를 얻어서는 안 됩니다. 물론 그게 말처럼 쉽지 않다는 사실을 압니다. 양쪽 모두 엄청난 잘못을 저질렀고 가증스러운 행위와 얽히고설킨 악의 긴 역사를—남아프리카공화국도 마찬가지입니다!—가지고 있습니다. 여기서 제가 할 수 있는 일은 길고 복잡한 질문에 짧은 답변을 드리는 것뿐이지만, 제 출발점은 바로 여기입니다.

질문 : 라이트 박사님, 박사님은 복음을 변호할 때 항상 설득력 있는 논증을 제시하시는 것 같습니다. 제가 알고 싶은 것은 박사님이 이제까지 접한 믿지 않는 비판자들—역사든, 철학이든, 과학이든, 무엇이든—가운데 가장 어려운 주장은 무엇이었습니까? 다루기 가장 힘들었던 논증은 어떤 것이었나요?

답변 : 비판은 항상 어려우므로 하나를 고르기가 쉽지 않네요. 하지만 비판하는 사람들이 "예수님께서 정말로 십자가에서 악의 문제를 해결했습니까?"라고 묻게 만드는 깊은 차원이 악의 문제에는 있는 듯합니다.

　　제게는 과학자 친구가 있는데, 그는 다윈 논쟁, 즉 진행 중인 다윈주의 내부의 싸움에 대한 글을 쓰고 있습니다. 그는 자신이 발견한 가장 어려운 사실은, 창조 질서를 들여다볼 때 이 지구에 존재하는 생물 중 놀라울 정도로 높은 비율을 차지하는 것은 기생 동물로서, 그들이 다른 생물체 내에 기생하면서 안에서부터 그 생물체를 먹어치운다는 점이라고 말합니다. 그는 이렇게 말합니다. "선하신 하나님이 세상을 만들었다면, 어떻게 이런 일을 허용할 수 있단 말인가?"

저는 이 문제를 연구하지는 않았지만, 이 문제처럼 고민할 필요가 있는 문제들이 있는 듯합니다. 여러분은 이것이 타락의 결과라고 말할 수도 있을 것입니다. 하지만 이것은 미지의 문제를 또 다른 미지의 문제로 설명하는 방식입니다.

우리가 실제로 악의 문제를 풀 수는 없습니다. 만일 여러분이 어떤 논증을 찾아낸 뒤 "아, 해냈어. 악이 왜 존재하는지 마침내 이해하게 됐어. 그러니 이제 문제없어. 집에 가서 좀 쉬자"라고 말한다면, 여러분은 그 문제를 충분히 진지하게 받아들이지 않은 것입니다. 악은 부조리하기 때문입니다. 악은 우주의 법칙에 어긋난다는 말입니다. 악은 저속하고 어두운 힘으로서 우리 각 사람의 깊은 곳까지 내려가며, 말씀드린 것처럼 모든 인간 사회를 가로지를 만큼 팽배하기 때문입니다. (우리는 현대화된 서구 민주주의 사회에 살고 있으므로) 여러분이나 여러분이 속한 사회나 여러분의 가정이 악에서 벗어났다고 생각한다면, 참으로 여러분은 몽상의 세계에 사는 셈입니다.

악의 문제와 관련된 논증은 항상 다루기 힘듭니다. 그에 대한 기독교의 답변은 항상 십자가 아래로 돌아갔으며, 반드시 십자가 아래로 돌아가야만 합니다. 복음서의 이야기가 언급되는 방식, 즉 모든 악한 세력을 한데 모아 십자가의 그리스도께로 가져가는 방식을 생각해보십시오. 가장 어렵지만, 항상 이 방식이어야만 합니다.

도시의 소크라테스

질문 : 그 나라의 행위자로서 우리가 이정표가 되어야 한다는 말씀
에 공감합니다. 제가 보기에 그러한 이정표는 정확해야 할 것
같습니다. 박사님은 계몽주의 이념의 영향을 받아 형성된 미
국에 대해 몇 가지 말씀을 해주셨습니다. 첫 번째 드리고 싶은
질문은, 우리 그리스도인들은 여러 경쟁하는 이념과 세상 및
우리의 이정표에 생기를 불어넣는 성경 내러티브가 맞물리는
접경에서 어떻게 정확한 위치를 잡아야 할까요? "가서 성경을
읽어라"라는 식의 단순한 답변은 아닌 것 같습니다. 이 점에 대
해 말씀해주시겠어요? 어떻게 여러 사상에 휩쓸리지 않으면서
도 바른 지점을 짚어낼 수 있을까요?

답변 : 문제는 그 접경이 언제나 가만히 있지 않고 움직이는 것처
럼 보이는 데 있습니다. 말씀드렸듯이, 저는 지난주부터 일
주일 반에 걸쳐 우리 문화에 나타나는 영지주의와 제국, 근
대성의 상관관계에 대해 강연했습니다. 이 세 가지는 각기
서로에게 영향을 미칠뿐더러 각 주제에 대해 기독교 복음의
관점에서 논하는 것이 가능한 주제입니다. 하지만 우리 문화
에 속한 대다수 사람이 실제 그런 식으로 문제를 정확히 인
지하는 것은 아닙니다.

　　이처럼 우리는 절반은 알지 못한 채 움직입니다. 분명 우리
나라 사람들은 거대 내러티브가 어떤 특정한 방식으로 그들의
생각과 행동을 추동하는지 전혀 알지 못합니다. 그들이 복음
을 가지고 세상에 무언가를 말하려 할지라도 그들이 하는 말
이 세상이 들려준 이야기의 일부일 경우, 문제가 되는 것입니
다. 저 역시 그 점에서 자유롭다고 할 수 없습니다.

하지만 그때 그것은 문화적이라기보다는 순전히 개인적인 문제로 바뀝니다. 곤혹스럽게도 문화에서 벗어난 순전한 개인은 없습니다. 우리는 모두 항상 우리 뇌를 울리는 문화의 명령을 받으면서 살아가는데, 그 문화는 복음 이야기로 세례 받을 필요가 있습니다. 회심이 필요한 일이지요. 따라서 이는 무척 어려운 과업이며, 꾸준한 경계가 필요합니다.

그래서 이것은 교회 전체의 일이 되어야만 합니다. 한 사람의 행함으로는 할 수 없습니다. 우리 중 누군가는 성경 신학자로 부름 받았듯이 누군가는 문화 비평가로 부름 받았습니다. 대부분의 사람들은 그런 일을 할 시간이 없지만, 전 세계에서 문화적으로 가장 활기찬 도시인 이곳에 여러분이 계십니다. 이 연회실 안에는 실제로 연극이나 영화, 예술, 음악 등 고급문화와 하위문화에 대해 실제로 저보다 훨씬 더 잘 아는 분들이 있습니다.

부디 이 점을 생각해보세요. 기독교적으로 숙고해보십시오. 자기 자신에게 핵심 질문들을 던지십시오. 이원론적 관점을 가져서는 안 됩니다. 빌립보서 4장에서 바울은 말합니다. "무엇에든지 참되며, 사랑받을 만하며, 칭찬받을 만하며, 무슨 덕이 있든지 그것들을 생각하라"라고 말이죠. 그런 것들이 수없이 많이 있으며, 의문시되는 예술가나 음악가와 관계없이 우리는 예술이나 음악을 즐거워할 수 있습니다. 계몽주의에 대해서도 마찬가지입니다. 저는 계몽주의의 좋은 점에 대해 상당한 칭찬을 아끼지 않습니다. 제가 가끔은 계몽주의의 반대자처럼 보일지 모르나, 그렇지 않습니다. 계몽주의는 큰 문

도시의 소크라테스

제뿐 아니라 큰 축복도 가져왔습니다.

　포스트모더니즘은 계몽주의에 대한 불가피한 답변이지만 그 역시 깊은 불만을 남깁니다. 그리스도인의 과제는 항상 다른 면을 살펴서 최선을 선택하고, 하나님께 감사하고 그것을 기뻐하며 그 위에 새로운 것을 건설하되, 부단히 살피고 주의하면서 그리해야 합니다. 지갑에 떡하니 넣어서 다음 세대에 전해줄 수 있는 한 가지 답변 같은 것은 없습니다. 따라서 이는 엄청나게 신나는 임무이며, 여러분도 이 과업에 뛰어들기를 권하는 바입니다.

> 포스트모더니즘은 계몽주의에 대한 불가피한 답변이지만 그 역시 깊은 불만을 남깁니다.

질문 : 외경이 쓸모가 있다고 보십니까?

답변 : 외경은 분명 유용합니다. (외경은 성경에서 종종 구약과 신약 사이에 위치하는 책으로, 마카베오서, 지혜서 등이 이에 해당한다.) 외경은 1세기에 유대인이 된다는 것이 어떤 의미인지를 이해하는 데 엄청난 실마리를 줍니다. 외경을 읽을수록 **당시의 사람들이 어떻게 살았고 어떤 모습이었는지**를 아는 데 도움이 된다고 봅니다. 특히 솔로몬의 지혜서를 비롯한 몇몇 책은 당시 사람들이 지혜, 삶과 죽음, 제국에 대해 어떤 개념을 가지고 있었는지, 마치 꽃이 피는 모습을 바라보듯이 직접 다가가서 볼 수 있도록 해줍니다. 이어서 신약을 읽으면 그 세계에서 나오고 그 세계에서 말하는 것처럼 생생하게 느낄 수 있도록 감각을 열어줍니다.

바울은 지혜서를 알았던 것으로 보이며, 적어도 그것을 가지고 씨름했던 것 같습니다. 이처럼 외경은 어마어마하게 중요합니다. 그리스도인은 대부분 1세기 유대교에 대해 충분히 공부하지 않습니다. 서점에 가서 펭귄 클래식 시리즈로 나온 요세푸스의 책을 찾아 읽어보십시오. 사해 사본 영문판을 읽어보십시오. 그런 자료들을 읽으십시오. 그러면 수많은 이들이 흔히 빠지는 시대착오적인 실수를 피할 수 있을 것입니다.

질문 : 도마복음서가 얼마 전에 나왔죠?
답변 : 신약 외경은 구약 외경과는 완전히 다른 문제입니다.

질문 : 그걸 묻고 싶었습니다.
답변 : 아, 그랬군요. 일반적으로 통용되는 외경의 의미로 물으신 것으로 생각했었습니다. 한 번에 두 가지를 질문하셨네요. 우선, 다른 조건을 달지 않는 한 **외경**이란 단어는 보통 **구약** 외경으로 통합니다. 신약성경 이후 나타난 문서에 대해 어떤 의미에서 신약 외경이라고 말하기 시작한 것은 추후에 확장된 2차적 용례인 경우에 한합니다. 후자의 범주에 속한 책들에는 **복음**이란 단어가 붙은 책이 여러 권 있는데 모두 신약성경에 포함되지 않습니다. 지난 10~20년 사이에 신약 학계, 실은 거의 미국 신학계에서는 "정말로 신나는 복음서가 여러 권 있었으나, 마태, 마가, 누가, 요한이라는 견고하고 안정적인 복음을 선호하는 지루한 그리스도인들에 의해 모두 질식사해버렸다"라는 표현으로 대변되는 큰 유행이 있었습니다.

도시의 소크라테스

이는 어마어마하게 중요한 질문입니다. 왜 그러한 제안이 잘못되었는지를 이해하는 것은 필수입니다. 얼마 전에 저는 베이커 출판사에서 간행된 『유다와 예수 복음』(*Judas and the Gospel of Jesus*)이라는 또 하나의 작은 책을 보았습니다. 그 책은 소위 유다 복음서라고 하는 책에 대한 답변으로서 부활절에 맞춰 출간되었습니다.

이 책에 관해 설명할 시간은 없지만, 맛보기로 한 말씀만 드리겠습니다. 2세기에 사자 굴에 던져지고 화형당할 위험에 처해 있던 그리스도인들은 도마 복음서나 유다 복음서, 빌립 복음서, 베드로 복음서, 막달라 마리아 복음서를 읽지 않았습니다. 그들은 마태, 마가, 누가, 요한을 읽었는데 그 이유는 그 책들이 "예수가 주님이며 로마 황제는 주가 아니다"라고 말했기 때문입니다. 반면 도마와 그 동료들의 복음은 영지주의적이고, 이원론적이며, 현실 도피적이고, 이 세상에서 도피하기만 하는 예수님을 그립니다. 그러니 **하나님의 나라가 임하고 그분의 뜻이 하늘에서처럼 땅에서도 이루어지는 것이 중요할 리가 있겠습니까?**

마태, 마가, 누가, 요한복음서는 진실로 근본적인 복음이지 영지주의 사상을 담은 그릇이 아닙니다. (서구 사상의 근저에 흐르는 주요 흐름을 이해하고자 한다면 영지주의를 알아야만 한다. 우리가 그리스도인으로서 서구 문화에 대해 어떻게 말해야 할지를 알고자 한다면, 왜 4개의 복음서만 현재의 모습대로 남았고 4권의 책이 어떻게 "영지주의 복음"에 드러나는 그 무엇과는 완전히 다르면서도 훨씬 더 급진적인 메시지를 전하는지를 알아야 한다.) 예수님의 메시지 혹은 "순전한 기독교"가 주는 메시지는 이렇습니다. 하나님의 구원하시는 통치가 예수님의 사역을 통해 그의 죽음과 부활에서 절정에 이르며, 하늘에서처럼 땅에도 임합니다. 이것은 참됩니다. 겉모습은 그럴싸하지만, 근본이 다른 싸구려 대체품에 속지 마십시오. 영지주의 복음은 개인 영성, 다른 세상으로의 구원이라는 현실 도피적 비전을 제시합니다. 그것들은 좋은 **소식**을 말하지 않고 **충고**만 합니다. 하지만 예수님의 복음은 이미 **이루어진** 사건에 관한 **좋은 소식**이며, 그 결과 세상은 완전히 다른 곳이 되었습니다. 이것이 기독교 신앙의 전부입니다.

마태, 마가, 누가, 요한복음서는 진실로 근본적인 복음이지 영지주의 사상을 담은 그릇이 아닙니다.

도시의 소크라테스

8강

무신론의 황혼:
현대 세계 불신앙의 흥망성쇠

알리스터 맥그래스

2006년 11월 21일

강사 소개 시작할까요? 안녕하세요, 저는 에릭 메택시스입니다. E! 채널의 "플레이버 러브"(Flavor of Love)* 대신, 생각하는 사람의 대안인 "도시의 소크라테스"에 오신 여러분을 환영합니다.

플레이버 플래브도 오늘 이 자리에 함께할 예정이었으나 물론 나타나지 않았습니다. 플레이버 플래브 씨가 유감의 뜻을 보내왔네요.

다행히도 아름다운 수 송이 우리를 위해 그녀의 힙합 애창곡을 피아노로 연주해주고 계십니다. 고마워요, 수 송.

추수감사절 주간에 이토록 많은 분과 함께할 수 있어서 얼마나 기쁜지 모릅니다. 40명은 올 거라 확신했는데, 제 짐작이 틀렸나 봐요. 정확히 하는 것이 좋으니, 오늘 밤 여기 계실 분은 손을 들어주시겠습니까? 얼른 세어보니, 20명 정도군요. 자리를 지켜주셔서 고맙습니다.

오늘 밤 알리스터 맥그래스(Alister McGrath) 박사를 모시게 되어 정말 기쁘지만, 더욱 기쁜 것은 100퍼센트 확실한 영국 악센트를 구사하는 강연자를 연이어 여러분께 소개하게 된 점입니다. 어떻게 이런 일을 성사시킬 수 있었는지 정말 대단합니다. 마치 콕스 남작부인 시대로 다시 돌아간 것 같아요.

전면 공개 원칙에 따라 말씀드리면, 맥그래스 박사는 롱아일랜드 시요세트에서 태어나 자랐고, 현재는 트럼프타워와 미네올라(그리고

---

* 익살꾼 래퍼 플레이버 플래브가 출연했으나, 조기 종영된 리얼리티 프로그램.

제가 알기로는 론콘코마)에서 시간을 나눠 쓰고 있습니다.* 따라서 오늘 밤 맥그래스 박사의 악센트는 가짜라는 게 진실이지만 사실 그의 억양이 꽤 괜찮은 편인지라 영화 "메리 포핀스"의 주연 딕 밴 다이크의 형편없는 억양과는 확실히 다르죠. 적어도 제 생각은 그래요. 진짜 런던내기 같다고나 할까요.

오늘 밤 여러분은 진짜를 경험하게 될 텐데, 매우 정교해서 진짜 같은 영국 억양입니다. 여러분은 어떠실지 모르겠지만, 저는 반드시 들어보고 싶습니다. 오늘 리허설을 하는 중에도 맥그래스 박사는 제게 영국 억양의 맛을 보여주지 않더군요. 본 강연을 위해 목소리를 아껴 두고 싶다 하시면서요.

항상 약간 긴장하는 저로서는 긴장을 풀어줄 말이 필요한데, 예컨대 "엘로, 구브나"("Hello, governor"의 사투리)처럼 진짜 영국식 억양 한 마디면 돼요. 뉴질랜드 사람이 아니라 영국 사람임을 알아볼 수 있게 말이죠. 박사님이 "엘로, 구브나"라고 말하는 것도 못 들어봤네요. 행운을 빌어주세요. 긴장되네요.

정말 발음이 괜찮다면, 이따가 "내겐 맛있는 코코넛이 많이 있다오"를 한번 불러달라고 해보죠.**

"도시의 소크라테스"에 대해 한 말씀 드리겠습니다. 혹시 우리 모임이 어떤 모임인지, "도시의 소크라테스"에서 무슨 일을 하는지 모르시는 분이 계시다면, 실례지만 자리에서 일어나 주시겠어요? 곤란하게 하려는 것은 아니고, 자리에서 일어나 노래 몇 소절만 불러주실 수

---

* 미네올라와 론콘코마는 둘 다 뉴욕 롱아일랜드에 있다.
** 토크쇼 진행자였던 고 메리 그리핀은 가수로 연예계에 입문했는데, 첫 히트곡이 엉터리 영국 억양으로 부른 이 노래였다.

도시의 소크라테스

있으신가 해서요. 쑥스러워하지 마시고요.

진지하게 드리는 말씀인데, 소크라테스 모임에 와본 적이 없으신 분, 이번이 처음이신 분이 얼마나 되나요? 자, 상당히 많네요. 괜찮아요. 혹시 이번이 마지막일 것 같은 분은 얼마나 되나요? 좋습니다, 공간을 미리 예약해야 해서요.

"도시의 소크라테스"에 대해 모르시는 분들을 위해 말씀드리자면, 소크라테스는 "성찰하지 않는 삶은 살 가치가 없다"는 약간 유명한 말을 남겼습니다. 제 생각에 그는 여자 친구와 헤어진 직후 조금 철학적이 되었나 봅니다. 짜증을 내다가 정말로 사색하기에 이르렀던 것 같습니다. 소크라테스는 "성찰하지 않는 삶은 살 가치가 없다"고 말했는데, 저와 제 친구들은 뉴욕 시에 자리를 하나 마련해서 중요하고 용감한 질문을 던진다면 일종의 문화 서비스, 지성을 위한 무료 급식소 같은 게 되지 않을까라고 생각했습니다.

맨해튼 같은 곳이나 "지미 키멜 쇼"에서는 중요한 질문은 좀체 다루지 않을뿐더러 근처에도 가지 않죠.

전에 "도시의 소크라테스"에서 다뤘던 주제로는 죽음 이후에 삶이 있는가, 하나님은 존재하는가 그리고 그것을 증명할 수 있는가 등이 있었습니다. 정말 큰 질문이죠. 우리는 "선하신 하나님이 어떻게 악을 허용할 수 있는가?"를 물었습니다. 우리는 악의 개념을 두고 토론했습니다. 여름에 어울리는 가벼운 주제도 있습니다. 우리는 과학자가 하나님을 믿을 수 있는지를 물었고, 당연히 이 자리에 과학자를 모셔서 그 주제에 관해 이야기했습니다. 또한 "요즘 나스닥 주식 시장은 어떠한가"도 물었습니다. 은근슬쩍 끼어든 질문이었는데, 중요한 질문은 **아니었습니다.**

2000년 가을에 모임을 시작하면서, 저희는 줄곧 모금 활동을 했습니다. 하고 싶은 일이 있었기 때문이죠. 아실지 모르겠는데, 이런 일을 위해 기부를 좀 해달라고 할 때마다 부유한 사람들은 "안 돼요"라고 답한다는 걸 알고 계신가요? 하지만 그들에게도 양심이란 게 있는지라, **자신들을 제외한** 다른 사람에게 모금을 요청할 때 유용한 작은 조언을 주곤 합니다. 성공하려면 어떻게 해야 하는가라는 질문에도 마찬가지인데, 언제나 작게 시작하라고 합니다. "이 일을 제대로 키우고 싶다면, 나처럼 집이나 요트 같은 데 돈을 버리지 말게. 작게 키우라고. 그리고 지켜보기만 하면 된다네." 무슨 말인지 아시죠?

우리는 충고를 받아들였습니다. 첫 모임은 이렇게 좋은 장소에서 하지 않았습니다. 장소를 대여할 여유가 없었기 때문이었는데, 지금도 여유가 없기는 마찬가지입니다. 다른 작은 곳에서 시작했습니다. 첫 해 앨라배마의 작고 허름한 클럽에서 모이던 때가 기억납니다. 그때 그곳에서 우리는 이 일이 앞으로 어떻게 될지 지켜보기로 했습니다. 기억하건대, 무대 가장자리에는 닭장에 두르는 철조망인 치킨와이어가 둘려 있었습니다. 맥주 악취가 사방에서 풍겨났는데 깨어진 꿈의 조각 같았죠. 좀 슬펐습니다.

그런 곳에서 강연한 존 폴킹혼 경의 표정을 저는 잊지 못할 것 같습니다. 그는 "주크 조인트"(주크박스가 있는 선술집 – 역주)라는 말을 처음 들어보며 "최소 2잔"이 무슨 뜻인지 몰랐다고 했습니다. 그는 연신 "이런, 세상에!"를 되뇌었습니다. 그는 치킨와이어가 뭔지 몰랐던 것 같습니다. 왕립협회에는 그런 게 둘러져 있지 않을 테니까요.

후에 명성 있는 템플턴 상을 수상하게 된 것과 같은 주제로 강의를 시작하면서, 그는 치킨 와이어가 어디에 쓰는 물건인지 제대로 깨달았

도시의 소크라테스

던 것으로 기억합니다. 네, 그의 강연은 잘 받아들여지지 않았습니다. 사람들은 분명 그가 잘난 체한다고 생각했던 게 분명합니다. 무언가를 집어던지기 시작했거든요. 아무튼 아주 유감스러운 일이었습니다.

농담이고요, 진지하게 말해서 우리는 앨라배마의 그 소박한 주크 조인트 이래로 머나먼 길을 지나왔습니다. 오늘 우리는 보시는 것처럼 치킨와이어가 필요 없는 연회실에서 부족한 것이 없는 여러분을 모시는 영광을 누리고 있습니다.

하지만 우리는 여러분에게서 눈을 떼지 않겠습니다. "신뢰하되 확인하라." 이 말을 드리고 싶습니다. 물론 우리 강연자들의 수준은 조금도 저하되지 않았습니다. 폴킹혼 경 이래로 쭉 우리 강연자들은 늘 눈부셨습니다. 시작이 좋았죠? 저는 그렇게 생각합니다. 물론 유니언 리그 클럽이라 불리는 이 세련된 주크 조인트에서 비범하기 이를 데 없는 알리스터 맥그래스 박사를 모시게 되어 몹시 설렙니다. 여러분은 곧 이분의 강연을 듣게 될 것입니다.

맥그래스 박사는 옥스퍼드 대학교에서 역사 신학을 가르치고 있으며, "기독교 변증을 위한 옥스퍼드 센터" 대표로 봉직하고 있습니다. 또한 수많은 책을 쓴 저자인데, 그중 『무신론의 황혼: 현대 세계 불신앙의 흥망성쇠』(*The Twilight of Atheism: The Rise and Fall of Disbelief in the Modern World*)가 있습니다. 오늘 밤 이 제목을 주제로 강연해 주실 것입니다. 그리고 강연에 이어서 바로 이 자리에서 책에 사인도 해주실 것입니다. 그 시간을 잘 활용하시기를 권해드립니다. 저도 기꺼이 사인해드리죠. 제 역할은 다해야겠죠.

맥그래스 박사는 분자생물학 박사십니다. 우리 대부분처럼 말이죠. 그러나 박사님이 평범한 분자생물학자인 우리와 남다른 점이 있다면, 세계적으로 유명한 신학자이기도 하다는 점입니다. 물론 이 두 영역의 조합은 꽤 드문 경우입니다. 학계에서는 이런 경우 "1인2역"이라고 하던데, 맞나요, "1인2역" 선생님? 잘 모르겠군요.

또한 박사님은 정말 많은 책을 썼습니다. 그중에 『도킨스의 신』(*Dawkins' God*, SFC 역간)은 여기 북 테이블에 비치해두었는데, 리처드 도킨스가 말하는 신은 존재하지 않음을 다루고 있습니다. 황혼녘에 강림한 이 무신론자에 대해 우리는 곧 영국 억양으로 강연을 듣게 될 것입니다. 영국 악센트, 정말, 정말 기대합니다.

또한 맥그래스 박사는 『내가 그 일을 했다면』(*If I Had Done It*)이란 논쟁적인 책을 쓴 저자입니다. 『내가 그 일을 했다면』이라니,* 가정법인가요? 『내가 그 일을 했다면』에는 부제가 달렸는데 "정말로 내가 그랬다면, 얼마나 끔찍한 일인가"(Indeed If I Had, What a Frightful Thing It Might Have Been, 매텍시스는 Been을 Bean[미국 속어로 사람의 "머리" 혹은 "머리를 치다"를 의미함. O. J. 심프슨을 살인자로 간주하는 듯하다—편집자 주]으로 발음한다)입니다.

그리고 가볍게 볼 수 있는 『내가 그 일을 했다면』의 후속작은 베스트셀러인 『그러지 말았어야 했지만』(*Hada Woulda Shoula*, 메택시스는 계속 심프슨을 비난하는 듯하다—편집자 주)입니다. 아무튼 이 모든 책이 놀랍고, 맥그래스 박사가 쓴 다른 책들 또한 북 테이블에서 구입할

---

* O. J. 심프슨이 쓴 지극히 논쟁적인 책의 제목이다. 출판사인 하퍼콜린스는 결국 책을 거둬들였고, 폭스 채널이 제작한 특별 프로그램도 방영되지 않았다(심프슨은 전직 미식축구 선수다. 살인 혐의로 재판을 받았으나, 무죄 판결을 받았다. 메택시스는 이를 비꼬는 듯하다. 실제로 출간된 책 제목은 *If I Did It: Confessions of the Killer*로서 골드만 패밀리에서 출간되었다—편집자 주).

수 있습니다. 여기 있는 책 대부분이 다음 주 시청률 조사 기간 동안 폭스 TV에서 특별 프로그램으로 홍보될 예정입니다. 그렇지 않다면, 한 달 후 유튜브에서 볼 수 있을 것입니다.

이쯤에서 제가 빠지는 게 좋을 것 같네요. 오늘 강연자인 맥그래스 박사께서 35분에서 40분 정도 강연해주시고, 강연 후에는 35분에서 40분 정도 질의응답 시간을 갖겠습니다. 우리는 이 시간을 무척 즐깁니다. 질문할 내용을 잘 정리하셨다가, 12단어나 13단어가 넘지 않는 선에서 질문해주세요. 그 선에서 질문을 제지할 겁니다. 제 친구라면, 14단어까지는 괜찮아요. 이제 더는 꾸물대지 말죠. 이 자리에 알리스터 맥그래스 박사를 모시게 되어 큰 영광입니다. 큰 박수로 맥그래스 박사님을 맞아주시기 바랍니다.

강연

에릭, 친절한 소개 고마워요. 이곳에 오신 여러분, 환
영합니다. 제 억양이 마음에 드셨으면 좋겠습니다. 평
생 갈고 닦은 억양인데 말이죠. 만일 오래전 누군가가
제게 뉴욕의 이 멋진 곳에 와서 무신론의 황혼에 관해
이야기해달라고 했다면, 저는 정말 깜짝 놀랐을 것입니다.

여러분도 알다시피, 저는 북아일랜드에서 성장했습니다. 북아일랜
드에 대해 모르는 분들을 위해 말씀드리자면, 외부인의 눈으로 보면
북아일랜드는 뒷걸음질 치는 곳입니다. 혹시라도 북아일랜드에서 오
신 분이 있다면 먼저 사과드립니다. 젊은 시절 저의 지적 흥미를 가장
자극했던 것은 매년 열리는 당나귀 경주 대회였습니다. 그런 사람에게
뉴욕 방문은 참으로 고상한 경험이며 무척 즐거운 일일 것입니다.

그리고 다른 이유로 해서 저는 매우 놀랐을 텐데, 실은 고등학생
때 저는 무신론자였으며 그것도 아주 공격적인 무신론자였습니다. 따
라서 제가 이곳에 와서 저 자신의 기독교 신앙에 대해 말하고 무신론
의 미래를 숙고한다는 것은 제게 엄청난 충격으로 다가왔을 것입니다.

모두 아시듯이, 무신론은 다양한 형태로 다가옵니다. "나는 하나님
을 믿지 않지만, 당신이 믿는다니 기쁘네요"라고 말하는 예의 바른 무
신론자가 있습니다. 그리고 "하나님 망상" 같은 온갖 언어를 사용하여
"이런, 요즘은 정신 병원이 꽉 차서 말이지. 널 위해 병원을 더 넓혀야
하겠군" 식의 말을 일삼는 공격적인 부류의 무신론자도 있습니다.

저는 이 두 번째 부류에 속한 사람이었습니다. 젊은 시절, 저는 종

교가 유해하고 사악하며 파괴적일 뿐 아니라 시대에 뒤떨어졌으며 내가 사는 동안 점점 힘을 잃어 완전히 무의미해질 텐데, 그것은 아주 잘된 일이라는 견해에 깊이 빠져 있었습니다.

여러분은 제가 어쩌다가 그렇게 믿게 되었는지 알고 계실 것입니다. 저는 북아일랜드에서 성장기를 보냈는데, 1960년대에 그곳은—제 생각에는 오늘날도 여전히—종교 폭력으로 유명한 곳이었습니다. 제가 보기에는 종교가 폭력을 유발하는 것이 너무도 분명했습니다. **종교를 없애면, 폭력도 사라진다. 문제 될 게 뭐람?** 당장 실행하자. 젊은 제가 가졌던 생각이었지요.

북아일랜드를 방문해 벨파스트에 간 영국인 이야기를 들어보셨을 줄 압니다. 어느 토요일 밤 외출했다가 야구 방망이를 들고 있는 한 무리의 젊은이들과 마주쳤는데, 그들이 묻습니다. "당신 개신교 교인이오, 로마 가톨릭 교인이오?"

그는 잠깐 생각했습니다. 어떻게 답변하느냐에 따라 미래가 좌우될 수 있음을 알았던 그는 썩 좋은 대답을 내놓았습니다. 그는 이렇게 말했죠. "나는 무신론자요." 그러자 잠시 침묵이 이어지더니 그들은 다시 이렇게 물었습니다. "그런데 개신교 무신론자요, 아니면…?"

당시의 분위기가 꽤 안 좋았다는 것을 아시겠죠? 확실히 무신론이 이치에 맞는 것만은 분명해 보였습니다. 또한 당시 저는 장차 자연과학 분야에서 일하게 되리라고 생각했기 때문에 자연과학을 전공하고 있었습니다. 확실히 과학은 무신론을 심어줄 뿐 아니라 그 필요성을 확인해주는 것 같았습니다. 좋은 과학자는 무신론자이며, 과학은 신이 존재하지 않음을 입증하며, 따라서 이것으로 문제가 종결된 것이죠. 더는 논쟁할 필요가 없었습니다.

그때 저는 16~17살 무렵이었습니다. 그러니 용서될지도 모르겠네요. 아무튼 당시 저는 그렇게 생각했고 지금도 많은 사람이 이 문제를 그런 식으로 바라보고 있습니다. 저는 옥스퍼드 대학교에 진학해 화학을 공부하면서 많은 연구와 활동을 했습니다. 그러다가 저 자신의 태도에 엄청난 변화가 일어났음을 알게 되었습니다. 자세한 이야기는 강의 중에 하겠지만, 강의 서두에서 제시하고 싶은 한 가지 핵심은 제가 무신론에서 기독교로 옮겼는데, 그 이행 과정에 자연과학이 실제로 역할을 했다는 점입니다. 왜냐하면 과학에 대한 이해가 깊어지면서 과학이 제가 생각했던 것처럼 실제로 종교적 믿음을 증명하지도, 논박하지도 않는다는 사실을 이해하게 되었기 때문입니다. 제가 생각했던 것보다 신앙과 하나님이 들어설 여지가 많았습니다.

리처드 도킨스라면 그 자신이 그랬듯이 종교적 믿음을 버리고 무신론으로 돌아서는 것만이 실행 가능한 유일한 대안이라고 말하겠으나, 저를 비롯한 다른 많은 이들은 그 밖에도 고려해볼 만한 여러 대안이 있다고 말할 것입니다.

이제 무신론에 관해 이야기해봅시다. 무신론은 항상 우리 곁에 있었습니다. 예컨대 무신론은 고대 그리스 시대에도 있었으나, 그것이 서구에서 특별히 의미를 지니기 시작한 것은 18세기부터였습니다. 주변부 운동에 불과하던 무신론은 거의 정확히 지난 200년 동안 서구 문화의 중심을 지배하는 운동으로 자리매김했다고 할 수 있습니다.

두 가지 사건이 그 기틀이 되었습니다. 하나는 1789년 프랑스 대혁명, 아니 그보다는 여러 면에서 전제 권력의 상징으로 인식되던 바스티유 감옥 습격 사건입니다. 여러 가지 면에서 프랑스 대혁명은 해방자인 무신론과 관련된 것이라고 여겨도 무방합니다. 신에 대한 믿음을

도시의 소크라테스

버린다면, 더는 과거의 족쇄에 얽매이지 않습니다. 사슬을 끊고 나와서 새로운 일, 신나는 일을 할 수 있습니다. 장래는 밝고, 신은 없고, 인간은 자유롭습니다. 확실히 이처럼 강력한 정서들이 서구 문화에 지대한 영향을 끼쳤습니다.

그러나 200년이 지난 1989년, 여러분 모두가 아시듯이 무언가 다른 일이 일어났습니다. 베를린 장벽이 무너져 내린 것입니다. 베를린 장벽은 억압의 상징이었습니다. 장벽이 무너지자, 사람들은 무너진 장벽을 밟고 춤을 추었습니다. 왜 그랬을까요? 그 단계에서 무신론은 적어도 동유럽에서는 억압자임이 이미 드러나기 시작했기 때문입니다. 한때는 자유와 희망, 낙관주의라는 새 시대를 여는 서구 문화의 해방자로 여겨졌던 바로 그 무신론이 이제는 많은 사람에게 오히려 새로운 억압자로 드러난 것입니다.

따라서 오늘 강연에서 저는 무신론에서 출현한 몇 가지 주제를 살펴보고자 합니다. 괜찮다면, 지난 세기 동안 무신론이 견고하게 다져 온 주장의 근간을 살펴보고, 맞붙어 접전을 벌여보겠습니다.

9.11 이래로 무신론은 서구 문화의 주요 쟁점이 되었습니다. 그 이유는 다수—전부가 아니라 다수—의 문화 관찰자들이 보기에 9.11은 종교가 동인이 되어 폭력을 일으킨 행위이기 때문이었습니다. 샘 해리스(Sam Harris), 대니얼 데닛(Daniel Dennett), 리처드 도킨스의 글을 보면, 하나같이 9.11에서 영감을 얻었음을 알 수 있습니다. 그들은 매우 강하게, 과장된 표현을 써서 어느 때보다 오늘날 무신론이 절실히 필요하다고 주장합니다. 만일 무신론이 정착된다면, 9.11 같은 참사는 더는 없을 것이라는 말이지요. 무척 설득력 있는 주장입니다.

이 강연에서 저는 이와 같은 주된 주장의 논거와 관련해서 몇 가지 주제를 제기하고 추적해보려 합니다. 우선, 해리스와 데닛, 도킨스 및 특별히 그의 책 『만들어진 신』과 관련해서 "현대 무신론은 어디로 가고 있는가?"라는 질문을 던지겠습니다.

이렇게 시작해봅시다. 매우 간단한 질문을 하나 드리겠습니다. 대니얼 데닛의 『주문을 깨다』(Breaking the Spell, 동녘사이언스 역간), 리처드 도킨스의 『만들어진 신』, 샘 해리스의 비교적 얇은 신작 『기독교 국가에 보내는 편지』(Letter to a Christian Nation, 동녘사이언스 역간), 이 3권을 합치면 거의 900쪽에 달합니다. 종교가 이제 서구 문화에서 모조리 사라질 운명이라면 무신론이 옳다는 것을 보여주기 위해 900쪽이나 쓸 필요가 있을까요? 오늘 저녁 이 자리에 계신 많은 분이 1960년대의 정신을 기억하실 것입니다. 저도 기억합니다. "종교는 사라지고 있다."

"신은 죽었는가?"라는 제목의 「타임」 표지를 기억하실 겁니다. 미래 우리 문화의 세속화에 관해 아주 극적인 어휘를 구사했지요. 예컨대 종교는 그야말로 주류에서 밀려나고 있으며, 이 세기가 저물면서 종교는 개인의 삶에서든 공적 삶에서든 아무런 역할도 하지 못하게 되리라는 주장이었죠. 그런데 그 말처럼 되지 않았습니다. 실제로 4년 전 회의주의자협회 회장인 마이클 셔머(Michael Shermer)가 책을 한 권 썼는데, 책에서 그는 "공적 생활의 영역에서 하나님이 이토록 중대한 의미를 가졌던 적은 미국 역사에서 한 번도 없었다"라고 했습니다.

여기에는 진짜 문제가 도사리고 있습니다. 실패한 예언은 누구의 환영도 받지 못하는데, 우리가 보는 현 상황이 딱 그렇습니다. 그렇다면 무엇이 종교의 복귀를 일으켰을까요?

이들 작가의 글에서 찾을 수 있는 대답을 몇 가지 주장으로 요약

도시의 소크라테스

해 보여드리겠습니다. 첫째, 사람들은 신을 믿기 원하는데, 슬프고 상상력이 결핍된 삶을 살아가는 사람들은 자신의 삶에 존엄성과 의미를 부여하고 현재 자신의 위치와 지향점을 알려줄 **무언가**가 정말로 필요하다. 그래서 신을 만들어낸다. 신은 망상이지만 사람들은 그것을 알면서도 일부러, 때로는 실수로 그 망상을 받아들인다.

이제 다시 여러분은 리처드 도킨스의 책 『만들어진 신』에 담긴 주장을 보게 될 텐데, 실제로 그 주장은 시종일관 1830년대, 곧 루트비히 포이어바흐에게로 거슬러 올라갑니다. 여러분 중 많은 분이 다음과 같은 그의 주장을 아실 겁니다. 신은 없다. 그런데도 사람들이 하나님을 믿는 현실에는 설명이 필요하다. 신은 존재하지 않으므로, 사람들이 신을 만들어내는 이유를 설명해야 하는데, 사람들이 신을 만들어내는 것은 초월이라는 허구의 화면에 자신의 갈망을 투사하기 때문이며, 그 결과물을 **신**이라고 부르는 것이다.

이것은 매우 영향력 있는 주장입니다. 또한 이것은, 이미 눈치채셨을 수도 있는데, 약간은 순환 논리입니다. **신은 없다, 그러므로 신을 믿는 것은 정신의 불발 같은 현상이 계속되고 있다는 뜻이라고 믿어야 한다.**

이 주장을 주의 깊게 살펴봅시다. 사람들은 하나님을 믿고 싶어 합니다. 실제로 수많은 기독교 신학자도 그 말에 기꺼이 동의할 것입니다. 아우구스티누스나 C. S. 루이스를 생각해보세요. 아우구스티누스의 유명한 기도를 생각해보시죠. "당신을 위해 우리를 지으셨으니, 당신 안에서 쉼을 얻기까지 우리 마음은 쉼을 얻을 수 없습니다." 그리스도인이 하나님을 믿는 것은 인간 안에 내재한 본성입니다. 자연스러운 일이죠. 우리는 그렇게 지어진 존재입니다.

다시 포이어바흐에게로 돌아갑시다. 포이어바흐의 주장은 이렇습니다. 사람들은 신이 존재하기를 원한다, 그러므로 이 말은 하나님이 존재하지 않는다는 뜻이다. 그의 말에 어떤 힘이 있음을 볼 수 있습니다. 일반적으로 내가 원한다고 해서 그 원하는 바가 존재할 필요는 없습니다. 제게 100달러 지폐 뭉치가 있거나 에릭 같은 억양으로 말할 수 있다면 얼마나 멋질까요? 정말 좋겠죠? 그런 일은 일어나지 않을 겁니다. 원하는 것을 모두 바랄 수는 있지만, 원한다고 해서 그것이 생겨나는 것은 아니지 않습니까?

들으시는 것처럼 제 목소리는 다소 쉰 소리입니다. "물 한 잔이 있으면 얼마나 좋을까?"라고 제가 말할 수 있겠죠. 오, 세상에! 이게 뭐죠? [물 잔을 가리킨다.]

제 요점은 이렇습니다. 무언가가 있기를 바라는 마음과 그 바람대로 무언가가 존재하는 것이 어쨌든 실제로는 전혀 모순이 아닙니다. 거기에 논리적 오류 같은 게 있다면 살펴봐야겠죠.

다시 포이어바흐에게로 돌아가서, 그의 주장 자체가 무언가를 증명한다 하더라도, 실제로는 무신론이 종교적 믿음과 같은 범주에 있음을 증명할 뿐이라는 사실을 많은 사람이 지적했습니다. 사람들이 하나님을 믿지 않는 이유는 무엇일까요? 그게 사실이기를 바라기 때문입니다. 하나님이 없다면, 우리는 마음대로 할 수 있습니다. 더 높은 권위가 없

다시 포이어바흐에게 돌아가서, 그의 주장 자체가 무언가를 증명한다 하더라도, 실제로는 무신론이 종교적 믿음과 같은 범주에 있음을 증명할 뿐이라는 사실을 많은 사람이 지적했습니다. 사람들이 하나님을 믿지 않는 이유는 무엇일까요? 그게 사실이기를 바라기 때문입니다. 하나님이 없다면, 우리는 마음대로 할 수 있습니다.

도시의 소크라테스

다면, 우리 인생의 주인은 바로 우리 자신이 됩니다. 자율적 존재가 되는 거죠.

체스와프 미워시(Czeslaw Milosz, 1980년 노벨 문학상을 받은 폴란드 태생의 미국 시인, 소설가—역주)는 "허무주의의 신중한 매력"이라는 글에서, 민중에게 새로운 아편이 있으니 곧 신이 없다는 생각이라고 말합니다. 만일 신이 없다면, 우리는 누구에게도 책임질 일이 없기 때문입니다. 우리는 자신이 하고 싶은 대로 할 수 있고, 아무도 그런 우리를 막지 못할 테니까요.

다시 한 번 여러분은 이런 근거를 들어 무신론은 그 자체로 잘못되었다고 주장할 수 있습니다. 그런 주장이 어떤 결론에 이를지는 확실치 않지만요. 이 시대의 무신론자들이 종교를 비판하는 내용 가운데 또 다른 주요 주제를 살펴보겠습니다.

제 생각에 이 주제는 굉장히 중요하고 큰 주제인데, 그것은 바로 종교가 폭력을 낳는다는 주장입니다. 아주 그럴듯한 비판이라고 생각합니다. 제가 북아일랜드에서 자랄 때, 그것은 너무도 명백한 사실처럼 보였으니까요.

저는 먼저 종교가 분명 폭력을 낳는 행동과 관련될 수 있음을 인정하는 데서 시작해야 한다고 봅니다. 이 문제를 공론화해야 합니다. 공개적으로 인정해야 합니다. 그것은 현실이며 중요합니다.

하지만 더 깊은 질문을 던져야 한다고 봅니다. 모든 운동에는 암적인 면이 있게 마련입니다. 폭력은 실제로 종교의 고유한 문제일까요, 아니면 운동의 어떤 부분에서 드러나는 안타까운 경향이라고 보아야 할까요? 이는 무척 중요한데, 여러분이 20세기 역사를 돌이켜본다면 문화 주변부에 있던 무신론이 상당한 권력을 손에 쥐게 되었음을 알게 됩니다. 예를 들어 소련에서 무신론은 실제로 종교의 최고 악덕을 그대로 되풀이했지요.

리처드 도킨스로 돌아가 볼까요? 그는 자신의 책 『만들어진 신』에서 무신론자들은 무신론의 이름으로 폭력이나 억압 행위를 절대 행하지 않았으며 앞으로도 범하지 않을 것이라고 말합니다. 저는 이것이 개인적 신념을 역사로 가장한 진술이라고 생각합니다. 여러분 가운데 소련의 역사를 아시는 분들은 1918년경부터 1941년 사이에 러시아 교회의 90퍼센트가 다이너마이트로 폭파당했고, 소련의 성직자 90퍼센트가 제거되었다는 사실을 아실 것입니다.

여기에는 심각한 문제가 있습니다. 왜 그런 일이 일어났습니까? 종교가 적으로 여겨졌기 때문입니다. 따라서 저는 무신론 또한 그 자체 형태의 폭력을 낳았다는 사실을 먼저 공론화해야 한다고 보지만, 사실 그보다 훨씬 더 중요한 질문도 그렇게 해야 한다고 봅니다. 그 질문은 이렇습니다. 과연 이것이 정말로 종교와 무신론의 문제일까요, 아니면 인간 본성의 문제일까요? 달리 말해 인간의 본성에 무언가가 존재하는 것은 아닐까요? 즉 위대하고 긍정적 행동을 하게 하는 동시에 끔찍한 일을 하게 만드는 무언가가 우리 안에 있는 것은 아닐까요?

니체 역시 인간 본성에 관해 이렇게 말했습니다. 우리는 선을 행하기 원하지만, 결국 악을 행하고 만다는 사실 사이에 어떤 긴장감이 존재합니다.

예를 하나 들겠습니다.

제가 화학을 공부하던 때 보던 교과서 가운데 『피저의 유기 합성 시약』이라는 책이 있었습니다. 수백 쪽에 달하는 두꺼운 책이었습니다. 저는 허다한 날을 밤늦도록 대학교 도서관에서 보내며 피저

도시의 소크라테스

(Fieser) 교수에 대해 매우 잘 알게 되었습니다. 그 책은 정말이지 아주 좋은 책이었습니다. 하버드 대학교의 화학 교수인 피저에 대해 알아 갈수록, 저는 그에 대해 몇 가지 믿을 수 없는 점을 발견했습니다. 그는 의학적으로 의미 있는 엄청나게 다양한 종류의 화학물질을 합성해 냈는데, 그중에는 혈액 응고 방지 성분과 다양한 형태의 스테로이드가 포함되어 있습니다. 여러분 가운데 본인이 혈우병 환자거나 이 병이 어떤 병인지를 아시는 분이라면, 이분은 여러분에게 중요한 인물일 것입니다.

이처럼 피저 교수는 여러 가지 좋은 일로 알려졌지만, 또한 많이 언급되지 않은 한 가지 발명품으로도 알려진 분입니다. 1942년 미국 육군이 피저 교수를 찾아와 가벼운 문제가 발생했다고 설명했습니다. 그들은 태평양의 여러 섬에 있는 일본의 병력 편대를 무력화하려 애썼으나 실패했습니다. 그들은 적의 병력, 특히 참호에 있는 병력을 무력화시키는 데 효과적인 무언가가 필요했는데, 피저 교수가 네이팜탄을 발명해낸 것입니다. 네이팜탄은 살상용으로 고안된 무기입니다.

이것을 어떻게 이해해야 할까요? "과학은 악하다, 피저 교수 때문이다, 우리는 그와 자연과학을 맹렬히 비난해야 마땅하다"라고 말할 수도 있을 것입니다. 그러나 저는 절대 그렇게 하지 않을 것입니다. 모든 증거가 그가 위대한 열망을 지닌 사람임을 보여주겠지만, 그는 나중에 돌아보면서 후회할 일을 하고 만 것입니다.

사실 저는 우리 대부분이 그와 같다고 봅니다. 우리 자신은 한껏 높아진 것 같은 순간에 허물어집니다. "종교는 폭력을 낳는다"라는, 이 지극히 단순한 주문은 우리가 쉽게 믿는 것처럼 그렇게 간단하지 않습니다.

여러분 중에는 자살 폭탄 테러를 다룬 로버트 페이프(Robert Pape)의 흥미로운 책 『죽음으로 승리하다』(*Dying to Win*)를 읽으신 분들이 있으실 텐데, 책에서 그가 알려진 모든 경우를 살핀 뒤에 내리는 결론이 무척 흥미롭습니다. 모든 경우를 살펴볼 때, 그는 종교가 이 현상의 필요조건도 충분조건도 아니라고 주장합니다. 오히려 자신들이 큰 나라의 핍박을 받고 있다고 느끼는 일단의 사람들이 중요한 듯합니다. 동원 가능한 정규 군사 자원이 없는 그들은 점령군에 저항하기 위해 자기 자신을 무기로 사용하고, 급기야 될 수 있는 대로 많은 사람을 죽게 만드는 상황에 내몰리게 됩니다. 물론 이것은 정치적으로 옳을 수 있으나, 이런 일에서 종교의 역할이 단순한 분석에서 제기하는 만큼 간단하지 않음을 우리는 상기하게 됩니다.

그러나 이렇게 말할 수도 있습니다. "그 말이 맞을 수도 있지만, 그래도 종교가 없다면 이 세상은 분명 덜 폭력적인 곳이 될 것이다." 이 점에 대해 잠시 생각해보겠습니다. 왜냐하면 제가 보기에 이 주장은 무척 중요하며, 젊은 시절 제가 매우 공감했을 법한 주장이 분명하기 때문입니다.

여러분 가운데 사회학자가 있다면, 인간은 사회적 차별을 고안해내는 데 참으로 능하다는 사실을 아실 겁니다. 다른 말로 하면, 내집단과 외집단의 구분 말입니다. 종교도 그중 하나입니다. 인종도 마찬가지고, 부족 정체성이나 경제적 지위도 그렇습니다. 나열하면 끝이 없습니다. 진짜 문제는 분열의 주요 원인이 되어 결국 폭력을 낳을 수 있는 다른 긴 목록과

> 진짜 문제는 분열의 주요 원인이 되어 결국 폭력을 낳을 수 있는 다른 긴 목록과 함께 종교가 그 목록에 속한다는 점입니다. 종교 하나만이 문제인 것은 절대 아닙니다.

도시의 소크라테스

함께 종교가 그 목록에 속한다는 점입니다. 종교 하나만이 문제인 것은 절대 아닙니다.

우리가 반드시 알아야 할 사항 가운데 하나는—이 자리에 어울리지 않지만, 다소 전문적인 표현을 쓰자면—인간은 어떤 대상을 초월로 격상시키는 데 아주 능하다는 점입니다. 다른 말로 하면, 인간은 실제로는 전혀 신성이 없는 어떤 것을 취해서 인간이 도전할 수 없는 최고 권위를 가진 대상으로 만드는데, 이는 특정 집단을 제한하고 결국에는 사회 분열을 일으키는 원인이 되고 맙니다.

예를 하나 들겠습니다. 1793년 프랑스 대혁명 때로 되돌아가면, 공포 정치가 궤도에 올라 세상이 갈수록 폭력적으로 돌아가고 있었습니다. 이는 프랑스 대혁명의 무신론적 일면이었습니다. 롤랑 부인은 날조된 고발에 따라 처형을 받기 위해 혁명 광장의 단두대 앞으로 끌려왔습니다. 그녀는 정치적으로 불편한 인물이 되었던 것입니다. 단두대로 끌려가는 길에 그녀는 자유의 여신상을 가리키며 말했습니다. "자유여, 너의 이름으로 어떤 범죄가 자행되고 있는가!"

요점이 뭔지 아시겠죠. 만일 하나님이 없다면, 그 공백을 메우기 위해 우리는 다른 것들을 격상시키고 맙니다. 우리가 무언가를 택해서 격상시키면, 격상된 그것은 결국 사이비 신격을 차지합니다. 프랑스 대혁명의 경우, 자유가 그러했습니다. 때로는 온전함이, 때로는 정치적 올바름이 그 자리를 차지할 수 있습니다. 그것이 무엇이든, 이런 일은 일어나게 마련입니다. 이것은 마치 우리 인간이 존재하는 방식의 일부인 듯합니다.

저는 종교 폭력뿐 아니라 모든 종류의 폭력을 제거하기 위해 정말 최선을 다해야 한다고 생각합니다. 그래서 이 문제를 풀기 위해 여하간의 노력을 기울이는 이런 대화를 예의 주시하며 관심을 기울이고 있습니다. 그러나 저는 종교를 제거한다고 해서 사태가 호전되리라고 생각하지 않으며, 종교를 없애려는 시도 자체가 실제로는 그러한 폭력을 오히려 일으킨다고 생각합니다. 사람들이 자신들의 종교적 정체성에 큰 의미를 부여하기 때문입니다.

계속해봅시다. 최근의 무신론 저작들에서 발견되는 주요 주제는 이렇습니다. "과학은 하나님을 반박한다. 자연과학과 기독교—모든 종교가 해당하나, 특히 기독교—에는 불변의 긴장 상태가 존재한다. 과학과 종교는 방 안에 갇혀 죽을 때까지 싸울 텐데, 그 싸움은 오직 한쪽만 이길 수 있으며, 승자는 과학일 것이다."

유감스럽지만 리처드 도킨스의 저작에서 이런 견해를 찾아볼 수 있습니다. 제가 이렇게 말하는 것은, 그의 말이 사실이 아니라고 생각하기 때문입니다. 이는 역사적으로도 사실이 아니며, 오늘날의 현실을 고려해볼 때도 전혀 사실이 아닙니다. 실제로는 다소 다르다고 과학사가들이 증언해줄 것입니다. 사실, 위스콘신 대학교의 로널드 넘버스(Ronald Numbers)는 대중적 역사 기술의 주된 신화 가운데 하나가 과학과 종교가 사투에 몰두해 있는 모습이라고 말합니다. 그는 실제로는 그렇지 않다고 합니다. 그 둘은 종종 긴밀한 협업 관계였으며, 때때로 실제 긴장 관계에 처하기도 했지만, 그런 경우는 항상 복잡하고 미묘한 상황이어서 과학과 종교 간의 영원한 전쟁이란 개념은 실제로는 1890년대의 사고방식이라고 말합니다.

그러면 여기서 제기되는 질문들에 집중해봅시다. "과학은 하나님이 존재하지 않음을 입증한다." 다시 한 번 여러분 모두 들어본 주문입니다. 의미심장하고 대중적인 정서이지만, 그렇다고 해서 반드시 맞는

도시의 소크라테스

말은 아닙니다. 저 자신의 경우를 볼 때, 저는 과학과 과학 철학에 대한 관심이 점점 커지면서 무신론에서 기독교 신앙으로 넘어왔습니다. 최근에 나온 책을 몇 권 생각해봅시다. 2006년에 대니얼 데닛, 리처드 도킨스, 샘 해리스의 책이 나왔는데, 하나같이 과학과 무신론은 밀접한 관계가 있다고 주장하고 있습니다. 그들의 책만큼 널리 알려지지는 않았으나 널리 읽혀야 하는 책 중에는 하버드 대학교 천문학자인 오웬 깅그리치(Owen Gingerich)의 책 『하나님의 우주』(God's Universe), 인간 게놈 프로젝트를 총지휘하는 프랜시스 콜린스(Francis Collins)의 무척 흥미로운 책 『신의 언어』(The Language of God, 김영사 역간), 우주의 미세 조정을 다룬 폴 데이비스(Paul Davies)의 도발적인 책 『골디락스 수수께끼』(The Goldilocks Enigma)가 있습니다. 왜 골디락스입니까? 오트밀 죽에 관한 동화, 기억나시죠? 골디락스가 숲에서 길을 잃고 헤매다 오두막을 발견해 들어갔더니, 식탁에 차려놓은 3그릇의 죽을 발견했는데 하나는 너무 뜨겁고, 하나는 식어서 너무 차갑고, 다른 하나는 먹기에 딱 알맞았다는 이야기 말입니다. 『골디락스 수수께끼』는 생명이 출현하기에 우주가 딱 알맞았음을 논하는 책입니다.

흥미롭게도 깅그리치와 콜린스 두 사람은 모두 과학을 기독교적 관점에서 볼 때 가장 잘 이해할 수 있다고 주장합니다. 폴 데이비스는 그렇게 말하지 않습니다. 그는 우리가 하나님을 믿게 만드는 무언가가 우주 안이나 밖에 있지만, 그것이 반드시 기독교의 하나님일 필요는 없다고 말합니다. 요점을 아시겠죠? 이들 모두가 중요한 과학자인데 서로 정반대 방향을 가리키고 있습니다.

제게는 상황이 이렇습니다. 우리는 무신론자의 방식으로 자연계를 해석할 수도 있고 기독교의 방식이나 불가지론자의 방식으로도 자연계를 해석할 수 있습니다. 각 관점에 들어맞는 적합한 사례가 있을 수 있으나 어느 것도 자연 자체가 그 충분조건이 되지는 않습니다. 아니면 간단히 이렇게 표현해볼까요? 이 모든 관점이 완벽하게 문젯거리가 될 일은 없지만, 자연 자체는 이것보다 저것을 선택하라고 강제하지 않습니다.

아마 여러분도 아시겠지만, 대다수 과학자는 하나님에 대한 믿음을 과학이 아닌 다른 데서 얻게 되고 이를 가져다 자신의 과학 연구에 이용한다는 증거가 있습니다. 완전히 정확하진 않지만 최근의 몇몇 설문 조사에 따르면, 40퍼센트가량의 과학자들이 하나님을 믿으며, 20퍼센트는 믿지 않고, 20퍼센트는 확신하지 못한다고 합니다. 어떤 하나님을 말하는 것일까요? 흥미롭게도 그들에게 던진 질문은 "당신은 기도에 응답하는 신을 믿는가?"였습니다. 아주 구체적인 하나님 개념입니다. 제게는 그 질문이 이런 간단한 토론이 제시하는 바보다 훨씬 더 복잡하게 여겨지긴 합니다.

최근 폐암으로 작고한 스티븐 J. 굴드(Stephen J. Gould)는 무척 흥미로운 말을 한 적이 있습니다. 자신의 책 『만세 반석』(Rocks of Ages)에서 그는 과학이 자신의 적법한 수단을 적용하여 하나님 문제에 대해 이렇다 저렇다 결정할 수 없다고 주장합니다. 과학자들은 대부분 그렇다고 생각할 것입니다. 하지만 리처드 도킨스는 그렇지 않다고 생각합니다. 그는 참 과학자라면 마땅히 무신론자가 되어야 한다고 주장하면서, 프리먼 다이슨(Freeman Dyson)처럼 감히 종교에 관심을 두고 이따금 종교에 대해 긍정적인 이야기를 하는 사람을 과학자로 신뢰할 수 있는지 의문을 제기합니다.

이 자리에서 저의 진짜 걱정을 표현한다면, 여러분도 아시듯이 저

　　　　　　　　　　　　　　　　　　　도시의 소크라테스

는 과학을 사랑합니다. 과학이 경이롭다고 생각하지만, 만일 여러분이 도킨스처럼 과학은 무신론을 수반한다고 말한다면 모두가 아는 대로 이는 사실이 아니지만, 그런데도 그렇게 말한다면, 그것은 허다한 신앙인들에게 과학이란 출입금지 구역이라고 설득하려는 셈이며, 옳지 않은 일이라고 생각합니다. 우리 문화에서 과학이 서 있는 자리는 무척 위태로우므로, 만일 여러분이 과학은 반종교적이라는 암시를 보인다면, 과학은 지지가 필요한 순간에 모든 지지를 잃고 말 것입니다. 도킨스는 이런 식으로 과학을 그려냄으로써 과학에 폐를 끼치고 있다고 말하고 싶습니다.

이제 우리가 종종 듣는 또 다른 주장, 곧 어떤 면에서 종교는 질병이라는 주장에 대해 살펴봅시다. 다른 말로 하면, 종교는 사람에게 해롭다는 주장이죠. 종교는 사람들로 하여금 어리석은 일, 즉 죄의식에 사로잡히게 하는 일 따위를 한다는 말입니다. 이는 진지한 문제입니다. 저는 어떤 방식으로든 종교 때문에 상처를 입은 사람들이 우리 주변에 있음을 우리 모두가 안다고 생각합니다.

그러나 무엇이 정상이고 무엇이 병인지 그 차이를 구분하는 것이 아주 중요합니다. 저는 어떤 의미에서 모든 종교는 질병이라는 프로이트의 거대한 고정 관념이 여전히 남아 있다고 봅니다. 하지만 저는 그러한 고정 관념이 유용한지 확신할 수 없을뿐더러 옳지 않다고 확신합니다.

1990년 이래로 "인간의 행복에 영향을 끼치는 요인은 무엇인가?"라는 질문에 대한 실증적 연구가 방대한 규모로 진행되었습니다. 이 연구는 지금도 계속 진행되고 있으나, 그 안에는 갖가지 종류의 문제가 있다는 점을 인식해야 합니다. 예를 들어 종교적이라고 할 때 중요한 요소는 무엇입니까? 행복하다고 할 때 중요한 요소는 뭐죠? 일반적인 대답은 오래 사는 것과 질병에서 빨리 낫는 것입니다. 여기에 온갖 어려움이 있겠지만, 연구는 지금껏 진행되었고 앞으로도 계속될 것입니다.

2001년에 진행된 중요한 설문 조사에서, 하비 코헨(Harvey J. Cohen)과 해럴드 코닉(Harold G. Koenig)은 증거에 기초한 100가지 연구를 살펴봤습니다. 100명의 대상자를 거친 연구가 아니라 동료들의 검토를 거친 100가지 연구를 말합니다. 그들이 발견한 바에 따르면, 79퍼센트의 연구가 종교적 활동과 행복 사이에 적어도 한 가지 이상의 긍정적 상관관계가 있음을 보여주었습니다. 20퍼센트는 일정한 상관관계를 보이지 않거나 혼합된 상관관계, 즉 약간 긍정적이나 약간 부정적인, 그러나 결정적이지는 않은 관계를 나타냈습니다. 그리고 1퍼센트만이 종교적 활동과 행복 간 부정적 상관관계를 보였습니다. 물론 이 점을 과장해서는 안 됩니다. 이것이 하나님이 계시다는 증거가 될 수는 없으며, "그것 봐, 이게 다야"라고 말해서도 안 됩니다. 분명히 연구가 계속되고 있기 때문이죠. 두 가지를 짚고 넘어가겠습니다.

첫째, 리처드 도킨스나 샘 해리스 같은 이들이 옳다면, 이 수치가 반대로 나와야 하지 않을까요? 종교 활동이 정신적 피해를 입힘으로써 인간의 행복에 실제로 부정적인 영향을 끼친다는 사실이 드러나야 하는 것 아닐까요? 그러나 그런 결과는 보이지 않습니다.

둘째, 미국에서 중요한 문제인데, 한 사람의 종교 활동과 영성이 행복이나 빠른 회복과 깊은 관련이 있다면, 이 나라의 공공 의료 서비스에 대해 시사하는 점이 있지 않을까요? 무척 예민하지만 충분히 흥미롭기에 마땅히 제기해야 할 사안입니다.

다음으로 넘어가서, 무신론자들이 할 말이 많은 또 하나의 주요 영역에 대해 짧게 살펴보겠습니다. 그것은 신앙이란 개념과 관련되는데요, 다시 한 번 리처드 도킨스를 인용하면, 다음과 같은 특정한 관점을 발견하게 됩니다. "과학은 증거를 바탕으로 한 철저한 사고에 기반을 둔다. 과학은 결론을 **입증한다**. 반면에 종교적 믿음은 어떤 지적 참여든 거기서 도피하는 것과 관련된다. 신앙은 지적 활동으로부터의 도피이며 반증을 무릅쓴 믿음이다."

1976년부터 최근까지 도킨스의 저작에서 이런 태도를 찾아볼 수 있는데, 무신론 저작들 속에 만연한 관점으로서 생각해볼 가치가 있습니다.

저는 2004년 출간된 『도킨스의 신』에서 도킨스의 종교관을 검토한 바 있는데, 그때 이후로 이 주제를 강연하며 영국을 돌아다니고 있습니다. 주로 "러처드 도킨스의 말은 이렇고, 그의 주장은 이러이러하며, 그의 주장에 대한 제 답변은 이렇습니다" 하는 식으로 강의하게 되죠. 한번은 강연이 끝난 후 무척 화가 난 젊은이가 저를 찾아온 적이 있습니다. 그는 저를 향해 손가락질하더니 이렇게 말했습니다. "당신이 내 믿음을 망쳐놨어요. 도킨스의 글 때문에 무신론을 열렬히 믿었는데, 그의 주장이 어불성설임을 보여줘서 내 믿음을 망쳐났다고요."

그의 말을 곱씹으며 다음 두 가지 생각이 머리를 스치고 지나갔습니다. 첫째, "글쎄, 자기 믿음의 기초를 리처드 도킨스에게 두었다니, **그렇다면 어쩌면 이것은 예상된 일이지 않은가?**" 둘째, 이게 훨씬 중요한데, "**사람들에게 믿음이 얼마나 중요한가!**" 우리는 실제로 증명할 수 없는 일련의 믿음 체계에 근거해서 자신의 세계관을 구성하고, 윤리뿐 아니라 자신이 누구인가에 대한 이해 및 인생에서 중요한 것은 무엇인가에 대한 이해의 기초를 놓으니 말입니다.

여러분 가운데 테리 이글턴이 「런던 리뷰 오브 북스」(*London Review of Books*)에 도킨스의 『만들어진 신』에 대해 쓴 흥미로운 서평을 보신 분이 있으실 테죠. 거기서 그가 강조하는 것 가운데 하나는─여러분도 생각해볼 만한 흥미로운 점이기도 한데─우리는 누구나 어떤 믿음이 절대적으로 옳다고 증명할 수 없음에도 그것이 옳다고 하거나 심지어 신뢰할 만하다고 주장하는 데 완벽하게 익숙하다는 점입니다. 테리 이글턴은 그런 것이 인생이라고 말하면서 그러므로 우리가 비록 완벽하게 증명할 수는 없다 해도 자신의 믿음이 옳다고 생각할 만한 충분한 이유가 있음을 보여주는 것이 최선임을 기억해야 한다고 주장합니다.

가상의 실험을 하나 생각해봅시다. 중요한 무신론 철학자가 저와 함께 이 연단에 서 있는데, 그와 저 두 사람 모두 자신의 믿음을 증명해보라는 도전을 받았다고 한번 상상해보세요. 저는 제가 하나님을 믿는 이유를 여러분에게 열심히 설명할 테고 논리적으로도 잘해내리라 확신합니다. 하지만 상대방이 말도 못할 정도로 확실하게 제 주장을 증명하지는 못할 겁니다. 그것은 상대방도 마찬가지죠. 하나님이 있다는 주장이든 없다는 주장이든 모든 주장은 교착 상태에 빠지게 마련이며, 실제로 오랜 시간 내내 그랬습니다. 아주 흥미로운 점은, 이런 논쟁이 결국은 신이 있다고 말하는 사람이나 없다고 말하는 사람이나 실제로는 자신의 주장을 믿음의 문제로 받아들이게 하는 자리로 이끈다는 사실입니다. 이는 아주 흥미롭고 깊이 생각해볼 만한 가능성입니다.

이 점에 대해 언급할 게 있을까요? 두 가지를 말씀드리고 싶습니다. 첫째, 저는 종교적 믿음이 다른 이들로부터 "당신은 왜 그것을 믿소? 당신의 믿음이 말이 된다면 한번 설명해보겠소?"와 같은 도전을 받을 필요가 있다고 굳게 믿습니다. 마땅히 그래야 합니다. 이는 공적 영역에서 책임을 지는 일과 관련되는데, 저는 이 일을 하는 게 너무도 기쁩니다. 이는 긴요하고 매우 중요한 일입니다.

둘째, 이미 이 일을 하는 그리스도인 작가들이 많이 있다는 점입니다. 제가 해리스나 도킨스, 데닛을 읽으면서 조금 놀란 것은, 그들이 현재의 위치에 오기까지 일생 동안 리처드 스윈번(Richard Swinburne)이나 앨빈 플란팅가(Alvin Plantinga), 니콜라스 월터스토프(Nicholas Wolterstorff), 심지어 C. S. 루이스나 토마스 아퀴나스 같은 인물조차 만나지 못했다는 사실이었습니다. 그들 모두가 믿음의 지적 토대가 무엇인지를 제대로 알려주는 이들인데도 말입니다.

하지만 강연을 마치기 전에 말씀드리고 싶은 아주 중요한 게 하나 더 있습니다. 바로 이 물음인데, 자연과학에 한계가 있을까요? 하나님의 존재를 증명할 수 있는가라는 질문은 지겨울 정도로 과학적 질문으로 받아들여지지만, 실은 훨씬 더 큰 질문입니다.

만일 여러분이 버트런드 러셀(Bertrand Russell) 같은 무신론 철학자를 모신다면, 그는 우리가 가질 수 있는 유일한 지식은 과학 지식뿐이며 과학이 보여줄 수 없는 것은 실제로 알 수 없다고 주장할 것입니다.

하지만 반대 관점을 제시해보겠습니다. 피터 메더워 경(Sir Peter Medawar)은 면역 생물학 분야에서의 업적을 인정받아 1960년대에 노벨 의학상을 받았는데, 1986년에 출간된 『과학의 한계』(The Limits of Science)라는 흥미로운 제목의 책에서 이렇게 주장했습니다. 물질 세계를 설명하는 일이라면 과학에는 아무런 한계가 없다, 지금 설명할 수 없더라도 미래에는 할 수 있을 것이라고 말입니다.

그러고 나서 그는 형이상학적 질문들이 있다고 말하면서 몇 가지 예를 듭니다. "생명의 의미는 무엇인가? 왜 우리는 여기 있는가?" 그는 사람들에게 중요한 진짜 질문들이 있다고 강조합니다. 그가 주장하는 바는 이렇습니다. 그런 질문들에 대해 과학은 이해할 만한 답을 줄 수 없습니다. 그리고 과학으로 그런 질문들에 답할 수 없다면, 과학이 아닌 다른 근거를 가지고 답해야 합니다. 저는 그의 주장이 무척 중요하다고 생각합니다.

예를 들어 2003년 출간된 리처드 도킨스의 『악마의 사도』(*A Devil's Chaplain*, 바다 역간)에는 이런 문장이 있습니다. "과학은 무엇이 옳고 무엇이 그른지를 정할 방도가 없다." 이 점에서는 그가 옳다고 봅니다. 이에 대한 응답으로 저는 이렇게 묻고 싶습니다. 인류가 직면한 가장 큰 질문 중 하나는 선이란 무엇이며, 우리는 어떻게 선한 삶을 살 수 있는가가 아닌가? 따라서 만일 과학자들이 선이 무엇인지를 우리에게 말해줄 수 없다면, 어떻게 선한 삶을 살 것인가에 관해 우리는 아무런 안내도 받지 못한 채 남겨진 것 아닌가? 저는 그렇지 않다고 생각합니다. 이에 대해 과학은 우리에게 도움을 줄 수 없습니다. 이것은 과학에 대한 비판이 아닙니다. 이러한 영역에서 과학은 큰 도움이 되지 못한다는 말일 뿐입니다. 우리는 다른 근원에서 오는 도움이 필요합니다. 이는 과학

> 인류가 직면한 가장 큰 질문 중 하나는 선이란 무엇이며, 우리는 어떻게 선한 삶을 살 수 있는가가 아닌가? 따라서 만일 과학자들이 선이 무엇인지를 우리에게 말해줄 수 없다면, 어떻게 선한 삶을 살 것인가에 관해 우리는 아무런 안내도 받지 못한 채 남겨진 것 아닌가?

도시의 소크라테스

의 한계나 지식의 원천과 관련된 매우 중요한 질문에 길을 터주는 것이라 볼 수 있습니다.

이제 강연을 마쳐야겠군요. 제가 드리고 싶은 말씀은 이렇습니다. 무신론은 지금 어려운 국면을 지나는 상황일 수 있습니다. 여러분은 이렇게 말할지 모릅니다. "무신론자들의 책이 끊임없이 나오잖아. 분명 무신론의 부흥기임이 틀림없어."

그 책들을 읽은 저로서는 단지 한 가지 제안을 드리고 싶습니다. 수많은 주장과 수많은 수사법이 난무하지만, 무신론의 의미 있는 복귀를 알리는 의미심장한 주장 한 방은 눈을 씻고 찾아도 보이지 않습니다. 특히 해리스의 책이나 도킨스의 책을 읽을 때면, 저는 "이 책들은 도대체 어떤 독자를 염두에 두고 쓴 거지?"를 물으며 역조작(reverse engineering, 완성된 프로그램을 분석하여 기본 설계 개념을 파악하는 프로그래밍 기법으로 두 저자의 논리적 빈약성을 꼬집는 풍자다—역주) 작업을 하곤 합니다. 제 느낌으로는 무신론의 세계관 안에서 아무 문제가 없다고 안심시키기 위해 쓴 책들 같습니다. 제가 틀렸을 수도 있겠죠.

만일 무신론이 힘든 시기를 지나고 있다면, 그것으로 문제가 끝난 것일까요? 글쎄요, 저는 그렇게 보지 않습니다. 이를 역사적으로 조망하고 오늘날의 상황에 적용해보겠습니다. 역사적으로 무신론은 종교가 지나치게 강력한 힘을 갖고 위험해 보일 때 가장 힘이 강했고 또한 가장 타당성이 있었습니다. 그런 관점이 북미에서 다시 타당성 있는 주장으로 받아들여지기 시작했다면 어떨까요? 그렇다면, 역설적으로 무신론의 미래는 신앙인들에게 달려 있습니다. 만일 신앙인들이 터무니없이 어리석고 위험한 일을 하기 시작한다면, 미국 시민들은 혹시 무신론이 이 시대에 시사하는 바가 없는지, 무신론을 재고해야 하는 때가 온 것은 아닌지 생각하게 될지도 모릅니다.

　강연이 너무 길었네요. 저는 무척 논쟁적인 주제들을 쭉 제시했는데, 이제 그 가운데 몇 가지에 관해 대화를 나눌 수 있어 무척 기쁩니다. 여러분이 알고 싶었으나 제가 이 강연에서 다루지 않은 질문이 있다면 기꺼이 답을 드리고 싶습니다.

　인내심을 갖고 들어주셔서 정말 감사합니다.

질문과 답변

질문 : 멋진 강연을 해주셔서 고맙습니다, 맥그래스 박사님. 두 가지
질문을 드리겠습니다. 첫째, 20년쯤 전에 앨빈 플란팅가와 존
에클스 경과 같이 예일 대학교에서 열린 한 회의에 참석한 적
이 있습니다. 존 에클스 경(Sir John Eccles)은 신경 생리학자
였고 신앙인이었는데, 말씀하기를 그에게 하나님의 존재에 맞
서는 가장 큰 질문이자 주장은, 우리에게 자유 의지라는 것은
없으며 우리가 영혼 또는 의식이라고 생각하는 것은 그저 뇌
속에서 이뤄지는 결정의 결과일 뿐이라는 과학적 자연주의자
의 주장이라고 했습니다. 다시 말해 순전히 인과적이고 기계
적인 사건의 결과로 잇따라 넘어지는 도미노처럼 물질주의로
설명할 수 있다는 주장 말입니다.

에클스 경은 양자 물리학을 예로 들어 설득을 시도했습니
다. 그의 주장에 따르면, 뇌 신경학과 뇌 속 뉴런의 점화(신호
발생을 의미함—역주) 차원에서 영혼 또는 의식이라는 것은 양
자 역학적 관점에서 불확정적입니다. 달리 말하면 불확정성이
개입하기 때문에 기계론적 결정론으로 설명이 불가하다는 말
입니다. 하지만 그 후로 20년이 지났으니 그간의 연구 결과로
질문에 대한 답이 나왔는지 궁금합니다.

둘째, 다윈주의 관점에서 볼 때 무신론은 반(反) 적응 전략 아닌가요? 왜냐하면 무신론자들은 자녀를 갖지 않으므로 결국 사라져버릴 테니 말입니다. 질문이 길었군요. 죄송합니다.

답변 : 두 번째 질문은 좀 더 생각해봅시다. 첫 번째 질문은 아주 좋은 질문입니다. 도킨스가 쓴 『만들어진 신』에 대해 그다지 말씀드리지 않았으나, 분명 그 책의 한 부분에서 도킨스는 종교를 향하는 심리적 성향에 관해 이야기합니다. 그는 방금 전 선생님이 설명한 것과 거의 유사한 이야기를 제시합니다. 어떤 면에서 우리는 신을 믿도록 신경학적으로 사전에 프로그램 되어 있습니다. 이것은 난해한 주장인데, 제가 보기에 두 가지 난해한 구석이 있습니다.

첫째, 심리적 기제를 명확히 하는 것은 그림의 **일부**일 뿐입니다. 예를 들어 제가 그림을 가리키며 "정말 멋진 그림이군"이라고 말한다면, 여러분은 왜 제가 그 방향을 바라보며 손을 내밀었고 모든 근육이 그 동작에 맞게 조정되었는지를 신경학적으로 훌륭하게 설명할 수 있습니다. 그러나 그것은 제가 어떻게 했느냐에 대한 설명에 불과합니다. 그림을 보면서 제 마음에 일어난 생각에 대해서는 아무런 설명도 해주지 못합니다.

따라서 심리학적 설명에서 핵심은 다중 인과 관계에 기반을 둔 설명입니다. 서로 영향을 주고받는 수많은 원인이 있습니다. 따라서 단순히 **뉴런의 점화**라는 한 가지 이유만 있다고 말할 수는 없습니다. 분명 그보다 더 복잡합니다. 두 번째 핵심은 신의 존재 여부에 대해 다양한 견해를 피력하는 수많은 학파가 있다는 점입니다. 그들이 제시하는 무척 흥미로운 주장들을 평가해볼 필요가 있다고 봅니다. 그처럼 각기 다른 학

도시의 소크라테스

설이 단순히 뉴런의 점화라는 기계론적이고 결정론적이며 무작위적인 방식으로 설명된다고는 믿기 어렵습니다.

심리적 기제를 설명하는 것이 중요할 수는 있으나, 그렇다고 해서 서로 다른 관점을 평가할 때 사용해야 하는 합리적인 논증들이 여전히 있다는 사실을 무시해서는 안 됩니다. 실제로 이 점과 관련해서 우리는 심리적 기제를 많이 규명해왔지만, 논의들은 여전히 미결 상태로 남아 있으며 선생님의 말씀처럼 세월이 지났음에도 놀라울 정도로 거의 변화가 없는 상태입니다.

질문 : 역사 및 인식론의 관점에서 보더라도, 저는 박사님 이야기의 많은 부분에 동의하지 않습니다. 제 생각에는 박사님의 명료한 강연은 무신론에 대한 거센 공격 같습니다. 저는 오히려 박사님이 선택한 믿음에 관해 묻고 싶습니다. 박사님은 자신을 그리스도인이라고 하셨는데, 저는 왜 박사님이 기독교를 받아들였는지 궁금합니다. 왜 이신론이나 성경의 계시를 기초로한 다른 종교들이나 오랜 시간을 거치며 살아남은 수많은 다른 종교가 아닌 기독교입니까?

답변 : 무척 공정한 질문입니다. 분명 "종교적"이라고 표현할 수 있는 수많은 세계관이 있으며 비종교적인 세계관도 있습니다. 무신론에도 다양한 종류가 있습니다. 제가 보기에 무신론은 자주 반동적인 경향을 띠며, 따라서 "신을 믿지 않는 종류의 믿음"으로 정의됩니다. 이는 이신론, 기독교, 불교, 이슬람이 나름의 신을 믿는 것과 마찬가지지요. 제 생각에는 우리가 이

런 세계 종교 중 어느 것을 선택하든 저것이 아닌 이것을 택한 이유를 설명할 수 있어야 합니다.

저 자신에 대해 말하자면, 저는 분명 그리스도인이며 제가 기독교를 선택한 것은 무신론에 대한 공격에 근거를 둔 선택이 아니라 모든 선택지를 신중히 평가한 결과였으며, 이것이 최선이겠다 싶은 성찰에 기초한 선택이었습니다. 이 점에 대해 허락된 시간 안에 짧게 대답해보겠습니다.

핵심 질문 가운데 하나는 이렇습니다. 어떤 세계관을 평가할 때 우리는 그 세계관의 내적 일관성과 그 세계관의 기초를 이루는 근거를 살펴야 할 뿐 아니라 현실에 대해 적절히 설명할 수 있는지를 확인해야 합니다. 다른 말로 하면, 이런 질문입니다. "이 세계관은 얼마나 많은 것을 설명해주는가?" 무신론의 경우 중요한 질문은, 매우 의미 있는 현상인 "종교적 믿음에 대해 그것은 얼마나 많은 것을 보여주는가?"입니다. 저의 경우, 기독교가 현실을 가장 잘 설명해주는 큰 그림을 보여준다는 관점을 취했습니다. 이의를 제기하시면 기꺼이 받겠습니다.

다시 한 번 C. S. 루이스의 말을 인용해보면—그는 이 점에서 참으로 유익한 토론 상대인데—신학과 시에 관한 무척 흥미로운 어느 글에서 이런 기록을 남겼습니다. "나는 해가 떴음을 믿듯이 기독교를 믿는다. 기독교를 눈으로 봐서가 아니라, 그것으로 다른 모든 것을 보기 때문이다." 루이스는 현실을 깊이 이해하게 해주는 비옥하고 풍부한 설명이 있음을 알리려는 것입니다. 질문에 대답할 시간이 많지 않군요. 선생님의 질문이 매우 훌륭하다는 점을 다시 한 번 강조하고 싶네요.

제 대답은 이렇습니다. 제가 그리스도인인 이유는, 길버트 하면(Gilbert Harman)의 유명한 글에 나오는 멋진 표현을 빌리자면, 기독교가 최고의 설명, 최고의 증거, 최고의 해설 능력을 제공하기 때문입니다. 이는 그저 주장할 무언가가 아니라 토론하고 입증해야 하는 무엇입니다. 따라서 제가 기독교를 주장하는 것처럼 보일지 모르나, 저는 단지 왜 저것이 아닌 이것인지를 설명하려 애쓸 따름입니다. 시간이 충분해서 좀 더 설명할 수 있었다면 좋았을 텐데, 아쉽군요. 질문해주셔서 감사합니다.

질문 : 저도 이견을 환영합니다. 그러니 박사님께서 반대쪽 견해에서서 무신론자들이 예수님이라는 인물을 어떻게 설명하는지 제게 말해주시면 좋겠습니다. 박사님은 아마 "고독한 한 사람"(One Solitary Life)이란 말을 들어보셨을 줄 압니다. 그는 겨우 3년 동안 가르쳤고, 십자가에 못 박혔습니다. 아무것도 가진 게 없었습니다. 하지만 3년 사역의 결과로 이제 우리에게는 기독교가 있습니다. 사실이 아니라면 어떻게 이런 일이 가능하다고 설명할 수 있겠습니까?

답변 : 무척 흥미로운 질문이네요. 선생님은 제가 전에 사고하던 방식으로 돌아가서 답변해주기를 바라시는 거죠? 공정을 기하기 위해 말씀드려야 할 것 같은데, 제가 드릴 답변은 여느 무신론자가 내놓을 답변보다 낫지 못할 것입니다. 이 점을 분명히 해둡시다. 예를 들어 리처드 도킨스가 『만들어진 신』에서 논의한 화물 숭배(cargo cults)를 기초로 도킨스라면 어떻게

말할지 한번 시도해보겠습니다.

　아마도 도킨스라면 "사실, 인간은 매우 속기 쉬운 존재이기에, 실체가 없는 증거에 기초해서 무언가를 믿으려는 성향이 있다"라고 말할 것입니다. 그러므로 아마도 그는 여기로 수렴되는 일련의 사안들이 있을 것이라고 주장할 것입니다. 그중하나는 집단 히스테리나 환각의 가능성 혹은 예수님을 믿으라고 강요하는 사회적 압력 같은 것일 텐데, 이는 적어도 부분적으로는 사회 심리학으로 설명할 수 있는 집단 역학에 의해 유지됩니다. 도킨스가 이 자리에 있었다면 이 점에 대해 실제로 변호했을 것입니다.

　저 자신의 답변은 확실한데, 그런 이견들을 매우 진지하게 받아들여야 합니다. 기독교가 그런 이견들을 딛고 오늘 여기에 있는 이유는 지적 회복력과 영적 자양분을 갖추고 있기 때문입니다. 모두가 믿는 것은 아닐지라도 충분히 많은 이들이 믿는다는 사실은, 매우 진지하게 다룰 무언가가 그 안에 있다는 뜻입니다.

> 기독교가 그런 이견들을 딛고 오늘 여기에 있는 이유는 지적 회복력과 영적 자양분을 갖추고 있기 때문입니다. 모두가 믿는 것은 아닐지라도 충분히 많은 이들이 믿는다는 사실은, 매우 진지하게 다룰 무언가가 그 안에 있다는 뜻입니다.

　저는 무신론자들이 그리스도를 비판하는 내용을 수없이 읽었습니다. 그들의 비판을 접하면서 제가 겪는 어려움은, 그들이 자신들의 이론에 그분을 짜 맞추기 위해 너무도 적절치 못한 방식으로 그분을 제시하는 데 있습니다. 예를 들어 여러분이 도

　　　　　　　　　　　도시의 소크라테스

킨스의 『만들어진 신』을 읽는다면, 저는 그때 기억이 생생한데요, 도킨스는 2페이지 반에 걸쳐서 예수님에 관해 이야기하면서, 예수님이 "위험한 가족 가치"를 가졌다고 주장합니다. 결국, 예수님이 자기 어머니에게 무례했다는 말입니다.

도킨스는 매우 특이한 점을 길게 지적합니다. 예수님께서 이방인들과 사회 가장자리에 있는 사람들을 배제하는 내부 그룹 형성을 권했다고 말입니다. 사실 그렇게 보기는 몹시 어렵죠. 선한 사마리아인 비유에서 저는 예수님께서 도킨스의 말과는 정반대로 여성과 이방인들, 심지어 어린아이들까지 아우르기 위해 전통적 유대교의 경계를 일부러 넘어가시는 모습을 보기 때문입니다.

도킨스의 책 『만들어진 신』의 이 부분은 너무도 불만족스럽습니다. 이 점에서 무신론과 공감하기란 정말이지 너무 어렵습니다. 제가 좋아하는 독일인 신학자 가운데 위르겐 몰트만(Jürgen Moltmann)이 있는데, 그는 영국의 전쟁 포로수용소에서 어느 포로가 그리스도인이 되는 이야기를 들려줍니다. 그 이야기에 따르면, 포로는 예수님에게서 무척 끌리는 면을 발견했습니다. 그는 개인적으로 하나님을 믿었던 사람은 아니었으나, 예수님께서 그렇게 하셨으니까 이제 그도 하나님을 믿기 시작합니다. 제가 무슨 말을 하는지 아시겠죠? 그의 영적 순례가 시작된 것입니다.

선생님의 질문에 훨씬 자세한 답변을 드려야 하는데, 두 가지 질문 중 한 가지만 간략히 묘사했습니다. 아주 흥미로운 질문을 해주셔서 고맙습니다.

질문 : 고맙습니다. 하지만 저를 설득시키지는 못했습니다.

답변 : 나중에 더 얘기하죠, 고맙습니다.

질문 : 강연 마지막에 언급하신, 미국의 그리스도인들이 무신론자들로 하여금 무신론적 세계관을 재고하게 할 수 있다고 한 점에 대해 좀 더 설명해주시겠어요? 예를 들어 설명해주실 수 있나요?

답변 : 18세기 유럽에서 나타난 무신론의 발흥을 살펴보려면 프랑스가 좋은 사례이긴 하지만, 그 뒤를 이어 독일과 영국에서도 똑같은 일이 일어났음을 볼 수 있습니다. 기독교가 특권과 권력을 가진 사회적 지위를 차지하면서 잠재적으로 상당히 위험한 요소를 띠게 되었는데, 이는 다른 근거로는 도저히 변호할 수 없는 행동들을 정당화하기 위해 초월적 주장들을 갖다 붙였기 때문입니다. 다시 말해 기독교가 지나치게 많은 권력을 행사하게 되면, 그 권력은 전횡을 일삼고 위험한 존재가 되기 쉽다는 말이지요.

따라서 이에 대처하는 유일한 방법은 종교의 힘을 비판하는 것이 아니라 종교 자체를 비판하는 것이었습니다. 달리 말하면, 종교의 영향력을 중화시킬 가장 좋은 방법은 먼저 종교의 지적 토대를 해체하는 것입니다. 다시 여기서 마지막 질문을 제기하면, 만일 이곳 미국에서 충분한 수의 비판적 대중이 기독교가 공공 정책에 위험한 영향력을 행사하고 있다고 느끼기 시작하고 따라서 무신론이 믿음 체계로서 공적 신뢰를 얻기 시작한다면, 즉 종교가 책임 있게 기능하지 못하고 있다고

도시의 소크라테스

사람들이 느낀다면 어떻게 될까요?

그럴 경우 이를 다룰 유일한 방법은 종교에 대한 신뢰를 거두는 것입니다. 저는 이러한 각본을 고려해보자는 말입니다. 이런 일이 일어나지 않을 수도 있으나 제가 그 가능성을 제기하는 것은, 신앙인들이 자신에 대해 더욱 비판적인 태도를 보임으로써 이런 일이 실제로 일어나지 않도록 해야 하기 때문입니다. 실제로 항상 책임감을 느끼고 믿음을 행사해야 할 책임은 그리스도인 자신에게 있으며, 그렇게 할 때 믿음의 지적 토대에 이의를 제기하는 대중의 문제 제기가 실은 의미 없는 압력으로 드러날 것입니다. 종교가 책임 있게 행동한다면 말입니다.

종교적 폭력과 관련해서도 비슷한 점을 지적할 수 있습니다. 종교적 폭력은 분명 있지만, 우리는 그에 대해 조치를 취할 수 있습니다. 개혁할 수 있습니다. 우리에게 필요한 것은 폐지가 아니라 개혁입니다. 개인적으로는 무신론의 현 상태가 건전하지 못하다고 생각하지만, 그럼에도 그리스도인들이 자만하며 현실에 안주해서는 안 된다고 제가 말하는 것은 그 때문입니다. 항상 자신을 점검하고 "우리가 정말 가능한 최선의 방식으로 그리스도인으로서 살고 있을까?", "몇 가지 점을 재고해야 하지 않을까?"를 물어야 합니다. 고맙습니다.

> 항상 자신을 점검하고 "우리가 정말 가능한 최선의 방식으로 그리스도인으로서 살고 있을까?", "몇 가지 점을 재고해야 하지 않을까?"를 물어야 합니다.

질문 : 박사님은 생물물리학자(biophysicist)이자 신학자로서 매우 독특한 관점을 가지신 것 같습니다. 또한 종교와 과학 간에 생산적인 상호 소통 같은 것이 가능하다고 믿으시는 듯합니다. 창세기 첫 몇 장에 나오는 창조 기사와 그와 관련된 최근의 과학적 견해 사이에 어떠한 대화가 있었는지, 그리고 생산적인 대화로 나아가기 위해 창세기에 어떻게 접근해야 하는지를 간략하게나마 제시해주시겠습니까?

답변 : 이 문제를 언급하게 되어서 기쁩니다. 우리가 기억해야 할 것은, 창조에 관한 총체적인 관념은 창세기 첫 몇 장에 국한되지 않는다는 점입니다. 창조에 대한 관념은 구약의 층위마다 담겨 있는데, 그리스도인들은 너무도 자주 창세기 첫 몇 장이 전부인 양 거기에만 집중합니다. 사실, 창세기 첫 장은 창조에 대한 거대한 기독교적 증언에서 비교적 작은 부분입니다. 여기에 매우 중요한 사안들이 관련된 것 같습니다. 그중 하나는 분명 그 첫 장들을 어떻게 해석할 것인가 하는 문제입니다. 그 첫 장들을 문자 그대로 역사로 받아들여야 합니까? 그보다는 세계가 하나님께 전적으로 의존하고 있음을 보여주는 시적 묘사로 받아들여야 합니까? 우리는 어떻게 해석하고 있습니까? 이는 기독교 신학 안에서 논의가 필요한 아주 중요한 사안입니다.

창세기는 진화를 터무니없는 개념으로 만들까요? 모두가 알다시피 이 문제는 중요한 논쟁점 가운데 하나입니다. 북미의 그리스도인 중에는 그렇다고 주장하는 이들도 있지만, 다른 이들은 "그렇지 않습니다. 지구가 사물을 만들어내는 것과

도시의 소크라테스

관련된 창세기의 언어는 실제로 자연 과정에서 사물이 출현하는 것을 생각하게 만드는 한 방법입니다"라고 말할 것입니다.

제 생각에 여기서 생기는 가장 흥미로운 질문은 이렇습니다. 만일 우리가 어떤 형태로든 창조를 믿는다면, 어떤 면에서 그것은 하나님의 본성이 세상의 존재 방식에 반영되어 있다는 뜻인데, 그렇다면 창조는 실제로 과학적 탐구에 동기를 부여하는가라는 문제입니다. 문화사에 보면 어마어마하게 중요한 증거가 나와 있습니다. 1560년으로 돌아가 장 칼뱅을 읽어 보면, 칼뱅은 두 가지 사례를 제시합니다. 칼뱅은 철학자와 천문학자 이야기를 하는데, 이 두 사람은 자신보다 하나님의 지혜를 더 자세히 연구할 기회가 있다고 이야기합니다. 그들은 하나님의 작품, 즉 창조 세계를 연구할 수 있고 따라서 "이로써 나는 하나님의 지혜를 더욱 깊이 이해하게 되었다"라고 말할 수 있기 때문입니다.

이는 수많은 자연과학자가 과학 연구를 수행하도록 자극하는 아주 중요한 종교적 동기를 부여합니다. 과학 연구는 자연을 상대함으로써 하나님께서 하신 일을 살피고 하나님의 지혜에 대한 이해를 높이는 모든 활동에 관련됩니다. 이는 여전히 우리 문화 안에서 진행되는 일이며, 저는 우리가 이 일을 계속해서 장려해야 한다고 봅니다. 고맙습니다.

에릭: 이번이 마지막 질문이 될 것 같군요.

질문: 확실한가요?

에릭: 그게 마지막 질문이군요.

질문 : 농담이시죠?

에릭 : 좋아요. 질문할 기회를 한 번 더 드리죠.

질문 : 20세기의 시작과 더불어 빈 학파(Vienna philosophy school)의 비트겐슈타인(Wittgenstein)이 대학에서 철학 공부를 시작할 때 그의 동기들 대부분은 지적 정직함 때문에 자살을 선택했습니다. 아시다시피 비트겐슈타인은 계속 살았고, 50년대 즈음에 죽었습니다. 그는 가톨릭 신앙 안에서 세례를 받고 가톨릭 교인이 되었는데, 왜 세례를 받았는지 묻는 동료 중 한 명에게 이렇게 말했답니다. "희망 때문이라네." 무신론 운동에 희망이 있을까요? 그들은 희망을 어떻게 전할까요? 제게는 가슴 뭉클하고 뜻깊은 질문입니다.

> 무신론 운동에 희망이 있을까요? 그들은 희망을 어떻게 전할까요?

답변 : 네, 정말로 좋은 질문입니다. 초기 빈 학파에 대해 매우 정확히 알고 계시네요. 이를테면 루돌프 카르나프(Rudolf Carnap)와 그 밖의 인물들을 생각하신 것 같군요. 그들은 우리가 눈으로 볼 수 있는 것, 관찰할 수 있는 것에 제한되며 절대로 그것을 넘어설 수 없다는 강렬한 느낌에 사로잡혔습니다. 그 시기 오스트리아에 임박한 정치적 위기 앞에서 그들이 어떻게 대응했는지 살펴보면, 그들에게 초월적인 대상은 관심 밖이었으며 단지 자신의 눈으로 볼 수 있는 것에 제한되었습니다. 그런 까닭에, 선생님이 정확히 말씀하셨듯이, 그들 다수가 절망하고 말았습니다. 하지만 비트겐슈타인은 다소 다른 방향으로 갈라

도시의 소크라테스

져 나왔습니다.

초기 빈 학파는 과학과 관련하여 큰 어려움을 안고 있었습니다. 대부분의 과학자는 "보라, 관찰 가능한 대상이 있다. 그러나 관찰 가능한 대상들은 사실 우리가 관찰할 수 없는 다른 대상들을 가리킨다"라고 말할 것입니다. 다시 말해 우리는 이것, 이것, 이것을 보는데, 그것은 우리가 당장은 관찰할 수 없지만 사물을 이해하려면 상정할 수밖에 없는 다른 어떤 것이 있음을 암시합니다.

예컨대 전자의 발견에 대해 생각해보면, 원래는 이랬습니다. "보라, 우리가 이것을 볼 수는 없지만, 우리가 하는 일이 말이 되려면 이것이 있다고 봐야 한다." 기독교 신학이 하는 일도 여러 면에서 이와 매우 유사합니다. 신학은 말합니다. "보라, 우리는 이것, 이것, 이것을 보며 이렇게 묻는다. '이것들을 이해하는 가장 좋은 방법은 무엇일까?'" 가장 고전적인 답변은 이렇습니다. "하나님이 계시며 이 하나님께서 실제로 현실을 이해하도록 도우신다."

희망의 문제로 넘어갑시다. 희망은 정말 중요한 주제입니다. 저는 인간의 역사 속에 잘못된 희망이 항상 있었을 뿐아니라 그것을 경계할 만큼 충분히 있었다고 생각합니다. 사실 어떤 사람들이 희망이란 단어를 쓰면 사람들은 즉시 의심의 눈길을 보냅니다. 희망이란 곧 현실 도피라고 생각하는 것입니다. 만일 우리가 눈에 보이는 것만 얻을 수 있다면, 희망이 들어설 자리는 없습니다. 세계 역사는 얼마나 자주 절망으로 귀결되곤 했습니까! 하지만 더 깊이 자리한 그림, 우리 눈에 보이는 겉모습을 초월하는 무언가가 있다고 가정해보십시오. 무신론은 자신을 사물의 겉모습 읽기에 제한하지만, 믿음은 더 깊은 곳까지 나아가 더 큰 그림을 봅니다. 그 큰 그림을 볼 때, 비로소 우리는 희망을 말할 수 있습니다. 리처드 도킨스가 그토록 자주 강조하듯이, 무신론은 목적 없는 세상, 의미 없는 세상만을 봅니다. 그러나 믿음은 더 깊은 곳으로 나아가 이면에 있는 뜻과 의미를 봅니다. 이런 희망은 현실 도피가 아닙니다. 희망은 사물의 겉모습만 읽는 데서 더욱 깊은 데로 나아가는 움직임입니다. 이 희망은 사물이 실제로 존재하는 방식 깊은 곳에 기초한 희망입니다!

도시의 소크라테스

예의를 위한 변론:
우리의 미래가 예의에 달려 있는 이유

오스 기니스

2008년 2월 13일

강사 소개　　저는 에릭 메택시스입니다. 날씨가 아주 유감이에요. 이따금 저는 이런 생각을 합니다. 줄리아니가 3선 시장이 되었다면 날씨 문제쯤은 쉽게 해치웠을 텐데라고 말이죠(줄리아니 뉴욕 시장은 재임 시절 조직 폭력배를 꺾는 등 뉴욕 시의 범죄율을 획기적으로 낮춘 업적으로 유명하다—역주). 그런 생각 안 해보셨나요?

　　"도시의 소크라테스"에 대해 모르시는 분들을 위해 제가 드릴 수 있는 최고의 설명은 소크라테스가 이렇게 말했다는 사실입니다. "성찰하지 않는 인생은 살 가치가 없다." 확신하건대 뉴욕은 분명 자기 인생을 진지하게 성찰하지 않는 사람들의 도시일 것입니다. 사실 우리는 너무 바쁩니다. 그래서 생각했습니다. 중대한 질문, 곧 "인생, 하나님, 그 밖의 사소한 주제들"에 관한 중요한 질문을 던지는 토론의 자리를 마련하면 멋지겠다고 말이죠.

　　이제 8년간 이 일을 지속해온 셈인데, 무슨 일이 벌어지고 있는지 아직 잘 모르겠어요. 하지만 결국은 답을 얻게 될 것입니다. 여러분에게 맹세합니다.

　　우리는 지난 수년간 비범한 강사들을 모셨습니다. 궁금하시면 웹사이트를 확인해보십시오. 척 콜슨과 조녀선 에이킨을 빼고는 우리가 초빙한 강연자 가운데 수감자는 한 명도 없었습니다. 장담합니다.

　　그간 25명 정도의 강사가 이곳을 다녀간 것 같은데, 두 분만 수감 경험이 있으셨죠. 아무튼 그 정도면 꽤 준수하다고 봅니다.

앞쪽에 자리가 아직 남아 있습니다. 오스 기니스(Os Guinness) 씨나 제 말을 앞에서 듣고 싶으신 분은 앞자리로 오셔서 앉으시면 됩니다. 아무튼, 사실입니다. 오직 두 명만 교도소에 다녀왔지요. 하지만 가장 교도소에 가지 않을 법한 분이 있다면, 그는 분명 기니스 씨일 겁니다. 여러분이 기니스 씨를 안다면 여러분도 저와 똑같은 말을 하겠지요. 그는 지난 세월 법적인 문제를 일으킨 적이 없는데, 그것은 그의 영국 억양에 경찰들이 겁을 집어먹는다는 사실과 밀접한 연관이 있어 보입니다. 기니스 씨의 영국 억양이 오랫동안 통했지만, 사실 그의 영국 억양은 제가 아는 한 완전 가짜랍니다. 그런데 영국 억양을 아주 잘 흉내 내죠. 진짜 영국인들조차 속을 정도니 말 다했죠.

오늘 밤에 기니스 씨가 해주실 강연 제목은 "예의를 위한 변론: 우리의 미래가 예의에 달려 있는 이유"입니다. 기니스 씨가 쓴 책의 제목이기도 한데요, 기막힌 우연이죠. 놀랍지 않나요?

예의가 오늘날과 딱 맞는 적절한 주제이며 우리의 주의를 요구하는 주제임을 여러분에게 설득시키기란 그다지 어렵지 않을 듯합니다. 여러분에 대해서 제가 아는 건 별로 없지만, 적어도 제가 아는 한 예의 없는 사람은 총 맞아도 싼 어리석은 멍청이죠.

여러분 가운데 제가 방금 이렇게 말함으로써 예의 없는 사람이 되었다고 하실 분들이 있을지 모르겠으나, 그렇다면 저로서는 여러분도 그렇게 말함으로써 어리석은 멍청이가 되었다고 되받아칠 겁니다.

선택사항이죠.

여러분이 어떻게 생각하시든, 예의라는 주제는 분명 우리 문화에서 문제임이 틀림없습니다. 오늘 오후 뉴스를 보셨는지 모르겠지만, 미셸 오바마가 힐러리에게 구두 한 짝을 던졌습니다. 보셨어요? 결국,

그렇게 되었어요. 힐러리가 구두에 실제로 맞기는 했지만 다치지는 않았답니다. 작은 구두였거든요. 데니스 쿠치니치(미국 민주당 소속 정치인—역주)의 구두였죠. 그는 토론 중인 오바마 상원 의원에게 구두를 던진 적이 있었는데, 그때 오바마 캠프에서 그의 구두를 손에 넣었던 거죠. 저는 쿠치니치가 그 구두를 레프리콘(아일랜드 요정) 중고품 시장에서 구했다고 봅니다.

요점은 대통령 선출 방법으로 구두 던지기는 결코 아니라는 겁니다. 그러니 이런 짓은 그만둬야 합니다. 모두 동의해주시면 좋겠어요. 동의하시죠? 좋습니다.

저는 "도시의 소크라테스"에 제 친구 기니스 씨를 모실 때마다 무척 떨립니다. 많이들 아시겠지만, "도시의 소크라테스"는 기니스 씨와 제가 함께 착안한 모임입니다. 함께 생각해냈죠. 실은 아주 오래된 일이라 그게 언제였는지 기억이 잘 안 나네요. 70년대 초였을 텐데, 그도 그런 것이, 함께 오토바이를 타고 사우스다코타 주 배드랜즈를 지나던 기억이 나거든요. 기니스 씨, 그때 우리가 키에르케고르에 대해 토론하고 있었는데, 생각나요? 사실 키에르케고르는 저와 기니스 씨 사이에서 오토바이를 타고 있었고 우린 그에 관해 토론하고 있었어요.

"정말 70년대에 키에르케고르가 오토바이를 몰았다고 생각하는 건가?" 하시며 저를 멍청하다고 생각하실지 모르겠습니다. 저도 알지요. 그는 오토바이를 몰았던 게 아니라 뒤에 타고 있었습니다. 무스라는 친구가 운전하는 오토바이였는데, 무스는 말이 별로 없는 친구였어요.

기니스 씨와 관련해서 그 이야기를 하자니 서글프네요. 하지만 70년대 초 우리가 함께 많은 시간을 보낸 것은 사실입니다. 그때는 저도 기니스 씨도 지금과는 많이 달랐죠. 젊고 가난했죠. 얼마나 가난했던

지 구레나룻에 콧수염까지 함께 길렀습니다. 생각나요, 오스?

그 구레나룻을 어떻게 했죠, 오스? 오스는 1980년 즈음, 직장을 구하려고 깨끗이 밀어버렸어요. 기억하죠? 효과가 있었어요. 곧바로 직장을 구했잖아요.

아무튼 예의와 관련된 농담을 하다가 너무 멀리까지 왔네요. 네, 분명 농담이었지만 기니스 씨와 제가 함께 "도시의 소크라테스"를 생각해낸 것은 사실입니다. 그리고 저에게 기니스 씨는 언제나 완벽한 소크라테스 강연자였습니다. 그는 위대한 사상가이자 위대한 작가일 뿐 아니라 위대한 강연자이기 때문입니다.

그 점이 중요한데, 이곳은 강연을 위한 자리이기 때문입니다. 알고 계셨나요? 물론 우리는 오늘 모신 오스 기니스 씨가 위대한 사상가이자 위대한 강연자임을 알고 있습니다. 부분적으로는 스테로이드제를 복용한 덕분이기는 하지만요. 기니스 씨는 다음 주 의회에서 그와 관련된 강연을 할 예정입니다.

농담은 이만하고, 제 친애하는 친구 오스 기니스 씨에 대해 여러분께 몇 가지 말씀드리겠습니다. 그는 아내 제니와 함께 워싱턴 DC에 살고 있습니다. 제니는 전에 한 번도 "도시의 소크라테스" 모임에 와본 적이 없는데, 오늘 밤 여기 와 계시네요. 환영해요, 제니. 제니의 억양이 가짜 영국 악센트가 아니라는 것은 그녀와 얘기를 나눠보면 알 수 있을 것입니다. 그녀는 가짜 미국 악센트로 말합니다.

부디 자리를 지켜주세요, 기니스 씨. 기니스 씨는 더블린의 양조업자인 아서 기니스의 현손입니다. 사실입니다. 기니스 씨는 2차 세계대전 때 중국에서 의료 선교사인 부모 사이에서 태어났습니다. 1949년 중국 공산당 혁명의 절정기를 겪은 증인입니다. 1951년 외국인 추방령에 따라 많은 외국인과 함께 중국에서 추방되었고, 유럽으로 돌아와서 영국에서 교육받았습니다.

런던 대학교에서 학사 학위를 받았고, 옥스퍼드 대학교 오리엘 칼리지에서 사회과학 박사 학위를 받았습니다. 20권이 넘는 책을 쓰고 편집했습니다. 1984년 미국으로 오기 전까지 BBC 방송의 프리랜서 기자로 활동한 바 있습니다. "학자를 위한 우드로 윌슨 국제 센터" 초빙 학자이며, 1991년부터 지난해 초까지 브루킹스 연구소 초빙 학자이자 객원 연구원으로 있었습니다. 트리티니 포럼의 선임 연구원이며 미국과 유럽의 정치 및 사업 관련 회의에서 강연하고 세미나를 인도했습니다. 옥스퍼드, 케임브리지, 하버드, 스탠포드 등 여러 대학교에서 강의했습니다. 예일은 빼고요. 맞죠?

나를 약 올릴 줄 아는 친구예요(메택시스는 예일 출신이다―역주).

또한 기니스 씨는 백악관, 국회의사당, 그리고 워싱턴 주변의 공공정책을 다루는 무대에서 연설한 바 있습니다. 미국을 방문 중인 유럽인이자 미국 문화를 칭송하면서도 동시에 공정하게 관찰하는 기니스 씨는, 외부의 목소리라는 긴 전통에 서서 미국의 연두교서 관련 토론에 지대한 공헌을 해왔습니다. 그가 쓴 수많은 책에서 관련된 내용을 보실 수 있습니다. 하지만 친애하는 친구 오스 기니스 씨를 소개하는 것은 제게 정말 더없이 즐거운 일입니다.

강연
고맙습니다. 에릭의 모든 재미있는 이야기에서 사실과 거짓을 밝히는 일은 여러분 몫으로 맡기겠습니다. 아무튼 아무도 흉내 낼 수 없는 완전 에릭다운 소개였어요. 하지만 에릭, 하나 덧붙이고 싶은 게 있어요. 사실 "영국 억양"이란 건 없어요. 잉글랜드 억양, 스코틀랜드 억양, 아일랜드 억양, 웨일스 억양이 있지, 영국 억양 같은 건 없어요.

한번은 저 유명한 토니 캄폴로(Tony Campolo)와 함께 연단에 선 적이 있습니다. 차례가 되자 그는 이렇게 말했습니다. "자, 이 친구가 영국 억양으로 20분가량 이야기하면 여러분은 이 친구 말에 아무런 내용도 없다는 걸 알게 될 겁니다." 그러고는 잠시 뜸을 들이더니 이렇게 말을 잇더군요. "제가 필라델피아 억양으로 20분가량 이야기하고 나면 여러분은 거기에 무언가 새겨들을 만한 내용이 있다는 걸 알게 될 겁니다."

지난주에 저는 워싱턴에서 열린 한 집회에 참석했습니다. 눈에 띌 정도로 요점에서 벗어난 강연자의 연설이 끝난 후 사람들이 빠져나가고 있는데, 한 국회의원이 제게 다가와 이렇게 말했습니다. "걱정입니다. 미국이 쇠퇴하고 있어요. 하지만 우리나라 지도자들은 부인하고 있죠. 오늘 열린 유세에서 중대한 주제를 제기한 사람이 누가 있습니까?" 이 국회의원의 말에 동의하든 안 하든, 저는 오늘 밤 미국의 중대한 문제 가운데 하나를 제기하려 합니다. 다음 세대 미국의 운명을 좌우할 문제가 10여 가지 있다고 주장할 수 있을 겁니다. 이 문제들을

　　　　　　　　　　　　　　　　도시의 소크라테스

붙들고 씨름해서 해결하지 않는다면, 이 나라는 쇠퇴할 것입니다. 저는 쇠퇴가 필연적이라고 말하지는 않겠지만, 이 나라가 새롭게 되려면 어떤 문제들은 반드시 붙들고 씨름하여 해결해야만 합니다. 오늘 밤 저는 그중 하나를 선택해 말씀드리려 합니다. 즉 서로 큰 차이점을 가진 우리는, 특히 신앙과 이념의 큰 차이점을 가진 우리는 다른 사람들과 어떻게 살아가야 할까요?

지난 25년간 종교의 이름으로 세계 곳곳에서 누군가 죽임을 당하는 일은 슬프지만 드물지 않은 일이었습니다. TV 화면에는 수니파와 시아파가 서로를 죽이는 장면이 넘쳐납니다. 카슈미르로 넘어가면, 이슬람교도와 힌두교도들이 싸웁니다. 스리랑카로 내려오면, 힌두교도와 불교도들이 싸웁니다. 조금 과거로 돌아가 (아일랜드의) 얼스터로 가면, 가톨릭과 개신교의 싸움이 있습니다. 20세기의 마지막 몇 년을 돌아볼 때, 인류의 악몽이 보입니다. 종교에 바탕을 둔, 테러 이전부터 있었던 오랜 증오와 종파적 폭력의 가공할 혼합입니다.

바로 이 지점에서 리처드 도킨스, 샘 해리스, 크리스토퍼 히친스(Christopher Hitchens) 같은 무신론자 친구들이 함께 뛰어들어 "종교는 만물의 해악"임을 확증한다고 큰소리로 선언합니다. 하지만 그들의 책이 나오고 나서 이어진 토론회에서 그들이 직면한 사실은, 서구에서 종교 박해와 억압으로 죽임을 당한 사람을 모두 합한 숫자보다 세속 지도자들이 세속의 이념을 가지고 세운 세속 정권 아래서 훨씬 더 많은 사람이 죽임을 당했다는 사실입니다. 달리 말해 종교만이 문제가 아니라 세속주의도 문제입니다. 세속주의도 결국은 하나의 믿음일 뿐입니다.

20세기에 전쟁으로 1억 명이 죽고 정치적 억압으로 또 1억 명이 죽었는데, 민족 분규와 내전으로 또다시 1억 명이 죽었다니 참으로 슬픈 사실입니다. 이처럼 참혹한 현실을 곰곰이 생각할 때, 인류 역사상 어느 때보다 많은 살해가 자행된 지난 세기를 반추할 때, 몇 가지 자명한 교훈을 얻을 수 있습니다.

첫 번째 교훈은 큰 차이점을 가진 사람들과 함께 살아가는 일이 이제 전 지구적 문제로 다가왔다는 점입니다. 이 문제는 핵 확산이나 에이즈 혹은 그 밖의 시급한 문제와 비교할 때 다소 추상적으로 다가올 수 있습니다. 하지만 다른 문제로 죽는 사람들만큼이나 이 문제로 죽는 사람이 많은 것이 현실입니다. 그렇다면 우리는 서로 큰 차이점을 가진 사람들과 어떻게 살아가야 할까요? 우리가 사는 시대는 여행, 미디어, 민족의 대규모 이동 같은 분명한 이유로 "모두가 모든 곳에 있다"는 말이 공공연히 통하는 지구촌 시대가 되었습니다.

다소 과장된 면이 있지만, 과거와 비교해보면 분명 사실입니다. 우리가 사는 세상은 큰 차이점을 가진 사람들과 함께 살아가는 일이 엄청난 도전이 되었습니다. 지금 우리는 각자 자기만의 비밀을 간직하고 살아가는 작고 사적인 세계관을 말하는 것이 아니라, 종종 같은 학교나 직장 같은 한 사회 안에서 서로 맞부딪치는 총체적 삶의 방식인 세계관에 대해 말하고 있습니다.

지난 세기에서 얻는 두 번째 교훈은 "전 세계적인 공적 광장"의 출현으로 인해 문제가 악화되는 현상을 보게 되었다는 점입니다. 미국은 그리스인들과 그들의 "아고라"—공적 광장, 즉 사람들이 모여 공통

> 첫 번째 교훈은 큰 차이점을 가진 사람들과 함께 살아가는 일이 이제 전 지구적 문제로 다가왔다는 점입니다.

도시의 소크라테스

의 공적 관심사를 상의하고 토론하고 결정하는 물리적 장소—개념으로 소급해 올라가는 서구 전통에 속해 있습니다. 로마 시대에는 이것을 "포럼"이라 불렀습니다.

아테네 이후로 여러 세기에 걸쳐 사회가 발전하면서, 공적 광장의 개념도 물리적 공간에서 은유적 개념으로 발전했습니다. "공적 광장"은 공적 삶의 문제를 논의하는 모든 토론회를 뜻하는 은유가 되었습니다. 따라서 그것은 영국 의회 의사당, 프랑스 의회, 미국 의회에서 시작해서 신문 사설이나 카페에 모인 동네 주민의 토론회에 이르기까지 공식·비공식 토론을 지칭하는 개념으로 확대되었습니다.

오늘날과 같은 지구촌 시대에 "공적 광장"은 다시 한 번 변화하고 있습니다. 이전에는 물리적 장소에서 은유적 개념으로 확장되었다면, 이제는 인터넷을 통한 가상 현실로까지 그 외연이 확장되고 있습니다. 인터넷 시대를 맞아 전 지구에 걸쳐 공적 광장이 확장되었다는 사실에는 무척 단순한 한 가지 특징이 있습니다. 우리가 의도적으로나 의식적으로 세상을 향해 발언하지 않더라도, 세상은 우리가 한 말을 들을 수 있게 되었고 그 말에 응답할 수 있게 되었다는 점이지요.

몇 년 전 이러한 흐름의 변화를 처음 감지한 적이 있는데, 지금은 고인이 된 제리 포웰(Jerry Falwell)이 사적인 자리에서 무함마드에 대해 무례한 발언을 했을 때입니다. 버지니아 주 린치버그에서 포웰의 사적인 발언이 있었던 한 주 후, 중동에서 폭동이 일어났습니다. 린치버그에서의 무례한 발언이 중동에서의 폭동으로 이어진 것이죠.

물론 그 후로 우리는 소설가 살만 루시디(Salman Rushdie)에 반대해 그를 처단하라는 파트와(fatwas, 이슬람 학자가 이슬람법에 대해 내놓는 의견. 종교적 견해지만 법 이상의 권위를 지니기도 한다—역주)가 전파

된 일, 덴마크 일간지의 시사만화를 두고 벌어진 논쟁, 로젠버그 대학교에서 행한 교황 베네딕토 16세의 연설에 대한 반응 등을 목격했습니다. 오늘 밤 제가 무심결에 한 발언이 "신성 모독"으로 여겨져서 내일이면 세계 어딘가에서 성난 군중의 반응을 일으킬 수도 있습니다.

인터넷 시대, 우리가 살아가는 세상이 그러합니다. 이처럼 큰 차이점을 가진 사람들과 살아가는 일의 도전은 과거 우리가 생각했듯이 서구 사회에서는 지역 단위의 공적 광장이었으나 지금은 전 세계적 가능성을 지닌 거대 공적 광장으로 변화되었습니다. "전 세계적 공적 광장"이란 개념이 아직 출발 단계에 있다는 점은 사실이지만, 그것은 실제로 존재하며, 앞으로 더욱 성장해갈 것입니다.

세 번째 교훈은 지난 세기의 끝을 돌아볼 때 정곡을 찌릅니다. 제임스 매디슨(James Madison)은 미국이 종교와 공적 삶의 문제, 서로 큰 차이점을 가진 사람들과 살아가는 문제를 해결할 "참 해결책"을 발견했다고 묘사했습니다.

건국 시조들은 미국을 "세기의 신질서"(novus ordo seclorum)라고 불렀습니다. 역사에서 배워 잘 알고 계시겠지만, 건국 시조들은 자신이 철저히 근대적인 것을 붙들고 씨름하고 있다고 생각했는데, 후대의 역사가들은 미국 공화국이 부상하는 근대의 수많은 도전에 대한 거대한 정치적 답변이었다는 사실을 언급하며 이 나라를 "첫 번째 새로운 나라"라고 불렀습니다.

당연히 미국을 제외한 나머지 세상은 자신들의 전통적인 길을 계속 걷고 있었기에 "미국의 실험"이 주는 참신함에는 관심이 없었습니다. 하지만 오늘날 대부분의 현대 세계가 이민 문제 혹은 큰 차이점을 가진 사람들과 함께 살아가는 일 등으로 몸살을 앓고 있습니다. 따라

도시의 소크라테스

서 좋든 싫든, 미국의 방식은 그 어느 때보다 더 적실합니다. 그러나 온 세상이 대양 너머에 있는, "참된 해결책"을 가진 자칭 "언덕 위의 도시"에서 무엇을 배울 수 있을지 알고자 하는 이때, 정작 미국 자신은 그다지 잘하는 것 같지 않습니다. 거의 50년 동안 종교를 거룩한 전선에 앞세웠던 미국의 문화 전쟁은, 모방할 만한 새로운 질서를 보여주겠다고 한 미국의 주장을 무의미하게 만들었습니다.

여러분은 모든 종류의 영역에서 이 문제가 얼마나 논쟁을 초래하는지 보실 수 있을 겁니다.

저는 이 문제를 해결하는 것이 미국 공화국의 미래를 좌우할 만큼 절대적으로 중요함을 주장하고자 합니다. 또한 이 문제는 어떤 종교든지 자신의 신앙을 진지하게 품고 진실하게 살아가기 원하는 신앙인들에게도 절대적으로 중요합니다. 시민이든 어떤 신앙을 따르는 신자이든, 우리 다수는 이 문제를 이해하고 해결하는 데 깊숙이 연관되어 있습니다. 이는 참으로 우리 각자를 세울 수도 있고 넘어뜨릴 수도 있는 사안입니다.

문제에 대한 개략적 그림을 그려볼까요? 제가 지지할 견해는 이를 지지하는 고위층 대변자가 없다는 점에서 현재로서는 소수 의견임을 밝힙니다. 또한 이 견해에서 제시된 비전은 기독교 우파 및 많은 그리스도인의 생각과도 충돌한다는 점 또한 말씀드리겠습니다. 우리와 (고인이 된) 리처드 존 뉴하우스 신부 같은 뉴욕의 다른 사람들은 이것이 앞으로 나아가야 할 길이라 믿습니다. 하지만 이와 같은 의견의 불일치는 여러분 각자가 이 문제를 두고 곰곰이 생각해야 함을 의미합니다. 게다가 여러분이 아시다시피 저는 영국인입니다. 그러니 여러분이 제 말을 들을 필요가 무언가요? 여러분 스스로 이 문제를 생각해야 합니다. 다시 말해 여러분은 미국 시민이자 개별 신자로서 자신이 믿는 바가 공적 삶에서 이 문제를 해결하는 건설적인 방안임을 믿어야 한다는 말입니다.

역사로 돌아가 시작해봅시다. 먼저 어떻게 이 나라에 사는 우리가 공적 삶의 영역에서 종교에 대해 이뤄진 서구의 주요 3대 합의를 계승했는지 생각해봅시다. 물론 나름의 역사와 문화를 가진 수많은 합의가 조금씩 다른 방식으로 공적 삶의 영역에 놓인 종교에 영향을 끼쳤으나, 가장 큰 영향을 끼친 3개의 합의는 프랑스, 영국, 미국의 합의입니다. 나라마다 수세기에 걸쳐 긴 그림자를 드리울 만큼 역사 형성과 관련된 중요한 사건이 있었으나, 전 지구적 시대라는 발전된 현대 조건에서 각 나라가 엄청난 압박에 시달리는 만큼, 각각의 합의에 대해 재검토할 필요가 있습니다.

극단적인 예를 볼까요? 프랑스의 경우 관련된 역사가 형성된 중요한 시기는 확실히 1789년, 프랑스 대혁명이 일어난 해입니다. 백과전서파 디드로(Denis Diderot)의 외침이자 자코뱅 혁명당이 선택했던 구호인 "마지막 남은 신부의 창자로 마지막 남은 왕을 목 졸라 죽이자"에서 우리는 프랑스식 접근법에 대한 프랑스식 근거를 포착할 수 있습니다.

이제 이 구호를 분석해보면, 프랑스식 관점을 완벽하게 이해할 수 있습니다. 1789년 프랑스에는 국가 교회가 있었습니다. 교회와 국가는 긴밀하게 결탁했는데, 둘 다 썩었고 억압적이었습니다. 그래서 교회와 국가에 반대하는 혁명이 일어났던 것입니다.

여기서 "라이시테"(laïcité, 정교분리 원칙)라는 사고방식이 나왔습니다. 즉 신앙을 지지하는 자는 반동분자이며 자유를 지지하는 자는 세속주의자인데, 그 이유는 세속주의가 진보를 향해 나아가는 길이었기 때문입니다. 오늘날에도 프랑스 사람들에게서 이러한 사고방식을 엿볼 수 있는데, 학교에서 이슬람 여성의 히잡 착용을 금지한다든지, 유럽 연합 헌법 서문에 있는 기독교 신앙에 관한 역사적 언급에 대해 반대하는 행동 같은 것들입니다. 프랑스인들의 행동 배후에는 이런 사고방식이 자리해 있습니다. 1,500년 간 유럽 역사에 막대한 영향을 끼친 기독교 신앙에 대해 유럽 헌법에 어떤 언급도 기록하지 않으려는 프랑스의 시도는 매우 엄격한 세속주의적 표현으로, 한때 서구의 체제 가운데 가장 엄격한 세속주의 원칙에 따랐던 공산주의 체제의 붕괴에서 극단적으로 드러난 바 있습니다.

종종 영국은 중간에 섭니다. 영국의 핵심 연도는 1688년, 명예혁명이 발발한 해입니다. 프랑스인들과 달리 영국인들은 합의를 통해 국가 교회인 영국 국교회를 유지했는데, 프랑스 가톨릭의 "위협"에 저항하는 방어벽의 기능도 일부 있었습니다. 공정성을 기하기 위해 말하자면, 영국 국교회는 프랑스 교회처럼 썩지도 않았고 억압적이지도 않았습니다. 따라서 전투적인 반성직주의나 거대한 적의 같은 것은 없었습니다. 영국에는 프랑스 위그노들이 겪은 성 바르톨로뮤 축일의 대학살 같은 사건이 없었습니다.

여전히 국가 교회였으나, 완전히 자발적인 선택은 아니었습니다. 그래서 수세기 동안 서서히 힘을 잃어 가며 오늘에 이르렀고, 이제 많은 사람들이 영국 국교회는 합리적 공익사업 같다고 합니다. 석탄 공사가 있고, 전력 공사가 있고, 핵에너지 공사가 있고, 영국 국교회가 있습니다. 냉소주의자들의 말대로라면, 영국 국교회는 국가 공익사업으로 시민의 "알까기, 짝짓기, 보내기"(출생, 결혼, 장례)를 담당합니다.

영국 국교회는 "고딕 성당의 아름다운 서쪽 면, 아름답지만 영향력은 별로 없는 존재"로 묘사됩니다.

정반대 편에는 미국의 합의가 있습니다. 미국의 핵심 연도는 1791년, 헌법에 수정 헌법 1조가 덧붙여진 해입니다. 아시다시피 수정 헌법 1조의 첫 16단어는 헌법의 아주 독특한 양상으로서, 단순한 "권력 분립"과는 조금 다릅니다(수정 헌법 제1조의 첫 16단어는 종교의 자유 및 자유로운 종교 활동의 자유를 다룬다—역주). 신앙의 자유 조항 또한 헌법의 결정적인 부분에 속합니다. 훨씬 전에 몽테스키외(Montesquieu)는 권력 분립의 필요성을 역설했고, 스위스 공화국이 좀 더 일찍 이를 시행한 바 있으나, 수정 헌법 1조는 1,500여 년 동안 계속된 유럽의 방식, 즉 종교를 공적 삶과 관련짓던 방식과는 완전히 결별했습니다.

유럽의 경험에 비춰볼 때, 처음으로 종교가 자발적인 것이 되었습니다. 하지만 프랑스와 강력하게 대조되는 중요한 사실은, 교회와 국가의 분리가 곧 신앙과 공적 삶의 분리를 뜻하지 않았다는 점입니다. 그 결과는 "라이시테"가 아니라 종교의 번영이었습니다. 국가 교회 제도를 "폐지했음에도"가 아니라 국가 교회 제도를 "폐지했기 때문에"였습니다. 나머지 일은 여러분이 아시는 바처럼 역사가 말해줍니다.

법제화된 자유라는 이 위대한 실험에서 결정적인 양상은 양심의 자유의 역할 혹은 신앙의 자유의 역할인데, 건국 시조들이 신앙의 자유와 시민의 자유를 이 나라의 기초를 세우는 2개의 쌍둥이 기둥으로 보았다는 점을 인식하는 것이 중요합니다. 대조적으로 오늘날 신앙의 자유는 평가 절하되거나 무시당하고 있습니다. 건국 시조들이나 이후의 역사에서 드러난 신앙의 자유가 이바지한 측면에 대해서는 무지한 채로 말입니다.

도시의 소크라테스

첫째, 종교의 자유는 건국 시조들이 "첫 번째 자유"로 주창한 사항이었습니다. 한편으로, 종교의 자유는 논리적으로 봤을 때 세 가지 거대한 정치적 자유 가운데 첫 번째 가치였습니다. 집회·결사의 자유 역시 소중하게 여겨졌고 보호받았지만, 사실 집회·결사의 자유는 독립적으로 존재할 수 없는 것으로, 언론의 자유를 전제하며 요구합니다. 자유는 단지 함께 모이는 일만이 아니라 공동의 목표를 위해 함께 모여 서로 자유롭게 발언하는 자유에서 시작되기 때문입니다.

마찬가지로 언론의 자유 역시 오늘날 미국에서 가장 우선시되는 자유지만, 양심의 자유를 전제하며 요구합니다. 여러분이 원하는 언론의 자유는 날씨나 최신 추문에 대해 말할 수 있는 자유가 아닙니다. 여러분은 자신에게 가장 소중한 확신에 대해 자유롭게 말하고 싶어 합니다. 그것은 양심의 명령에 따르기 때문입니다.

이것은 최근에 잊혔습니다. 오늘날 많은 사람에게 신앙의 자유는 그저 "신앙인을 위한 자유"를 뜻합니다. 이것은 언론의 자유와 출판의 자유가 중요한 시대에 인간 신체의 맹장처럼 헌법상 잉여로 취급됩니다.

하지만 건국 시조들에게 신앙의 자유는 역사적으로 첫 번째였습니다. 신앙의 자유가 보장될 때, 그리고 신앙의 자유가 보장되는 만큼 다

법제화된 자유라는 이 위대한 실험에서 결정적인 양상은 양심의 자유의 역할 혹은 신앙의 자유의 역할인데, 건국 시조들이 신앙의 자유와 시민의 자유를 이 나라의 기초를 세우는 2개의 쌍둥이 기둥으로 보았다는 점을 인식하는 것이 중요합니다. 대조적으로 오늘날 신앙의 자유는, 건국 시조나 이후 역사에서 드러난 기여가 무지라는 방식으로 평가 절하되거나 무시되고 있는 형편입니다.

른 자유도 보호받았습니다. 이런 의미에서 최근 위대한 유대인 변호사 레오 페퍼(Leo Pfeffer)는 신앙의 자유가 정치적 자유의 모형이자 선도자라고 주장한 것입니다.

둘째, 신앙의 자유를 보호한 수정 헌법 1조는 이 나라의 영적·사회적 활력을 중시하고 있습니다. 다시 한 번 오늘날 이것은 각계에서 이상한 진술로 비칩니다. 여러분이 많은 사람에게 "미국이 왜 활력이 넘칩니까? 왜 미국인들은 기업가 정신이 넘칠까요?"라고 묻는다면, 자유 시장 경제에 기반을 둔 자본주의, 공평한 경쟁의 장, 자유 경쟁 같은 판에 박힌 대답이 돌아올 것입니다. 그러나 생각해보면, 먼저 유럽에 있었던 자본주의가 이 나라에 들어온 것은 수정 헌법 1조가 조인되고 수십 년이 지난 뒤였음을 알 수 있습니다. 하지만 수정 헌법 1조의 효과는 실제로 자유 시장 경쟁의 효과와 직접적으로 맥을 같이합니다.

사업가들이 하는 말 중에 독점 해체라는 게 있는데, 이는 수정 헌법 1조가 국교 폐지를 통해 달성한 내용과 동등하다고 할 수 있습니다. 만인이 평등하다는 가치가 수반된 신앙의 자유는 공평한 경쟁을 위한 장에 상응하는 것을 자유 시장에 제공해줍니다. 그리고 아시다시피, 수정 헌법 1조의 결과로 영적·사회적 기업가 정신이 거의 처음부터 폭발적으로 일어나 사회에 영향을 주게 됩니다. 19세기 초에 일어난 교육 운동이—후원자들에 의해 미국 전역에 걸쳐 세워진 소규모 대학들과 폭발적으로 일어난 자선 사업을 말합니다—그 예라 할 수 있습니다.

19세기의 첫 반세기 동안 유럽과 미국에서는 베풀고 돌보는 사역이 인류 역사의 그 어느 때보다 가장 왕성하게 일어났습니다. 아시시의 프란체스코가 활동하던 시기, 카이사레아의 바실리우스가 활동하던 4세기에 맞먹을 정도로 말이지요. 어떤 문명도 이와 유사한 일을 이룬 적이 없었을뿐더러, 그 일 대부분이 베풂과 섬김의 방식으로 뻗어나가는 신앙 공동체에 직접 뿌리를 두고 있었습니다.

세 번째 거대한 효과는 개혁 운동에서 분명히 드러났습니다. 폭발적인 개혁, 단순한 폐지가 아닌 극도의 폐지, 그리고 그 밖의 많은 일이 일어났지요. 이 모두가 수정 헌법 1조에서 분출된 기업가적 활력 안에 내재했습니다.

최근 (부시) 행정부가 지원하는 "믿음에 기초한 주민 발의"에 대해 제가 경계하는 이유가 바로 이 때문입니다. 19세기 초, 신앙 공동체들은 정확히 국가의 지원에서 독립하면서부터 번성하고 명성을 떨쳤습니다. 그들은 공동체 자체의 신앙에 의존할 때 최선의 모습을 보였습니다. 공동체에 속한 신자들과 그들이 보여주는 관용, 희생, 헌신에 의존할 때 그러했던 것입니다.

위험은 신앙 공동체가 정부의 일에 간섭하려 들 때 찾아오는데, 그때마다 두 가지 일이 일어나곤 합니다. 한편으로 그들은 자신의 신앙보다 정부의 돈과 호의에 점점 더 의지하게 됩니다. 다른 한편으로 그들은 완만하고 꾸준한 세속화의 길을 걷게 되는데, 이는 정부의 통치와 규정이 그들의 사역이 지닌 영적 측면을 직접 감소시키기 때문입니다. 예컨대 정부의 자금 지원을 받는 중독 치유 사역 단체는 기도와 초자연적 치유를 사용할 수 없게 됩니다. 이는 물론 사역의 특수성 자체를 떨어뜨립니다.

수정 헌법 1조의 세 번째 위대한 유산은 완벽하진 않지만 아주 독보적이었습니다. 그것은 사회적 화합을 위한 조건을 일궈냈습니다. 하지만 미국의 역사는 신앙의 자유라는 관점에서 볼 때 전혀 완벽하지 않았음을 즉시 덧붙여야 합니다. 로마 가톨릭 교인들은 "모르쇠"(Know Nothing, 1850년대 공직에서 가톨릭이나 외국인을 배제하려던 토착주의 운동—역주) 운동이 무엇인지를 잘 압니다. 새뮤얼 모스(Samuel Morse) 같은 위대한 미국인조차 이 악의적인 편견에 빠졌죠. 똑같은 방법으로 많은 유대인이 끔찍한 편견에 시달렸습니다. 이처럼 터무니없는 침해가 있었던 것은 사실입니다. 하지만 동시에 저는 많은 세속 자유주의자가 이러한 예외는 인용하지만 건국 시조들이 처음부터—미국인들이 인종과 여성의 인권에 대한 개념을 갖기 오래전부터—신앙의 자유를 바르게 이해하고 있었다는 사실은 간과한다는 점을 알았습니다.

이처럼 완벽하지는 않지만, 미국의 합의는 세계의 다른 어떤 현대 국가가 이룬 합의보다 다양성을 갖추었을 뿐 아니라 훨씬 뛰어났습니다. 그것은 역사상 병행하기 어려운 두 가지를 낳았는데 하나는 강력한 신앙적 확신이고, 다른 하나는 강력한 정치적 예의입니다. 오늘날에도 병행하기 어려운 것들이죠.

말하기는 쉽지만 행하기는 어려운 일입니다. 여러분도 저와 같은 외국인의 이야기를 들을 때 하품하는 것을 당연시하잖아요. 하지만 세계 다른 곳의 상황을 잠시 생각해봅시다. 비교는 늘 명료함의 어머니죠. 서유럽을 보죠. 2차 세계대전 이후 대부분의 세월 동안 영연방, 북아프리카, 중동에서 이민자들이 폭발적으로 밀려오기 전까지 유럽은 종교에 대해 놀라울 만큼 예의를 보여주었습니다. 북아일랜드만 예외로 하고 말이죠.

그러나 유럽을 아는 분이라면 이렇게 말할 것입니다. "그건 대단한 게 아닙니다. 무례하게 대할 종교가 거의 없었으니까요." 예를 들어 스칸디나비아 사람들이 정착한 미국 땅과 스칸디나비아 자체를 비교해 봅시다. 미네소타 주에서 교회에 출석하는 인구는 70퍼센트 정도인데, 이는 미국 평균보다 높은 수치이나, 스웨덴만 놓고 본다면 3퍼센트입니다. 3퍼센트만이 교회에 출석한다면 공적 삶에서 종교를 두고 싸울 일은 별로 없을 것입니다.

말할 필요도 없겠지만, 중동과 세계의 다른 여러 지역은 정반대의 문제를 보여줍니다. 열정적인 신앙적 확신은 있지만 예의, 자유, 인생은 없죠.

상당히 대조적으로, 미국은 역사 기록상 모든 것이 불완전하지만 사회적 화합의 빛나는 예를 보여줍니다. 물론 최근까지의 문화 전쟁은 우리가 아직 목표에 도달하지 못했음을 의미합니다. 따라서 다음 단계는 현 상황을 곤란하게 하고 건국 시조들이 원래 합의한 내용을 존속시키는 데 위협을 가하는 요소들을 분석하는 일입니다.

그 자체로는 문제라고 할 수 없지만, 첫 번째 요인은 다름 아닌 다원주의의 폭발적 확장입니다. 18세기 중부 식민지들은 아마 지구상에서 가장 다양성을 지닌 지역이었을 겁니다. 예를 들어 펜실베이니아 주에는 수십 개의 작은 분파가 있었는데, 그들은 주로 개신교인이었습니다. 네덜란드인, 스코틀랜드인, 독일인, 스위스인 등 거의 모든 개신교인이 그곳에 있었습니다. 후에 가톨릭 교인들이 왔고, 그 후에는 유대인들이 왔습니다. 이어서 19세기 초, 모르몬교와 여호와의 증인 같은 이른바 "미국산" 종교가 태동했습니다.

50년대 후반까지 이 나라는 다원주의가 믿을 수 없을 정도로 활발했으나 대략 성경적이었습니다. 엄격한 의미에서 성경적이었다는 말이 아니라, 거의 모든 신앙 모임이 자신의 기원을 성경에 두었다는 점에서 그랬습니다. 사람들이 뭐라고 생각하든, 모르몬교는 코란이나 불교 경전, 바가바드기타에서 나오지 않았습니다. 동떨어지고 왜곡되었으나 성경에서 나왔습니다.

그 후 여타의 미국 문화와 마찬가지로, 1960년대는 엄청난 변화를 촉발했습니다. 한편으로 세속주의자들이 크게 성장해서 인구의 2퍼센트이던 비율이 9~11퍼센트까지 증가했는데, 이는 20세기 종교 지도에서 가장 큰 변화를 나타냅니다. 이것이 대단히 의미 있는 이유는, 대부분 교육받은 계층에서 그 변화가 일어났기 때문입니다. 다른 한편으로 모든 세계 종교가 폭발적으로 성장하는 일이 그 뒤를 이었습니다. 베트남 전쟁 이후 불교도의 수가 증가했고, 이슬람교도의 유입이 이어졌습니다. 오늘날 이 나라 어딘가에는 세계 모든 종교의 지지자들이 있습니다. 대부분 캘리포니아 주이긴 하겠지만요.

중요성은 덜하지만 주목할 만한 두 번째 요인은 국가 통제주의의 팽창입니다. 1791년에 실제로 단일 교회와 단일 국가는 없었습니다. 여러 교회와 여러 주가 있었을 뿐입니다. 하지만 이 둘의 관계에 문제를 제기하는 사람은 아무도 없었습니다. 교회들 또는 믿음의 공동체들은 밀접했고 강력했으며 영적으로나 사회적으로 사람들의 삶에 깊이 관여했고, 국가는 멀리 떨어져 있었습니다.

오늘날은 그렇지 않습니다. 230여 년 만에 둘의 역할이 뒤바뀌고 말았습니다. 국가는 우리 삶 가까이에 있고 강력하며—예를 들어 4월 15일(미국의 세금 신고 마감일을 가리킨다—편집자 주)—많은 교회가 로터리 클럽이나 골프 클럽보다 그 구성원들의 삶에 결정적인 권위를 행사하지 못하고 있습니다. 이것이 중요한데, 왜냐하면 신앙의 자유와 관련하여 최근 이루어진 최악의 결정 가운데 일부는 지난 25년 사이

도시의 소크라테스

에 국가의 이름으로 행해졌기 때문입니다. 만일 여러분이 신앙의 자유를 추구하는 활동가들에게 최악의 결정이 무엇이었는지 묻는다면, 다수는 스미스 사건(Smith case)을 인용할 것입니다. 그 구체적인 내용은 중요하지 않습니다. 다만 흥미로운 점은, 스미스 사건을 맡았던 판사는 가장 보수적이면서도 대법원에서도 가장 독실한 기독교 신자였습니다. 하지만 그 재판은 국가의 이름으로 진행되었습니다.

세 번째 요인은 다른 두 요인을 곤란하게 만드는 것으로서 분리주의의 발흥입니다. 일부 보수 그리스도인들은 교회와 국가의 분리가 헌법에 나오지 않는다고 주장합니다. 지난 선거에서 국회의원 캐슬린 해리스(Kathleen Harris)는 분리주의가 "신화"이자 "거짓말"이라고까지 주장했습니다. 이런 주장은 대부분의 미국인에게 놀라운 일일지도 모릅니다. 하지만 사실입니다. "교회와 국가의 분리"라는 구절은 헌법에 나오지 않습니다. 하지만 그 개념은 단연코 있습니다. 건국 시조 중에는 신앙과 공적 삶의 관계에 대해 매우 다른 사상을 가진 이들이 종종 있었지만, 그렇더라도 그들은 이런 생각에 동의하지 않았을 것입니다.

알렉시스 드 토크빌(Alexis de Tocqueville)만 읽어보면 됩니다. 1831년 미국을 여행하던 그는 이 나라에서 교회와 국가의 분리에 대해 동의하지 않는 사람을 한 사람도 만나지 못했다고 말합니다. 놀라운 점은, 토크빌의 동료 신자였던 로마 가톨릭 신자조차도 프랑스에서라면 국가 교회를 지지했을 테지만 여기 미국에서는 그것을 미국의 자유가 지닌 비밀로 보았다는 점입니다.

사실 1940년대까지 교회와 국가의 분리에 이견을 다는 사람이 없었으나 이즈음에 와서 그 의미에 대한 이해에 변화가 일어났습니다. 1947년 에버슨 사건(Everson case)을 맡았던 분리주의자 중에는 무신론자와 유대인뿐 아니라 일부의 남부 침례교인까지 있었습니다. 사실 이 견해를 주장했던 판사는 엄격한 분리가 로마 가톨릭 교인들을 공적 삶에서 분리시키는 방법이라고 보았던 독실한 남부 침례교인이었습니다(슬프게도 그는 KKK단의 일원이기도 했습니다).

이러한 "엄격한 분리" 혹은 분리주의는 완전히 새로운 주장으로서, 종교는 침해받아서는 안 되는 사적 영역이며 공적 광장은 침해받아서는 안 되는 세속 영역이라는 더욱 최근의 주장을 예고하는 것이었습니다. 이러한 견해를 주창하는 이들은 종종 "분리의 장벽"이란 어구를 만들어낸 인물로 토머스 제퍼슨을 언급하는데, 사실 그 말은 로저 윌리엄스(Roger Williams)의 표현입니다. 더 중요한 것은, 윌리엄스나 제퍼슨 가운데 누구도 오늘날 엄격한 분리주의자들이 그 말에 부여하는 의미를 부여한 적이 없다는 사실입니다.

샬러츠빌에서 지금까지도 미스터 J로 알려진 제퍼슨은 1801년 "분리의 장벽"이란 표현이 쓰인 글을 댄버리 침례교회에 보냈습니다. 하지만 바로 다음 주일에 미국에서 열리는 가장 큰 예배에 찾아갔습니다. 국회 의사당에서 열리는 예배였죠! 그리고 주일마다 워싱턴에 있으면서, 교회에 가서 헌금하기도 했습니다. 또한 감독교회 교인들과 침례교회 교인들을 백악관, 재무부, 그 밖의 행정부서 건물로 초대했습니다. 그가 말하는 "분리의 장벽"은, 간단히 말해 엄격함과는 거리가 멀었습니다. 그것은 샬러츠빌과 몬티첼로에 있는 그의 저택을 둘러싼 유명한 뱀 모양의 장벽만큼이나 굴곡진, 실용적 관점이었습니다.

하지만 이처럼 역사적으로 기초가 허약한데도 분리주의 관점이 여전히 강력하게 남아 있는 것은, 그것이 종교를 반대하는 세속주의자들이 추구하는 기본적인 관점이 되었기 때문입니다. 결국 분리주의는 문화 전쟁의 한 극단을 이루게 됩니다.

오늘날 종교와 공적 삶에 관해 들려주는 세 가지 모델이 있는데, 여러분은 시민으로서 그중 하나를 택해 자신의 선택으로 주장할 수 있습니다. 이 부분에서 다시 한 번 여러분은 제가 방문객임을 기억하셔야 합니다만, 제가 보기에 이 세 가지 선택지 가운데 두 가지는 극단을 이루고 세 번째 선택지는 앞으로 나아가는 지혜로운 길입니다. 두 극단은 모두 국가가 주도하여 국가로부터 넉넉한 후원을 받고 있으며, 마치 강력한 한 변호사 집단과 똑같이 강력한 다른 변호사 집단이 서로 싸우고 있는 형국과 같습니다. 반면, 세 번째 관점은 전국 단위의 고위층 대변자가 없고 보기에 따라서는 약해 보일 수도 있는데, 왜냐하면 법과 소송 이상의 가치에 의지하기 때문입니다.

한 극단에는 제가 **성스러운 공적 광장**이라 일컫는 모델이 있는데, 하나의 신앙 혹은 다른 신앙에 특혜가 주어지는 공적 삶의 비전을 말합니다. 공립 학교에서 공식적으로 기독교식 기도를 드리자고 주장하는 종교적 우파의 배후에 있는 관점이 그 예입니다. 이러한 관점에 대한 분명한 반대 관점은, 오늘처럼 다양한 세상에서 어떤 신앙에 특정한 방식의 특권을 주는 것은 공정하지도 효과적이지도 않으며, 따라서 끝없는 분쟁의 원인이 될 것이라는 주장입니다.

저는 한 걸음 더 나아가 종교 우파는 미국 역사 전체에서 종교에 대한 가장 강력한 반발을 불러일으킴으로써 그 자신의 붕괴를 초래했다고 봅니다. 유럽은 세계에서 가장 세속적인 대륙인데, 오늘날 유럽의 지독한 세속성이 부분적으로 지난날 타락한 국가 교회에 대한 직접적 응답이었다는 데는 이견이 없습니다. 마지막 남은 신부의 창자로 마지막 남은 왕을 목 졸라 죽이자는 자코뱅당의 외침을 생각해보십시오.

수정 헌법 1조의 탁월함을 통해 이 나라는 그런 문제를 겪지 않았습니다. 반대해야 할 국가 교회도 없었습니다. 미합중국은 대개 모든 종교를 환대하는 태도를 보였습니다.

그러나 1960년대 이후, 특히 1970년 중반 종교 우파의 등장 이후, 사회적 사안과 맞물려 문화 전쟁이 끝없이 이어지면서, 유럽에서 특히 식자층이 종교를 거부했던 것과 비슷한 양상이 미국에서도 꾸준히 증가하는 모습을 볼 수 있게 되었습니다.

처음에는 종교와 정치에 관련된 쟁점들을 놓고 반발이 있었는데, 예를 들어 케빈 필립스(Kevin Phillips)의 『미국의 신권정치』(American Theocracy)는 크리스토퍼 헤지스(Christopher Hedges)와 일단의 사람들이 주장했듯이 그리스도인을 미국의 신정주의자, 심지어는 파시스트라고 비난합니다.

이 공격은 새로운 무신론자들과 더불어 절정에 이르렀는데, 이제 더는 종교와 정치가 아니라 종교 자체가 문제가 되었습니다. 크리스토퍼 히친스는 "종교는 어떻게 만물에 해악을 끼치는가?"에 대해 씁니다. 이슬람 극단주의가 일정 역할을 한 것은 분명하나, 세속주의자들이 분노한 주요 원인은 기독교 극단주의를 인지한 데 있습니다. 만일 이런 태도가 계속해서 굳어진다면, 이 나라의 미래에 치명적인 영향을 끼칠 것입니다.

반대편 극단에는 일찍이 리처드 뉴하우스가 **벌거벗은 공적 광장**이라 부른 모델이 있습니다. 이는 일정 부분 분리주의에 의해, 일정 부분은 세속주의와 철학에 의해 동기가 부여된 사람들의 비전입니다. 하버드 대학의 존 롤스(John Rawls) 같은 사상가들이 주도하는 이 주장에

도시의 소크라테스

따르면, 공적 광장은 각자 자기의 이익을 지키기 위해 다투는 중립 지대로서 믿음이나 덕, 성품 등이 자리할 틈이 없습니다.

이 벌거벗은 공적 광장의 비전은 성스러운 공적 광장보다 훨씬 덜 공정하고 효과도 훨씬 적습니다. 단순한 이유를 들자면 미국인들은 신앙의 종류와 관계없이 마음속 깊이 종교적이기 때문입니다. 따라서 공적 영역에서 신앙의 목소리를 배제하려는 자유주의자들은 자신들이 자유롭지 못한 위치에 서 있음을 발견했습니다. 그들은 시민들을 향해 현재의 그들 자신을 있게 해주고 지금 그들이 바라보는 세계를 바라볼 수 있게 해준 것들을 모두 버리고 공적 삶으로 들어가서 그름을 버리고 옳음을, 불의를 버리고 공의를 선택하라고 요청하고 있습니다. 하지만 참으로 중립적인 사람은 아무도 없으며 이는 세속주의자들 또한 마찬가지입니다. 결국 세속주의자들의 이러한 요구는 중립성이란 가면을 쓰고 자신들의 믿음을 공적 광장 안에 몰래 가지고 들어오려는 시도와 다르지 않습니다.

이 두 극단에 대한 대안은 **시민의 공적 광장**이란 비전입니다. 안타깝게도 예의(civility)는 겁쟁이의 언어가 돼버렸습니다. 사람들은 그 말을 친절, 빅토리아식 예절, 일본식 다도와 혼동합니다. 하지만 예의는 시민의 전부이며 시민의 의무이자 책임입니다. 예의는 공화국의 미덕이며 민주주의의 필수조건입니다.

제가 말하는 "시민의 공적 광장"은 무슨 뜻일까요? 시민의 공적 광장은 신앙을 가진 모든 사람들이—우리의 세속주의 친구들을 위해 우리는 "신앙 없는" 사람들도 추가해야 하겠지요. 실은 그들 또한 하나의 믿음을 가지고 있으니까요—자신의 신앙에 기초해 자유롭게 공적인 삶에 들어가 관여하는 곳을 뜻합니다. 이것이 신앙의 자유입니다. 하

지만 절대 간과하지 말아야 할 요소가 있습니다. 다른 모든 이에게도 공정하고 자유롭다고 인정된 틀 안에서 공적 삶으로 들어가야 합니다. 따라서 이 광장에서 그리스도인에게 옳은 것은 자동적으로 유대인이나 무신론자, 모르몬교도, 힌두교도, 혹은 이 나라에 있는 어떤 믿음을 가진 사람에게도 옳은 것이 됩니다. 사실 신앙의 자유를 측정하는 기준은 가장 작고 인기 없는 신앙 공동체까지 보호를 받는가 하는 점입니다.

다른 말로 하면, 한 사람의 권리는 자연스럽게 다른 사람의 권리이며, 양쪽 모두의 책임입니다. 이 비전에는 많은 의미가 담겨 있습니다. 그것은 시민들이 서로 다른 점을 두고 왕성하게, 하지만 예의를 갖춰서 토론하는 법을 배워야 함을 포함합니다.

시민의 공적 광장이라는 비전은 많은 이들에게 새로운 가치로서, 적잖은 오해에 휩싸인다 해도 놀라울 게 없습니다. 우선, 어떤 사람들—무신론자뿐 아니라 그리스도인과 유대인들—은 시민의 공적 광장과 시민 종교를 혼동하기 때문에 의심의 눈길을 보냅니다. 시민 종교는 장-자크 루소(Jean-Jacques Rousseau)가 도입한 용어로, 확고한 국가 종교가 없을 때 나라가 단결하게 하는 역할을 합니다. 무엇이든 도덕적 타당성과 응집력을 국가에 제공해주는 것이라면 그것은 중요하며 결국 숭앙받는 자리로까지 격상됩니다.

당연히 무신론자들은 의심의 눈길을 보내는데, 그들이 보기에 시민 종교는 애국심이라는 옷을 입고 공적인 삶에 잠입한 종교의 한 형태이기 때문입니다. 하지만 유대인과 기독교인들은 힘을 합쳐 시민 종교에 반대해야 하는데, 그것은 우상숭배의 한 형태이기 때문입니다. 만일 백성을 하나 되게 하는 대상을 숭배한다면, 그것은 근본적으

도시의 소크라테스

로 우리 자신을 숭배하는 행동이며 이는 곧 또 다른 형태의 우상숭배인 것입니다. 성경적 관점에서 하나님은 한 분이시며, 하나님 외에 다른 신은 없고, 그분의 선물이 그분의 자리를 대신할 때 하나님은 그 모든 것을 대적하십니다. 애국심은 우리가 깊이 감사해야 하는 훌륭한 선물이지만, 역사가 분명히 보여주듯이 민족주의는 우상 숭배가 되기 쉽고 위험합니다.

두 번째 오해는 더욱 흔히 볼 수 있습니다. 사람들은 예의를 최소 공통분모를 찾으려는 시도로 보기 때문에 신앙 간 대화 같은 수단을 통해 이를 추구해야 한다고 생각합니다. 제 생각에 신앙 간 대화를 나눌 수 있는 작지만 제한된 공간이 있기는 하지만, 다른 믿음 간의 차이점은 궁극적이며 줄일 수 없다는 점은 분명한 사실입니다. 차이점은 항상 있을 것이며 그 차이점이 항상 차이를 만들어낼 텐데, 개인뿐 아니라 사회 전체에 대해서도 마찬가지입니다.

따라서 기독교인과 이슬람교도가 대화할 수는 있으나, 신실한 이슬람교도가 고개를 숙여 "예수 그리스도가 주님이시다"라고 고백하는 일은 없을 것이며, 예수를 따르는 신실한 사람이 "예수는 비범한 도덕 선생이 아니라 주님이시며, 하나님이시다"라는 믿음을 타협하는 일은 없을 것입니다. 아무리 큰 사랑과 대화, 예의가 중간에 다리가 되더라도 해소할 수 없는 차이점은 분명 존재합니다.

오히려 시민의 공적 광장 비전은 각자가 양심의 명령에 기초하여

> 유대인과 기독교인들은 힘을 합쳐 시민 종교에 반대해야 하는데, 그것은 우상숭배의 한 형태기 때문입니다. 만일 백성을 하나 되게 하는 대상을 숭배한다면, 그것은 근본적으로 우리 자신을 숭배하는 행동이며 이는 곧 또 다른 형태의 우상숭배인 것입니다.

자신이 믿는 바를 자유롭게 믿을 수 있는 관점을 만들어주며, 우리는 이른바 3R(권리, 책임, 존중)로 구성되는 예의에 대해 배우기에 서로의 차이점에 대해 예의 바르게 처신할 수 있습니다. 달리 말하면, 3R은 "신앙 규약"이 아니라 "평화 규약"인 것입니다.

저는 권투에서 퀸즈베리 규칙 같은 장면을 그려봅니다. 권투에 대해 여러분이 어떤 그림을 갖고 계시든, 그 역사가 잔혹하다는 점에는 의문의 여지가 없습니다. 피에 대해 비위가 강했던 로마인들조차 검투사 경기는 즐겼으나, 권투는 금지했습니다. 그리고 19세기 중반까지 맨손으로 하는 프로 권투 시합은 어느 한쪽이 죽는 것으로 끝나는 일이 잦았습니다. 권투가 현대적 의미의 운동 경기가 된 것은, 개정된 권투 규칙에 퀸즈베리 후작이 자신의 이름을 사용하도록 빌려준 이후부터입니다.

권투선수는 이제 링에서 심판의 권위 아래 규칙에 따라 싸웁니다. 선수들은 글러브로 치고받을 수 있고 벨트 아래를 때리면 실격패 당하지만, 여전히 싸움은 계속되고 승자와 패자가 나뉩니다.

이는 민주주의적 예의를 보여주는 좋은 그림입니다. 공적 삶에서 서로 경쟁하는 대상 사이에는 큰 차이점들이 있고, 항상 한쪽이 승자로 부상합니다. 예컨대 윌리엄 윌버포스는 국회에서 거의 20라운드를 싸웠고, 마침내 승리하여 대영제국에서 노예제를 깨끗이 일소할 때까지 매 라운드에 졌습니다.

달리 표현하면, 그리스도인은 문화 전쟁에서 실수를 범했으나 그 것은 인간의 생명이나 가족의 중요성 같은 문제를 놓고 싸우는 것이 틀렸기 때문이 아닙니다. 잘못은 그리스도인들이 싸움을 벌인 태도였습니다. 예컨대 예수님께서 제자들에게 "두려워 말라" 하셨건만 오히

도시의 소크라테스

려 두려움을 조장하거나, 예수님께서 제자들을 향해 원수를 사랑하라고 명령하셨건만 오히려 원수를 악마로 간주하는 태도 말입니다.

세 번째 흔한 실수는 신앙인이든 세속주의자든 관계없이 근본주의자의 이야기에서 들을 수 있습니다. 예컨대 리처드 도킨스는 자칭 편협함으로 유명합니다. 그는 자신이 보기에 극단주의라고 여겨지는 것에는 일절 관용을 보이지 않습니다. 만일 "광신도"가 망상에 사로잡혔다면, 정부가 개입하여 부모가 자녀에게 "독단적인 특정 주장을 주입하지" 못하도록 막을 모든 권리가 있다고 도킨스는 주장합니다. 신앙을 가진 근본주의자들은 반대의 경우 종종 똑같이 불관용을 보입니다.

관용은 그 의미를 파악하기 무척 어려운 단어입니다. 이 단어는 종교 전쟁의 공포가 지나간 17세기에 선택을 의미하는 용어가 되었습니다. 관용이 편협함보다 월등히 좋다는 데는 의문의 여지가 없습니다. 하지만 관용에도 기본적인 문제는 있습니다. 본질적으로 거들먹거리며 잘난 체하는 태도 말입니다. 강자가 약자를 관용하는 문제이며, 다수가 소수를 관용하는 문제이고, 정부가 시민을 관용하는 문제입니다. 양심의 자유와 달리, 관용은 침해당할 수도 있으며 절대적이지도 않습니다.

예의는 잘못된 형태의 관용과 어떻게 다를까요? 이렇게 표현해보죠. **무엇인가를 믿을 수 있는 권리가 곧 어떤 이가 믿는 모든 것이 옳다는 뜻은 아니다.** 이 문장에서 앞의 절반은 자유와 양심의 문제이지만 뒤의 절반은 터무니없는 이야기입니다. 무언가를 믿을 수 있는 권리는 절대적입니다. 그것은 양심의 자유 속에 소중히 간직된 권리지만, 그렇다고 한 사람이 믿는 모든 것이 옳다는 뜻은 아닙니다. 누군가 믿는 바가 조리가 없을 수도 있고 사회적 재앙을 가져올 수 있으며 결과적으로 해악을 끼칠 수도 있습니다. 예의가 뜻하는 바는, 우리가 동의하지 않을 때라도 시민이란 틀 안에서 행동하는 태도를 말합니다.

그렇다면 해결책을 위해 무엇이 필요할까요? 첫째, 성공적인 해결책에는 용감한 지도력이 필요합니다. 목하 이 문제를 풀어나갈 최고위층 지도자가 없을뿐더러, 가장 뛰어난 모든 사상이 문화적으로 사소한 차원에 머물러 있습니다.

이전 세대의 정치 지도자들은 대부분 부끄러움도 모른 채 자기 당의 유익을 위해 문화전쟁을 이용했습니다. 제가 윌리엄스버그 헌장(Williamsburg Charter, 미국 권리장전 제정 200주년을 기념해 1988년 오스 기니스의 주도하에 200명의 지식인이 참여한 헌장으로 공적 삶에서 종교가 지닌 역할을 천명한다—편집자 주) 작업을 하던 때에 레이건 정부의 장관 한 명이 제게 말했습니다. "내가 죽기 전에는 대통령을 만날 수 없을 거요. 이 문화 전쟁은 공화당에 유리하니 말이오."

저는 말했습니다. "장관님, 문화 전쟁은 공화당에 유리하게 흐르기도 하고 민주당에 유리하게 흐르기도 합니다. 하지만 긴 안목으로 볼 때 그것은 미국의 유익에 이바지하지 못합니다. 이 점이 더 중요합니다."

지금까지 우리에게는 이전투구를 넘어서 "양쪽 정당은 부끄러운 줄 아시오. 여기 믿음을 가진 모든 시민을 위할 뿐만 아니라 미국을 위한 더 나은 길이 있소"라고 말해줄 준비된 국가 지도자가 없었습니다.

> 누군가 믿는 바가 조리가 없을 수도 있고 사회적 재앙을 가져올 수 있으며 결과적으로 해악을 끼칠 수도 있습니다. 예의가 뜻하는 바는, 우리가 동의하지 않을 때라도 시민이란 틀 안에서 행동하는 태도를 말합니다.

도시의 소크라테스

둘째, 성공적인 해결책에는 비전이 필요합니다. 저는 오늘 밤 몇 가지 피상적인 이야기를 했습니다. 하지만 비전은 도덕적 상상력을 담지하는 방식으로 쉼 없이 제시되어야 하며, 사람들을 일으켜 세우도록 영감을 불어넣어야 하며, 지난 반세기 동안 공적 삶의 영역을 지배했던 문화 전쟁처럼 피곤하고 성과 없는 방식과 결별해야 합니다. 이러한 현실에 지치지 않은 사람이 있나요? 더 나은 길을 제시해줄 용기 있는 자는 없나요?

셋째, 성공적인 해결책에는 분쟁 영역에 실제로 적용 가능한 대안이 필요합니다. 그 주요 영역은 공공 정책 토론과 공교육입니다. 지난 50년 동안 미국은 공교육의 전반적 위기뿐만 아니라 시민 의식 교육에서도 통탄할 만한 위기를 겪었습니다. "마음의 습성"(알렉시스 토크빌이 사용한 용어. 세대를 이어 전승되는 성향이나 태도로, 이 부분에서는 특히 민주 사회를 지속하게 하는 미덕을 통칭한다—편집자 주)이 5학년, 8학년, 11학년 교육의 제1원칙이 될 때, 비로소 자유와 예의가 다시 한 번 번성할 것입니다.

여러분은 미국 시민이며, 저는 여러분을 사모하는 외부인일 뿐입니다. 얼마 전 토크빌에 관한 감명 깊은 새로운 전기를 읽었는데, 그의 관찰 하나에 깊이 감동했습니다. 아시겠지만, 그는 미국 독립 혁명의 열렬한 숭배자이며 같은 이유에서 프랑스 대혁명에 실망한 인물입니다(원래는 프랑스 대혁명에 빠져 있었지요). 생의 마지막에 토크빌은 이런 말을 남겼습니다. "소설과 마찬가지로 혁명에서 가장 만들기 어려운 부분은 결말이다."

모든 단점에도 불구하고, 건국 시조들은 미국 역사의 찬란한 첫 장을 썼고, 이후로 걸출하고 용기 있게 몇 장을 써내려갔습니다. 여러분 세대가 직면한 도전은 여러분이 펜을 들어 지금껏 쓰인 모든 장처럼 가치 있는 장을 쓰는 것입니다. 다시 말해 여러분의 지혜와 용기, 결의를 모두 소환하여 여러분의 동료 시민들을 이 위대한 공화국의 첫 원칙들로 돌아가게 하는 것이며, 그렇게 함으로써 위대한 자유의 횃불이 여러분 손에 넘어오기 전보다 여러분 손에서 더욱 밝게 불타오르는 모습을 바라보는 것입니다. 고맙습니다.

도시의 소크라테스

질문과 답변 정말 고맙습니다, 기니스 씨. 질문과 답변 시간을 짧게 갖겠습니다.

질문 : 훌륭한 말씀 나눠주셔서 고맙습니다. 유럽에 관해 질문하겠습니다. 잘 아시겠지만, 유럽의 무신론은 상대적 무신론입니다. 미국의 무신론과는 상당히 다르죠. 호전성에 바탕을 둔다기보다는 냉담함에서 비롯되었다는 것이 그 특징이라고 봅니다. 그래서 예전이나 지금이나, 도킨스 같은 이들에게 휘둘리지 않죠. 제가 드리고 싶은 질문은 이러한 가정을 수용할 때, "점점 상대적 무신론 쪽으로 향해 가는 유럽 무신론은 유럽 사회의 안녕에 긍정적인가요, 부정적인가요? 그리고 그 이유는 뭘까요?"

답변 : 저는 유럽이 더 큰 무신론으로 향해 움직이고 있다는 개념에 이의를 제기하고 싶습니다. 실제로 한정 조건이 많이 있습니다. 예를 들어 지도층 세대를 보면 그들은 의심할 나위 없이 세속주의자입니다. 하지만 그들의 세속성이 이전 세대의 타락한 종교에 대한 반작용이라면, 이제는 젊은 세대가 세속주의의 공허함에 반작용을 보이는 모습을 볼 수 있습니다. 맞습니다. 그들은 종종 다양한 뉴에이지 영성 운동에 손을 대고 있지만, 종교적 감수성이 깨어나고 있습니다.

　구세대에 관해서는, 한 사회과학자가 그들에 대해 "믿되

속하지 않는다"라고 했는데, 리즈 경이나 왕실 천문학자처럼 교회에 정기적으로 출석하지만 믿지 않는 이들을 일컫는 말입니다.

유럽을 되찾자는 최고의 발언은 교황 베네딕토 16세에게서 나오지만, 저는 유럽으로의 세 번째 선교를 호소하는 복음주의자 중 하나입니다. 첫 번째 선교는 당연히 로마 제국의 회심이었고, 두 번째는 야만 국가들의 회심이었습니다. 이제 우리의 사명은 다음 세기에 걸쳐 유럽과 서구를 향한 세 번째 선교에 우리 자신을 헌신하는 일입니다.

따라서 저는 동료 유럽인들에게 이렇게 말합니다. "우리는 이제 유럽을 향한 세 번째 선교를 눈앞에 두고 있습니다." 우리는 이 말을 이해할 수 있는데, 왜냐하면 유럽은 보는 것처럼 그렇게 세속적이지 않으며, 어떻게 다시 역전되어야 하는지를 보여주는 강력한 운동이 진행되고 있기 때문입니다.

질문 : 예의란 주제와 관련하여, 다가오는 선거에서 후보들에게 물어볼 만한 짧은 질문이 있다면 무엇일까요?

답변 : 그 대답은 시민 여러분께 맡겨두겠습니다. 분명 문화 전쟁 외에도 생각해야 할 일들이 훨씬 더 많이 있습니다. 무례함 (incivility)의 배후에 있는 다른 요인들로는 텔레비전에 나오는 인상적인 어구, 오락 프로그램을 따라가는 미디어 환경, 증오와 두려움에 휘둘리는 광고 우편물, 블로그상의 익명성 같은 것들이죠. 정확히 분석하고자 한다면 이 모든 요인까지 그림 안에 넣어야 합니다. 달리 말해 문제를 악화시키는 기술적

도시의 소크라테스

요인들을 모두 검토해야 한다는 뜻입니다.

현재 진행 중인 대통령 선거에서 우리가 살펴본 주제를 예로 든다면, 민주당원들은 신앙인들에게 호감을 얻지 못하면 자신들이 패배한다는 사실을 깨달았습니다. 선거 직전에 많은 민주당 후보들이 신앙을 이해한다는 것을 보여주기 위해 애쓰는 것을 볼 수 있습니다.

아이러니하게도 한번은 민주당 후보자 2명이 일부 유력한 공화당 후보들보다 실제로 믿음에 더 가까이 다가간 적이 있었는데, 완전히 뒤죽박죽이었죠.

따라서 여러분 스스로 문제를 풀어야 합니다. 강연 첫머리에서 말했듯이 문제를 제기하고 해결해야 할 문제들이 수십 가지지만, 이것은 가장 중요한 문제 가운데 하나입니다. 어떤 방법을 사용하든, 공적인 삶과 관련해서 이런 문제들을 끊임없이 제기하십시오. 제게 어떤 영향력이 있다면, 저는 반드시 이 문제를 제기할 것입니다. 어떤 지도자는 솔직하게 말하고, 해결하고, 모두를 위한 새로운 길을 시작해야 할 것입니다. 그렇지 않다면 미국은 쇠퇴할 것입니다.

질문 : 저는 오늘 이 자리가 처음입니다. 그러니 질문해도 괜찮겠죠. 존 롤스와 그의 공적 광장에 대한 견해를 언급하시면서, 그의 연구가 본질적으로 이성을 공통분모로 공적 광장으로 사람들을 초청해서 모두가 합리적이 되게 하는 것이며, 이를 위해 그는 모든 사람이 종교를 개인 영역으로 남겨두기를 바란다고 하셨습니다. 제가 놀란 것은 선생님의 연구가 그와 무척 비슷

하기 때문인데요, 선생님은 모두가 예의라는 깃발 아래 공적 광장으로 나오기를 바라시겠지만, 아마도 공적 광장으로 나오는 사람들은 매우 무례한 이야기를 가지고 나오겠지요. 그렇다면 선생님의 연구와 롤스의 연구는 어떻게 다른가요? 함께 해결 방안을 논의해야 하지만 무척 무례한 사람이거나 무례한 이야기를 하는 사람들을 어떻게 대하실 건가요?

답변 : 존 롤스의 "공적으로 접근 가능한 이성" 개념은 실은 계몽주의 신화로서, 세속 자유주의자들에게서 흔히 볼 수 있지만 많은 사람이 공유하는 개념은 아닙니다. 제가 롤스와 근본적으로 다른 것은, 모든 믿음의 사람들이 자유롭게 공적 삶에 들어가 논의하되 자신의 신앙을 뒤에 두지 **말아야** 한다는 점입니다.

예를 들어 한 그리스도인이 공적 광장에 들어가 낙태나 동성 결혼 문제를 이야기할 때, 기독교적 권위를 인용하는 것(이를테면 "성경이 말하기를…" 같은 이야기 말이죠)은 적절하지 못할 뿐더러 효과적이지도 않습니다. 다른 신앙을 믿는 이들은 성경을 읽지 않기에 그 권위를 수용하지 않습니다. 그런 주장은 "헌법상 용인할 수 없는" 점이 문제가 아니라 설득력이 없다는 점이 문제죠. 그런 변증은 형편없는 변증입니다!

지금 제가 주장하는 바는 신자들이 공적 광장에 자유롭게 들어가 논의하되, 공적으로 설득력 있는 주장을 펼쳐야지 기독교 관점을 선언하는 것만으로는 안 된다는 말입니다. 이 일은 당연히 기독교적 설득, 곧 변증의 원리에 대한 이해를 요구합니다.

도시의 소크라테스

따라서 저는 우리가 공적으로 설득력 있는 주장을 해야 한다는 점에서 롤스에 동의합니다. 그러나 모두가 동의해야 할 공통 합리성이 있다는 그의 생각은 신화이며, 공적 광장에 들어갈 때 우리의 믿음을 뒤에 두고 들어가야 한다는 그의 주장은 오늘날 자유주의자들의 반자유주의적인 측면을 보여주는 한 예라고 할 수 있습니다.

10강

신의 언어:
인간 게놈을 바라보는 신앙인의 자세

프랜시스 콜린스

2008년 12월 3일

✤ 이 강연은 콜린스 박사가 공인이 되기 전에 열렸으며, 이후 콜린스 박사는 오바마 대통령의 임명을 받아 국립보건기구 국장으로 취임했다. 여기 제시된 견해들은 콜린스 박사 자신의 것으로, 미국 정부의 공식 견해를 대변하지 않는다.

강사 소개　신사 숙녀 여러분, 말씀 나누시는데 끼어들어 죄송합니다. 자, 신사 숙녀 여러분, 다시 한 번 끼어들어야겠는데, 오늘의 강연자가 교통 체증으로 옴짝달싹할 수 없다고 합니다. 농담이었습니다. 맞습니다, 방금 지어낸 얘깁니다.

저는 에릭 메택시스이며, 오늘 강연해주실 분은 지금 이 자리에 계십니다. 10분 후에는 떠나셔야 한다니, 얼른 진행하겠습니다. 프랜시스 콜린스(Francis S. Collins) 박사를 소개하기 전에─이번에는 농담이 아닙니다─주인 잃은 검은색 지갑이 하나 있습니다. 아직 지갑 속을 살펴보진 않았는데, 존 해크니 씨, 이 지갑의 주인이신가요?

지갑을 찾아가려거든…제가 이렇게 주인 없는 지갑을 들고 있는데 찾아가겠다고 나서는 사람이 아무도 없다니 놀랍네요. 아무튼 검은색 지갑을 분실한 분을 만나시거든 연단으로 오라고 해주세요. 하지만 콜린스 박사님의 강연이 끝날 때까지 기다려야 할 겁니다. 강연 중 찾으러 오시면 곤란합니다.

자, 콜린스 박사님께서 오늘 우리에게 해주실 이야기가 많은데, 중간에 끼어들어서는 안 되겠죠. 그런데 만일 제가 끼어든다면, 박사님께서 어떻게 하실까요? 아시다시피 박사님은 다수의 학위와 수상 경력이 있고 모든 것을 가지고 계시지만, 그런 박사님인들 제가 끼어든다고 어찌할 수 있겠습니까? 그래서 바로 우리 문화에 교육이라는 가치가 필요한 겁니다.

"도시의 소크라테스" 강연자 중에는 소개가 오히려 군더더기가 되는 이들이 있습니다. 맞아요, 아주 드물게 소개가 필요 없는 경우가 있는데, 콜린스 박사님이야말로 그런 분이라고 할 수 있겠죠. 콜린스 박사님은 설명이 필요 없는 분이지만, 신문을 읽지 않는 분들을 위해 그가 "인간 게놈 프로젝트"의 책임자라는 정도만 말씀드리죠. 그리고 하나 확실히 해둡시다. "게놈"(genome, 유전체)이지 "놈"(gnome, 난쟁이 요정)이 아닙니다! 제 친구 중에는 "그거 사이비 과학 아냐?" 하는 녀석들이 있는데, 저는 그 친구에게 "'놈'이 아니라 '게놈'이라고!" 이렇게 말해줬습니다. 제 주변의 친구들이 조금 그렇습니다.

예, 그 친구 이름이 레슬리 맞습니다. 아무튼, 게놈입니다. 오늘 저녁 강의가 끝날 즈음이면 우리 모두 게놈 프로젝트가 뭔지 제대로 이해하게 되겠죠.

인간 게놈 프로젝트의 책임자로 콜린스 박사는 두 명의 대통령으로부터 초청을 받아 백악관 만찬에 참석한 바 있습니다. 물론 두 대통령에게 동시에 초청받은 것은 아니고요. 클린턴과 부시 두 대통령이었습니다. 또한 콜린스 박사는 대통령 자유 훈장을 받았습니다. 그런데 솔직히, 그런 거 하나 받아보지 않은 사람이 어디 있겠습니까? 그러나 박사님의 경우, 훈장이 아주 화려했고 온갖 신문에 관련 기사가 실렸습니다. 제가 이 점을 언급해주기를 박사님이 원하셨어요. 박사님께는 중요한 이야기거든요.

콜린스 박사님은 대통령을 만났고 이는 박사님께도 특별한 경험이었습니다. 또한 박사님은 「타임」의 표지에도 실린 적이 있습니다. 오늘 밤 여기 모인 30명 가운데 「타임」의 표지에 나왔던 사람은 아마 아무도 없을 겁니다. 그렇다면 상당히 특별한 이력이라고 할 수 있겠죠?

2003년, A&E 네트워크는 "올해의 인물"로 콜린스 박사님을 선정했습니다. 투표를 통해 최고의 인물로 뽑혔는데, 한 표 차로 밸러리 버티넬리(미국인들의 사랑을 받는 배우—역주)를 밀어낸 것입니다. 놀랍지 않습니까? 한 표 차라니요. 제가 기억하기로는, 버티넬리는 그해 에디 밴 헤일런(미국 락 그룹 밴 헤일런의 리더—역주)과 이혼 수속을 밟고 있었습니다. 그녀에게 큰 사건이 있던 해였던 셈이죠. **그런데도** 박사님이 그녀를 이긴 겁니다. 콜린스 박사님은 그런 업적을 이룬 분입니다. 모든 사람이 "버티넬리, 버티넬리" 하던 때에, 박사님은 한 표 차로 그녀를 따돌렸습니다. 정말 존경스럽습니다.

콜린스 박사님은 "찰리 로즈 쇼"에도 출연하셨는데, "찰리 로즈 쇼"에 출연해보지 않은 사람이 또 어디 있겠습니까? 거기서도 아주 멋진 무대를 보여주셨고, "콜버트 리포트"(미국 정치 코미디 쇼—역주)에도 출연했습니다. 네, 사자 굴에 던져진 거였죠. 사람들이 콜버트 리포트에는 박수갈채를 보내지만 찰리 로즈 쇼에는 그러지 않으니, 애석한 일이었죠. 보다시피 우리가 "도시의 소크라테스"를 하는 이유가 그것입니다. 우리가 저들을 가르쳐야 하는 거죠, 콜린스 박사님.

얼마 전 콜린스 박사님은 국립 인간 게놈 연구소 소장 직분을 내려놓았으나, 행정부 고위층에서는 여전히 중요 인물로 통하고 있습니다. 이건 농담이 아닙니다. 어제 콜린스 박사님에게서 이메일을 받았는데, 오늘 5시 30분에 밀실을 사용해야 한다는 내용이었습니다. 이 말을 했다고, 저격수에게 제거되는 것은 아니겠죠?

박사님이 이곳 클럽 안에 밀실을 요청한 것은 오바마 대통령 인수위원회와 특별 대화를 나눠야 해서였습니다. 사실, 농담이겠거니 했습니다. 하지만 농담이 아니라는 게 곧 분명해졌습니다. 몇 번을 읽었지만, 이메일 어디에도 반어적 표현이나 느낌이 전혀 없었습니다. 제가 말했죠. "이거 진담인 것 같은데, 저스틴." 저스틴, 어디 있죠? 내가 지어낸 얘기가 아닌 것 맞죠?

아무튼 우리는 5시 30분에 박사님을 특실로 데려가서 오바마 대통령 인수위원회와 전화 통화를 할 수 있도록 해주었습니다. 저는 거기서 박사님이 통화하는 것을 보았습니다. 그런데 여기서부터 좀 서글퍼집니다. 아무리 권력에 매달리는 게 인지상정이라지만, 박사님의 휴대 전화가 고장 난 것을 제가 우연히 알게 되었기 때문입니다. 박사님의 전화기는 **작동하지 않고 있었습니다.** 콜린스 박사를 만나는 것만으로도 이미 감명을 받았는데, 자신이 자리에서 물러났지만 여전히 주요한 존재임을 우리가 믿게 하려고 이런 일까지 벌이다니요. 그래서 이렇게 말했습니다. "아, 인간 자만심의 한 장면을 보는 것 같구나. 너무 슬프다."

하지만 여러분, 누구인들 예외이겠습니까? 저도 그런 사람입니다. 우리 모두 똑같은 사람들이죠. 그러나 연기 하나는 대단했습니다. 전화기가 고장 난 것을 제가 알고 있는데, 그래서 정말 서글펐습니다.

이 이야기를 해도 괜찮은 거죠? 그런데도 분명 저는 이분을 아주 좋아합니다. 그렇지 않다면, 굳이 과거를 들춰내는 일 따위는 안 했을 겁니다. 오늘 밤 콜린스 박사님이 강연해주실 내용을 직접 들은 것은 샌프란시스코에서 열린 소크라테스 모임에서였습니다. 일 년 전 일이네요. 샌프란시스코에 저희 분점이 있어요. 그날 박사님의 강연을 들으며 생각했습니다. "어떤 일이 있어도 콜린스 박사님을 뉴욕으로 모실 방법을 강구해야겠다."

신사 숙녀 여러분, 이 밤 더할 나위 없이 기쁜 마음으로 프랜시스 콜린스 박사님을 모시겠습니다.

도시의 소크라테스

강연

고맙습니다. 제가 2분 후면 이 자리를 떠야 하는데….

에릭, 향후 몇 달 동안 강연 일정 잡혀 있는 게 있나

요? 내가 소개말을 해줄 테니, 알려만 줘요. 이미 몇

가지 적어뒀어요. 에릭은 어떨지 모르겠지만, 저는 무

척 재미있을 것 같아요. 오늘 소개말은 뭐랄까, 잊지 못할 거예요. 기

억에 남을 소개였어요.

이 밤 이처럼 근사한 곳에서 여러분을 만나게 되어 기쁩니다. 뉴욕

시 대학 클럽에 모인 여러분은 정말 대단한 분들입니다. 신앙이 여전

히 의미가 있는지를 묻는 날 선 목소리가 수시로 들려오는 요즘과 같

은 때에 여러분과 함께 인간의 지성에 관한 강연을 나눌 기회를 얻게

되어 저로서는 큰 영광이 아닐 수 없습니다.

오늘 저는 과학에 관한 이야기를 할 텐데, 그것은 제가 과학자이

자 외과 의사이기 때문입니다. 또한 신앙에 대한 이야기도 할 텐데,

그것은 제가 신앙인이기 때문입니다. 이 말에 놀라시는 분들은 이 두

범주가 서로 양립할 수 없다고 생각하는 분들일 것입니다. 사실 방송

채널에서 흘러나오는 이야기나 서점의 책들을 조금만 살펴본다면, 마

치 무슨 싸움이 벌어지고 있다고 오해할 수도 있습니다. 저는 싸움이

필요 없다고 봅니다. 적어도 지금 보이는 것과 같은 곤란한 싸움은 아

니어야 한다고 봅니다. 제가 이렇게 말하는 이유를 지금부터 설명하

겠습니다.

우선 분명히 해둘 게 있는데, 우리는 소크라테스 모델을 따를 것입

니다. 논쟁이 이끄는 대로 따라가서, 과학적 세계관과 영적 세계관이 정말로 양립할 수 없는지, 아니면 그 둘이 서로 조화를 이룰 수 있는지 하는 물음들과 관련해 도움이 되는 사실을 살펴보자는 말입니다.

유전학 이야기부터 해보겠습니다. 길가의 신문 가판대를 보셨다면 "유전학: 가까워진 미래"라고 쓰여 있는 「타임」과 게놈에 대해 떠들고 있는 「뉴스위크」를 보셨을 것입니다. 도처에 도배되어 있거든요. 게놈(genome)은 인간 사용 설명서로서, 실로 굉장한 것입니다. 「타임」의 다른 호 표지는 "유전자의 비밀을 풀다"라는 제목을 전면에 드러냈습니다. 유전자가 발견된 지 50년째 되는 날을 기념해 발간된 것으로, 그날은 우리가 인간 사용 설명서를 이해하게 된 기념비적인 날이기도 했습니다. 이날 우리는 인간 유전자 암호를 모두 해독해냈습니다. 이 이야기부터 잠시 말씀드리겠습니다.

이들 잡지의 표지에는 두 가지 공통점이 보입니다. 하나는 이중 나선 구조의 유전자 모형입니다. 다른 하나는 벌거벗은 사람입니다. 자, 그게 어떻다는 말일까요? 이들 잡지의 편집자들은 유전자가 잘 안 팔린다는 사실을 이미 파악한 것입니다. 그들은 뭐가 잘 팔리는지를 정확히 알고 있습니다.

자, 그렇다면 게놈은 무엇일까요? 게놈은 유전자로 이루어진 구성체로서 정말로 사용 설명서를 말하는데, 이는 아주 적절한 은유라고 할 수 있습니다. 그 안에는 여러분에게 필요한 모든 설명이 통째로 담겨 있습니다. 그래서 여러분은 한때 여러분의 전부였던 하나의 세포에서 상당히 복잡한 유기체로 발전할 수 있었습니다. 그러한 일이 가능하려면 설명서가 있어야 하는데, 게놈은 4개의 알파벳 문자로 된, 조금은 낯설고 단순한 언어로 쓰인 정교한 사용 설명서입니다.

어떤 유기체의 유전자 전체가 곧 그 유기체의 게놈입니다. 유전자 정보는 이중 나선 구조 안에 암호화되어 있는데, 1953년, 제가 3살이던 때에 왓슨(Watson)과 크릭(Crick) 두 사람이 그 구조를 알아냈습니다. 기본적으로 유전자 정보의 전달 방식은 약자로 A, C, G, T라고 하는 염기 배열을 통해서 이루어집니다. 이 문자들의 순서, 즉 염기 서열을 통해 부모에게서 자녀에게로 유전자 정보가 세대를 거쳐 전달되는 것입니다.

정답을 모른다고 가정하고 맞춰보십시오. 인간의 생물학적 속성을 명시하려면 이 사용 설명서에 이러한 문자들이 몇 개나 필요할까요? 몇이라고 추측하십니까? 무한은 아닙니다. 여러분 몸을 구성하는 모든 세포 안에 이 정보가 들어 있어야 합니다. 세포가 분열할 때마다 그 정보를 모두 그대로 복사해야 합니다. 따라서 필요 이상으로 클 수는 없습니다.

정답은 약 30억 개입니다. 30억은 무척 큰 수입니다. 반론을 제기하는 사람도 있겠지만, 워싱턴에서도 30억은 큰 수입니다. 생각하기조차 쉽지 않은 수인데 우리 몸의 세포마다 그 수만큼 정보를 담고 있으리라고 짐작하기란 쉽지 않습니다. 오늘은 특별한 날이고 여기는 "도시의 소크라테스"니까, 만일 지금 당장 인간 게놈을 읽기로 하면 어떨까요? 분명, 할 수 있습니다. 제가 여기서 시작할 테니, 여러분은 "A, C, G, T, T, G, C, T"를 읽고 읽다가 지치면 다음 사람으로 넘기면 되는데, 그렇게 다 마칠 때까지 계속하는 겁니다.

시작해도 되겠죠? 기억에 남을 만한 일일 겁니다. 하지만 살아남지는 못할 텐데, 한 주에 7일, 하루에 24시간 내내 이 일을 계속해도, 31년이 걸려야 마치게 됩니다. 그런 정보가 여러분 몸의 각 세포 안에 있는 것입니다. 생각할수록 경이로운 일이죠. 여러분은 그것을 여러분의 부모에게서 물려받았습니다.

게놈은 인간 생물학을 이해하는 데 가장 근간이 되는 단서이며, 인간 사용 설명서입니다. 말씀드리려니 무척 설레는데, 이제 우리는 영광스럽게도 제가 그 책임자로 이끌어온 프로젝트를 통해 그 모든 문자를 전부 읽어냈고, 마침내 2003년 4월 호모 사피엔스의 유전자 배열 일체를 찾아냈습니다. 사실은 6개 국가, 20개 연구소에서 여러 해에 걸쳐 집중적으로 일궈낸 성과였지요.

함께 일했던 2,500명의 과학자는 이것이 핵심 정보일 뿐 아니라 경쟁에 우선하는 기초 정보이기에 모두 열람할 수 있도록 해야 한다는 데 뜻을 같이했고, 인터넷에 올려서 24시간마다 업데이트할 수 있도록 해두었습니다. 새로운 세대의 생물학자들과 유전학자들이 이 정보가 의미하는 바를 알아내기 위해 연구에 착수했습니다. 하지만 그건 힘든 과제였지요. 이것은 어려운 문제인데, 우리는 이 사용 설명서를 이해하고자 갓 읽기 시작한 초보 독자이기 때문입니다. 그 내용을 정리하기란 매우 어렵지만, 우리는 약간의 실제적인 진전을 이루었습니다. 인간 유전자를 의학적으로 적용하는 데 관심 있는 이들—이 때문에 이 일에 뛰어든 우리 대부분—의 주요 관심사는, 각 사람의 유전자 안에 잠복해 있는 무서운 시한폭탄을 이해하여 그 위험을 직면하게 하는 데 있습니다.

오늘 밤 이곳에 와 계신 여러분이 자신을 유전적으로 완벽한 종이라고 생각한다면, 죄송합니다. 외모로 보면 이 방에도 썩 괜찮은 후보들이 계시긴 하네요. 에릭조차도 완벽한 게놈을 갖고 있지는 못합니다. 충격이겠지만, 어쩔 수 없어요. (뒤쪽에서 에릭의 목소리가 들려온다.

"우리 어머니가 여기 계세요.") 나쁜 요소는 아버지에게서 온 게 분명할 거예요, 에릭!

이들 개별 유전자의 결함을 이해함으로써 우리가 바라는 바는, 그 정보를 이용하여 우리 각자가 미래에 어떤 질병에 걸릴 위험이 있는지를 미리 알고 이를 예방하는 데까지 나아가는 것입니다. 아직 큰 소득은 없지만 이미 예방책을 시행하고 있는데, 이는 두루 적용되는 접근법일 뿐 모든 사람에게 적용할 수 있는 방법은 아닙니다. 우리는 모두 각각 다른 조합의 유전적 위험 요소를 가지고 있는 개인들입니다. 따라서 모든 사람에게 사용할 수 있는 포괄적인 방법을 시도하기보다는 각 사람의 특정 위험을 예방하는 데 필요한 일에 집중하는 증거 기반의 방법을 적용할 수 있다면 멋진 일 아니겠습니까? 우리는 그런 방식을 지지합니다.

몇 년 전까지만 해도 낭포성 섬유증 같이 유전되기 쉬운 질병에서 유전 인자를 찾는 데 상당히 성공을 거두고 있었지만, 당뇨병이나 암 전반, 심장병 등 병원과 의료소를 가득 채우고 우리 가족들을 고통에 빠지게 하는 질병의 유전 인자를 찾으려는 시도는 많은 좌절을 겪었습니다. 이제는, 그 모든 것이 바뀌었습니다.

2005년, 우리는 처음으로 충분한 만큼의 인간 유전자 변이 종합 목록을 갖게 되어 게놈 전체를 살펴보며 "특정 질병을 일으킬 시한폭탄이 어디 있지?"와 같은 말을 할 수 있게 되었습니다. 여러분은 염색체를 거의 읽기 어려우시겠지만, 1번 염색체에 대해 처음으로 발견한 것은 노년기 시력 상실의 주원인인 노인성 시력 감퇴에 관한 정보였습니다. 이 방 안에 있는 분 중에도 이 문제를 안고 있는 가족을 두신 분들이 분명 있을 것입니다. 이 병은 그동안 철저히 신비로 남아 있었고 유전적인 질병으로 여겨지지 않았습니다. 이 병은 70~80세가 되기 전에는 거의 나타나지 않습니다. 그러나 이 병과 어떤 관련이 있으리라고는 아무도 짐작하지 못했던 "보체 인자 H"라 불리는 유전자가 발견되었습니다. 이는 즉각적으로 우리에게 예방과 처방에 관해 매우 흥미진진하고 새로운 시각을 갖게 했습니다. 우리는 "이거 되겠다"라고 생각하기 시작했습니다.

그때가 2005년이었습니다. 그때부터 일반적인 병을 유발하는 유전적 위험 인자를 찾는 일에 엄청난 진척이 있었습니다. 「네이처」, 「사이언스」, 「셀」 같은 저명한 잡지들은 발간될 때마다, 인간 게놈 프로젝트를 통해 만들어진 도구를 활용하여 전에는 이해할 수 없었던 영역에 밝은 빛을 비추는 사람들의 노고로 갑자기 드러난 발견을 다룰 정도였습니다. 질병의 원인, 예방법, 궁극적으로는 우리에게 절실히 필요한 치료법에 대해 알게 되었지요. 마침내 우리는 거기에 무엇이 있는지 볼 힘을 갖게 되었습니다.

이러한 발견이 무척 흥미로운 이유는, 그것이 의학 분야에 대변혁을 일으킬 기회를 약속하기 때문입니다. 이 접근법은 개인 예방법에도 적용할 수 있습니다. 또한 훨씬 발전된 약리학과 이른바 게놈 약학을 시행할 수 있도록 해줍니다. 게놈 약학이란 우리가 특정 질병에 대해 처방받는 약에 대한 각 사람의 반응이 항상 같지는 않다는 개념을 말합니다. 어떤 사람들은 좋은 효과를 얻을 수 있지만, 어떤 사람들은 독성을 얻을 수 있고, 어떤 사람들은 아무 반응도 얻지 못할 수 있습니다. 이 모든 것은 무엇을 뜻할까요? 각 사람의 유전자 차이 때문에 무수한 가변성이 나타날 수 있다는 뜻입니다. 우리가 예측할 수 있을 만큼 충분히 안다면, 올바른 약을 올바른 때에 올바른 복용량만큼 올바른 사람에게 처방할 수 있을 것입니다. 모든 이에게 두루 적용되지만, 바라는 만큼 항상 효과를 내지는 못하는 접근법 대신 말이죠.

앞서 언급했던 시력 감퇴를 유발하는 유전자와 마찬가지로, 궁극적으로 이러한 발견들은 그것이 아니었다면 추측조차 해보지 못했을 처방과 치료법에 대한 새로운 개념을 제시해줍니다. 저는 이것이 가장 큰 성과라고 봅니다. 하지만 이 일에는 또한 긴 시간이 필요합니다. 첫 발상에서 시작하여 어떻게 치료제를 개발하고 동물 실험을 거쳐 궁극적으로 임상 시험까지 갈 것인가 하는 데까지 생각해야 하기 때문입니다. 그것은 길고도 더디며 큰 비용이 드는 과정입니다. 국가 차원에서 이 일이 하룻밤에 이뤄지지 않으리라는 점에 대비해야 합니다. 하지만 이제 우리는 자신과 우리 가족들을 고통 속으로 몰아넣었던 질병에 맞서 엄청난 변화를 불러일으킬 수 있는 최고의 기회, 전에 없던 기회를 얻게 되었습니다.

이 모든 일에 제가 열광하는 이유는, 우리가 이미 다리를 건너 새로운 영역에 들어가서 생명이 작동하는 원리를 훨씬 더 근본적이고 포괄적인 차원에서 이해할 기회를 얻게 되었다고 굳게 확신하기 때문입니다. 유전자 결함 때문에 병이 때때로 발생하는 방식도 마찬가지죠. 참으로 가슴 벅찬 시대입니다.

이제 두 번째 주제, 믿음으로 대변되는 세계관을 다루겠습니다. 여러분, 과학적 세계관과 영적 세계관을 떠올려보시고 둘 중 하나를 선택해야만 하는지 잠깐 생각해보세요. 사려 깊고 성숙한 개인이 이 둘을 함께 품는 길을 찾을 수 있다고 보시나요?

제가 21살 때 이 질문을 받았다면, 저는 "전혀요"라고 말했을 겁니다. 그때 저는 물리화학을 공부하는 대학원생이었습니다. 저는 중요한 모든 것은 물리와 화학과 수학 법칙으로 설명 가능하다고 생각했을 뿐, 영적인 것은 제게 전혀 필요하지 않았습니다. 저는 신앙을 중요하게 여기는 가정에서 자라지 않았기에, 자라갈수록 인생에서 영적인 면을 고려하는 데서 점점 더 멀어졌습니다. 그러다 과학도의 길을 떠나 의과 대학을 가기로 했습니다. 당시 인간 생물학에는 참으로 흥미진진한 일들이 벌어지고 있었는데, 저도 그 일에 참여하고 싶었습니다. 그러나 의학 공부가 단지 방정식을 푸는 문제가 아님을 깨닫게 되었습니다. 그것은 또한 사람에 관한 문제였습니다. 사람들은 잔인한 시련에 직면해 있었고 그중 일부는 죽음에 직면해 있었습니다. 저는 그런 사람 가운데 죽음 앞에서도 평안을 유지하는 사람들을 보고 깜짝 놀랐습니다. 그들은 자신이 직면한 현실이 결국 그렇게 끔찍한 것은 아니라는 확신에 찬 믿음에 의지했던 사람들이었습니다.

저 자신을 돌아보면서 결코 그럴 수 없으리라는 점을 깨달았습니다. 저라면 무서워 떨며 분노했을 것입니다. 전혀 평안할 수 없었을 것입니다. 그러던 어느 날, 환자 한 분이 제게 자신의 신앙에 관해 이야기해주더니, 사실 저는 듣기 좀 거북했는데, 저를 향해 몸을 돌리면서 무척 간단한 질문을 던졌습니다. "의사 선생님, 선생님은 무엇을 믿으시나요?"

그때 깨달았습니다. 제가 고수하던 무신론이 신의 존재를 지지하거나 부정하는 증거를 실제로 고려한 끝에 나온 것이 아니라는 사실을 말이죠. 무언가 중요한 것을 결정하면서 관련된 증거를 고려하지 않는 행동은 과학자로서 훌륭하지 못한 일입니다. 그래서 2년간 저는 신앙을 가진 이들이 믿는 대상이 무엇이며 또 믿는 이유가 무엇인지를 이해하고자 노력했습니다. 완전히 이성에 따라 움직인다고 생각하

도시의 소크라테스

는 저 같은 사람도 실제로 믿음을 가질 수 있는지 가장 비판적인 눈으로 판단을 내리고 싶었습니다. 그 2년 동안 저는 제가 놓치고 있었던 심오하고 설득력 있는 일련의 주장을 발견하게 되었는데, 그 주장에 따르면 무신론은 가능한 모든 선택 가운데 실은 가장 비논리적인 선택이었습니다. 반면에, 영적·신학적 주장뿐 아니라 심지어 자연의 신호조차도 실은 하나님을 믿는 신앙을 지지한다는 사실을 알게 되었습니다.

그것은 큰 충격이었습니다. 저 자신의 세계관인 자연주의에 한계가 있음을 깨달았습니다. 과학은 분명 자연 세계가 작동하는 원리를 이해하는 틀이며 자연스럽고 믿을 만한 방법임이 틀림없습니다. 그러나 과학은 매우 강력하고 중요한 질문들, 이를테면 "나는 왜 여기 있는가?", "사랑은 무엇인가?"와 같은 질문에 답해주지 못합니다. 여기서 사랑은 **에로스**를 말하는 게 아니라, 친구 간의 사랑 혹은 여러분이 한 번도 만나본 적 없으나 여러분과 공통의 관심사를 가진 사람을 향해 느끼는 사랑을 말합니다. 다른 질문도 점점 크게 다가왔습니다. "죽은 다음에는 무슨 일이 일어나는가?", "신은 있는가?" 정말 중대한 질문이죠. 과학이 이런 질문에 도움이 안 되는 것은 명백하지 않습니까? 따라서 만일 무신론자가 될 생각이라면, 기본적으로 이런 질문과 나는 무관하다고 마음먹어야 합니다. 만일 이런 질문도

> 저 자신의 세계관인 자연주의에 한계가 있음을 깨달았습니다. 과학은 분명 자연 세계가 작동하는 원리를 이해하는 틀이며 자연스럽고 믿을 만한 방법임이 틀림없습니다. 그러나 과학은 매우 강력하고 중요한 질문들, 이를테면 "나는 왜 여기 있는가?", "사랑은 무엇인가?" 같은 질문에 답해주지 못합니다.

중요하다고 생각하는 과학자라면, 자연주의가 아닌 다른 접근법을 찾아야 합니다.

놀랍게도 저는 자연 자체에서 기원한, 자연 밖의 존재를 암시하는 신호들이 있음을 깨닫기 시작했습니다. 우선, 자연 밖에는 아무것도 없는 것이 아니라 무언가가 있었습니다. 그래야만 하는 이유는 없습니다. 그 후에 대폭발(Big Bang)이 있었는데, 이 이론은 약 137억 년 전 상상할 수 없는 하나의 섬광으로 우주가 시작되어—그때는 골프공보다 작았는데—폭발 이후로 점점 팽창하였고, 그에 따라 은하계들도 서로에게서 점점 멀어져 오늘날까지 이어지고 있다는 과학적 사실을 말합니다. 우리의 물리 법칙과 수학 법칙으로는 그 전에 무슨 일이 있었는지를 다룰 수 없습니다. 법칙이 무너집니다. 그렇다면 어떤 설명이 필요하지 않은가요?

자연이 자신을 창조해내는 것을 본 적이 있습니까? 없을 것입니다. 이는 자연 밖에 있으면서, 솔직히 말해 시간과 공간 밖에 있어야만 하는 창조주를 거의 암시합니다. 그게 아니라면, 누가 창조주를 창조했는가라는 문제를 외면한 셈이 됩니다. 창조주가 시간 밖에 있어야만 한다는 관념을 인정하자마자, 이른바 무한 후퇴(infinite-regress, 어떤 대상의 원인을 찾고 또 원인의 원인을 찾는 식으로 무한히 거슬러 올라가는 문제—편집자 주)라는 문제는 사라져버립니다.

자연으로부터 얻는 또 다른 단서는 물리학자 유진 위그너(Eugene Wigner)의 표현인 "수학의 비합리적 유효성"입니다. 물리화학을 전공한 학생이었던 저는 그 방정식이 물질과 에너지의 움직임을 설명해준다고 전적으로 확신하면서 그것을 사용했습니다. 왜 방정식이 잘 맞는지, 왜 맞아 떨어져야만 하는지 궁금했던 적이 없었습니다. 왜 중력은

도시의 소크라테스

역 제곱 법칙을 따릅니까? 그렇게 되어야만 하는 이유는 없지만, 그게 사실입니다. 이는 시간과 공간 밖에 계신 탁월한 수학자이자 뛰어난 물리학자이신 창조주를 떠올리게 합니다. 지난 30년 동안 이 놀라운 관찰을 통해 깨달은 것은, 물질과 에너지의 움직임을 결정하는 상수, 이를테면 중력 상수 같은 것은 어떤 유의미한 복합물이 우주 안에 존재하는 데 필요한 값을 갖도록 정확히 조율되어 있다는 사실입니다. 하물며 생명체는 오죽하겠습니까?

만일 여러분이 중력 상수를 조정하여 현재 수치보다 미세하게 약하게 한다면, 대폭발 이후 만물은 뿔뿔이 날아가 은하계와 별, 행성의 조합은 존재할 수 없게 됩니다. 만일 중력 상수가 조금이라도, 예컨대 10억 분의 1만큼이라도 강해진다면, 만물은 순식간에 한군데로 모일 것입니다. 대폭발이 있고 나서 우리 인간이 나타나기 전에 대수축(Big Crunch)이 따라옵니다. 그것은 15개의 물리 상수 중 하나인데, 여러분이 그 값을 미세하게나마 조정하거나 털끝만큼이라도 건드린다면, 온 우주는 더는 작동하지 못하게 됩니다.

이러한 증거를 통해 우리는 그러한 다양한 상숫값을 취하는 우주로서 우리가 관측할 수 없는 수많은 평행 우주가 존재한다고 보거나, 그게 아니라면 이 우주에 지성이 개입했다고 볼 수밖에 없다고 생각합니다. 자, 어느 쪽이 더 큰 믿음을 요구할까요? 저는 다중 우주 가설을 수용하기 어려웠고, 그러자 이 우주가 우연이 아니라고 믿는 편이 조금 더 설득력이 있어 보이기 시작했습니다. 아인슈타인도 분명 똑같이 생각했습니다. 그러자 더 큰 질문이 떠올랐습니다. "그래, 만일 신이 있다면, 그 신은 **나**에게 관심을 두는 신인가? 아니면 우주를 움직이게 하긴 했지만, 이신론자들의 관념 가운데 하나처럼 그 후로 이내 관심을 끊어버린 신은 아닌가?"

C. S. 루이스가 쓴『순전한 기독교』를 읽었습니다. 첫 장의 제목이 아주 놀라웠는데, "옳고 그름, 우주의 의미를 푸는 실마리"입니다. 아직 읽지 않으셨다면, 오늘의 토론에 관심이 있으시다면,『순전한 기독교』는 여러분이 읽어야 할 첫 번째 책입니다. 이 책은 제 인생을 바꿨습니다. 루이스의 논증은 여러 세기를 거쳐 내려온 익숙한 것이었으나, 제게는 낯설었습니다. 만일 여러분이 자기 안에서 인간을 돌보시는 창조주가 존재한다는 증거를 찾으려다가 인간 본성의 불가해한 측면, 즉 옳고 그름에 관한 지식—해석은 각각 다르지만 역사 속 모든 문화에서 나타나는 불변의 사실—을 발견하게 된다면, 인간을 돌보시며 선하고 거룩하시며 우리를 불러 똑같이 행하라고 명하시는 창조주 하나님, 그분에 관해 우리 마음에 새겨진 증거를 발견하게 되는 일이 유쾌하지 않겠습니까? 저는 26살에 그 주장에 설복당했습니다. 지금도, 그 주장에 설복된 상태입니다.

여러분은 "도덕은 진화의 산물일 뿐이다. 사실, 인간이 서로에게 친절할 수밖에 없었던 것은 자연 선택 때문이었다. 그게 우리 모두가 사는 길이었으니까"라고 말할 수도 있습니다. 어떤 경우에는, 예컨대 여러분이 같은 유전자를 가진 여러분의 가족에게 친절하거나 다음 주에 만나게 될 사람에게 친절한 경우라면, 그 말이 옳을 것입니다. 상호 유익을 얻게 되겠지요. 하지만 이타주의라는 가장 급진적인 행동, 즉 전혀 만나본 적이 없고 나와 같은 집단에 속하지도 않은 사람을 위해 내 생명에 위협을 가할 수도 있는 행동을 하게 하는 이타주의에 대해서는 어떻게 말하겠습니까?

오늘 밤 우리는 뉴욕에 있습니다. 일 년이 넘은 이야기인데, 아프

도시의 소크라테스

리카계 미국인으로 건설 현장 인부였던 웨슬리 오트리는 지하철 승차장에서 옆에 서 있던 백인 젊은이가 간질 발작을 일으키며 기차가 다가오는 선로로 떨어지는 것을 보았습니다. 어린 두 딸과 함께 서 있던 웨슬리는 행인에게 두 딸의 손을 잡아달라고 부탁한 뒤 선로로 뛰어들었습니다. 그는 젊은이를 안전한 곳으로 이동시킬 시간이 부족함을 깨닫고, 자기 몸으로 젊은이를 덮고 선로 사이에 몸을 밀어 넣었습니다. 기차는 그들 위로 지나갔습니다. 1인치 크기의 작은 상처를 입은 것 외에, 기적적으로 두 사람 모두 목숨을 건졌습니다.

감동적이지 않습니까? 고귀한 인간성의 본보기란 이런 것이 아닐까요? 우리는 이런 이야기를 들을 때마다 하나같이 이렇게 말합니다. "저렇게 행하는 게 마땅하지." 오스카 쉰들러가 목숨을 걸고 홀로코스트에서 유대인들을 구한 것을 보면서 우리는 그의 행동에 찬사를 보냅니다. 우리는 그런 행동이 우리의 마땅한 소임이라고 생각합니다. 마더 테레사가 캘커타에서 죽은 자와 죽어가는 자들을 헌신적으로 돌보는 모습을 보면서 우리는 감동합니다. 다른 이들은 모두 모른 척하고 지나갔지만 강도에게 당한 사람을 동족도 아닌 사마리아인이 다가가서 돌봤다는 예수님의 가르침을 들으면서 우리는 중요한 교훈을 배웁니다. 그 교훈에 깊이 공감하면서 말입니다. 그렇지 않습니까?

이런 종류의 급진적 이타주의가 진화 메커니즘에는 스캔들이겠지만, 자연 상태의 모습보다 더 나은 존재가 되라고 우리를 부르며 우리 내면의 무언가를 가리키는 틀림없는 신호이기도 합니다. 제가 보기에 그것은 이후 상황에는 무관심한 창조 과정에 불과하기보다 우리 각 사람을 돌보시는 창조주 하나님과 관련된 신호로 보입니다.

여기서 제가 여러분께 말씀드리는 내용은 이미 많은 이들이 더 잘 표현한 바 있습니다. 철학자 임마누엘 칸트는 이렇게 썼습니다. "생각하면 할수록 내게 끊임없는 찬탄과 경외심을 불러일으키는 것이 두가지가 있는데, 밖으로는 별이 총총한 천체이며 안으로는 도덕법이다." 저도 동감입니다.

27살에 저는 그리스도를 믿고 따르는 사람이 되었습니다. 여러분은 "잘됐네요"라고 말할 수 있으나, 이렇게 반응할 수도 있습니다. "당신은 그리스도를 믿는 유전학자입니다. 그렇게 믿는 데 문제는 없나요? 머리가 폭발할 것 같진 않나요? 결국 당신은 유전자를 공부하는 사람이잖아요. 유전자는 우리 인간이 다른 동물과 관련 있다고 가르치는데, 기독교를 믿는 신자로서 수용할 수 없다고 생각하지는 않나요? 진화와 신앙은 양립할 수 없는 것 아닌가요?"

많은 사람이 이와 같은 질문을 했습니다. 저는 이러한 제 관점에 아무런 문제가 없음을 말씀드립니다. 하지만 많은 이들이 문제를 겪습니다. 수백만 명의 시청자들이 보는 앞에서 제게 그 질문을 던진 이는 스티븐 콜버트(Stephen Colbert)입니다. 2009년에 그는 자신의 프로그램인 "콜버트 리포트"에서 저를 인터뷰했지요.

사실, 그 인터뷰는 여기서 두 구역 떨어진 곳에서 촬영되었습니다. 제 인생에서 가장 손에 땀을 쥐게 하는 인터뷰였죠. 좋아요, 스티븐. 여기서 뭐가 문제죠? 진화론의 증거가 실제로 무언가요?

그럴 필요가 없는데도 너무도 많은 사람이 이 걸림돌에 걸려 넘어지고 있으니 잠깐 설명하고 넘어가겠습니다. 『종의 기원』이 출간된 지 거의 150년이 지난 지금, 무작위로 발생하는 변이의 결과로 자연 선택의 영향을 받은 공동 조상의 후손이란 개념이 긴 시간에 걸쳐 유의미한 결과를 낳았다는 증거가 있나요? 그중에는 인간도 포함되나요? 이

　도시의 소크라테스

것이 사람들이 일반적으로 어려움을 겪는 지점인 것은 분명합니다. 다윈의 이론은 무척 반직관적입니다. 사람들이 흔히 생각하는 방식과 다릅니다. 그렇다면 그 증거는 무엇일까요?

우선 게놈을 비교해봅시다. 인간의 게놈 분석은 이미 끝냈습니다. 다른 종은 어떨까요? 쥐, 침팬지, 개, 꿀벌(맙소사), 성게, 마코앵무새 같은 일단의 동물이 지닌 게놈도 이미 끝냈습니다. 오리너구리마저 게놈 작업을 마쳤고, 약 30종에 달하는 다른 동물의 게놈 작업도 마쳤습니다. 따라서 만약 여러분이 그 DNA 염기 서열을 가져다가 컴퓨터에 입력한 뒤 무슨 일이 일어날지 말해달라고 컴퓨터에 묻는다면, 무슨 일이 일어날까요? 컴퓨터는 진화 계보와 비슷한 계통도를 그리는데, 도표에는 맨 위에 있는 인간을 포함해 다양한 동물이 세부까지 상세히 자리 잡고 있으며, 이는 이미 해부와 화석 기록으로 추론한 내용과 정확히 일치합니다. 그렇다고 해서 진화가 반드시 옳다는 뜻은 아니지만, 둘 다 똑같은 답을 내놓는다는 점은 분명 흥미롭고 주목할 만합니다.

이 문제로 힘들어하는 사람들을 제가 보았기에 말씀드리는데, 여러분은 이렇게 말할 수도 있을 겁니다. "글쎄요, 하나님께서 그처럼 다양한 종을 창조하는 과정에서 똑같은 모티프를 거듭 사용하셨다면, 그들의 유전자 염기 서열이 비슷하다고 해서 놀랄 일은 아니겠죠." 이 점이 공동 후손을 증명해주는 것은 아니지만, 여기에는 다른 논점들이 있습니다.

세부를 살펴보기 시작하면 그런 태도를 유지하기 어려워집니다. 인간의 2번 염색체는 흥미로운 염색체입니다. 인간의 염색체와 침팬지의 염색체를 비교해보면, 둘은 한 가지 차이점만 빼고 매우 유사합니다. 우리 인간은 2번 염색체가 두 번째로 큰 데 비해, 침팬지에게는 그것이 없습니다. 침팬지는 그보다 작은 염색체가 2개 있습니다.

그런데 고릴라는 침팬지를 닮았습니다. 여기에는 인간이 낄 여지가 없습니다. 오래전 어디선가 우리까지 내려오는 과정에서 그들의 염색체 사이에 융합이 있었다고 상상해볼 수 있습니다. 흥미로운 가설이죠.

이제 우리는 온전한 유전자 염기 서열을 갖게 되었으니 그것을 시험해볼 수 있습니다. 아주 구체적인 방법으로 시험할 수 있는데, 모든 인간과 침팬지 그리고 다른 모든 포유동물의 염색체 끝 부분에는 다른 어디서도 일어나지 않는 "말단소체"라는 특정 염기 서열이 있다는 사실이 드러났기 때문입니다. 무슨 말일까요? 인간에게 말단소체는 또 다른 한 곳에서 일어나는데, 2번 염색체의 중앙부입니다. 인간의 2번 염색체는 말단소체 염기 서열의 잔존물을 지니고 있는데, 그 위치는 조상 융합 가설(hypothesis of ancestral fusion)을 근거로 정확히 예측할 수 있습니다. 과거에 일어났던 일을 정확히 보여주는 "유전자 화석"을 발견한 것입니다.

이제 하나님께서 우리의 신앙을 시험하기 위해 말단소체 염기 서열을 그곳에 두었다고 상정하지 않는 이상, 여러분은 우리 인간이 생명, 이 놀라운 태피스트리의 일부가 아니라고 말해야 하는 곤란한 위치에 서게 됩니다.

다른 예를 들어보겠습니다. 뱃사람들은 왜 괴혈병에 걸릴까요? 우리와 비타민 C는 어떤 특별한 관계가 있을까요? 왜 우리는 비타민 C가 필요할까요? 다른 수많은 포유류는 필요하지 않은데 말이죠. 그 이유를 말씀드릴게요. 굴로노락톤 산화 효소를 뜻하는 유전자 GULO를 봅시다. 인간, 쥐, 소의 경우 이 유전자는 각 게놈 속에 상대적으로 같은 자리, 유사 기능을 담당하는 다른 유전자 옆에 위치합니다. 그러나 인간의 GULO 유전자는 그 유전자의 앞쪽 끝에 거대한 결실(缺失)이 있어서 활성화를 막습니다. 그것은 아스코르브산, 즉 비타민 C를 합성하는 효소를 만들기 위해 반드시 있어야 하는 유전자입니다.

뱃사람들이 괴혈병에 걸리는 이유는 그들도 우리처럼 비활성 GULO를 가졌기 때문입니다. 그러나 거기에 그 잔존물이 있다니 흥미롭지 않습니까? 무언가를 할 수 있는 원래 능력은 잃었으나, 그 결실 사건이 이 유전자에 남긴 흔적은 여전히 발견할 수 있다는 뜻입니다. 그것은 공통 자손이라면 예측 가능한 다른 두 유전자 사이의 정확히 그 자리에 있습니다. 이것을 보고도 우리 인간이 사실 이 동일 혈통 과정 가운데 일부가 아니라고 결론 내리기란 어렵습니다. 이 밖에도 다른 많은 예를 제시할 수 있습니다.

이렇게 말하는 게 공정할 텐데, 다윈이 옳았습니다. 공통 조상이 있었습니다. 화석 기록보다는 주로 유전자 연구에서 도출된 자료에 따르면 그렇다는 말입니다. 자연 선택의 영향을 받아 오랜 시간에 걸쳐 일어난 점진적 변이는 놀라울 정도로 다양한 개별 종을 낳았으며, 또한 호모 사피엔스를 낳았습니다.

하지만 만일 진화가 사실이라면, 하나님이 들어설 여지는 전혀 없는 것일까요? 여기서 선택을 해야만 한다고 강조하면서, 진화는 기본적으로 무신론을 주입하기 때문에 믿는 사람이라면 응당 진화를 거부해야 한다고 분명하게 주장하는 사람들이 많이 있습니다. 친구 여러분, 그것은 정말 사실이 아닙니다. 그것이 왜 오해인지, 심지어 이 분야의 전문가들이 어떻게 오해하고 있는지를 설명하겠습니다.

리처드 도킨스가 쓴 책을 여러분도 보셨을 겁니다. 유명한 진화론자죠. 그는 1970년대부터 『이기적 유전자』(*The Selfish Gene*, 을유문화사 역간)라는 유명한 책을 필두로 진화를 다루는 저술 활동을 꾸준히 이어왔습니다. 정말 놀라운 재능을 가진 작가이기도 하죠. 제가 보기에 도킨스는 다윈이 말하려고 하던 바를 많은 사람에게 강조하는 방식으로 진화의 비직관적인 면을 설명했습니다. 하지만 경력 후반인 지금 도킨스는 좀 다른 자리에 이르러 자연주의적 진화 관점을 고취할 뿐 아니라 그 관점이 요구하는 무신론을 주장하는 데 자신의 노력을 최대한 기울이고 있습니다. 그의 책 『만들어진 신』—부제가 필요 없는 드문 책 가운데 하나죠—은 무신론자 선언입니다. 그러나 여기서 곧바로 문제가 보이지 않습니까? 도킨스는 과학적 기반을 바탕으로 신이 존재하지 않음을 논증하려 듭니다.

만일 하나님이 당신에게 어떤 의미를 갖는다면(여러분이 범신론자가 아니라면), 하나님은 적어도 부분적으로는 자연 밖에 존재합니다. 과학은 자연 밖에 존재하는 대상을 언급할 능력이 없습니다. 그렇게 하는 것은 범주 오류이며, 신의 존재 문제에 "예" 또는 "아니요"라고 답하기 위해 과학적 논증을 펴는 것은 생산적인 방법이 아닙니다. 그런데 이것이 도킨스 책의 주요 논지입니다. 체스터턴이 이를 잘 이야기했습니다. "무신론은 모든 신조 가운데 가장 대담하다.…전체를 부정하기 때문이다." 그것은 "나는 신이 없다는 것을 안다"라고 말할 수 있을 정도로 극렬하게 분수에 넘치는 자신감이 필요한 일입니다. 신의 존재 여부를 아는 지식은 현재 여러분이 알고 있는 지식 밖에서 일어나는 사건임을 한번 생각해보십시오.

마침내 「타임」의 주관으로 저와 벌인 토론의 막바지에서 도킨스는 이렇게 말했습니다. "당신도 알다시피, 우리 인간의 지성으로 이해할 수 없을 정도로 복잡하고 위대한 존재, 자연 외부에 있을지 모르는 무언가가 존재할 가능성을 배제할 수는 없습니다." 그렇습니다. 그는 알고 있었습니다. 회심자의 자리 말입니다. 그 후로 그는 그 발언을 되풀이하지 않았습니다. 제가 볼 때 도킨스의 문제는 그가 성숙한 신자들이 믿는 바에 대해 이해해보기 위해 시간을 들이지 않았던 것이라고 봅니다. 그래서 그는 캐리커처를 그리듯이 신앙을 과장해서 희화화하고 그것을 해체하기 쉽다고 여기는 것입니다.

제가 이 점에 문제가 없다고 확신한다면, 어떻게 진화론과 신앙을 조화시킬 수 있겠습니까?

따라서 제가 볼 때 총체적으로 만족할 만하게 종합해서 결론을 내리겠습니다. 이것은 신앙을 가진 과학자들 40퍼센트가량이 도달한 종합적인 결론이기도 합니다. 그중 다수가 자신이 처음으로 그렇게 생각했다고 여기지만, 사실 이런 종합적 결론은 상당히 전통적인 방법입니다.

자, 그 종합은 이렇습니다.

시공간의 제약을 받지 않으시는 전능하신 하나님께서 137억 년 전에 우리가 사는 우주를 창조하셨습니다. 오랜 시간에 걸쳐 복잡한 생명체가 발전하도록 정교하게 조율된 여러 우주 상수와 함께 말입니다. 우연히 하신 것이 아니라 의도를 가지고 그렇게 하셨습니다. 하나님의 계획에는 우리 행성에서 놀랍도록 다양한 생명체가 창조되도록 하는 진화 메커니즘이 포함되어 있었습니다. 그 계획에 호모 사피엔스, 곧 인간이 들어 있었다는 점이 가장 특별하지요. 진화가 충분히 진행되어 "집"—영성처럼 복잡한 것들이 생물학적 토대를 얻는 데 필요한 인간의 뇌를 그렇게 부른다면 말이죠—이 마련되자 그때 하나님께서는 인류에게 선과 악을 아는 지식(도덕법)과 자유 의지와 불멸하는 영혼을 선물로 주셨습니다. 아담과 하와 이야기가 말하고자 하는 바가 바로 이것이죠. 그러자 호모 사피엔스는 호모 **디비누스**(*homo divinus*, 신에게서 비롯된 인간)가 되었습니다.

그런데 우리 인간은 자유 의지를 사용해서 그 도덕법을 깨뜨렸고, 그 결과 하나님과의 사이가 소원해졌습니다. 저는 그리스도인으로서 예수 그리스도만이 이 소외의 유일한 해결책이며 다른 방법으로는 하나님께 나아갈 수 없다고 믿습니다.

이러한 사고 체계를 "유신론적 진화"라고 부르는데, 안타깝게도 많은 사람으로부터 외면받는 용어가 아닐 수 없습니다. 이 용어는 마치 진화가 모든 것을 추동하는 것처럼 들립니다. "진화"는 명사고, 결국 형용사는 "유신론적"인데 말입니다. 하지만 누가 그 의미를 알겠습니까? 그래서 대안을 하나 제시하고자 합니다. 제 이야기는 모두 생명과 하나님에 관한 것인데, 이는 그리스어로 "비오스"(*bios*)와 "로고스"(*logos*)입니다. 여기는 "도시의 소크라테스"니까 그리스어를 써도 괜찮겠죠? "로고스"(말씀)를 통해 "비오스"(생명)가 왔습니다. "태초에 말씀이 계시니라." 요한복음의 첫 장입니다. "그 말씀이 우리에게 존재하라고 말씀하셨습니다." 좀 더 간단하게 둘을 합쳐서 "바이오로고스"라고 부를 수 있습니다. 하나님께서 말씀으로 생명을 존재하게 하신다는 말입니다. 이 종합에서 유전자는 은유적으로 하나님의 언어라고 생각할 수 있습니다.

물론 이 종합에 대한 반대 의견들도 있습니다. 질의응답 시간에 그 의견들을 나눌 수 있을 것입니다. 진화는 정말 오랜 시간이 걸리지 않았나요? 글쎄요, 우리의 관점에서 볼 때는 그렇습니다. 하지만 하나님이 시간 외부에 계시다는 점을 기억하십시오. 하나님께서는 눈을 한 번 깜박이는 시간일 수도 있습니다. 진화는 순전히 우연의 과정 아닌가요? 우연은 하나님을 배제하는 것 아닙니까? 전체 계획을 하나님께서 미리 설계해두셨다면, 그렇지 않습니다. 다시 한 번, 시간 외부에 있으면서 결과를 모두 아시는 분으로 돌아갑니다. 아마도 하나님은 우리가 해석하거나 인지할 수 없는 방식으로 그 과정 안에 거하시는지도 모릅니다.

> 진화는 순전히 우연의 과정 아닌가요? 우연은 하나님을 배제하는 것 아닙니까? 전체 계획을 하나님께서 미리 설계해두셨다면, 그렇지 않습니다.

"지적 설계" 운동의 주장은 이러합니다. "공통 조상 개념을 수용할 수도 있겠지만, 우리 인간의 세포나 박테리아에서 볼 수 있는 편모처럼 놀라운 나노 단위의 기관들을 진화가 만들어낼 수 있다고 말하지 말라. 그런 것들이 존재하려면 특별한 간섭이 있어야 한다." 이것이 바로 "지적 설계"가 취하는 관점입니다.

안타깝지만 이것이 생산적인 통로가 아닌 것은, 사실 편모처럼 이른바 "환원 불가능한 복잡성" 구조를 가진 대다수가 이미 진화를 통해 형성되는 다중의 중간 단계를 거쳐 발생했다는 점이 드러났기 때문입니다. 그러므로 초자연적 간섭을 상정할 필요는 없습니다. 솔직히 말해, 지적 설계는 나쁜 과학일 뿐 아니라 그다지 좋은 신학도 아니라고 판명되고 있습니다. 하나님이 개입해서 잘못된 과정을 일일이 고쳐야 한다고 상정하므로, 모든 것이 제대로 돌아가려면 초자연적 개입이 무수히 필요합니다.

물론 창세기를 문자 그대로 24시간으로 해석해야 한다고 가르치는 신앙 전통 속에서 자란 사람들에게 과학은 그들의 신앙과 충돌하는 것처럼 보입니다. 과연 그런 해석이 창세기 1장과 2장의 말씀에 따른 것일까요? 최근 여러분이 창세기 1장과 2장을 살펴보신 적이 없다면, 오늘 밤 한번 보시기 바랍니다. 거기에는 창조에 관한 두 가지 이야기가 있으며, 그 두 이야기가 서로 상당히 일치하지 않음을 아시게 될 겁니다. 첫째 이야기에서는 식물이 인간보다 먼저 나타나지만, 둘째 이야기에서는 인간이 식물보다 먼저 등장합니다. 자, 분명 이것은 우리가 그 본문을 철저히 문자적으로만 해석해서는 안 된다는 것을 알려주는 신호입니다. 그렇지 않다면, 창세기 2장의 반을 지나기도 전에 여러분은 큰 문제에 봉착하게 됩니다.

제가 가장 좋아하는 신학자가 1,600년 전에 이 점에 관해 썼는데, 당시 그는 다윈을 옹호한다는 비난을 받지 않았습니다. 바로 성 아우구스티누스입니다. 아우구스티누스는 창세기 해석이라는 전반적인 주제에 완전히 사로잡혔던 것 같습니다. 그는 이에 관해 적어도 4권의 책을 썼고, 그 모든 내용을 창세기에 관한 다음과 같이 놀라운 단락으로 정리했습니다. 저는 이 단락이 더 많이 읽히기를 소망합니다. "이해하기 아주 어렵고 우리의 시야 너머에 있는 문제에 관해, 우리는 성경 속에서 이미 받은 믿음을 해치지 않는 다른 방법들로 해석할 수 있는 구절들을 발견한다. 그런 경우, 우리는 성급하게 몰려 들어가 한쪽에 우리의 관점을 굳게 정해서는 안 된다. 그렇게 되면 진리를 추구하는 데 그 이상의 진보가 나타나 이 관점을 허물 때, 우리 또한 그와 함께 무너지고 만다."

저는 과학에 기초를 둔 진화를 진리로 보는 이들과 성경 해석에 기초를 두고 성경을 진리로 보는 이들 사이에서 벌어지는 이 긴장 때문에 하나님의 진리는 하나님의 진리와 모순될 수 없다고 한 아우구스

도시의 소크라테스

티누스의 원칙을 우리가 놓쳐버린 것은 아닌지 두렵습니다. 저보다 앞선 많은 선조처럼, 저도 하나님께서 우리에게 두 권의 책을 주셨다고 믿습니다. 하나는 하나님의 말씀을 담은 성경이고, 다른 하나는 하나님이 하신 일을 담은 자연입니다. 저는 하나님께서 우리에게 지성과 호기심을 주셨고, 우리가 그것을 사용해서 하나님이 지으신 피조물에 관해 구체적으로 배우기를 원하시며, 우리가 발견한 것이 하나님의 지성을 잠시 엿본 것인 마냥 찬양하기를, 심지어 경배하기를 원하신다고 봅니다. 저는 『신의 언어』라는 책에 이 이야기를 썼지만, 다른 이들도 같은 취지의 내용을 웅변적으로 기록했습니다. (무신론자들 외에도 과학과 신앙에 관해 힘차게 웅변하는 책을 쓰는 이들이 있다는 사실에서 저는 많은 위로를 받습니다.) 제 친구인 대럴 포크(Darrell Falk) 같은 이들이 무척 아름다운 책을 쓰고 있는데, 그가 쓴 책의 제목은 『과학과 화해하기』(Coming to Peace with Science)입니다. 제 친구 칼 기버슨(Karl Giverson)은 『다윈 구하기』(Saving Darwin)를 내놓았고, 하버드 대학교의 천문학자인 오웬 깅그리치는 『하나님의 우주』라는 근사한 책을 쓰고 있으며, 최근 호프 칼리지의 데이비드 마이어스(David Myers)는 『회의주의자와 무신론자에게 보내는 우정의 편지』(A Friendly Letter to Skeptics and Atheists)에서 파멸의 무신론자 4인방인 리처드 도킨스, 크리스토퍼 히친스, 샘 해리스, 대니얼 데닛의 주장이 이성을 기반으로 할 때 반드시 수용해야 하는 것은 아님을 지적하고 있습니다. 사실 그들은 이성의 일반 법칙을 범하고 있습니다.

2년 전 『신의 언어』가 출간된 이래로, 수백 통의 이메일과 편지를 받으면서 저는 가장 빈번하게 제시되는 질문들에 답변하기 위해 노력해왔습니다. 두 달 후에 그 내용이 웹사이트 www.biologos.org에 게시될 텐데, 저는 과학과 신앙에 관한 논쟁을 찾는 사람들이 이 사이트를 찾아와 마침내 즐거운 논쟁이 될 방식으로 참여하기를 기대합니다.

이제 마칩니다. 여러분도 그렇게 근본적인 질문을 제기해주시기 바랍니다. 정말 고맙습니다.

도시의 소크라테스

질문과 답변 고맙습니다, 콜린스 박사님. 디저트와 커피가 마련되어 있습니다. 지루한 이야기 뒤에는 커피가 필요한 법이죠? 커피를 마시면 곧 기운이 날 것입니다. 견디세요. 나아질 겁니다. 농담이었고요, 사실은 진심으로, 콜린스 박사님께 깊이 감사드립니다. 진심으로 고맙습니다. 여기까지 와주셔서 매우 고맙습니다.

질의 응답할 시간이 20분 정도 있습니다. 여러분 가운데 좋은 질문을 가진 분들이 있다고 알고 있습니다. 여러분 가운데 일부는 정말 좋은 제 친구들인데, 그들에게는 오늘 밤 발언할 기회를 주지 않을 거예요. 반드시 정말로 좋은 질문이어야 합니다. 질문 시간이 정말 몇 분밖에 없거든요. 마이크를 들고 제가 여러분에게 가겠습니다.

질문 : 박사님께서는 강연을 시작하실 때 유전자 정보를 인터넷에 공개했다고 하셨습니다. 제가 드리고 싶은 질문은 이렇습니다. (지적 재산권을 보호하기 위해) 무슨 방어 장치라도 해두셨나요?

답변 : 1996년에 정말로 중요한 회의가 있었습니다. 그때 우리는 인간 유전자의 배열 순서를 밝히는 작업의 규모를 확대하고 있었습니다. 작업에 참여할 여러 연구소의 모든 선임 연구원이 함께 모여 이 사안에 관해 결정을 내렸습니다. 우리는 인간 게

놈이 제대로 파악하기가 상당히 어려운 정보라는 점을 우려했을 뿐, 단 하루라도 그 정보를 감춰야만 하는 타당한 이유를 전혀 찾을 수 없었습니다. 인류에게 유익을 끼치는 것이 이 연구의 목표이며 인간 게놈이 그토록 기본적인 정보라면, 지적 재산권을 주장하는 것은 실제로 유익하지 않고 오히려 그 반대일 테니, 그렇다면 거저 주자는 결론을 내렸고, 지금도 그 결정을 유지하고 있습니다.

미래에 역사학자들이 과거를 돌아볼 때, 이 결정을 두고 무척 중요한 순간이었다고 판단할 날이 올 거라고 봅니다. 게놈을 연구하는 유전체학 분야에서는 실제로 널리 퍼진 견해인데, 모든 종류의 자료를 출판하기 전에라도 배포해서 다른 이들이 활용할 수 있도록 하자는 것입니다.

에릭 : 그 정도면 답변이 된 것 같습니다. 다음 질문은 사지선다형이나 O/X 문제로 할까요. 딕, 질문할 게 있었죠? 준비됐어요?

질문 : 간단한 질문입니다. 과학은 박사님을 신에게로 데려갔습니다. 그렇다면 박사님은 어떻게 신에게서 기독교로 가게 되었습니까?

답변 : 아주 중요한 질문입니다. 이미 언급했듯이 저는 종교를 진지한 활동으로 여기는 가정에서 자라지 못했습니다. 그래서 저는 백지상태에서 시작했습니다. 백지에 무언가를 써나가면서 저는 사람들을 돌보시는 창조주 하나님이라는 개념을 수용하도록 저를 이끈 주장들을 살펴보았습니다. 그러고 나서 하나

도시의 소크라테스

님이 어떤 분이신지 알아내려고 했습니다. 세상의 여러 종교를 살펴보았고, 각 종교의 근거를 이해하고자 애썼으며, 종교들이 말하고자 하는 이야기가 많은 부분 서로 중복된다는 점을 깨달았습니다. 원칙이라는 측면에서 각 종교가 요구하는 실천 사항에는 상당한 유사점이 있습니다. 하지만 차이점 또한 있습니다.

종교에 대해 이처럼 비교하면서 저는 저 자신의 신앙 탐구 여정에 대해 걱정했습니다. 하나님이 실재하심을 깨달음과 동시에 하나님께서 제게 명하시는 삶에서 제가 얼마나 멀리 떨어져 있는지를 깨달았기 때문이었습니다. 저는 도덕법의 기준에 따라 삶으로써 제 삶을 바꿔보려 하였으나 번번이 실패했습니다.

그때 예수님을 알게 되었습니다. 예수 그리스도라는 인물은 제가 세계 종교에서 마주친 어떤 인물과도 달랐습니다. 그는 하나님을 안다고 했을 뿐 아니라 자신이 하나님이라고 주장했습니다. 그리고 십자가에서 대속을 위해 죽으셨습니다. 그런 이상한 희생은 제가 찾아다니던 것—내 모든 불완전함에도 불구하고 하나님께로 나를 인도해줄 길—과 정확히 일치했습니다.

이러한 결론은 제가 예상했던 바가 아니었기에 저항하고 저항하다가 마침내 더는 저항할 수 없게 되었습니다. 27살에 저는 그리스도인이 되었습니다.

질문 : 가장 많이 연구되는 게놈 가운데 하나는 효모 유전자입니다.

인간 게놈과 비교해본다면 어떤 의미에서 가장 단순한 게놈이기 때문입니다. 과학자의 시각에서 인간 유전자에 일어날 수 있는 문제점을 크게 줄이기 위해 우리 인간을 훨씬 단순하게 만들자는 주장을 실제로 펼쳐볼 수 있지 않습니까? 효모는 최악의 온도에서도 살아남을 수 있습니다. 우리 인간보다 오래 생존할 것입니다. 따라서 인간 게놈에 비해 훨씬 단순한 효모 게놈에 대해서는 어떻게 생각하시는지 궁금합니다.

답변 : 효모는 놀라운 모델이며, 효모를 연구함으로써 우리는 생물학에 관해 어마어마한 것을 배웠습니다. 그러나 효모는 2차 미분방정식에 그다지 능하지 않고, 자신의 게놈조차 염기서열을 배열하지 못합니다. 따라서 우리는 우리 자신에 대해 자부심을 가질 이유가 충분하다고 봅니다. 뭐, 어쩌면 효모들도 실제로 우리처럼 이렇게 모일지도 모릅니다. 다만 우리가 인지하지 못하는 거겠죠.

에릭 : 그 균들이 **우리**를 바보로 만드는군요. 네, 우리가 **너무** 복잡하다고 그들이 말하고 있군요.

콜린스 : 효모의 회합에는 에릭 메택시스 같은 균은 없으리라 확신해요. 절대 그럴 리 없죠.

에릭 : 고맙습니다. 여기 질문이 또 있네요.

질문 : 인간 게놈 프로젝트를 연구하는 과학자이자 또한 그리스도인으로서, 진화에 대한 연구가 원죄 교리를 이해하는 데 어떤 영향을 주었나요?

도시의 소크라테스

답변 : 한 문장으로 답변하기 어렵지만, 무척 중요한 질문입니다. 자, 원죄 교리란 무엇입니까? 기본적으로 그것은 모든 인간이 타락했다는 개념입니다. 에덴동산에서 보듯이, 우리는 선과 악 가운데 선택할 수 있는 기회를 부여받았으나 악을 택했습니다. 그때 이래로 우리는 그러한 선택을 반복해왔습니다. 분명 원죄는 우리 모두가 자신을 관찰함으로써 확증할 수 있는 교회의 교리 가운데 하나입니다. 우리는 모두 타락한 피조물이라는 관찰 말입니다.

원죄는 도덕법에 따라 살지 못하는 우리의 무능력을 반영합니다. 그러나 진화론적 관점에서 볼 때, 이 도덕법이 도대체 무엇을 말하는지를 이해하기란 어렵습니다. 우리 인간은 이 법을 충분히 가지고 있는 것처럼 보이지만, 다른 동물들은 그렇지 않습니다. 그러나 원죄라는 개념은 유물론자에게는 전혀 얼토당토않은 이야기입니다.

저는 도덕법에 대한 이런 토론이 여러분을 신학으로, 곧 과학만으로는 답할 수 없는 영역으로 인도한다고 봅니다. 그렇다 해도 이것은 참으로 중요한 질문입니다. 그런 질문들이 저를 비롯한 많은 사람으로 하여금 순전한 자연주의 세계관에서 떠나 영적 세계관으로만 답할 수 있는 심오한 질문들을 던지도록 동기를 부여하기 때문입니다.

질문 : 박사님이 제시한 모든 것을 고려할 때 하나님께서 원하시는 것은 무엇이라고 믿으십니까?

답변 : 그 질문에 대답하기가 주저되는데, 제가 마치 하나님의 생각

을 안다는 듯이 비칠 수 있기 때문입니다. 저는 이따금 아주 조금 하나님의 생각을 엿보는 정도입니다. 저는 하나님께서 우리와 교제하기를 원하신다고 믿습니다. 이 모든 창조적 노력과 모든 변수 설정 및 우리가 선을 알게 하고 우리가 거기에 이르지 못함을 깨닫게 하는 방편으로 주입된 도덕법이 선하고 거룩하신 하나님을 가리키는 이정표로 의도된 것이 아니라고 한다면 도무지 말이 되지 않을 테니까요. 제가 드릴 수 있는 답변은 한 가지인데, 하나님은 참으로 살아계시며, 우리를 부르시고, 우리가 응답하기를 바라십니다. 저는 응답하기까지 많은 시간이 필요했습니다.

에릭 : 질문이 많군요. 좀 더 분명하게 말씀해주시면 좋겠습니다. 어떻게 해야 할지 모르겠네요. 끔찍합니다. 이런 적이 전에는 없었거든요. 우리 강연자들은 대체로 매우 분명합니다. 장황한 질문을 두어 개 받았으니, 이제 충분합니다. 자, 모든 사람의 질문을 받을 수 없으니, 이번에는 여성 분 차례인 것 같네요.

질문 : 앞의 분이 물어본 원죄와 관련된 질문입니다. 그리스도인이자 과학자로서 박사님은 죽음의 문제를 어떻게 설명하시나요. 제 말은 성경은 죄 때문에 죽음이 세상에 들어왔다고 해요. 하지만 그 전에 진화가 있었다면, 죄 이전에도 수많은 죽음이 있었다는 말이 되잖아요.

답변 : 과학적으로 말하면, 화석이나 지구의 나이, 유전자 연구 등 다양한 증거를 볼 때 인간이 등장하기 전에도 생명체가 살았고

도시의 소크라테스

죽었음이 분명합니다. 이 사실이 아담을 통해 이 세상에 죄가 들어왔다고 하는 로마서 5장이나 비슷한 의미를 담고 있는 고린도전서 15:21-22과 충돌하는 것일까요?

저는 그 구절들이 물리적 죽음을 말하는 것인지 아니면 영적 죽음을 말하는 것인지를 두고 진지한 토론이 가능하다고 생각합니다. 결국 에덴동산에서 아담과 하와는 "선악을 알게 하는 나무의 열매를 먹는 날에는, 너는 반드시 죽는다"라는 말을 들었습니다. 그들은 그 나무의 열매를 먹었지만, 곧바로 죽지는 않았습니다. 그러나 영적으로는 죽었습니다. 그 순간, 하나님에게서 분리되었기 때문입니다.

그 구절에 동물이나 식물의 죽음을 언급하는 내용은 분명 없습니다. 주안점은 인간의 죽음입니다. 예를 들어 하나님이 보시기에 자유의지와 도덕법이 심기기 전까지는 온전한 "하나님의 형상"인 인간이 등장하지 않았다고 주장할 수 있다면, 질문하신 내용이 문제가 되지 않을 것입니다. 이것은 진화와 기독교 신앙이 만날 수 없다고 말하는 사람에게 대답할 수 있는 한 가지 사례에 불과합니다. 우리는 성경 원문으로 돌아가서 물어야 합니다. "이 말씀에 담긴 의미는 무엇이었을까?"라고 말이죠.

> 결국 에덴동산에서 아담과 하와는 "선악을 알게 하는 나무의 열매를 먹는 날에는, 너는 반드시 죽는다"라는 말을 들었습니다. 그들은 그 나무의 열매를 먹었지만, 곧바로 죽지는 않았습니다. 그러나 영적으로는 죽었습니다. 그 순간, 하나님에게서 분리되었기 때문입니다.

에릭 : 사실 저도 질문이 있습니다. 세포 속 편모 얘기를 하셨는데, 재미있으셨나요?("편모"를 말하는 flagellum은 "채찍"이란 뜻도 있다―역주)

콜린스 : 무슨 뜻이죠?

에릭 : 괜찮아요. 사람들은 이해할 거예요. 사람들이 지적 설계나 편모, 환원 불가능한 복잡성 같은 말을 할 때, 거기에는 이런 생각이 들어 있는 것 같아요. 즉 하나님이 갑자기 나타나서 "나는 X나 Y 혹은 이러저러한 게 필요하다" 하고 말하는 거죠. 그건 전반적으로 서툰 방식처럼 보여요. 그분이 "아니야, 잠깐 멈춰"라고 나타나서 무언가를 고쳐야 한다니 이상하게 보이죠. 박사님은 그렇게 말하는 쪽이 틀렸고 편모 같은 것은 진화의 과정에서 발생할 수 있다고 하셨습니다. 제가 볼 때 그건….

콜린스 : 미안하지만, 짧게 질문해주세요.

에릭 : 제 질문은 이렇습니다. 왜 우리는 "이 일은 하나님이 개입하셨다", 혹은 "이 일은 하나님의 개입하신 일이 아니다" 하고 말해야 하는 걸까요? 무작위적인 과정(random process)을 고려한다면, 여기는 하나님이 개입하셨다, 저기는 개입하지 않으셨다, 이런 식으로 어떻게 세세히 구분할 수 있는 걸까요? 어떤 측면에서 그렇게 구분하는 것은 우리의 능력 밖의 일이 아닐까요?

답변 : 맞습니다. 지적 설계가 많은 기독교인에게 크게 환영받는 모

도시의 소크라테스

습을 보면서 제 마음이 불편했던 이유는, 지적 설계 이론이 이 사안에 대해 지나치게 특정한 경우를 적용해서 그것이 마치 하나님이 하신 유일한 방식인 양 제시하기 때문이었습니다. 이를테면 박테리아의 편모나 혈액이 응고되는 연쇄 반응이 점진적 진화 과정으로는 일어날 수 없기에 어떤 초자연적 개입이 필요하다는 식으로 말이죠. 그것은 "틈새의 신"(God-of-the-gaps) 접근법입니다. 틈새는 이미 과학으로 채워지고 있고, 지적 설계 이론이 말하는 하나님은 딱한 처지에 놓이게 되었습니다. 하지만 제가 믿는 하나님은 그보다 더 크십니다. 제가 믿는 하나님은 처음부터 불완전한 무언가를 고치려고 수시로 개입해야 하는 과정을 설계하지 않으셨을 겁니다.

에릭 : 전 지구적 차원에서 봤을 때, 그 틈새가 지극히 미세한 경우라면 그분은 여전히 틈새의 신일 수 있다는 말씀으로 이해해도 될까요?

답변 : 그렇습니다. 하나님께서 어딘가로 떠나서 방관하시기보다는 진화의 과정 안에 계실 수 있다는 의미로 볼 수도 있습니다. 하지만 "그래, 박테리아의 편모를 만들기 위해 하나님은 유전자 32 단백질의 아미노산 배열을 발명하셔야 했다. 진화로는 할 수 없으니까!" 이런 뜻이라면, 아닙니다.

에릭 : 하지만 박사님은 하나님이 어떤 면에서는 그렇게 하셨다고 말씀하시는 거죠? 다시 말해 우리가 보기에는 분명해 보이는 어떤 방식으로 그렇게 하신 것은 아니라는 말씀인가요?

답변 : 미리 조율해두셨다는(pre-loaded) 말입니다.

에릭 : 어떤 면에서 둘은 같은 이야기 아닌가요?

답변 : 그렇지 않습니다. 하나님을 시간 밖에 둔다면 아마 그럴 겁니다. 그러면 사전 조율(pre-loading)과 초월적 개입(inhabiting)의 구분은 사라지겠죠.

에릭 : 알겠습니다. 답변 고맙습니다. 질문하실 분이 한 분 더 있습니다. 어려운 질문인가요? 변호사 양반의 질문입니다.

질문 : 아내가 질문하지 말라고 하지만, 하지 않을 수 없네요.

콜린스 : 질문해주세요.

질문 : 중력 상수에 대해 말씀하셨는데, 제가 늘 관심 있던 사실입니다. 중력 상수가 아주 조금이라도 빗나간다면, 15개의 변화, 15개의 다른 평행 우주가 만들어질 수도 있는 일입니다.

콜린스 : 그보다 많을 수도 있겠죠.

질문 : 우리가 진화를 한다면, 더 나은 진화 같은 게 가능할까요? 한 우주에서 다른 우주로 가면 스티븐 콜버트가 메택시스가 될 수 있는 가능성이 있을까요?

콜린스: 어느 쪽이 더 진화하고 어느 쪽이 덜 진화한 건지 먼저 결정해야 할 텐데, 거기까지는 가지 않는 게 좋을 것 같아요.

질문 : 간단한 질문을 드립니다. 줄기세포 연구에 대해 어떻게 생각

도시의 소크라테스

하십니까?

답변 : 저의 책『신의 언어』의 부록에 보면, 줄기세포 연구와 관련된 토론을 담은 생명 윤리에 대해 짧게 썼습니다. 그런데 이는 확실히 엄청난 논쟁을 불러온 영역이 되었습니다. 저는 과학자로서 논쟁을 이해하지만, 서로 다른 과학이 분명한 구분 없이 뒤엉켜 싸우는 방식에 대해서는 종종 마음이 불편합니다. 정자와 난자를 이용하는 것은 분명 인간의 창조를 말하며, 이 경우 연구 목적으로 사용해서는 안 된다고 봅니다. 그렇게 하는 것은 인간의 존엄성을 존중하는 방식이 아니라고 봅니다.

하지만 체외 수정으로 만들어진 40만 개 혹은 그 이상에 달하는 냉동 상태의 배아에 대해서는 사람들 대부분이 지지하고 있고 그 모든 배아가 착상될 가능성은 지극히 낮으므로, 연구하기 위해 사용하는 데는 토론의 여지가 있다고 봅니다. 제가 정확히 어떤 답을 줄 수는 없지만, 그 일부를 사용하여 파킨슨병이나 당뇨병을 앓고 있는 사람을 도울 수 있다면, 그것을 버리기보다 사용하는 편이 더 윤리적일 수 있다고 봅니다.

이 사안은 지난 2년간 유도 만능 줄기세포(IPS cell)의 개발과 맞물려 매우 흥미로운 방식으로 발전하고 있습니다. 이는 놀라운 과학의 발전인데, 지난 4~5년간 과학 분야에서 일어난 가장 획기적인 발전일 것입니다. 피부 세포를 떼서 배양하여 4개의 유전자를 더한 뒤 시간이 흐르면 소위 **만능 세포**(pluripotent cell), 즉 간을 비롯하여 뇌, 근육, 심장, 그리고 모든 기관의 세포로 분화될 수 있는 세포가 됩니다.

이제 각 개인으로부터 만능 줄기세포를 얻을 수 있습니다.

사람의 머리카락 하나의 모근에 있는 세포만으로도 다른 조직으로 분화될 수 있는 줄기세포를 충분히 만들어낼 수 있습니다. 윤리적 반대도 훨씬 적겠지요. **배아**라 불리는 것과는 관련이 없기 때문입니다. 적어도 이 세포를 **배아**라고 불러서는 안 된다고 봅니다. 그런 표현은 혼란을 일으키니까요.

이 기술은 치료 목적에 사용할 경우 그 잠재력이 엄청난데, 자기 자신의 피부를 사용하기 때문입니다. 면역 체계가 작동하여 거부 반응을 보이는 타인의 기관을 이식하는 것이 아니기 때문입니다. 줄기세포는 자기 자신의 세포입니다.

그리고 줄기세포와 관련하여 좋은 소식은, 과학의 발전으로 윤리적으로나 과학적으로 모든 이들이 지지할 수 있는 방식으로 이 일을 할 수 있는 기회를 얻게 되었다는 점입니다.

선이 어떻게 악에 맞서는가?:
본회퍼의 삶과 죽음이 주는 교훈

에릭 메택시스

2010년 4월 9일

강사 소개　"도시의 소크라테스"에 오신 여러분을 환영합니다. 결국 우리가 해냈습니다. 아주 이례적인 일입니다. 네, 자세히 설명할 테니 그때까지 박수는 잠시 아껴두셔도 좋겠습니다.

　사실 오늘 밤 이렇게 많은 분이 자리를 채워주셔서 충격을 받았습니다. 제가 사전에 입수한 정보에 따르면, 오늘 밤 강연자는 평소 수준에 못 미치는 강연자라고 들었기 때문입니다.

　알고 계신 분도 있겠지만, 오늘은 디트리히 본회퍼(Dietrich Bonhoeffer)가 세상을 떠난 지 65주년 되는 날입니다. 이에 "도시의 소크라테스" 이사회는 오늘 모임을 그를 기리는 행사로 갈음하기로 했습니다. 본회퍼에 대한 새로운 전기, 경이롭고 빛나는 평전이 출간된다는 소식을 알고 있던 이사회는 이 방대한 책의 저자를 초대해 강연을 듣고 싶었으나 섭외가 성사될지는 미지수였습니다. 섭외하기 무척 까다로운 저자거든요. 그런데 어찌된 일인지 해냈습니다. 기도의 힘을 믿으시는지 모르겠으나, 저는 기도의 힘이었다고 봅니다. 이사회는 모두 엎드려 얼굴을 바닥에 대고 금식하며 기도했습니다. 그리하여 이 강연자를 섭외할 수 있었습니다. 새로운 본회퍼 평전의 저자가 오늘 밤 강연해주실 겁니다.

　하지만 앞서 말씀드린 대로 오늘은 전형적인 "도시의 소크라테스" 모임과는 다릅니다. 보통 때라면 다른 부류의 강사를 모셨겠지요. 이 자리에 처음 오셨다면 모르실 수도 있겠군요. 그럼 부탁 하나 하겠습니다. 오늘 이 모임이 처음이신 분은 손을 들어 표시해주시겠습니까? 제가 좀 알고 싶어서요. 와, 상당하네요. 그럼 이제 솔직히 말해주시죠, 오늘이 마지막이신 분은요? 네, 알겠습니다, 알겠어요. 무슨 놀이동산도 아니고, 많은 사람 필요 없습니다.

이 자리에 처음 오신 분들은 "도시의 소크라테스"에 기본 규칙이 있다는 사실을 모르실 텐데, 우리에게는 몇 가지 이상한 규정이 있습니다. 처음 오신 분들은 모르시겠지만, 우선 머리를 밀어야 합니다. 그러니 다음에 오실 때는 머리를 밀고 오시면…저는 사람들에게 이래라저래라 하기 싫어하는 사람이지만, 모름지기 오래된 모임에는 독특한 규정이 있기 마련이죠. 이 모임은 유서 깊은 모임입니다. 머리 밀기 규정은 원래 머릿니 때문에, 혹은 모임 초창기에 일어난 어떤 사건 때문에 생기지 않았나 싶습니다. 그러므로 머리를 짧게 깎을 것을 규정이 요구합니다. 다음에 오실 때까지 머리를 밀어주신다면 참으로 감사하겠습니다.

자, 머리를 밀고 싸구려 모조 가발을 쓰고 계신 여러분, 슬쩍 봐도 그런 분들이 대부분인 것 같은데, 규정을 따라주신 여러분께 "도시의 소크라테스"를 대표해서 감사의 말씀을 드립니다. 우리가 즐거워하는 이 모임, 즉 머리를 밀고 잘 맞지도 않은 데다 가렵기까지 한 모조 가발을 쓰고 두어 시간 동안 진행되는 이 모임, 정말 재미있죠? 해볼 만합니다. 처음이라 몰랐을 뿐이죠. 동참해주셔서 고맙습니다.

이미 말씀드린 대로 오늘 모임은 평소와는 다릅니다. 우리 모임에 어느 정도 참석해보신 분들, 그러니까 가발을 쓰고 계신 분들은 아시겠지만, 평소 우리는 매우 비범한 강연자를 모십니다. 그러한 기준에 견줘볼 때, 오늘의 섭외는 참담한 실패작입니다. 예컨대 이곳을 다녀

　　　　　　　　　　　　　　　　도시의 소크라테스

간 강연자 중에는 오늘 밤 강사와는 완전히 격이 다른 대영제국의 기사들도 있었습니다. 그렇죠? 존 폴킹혼 경이 그러하고 그 밖에도 몇몇 분이 더 있었습니다.

그래서 양해를 구하겠습니다. 오늘의 강연자는 대영제국의 기사가 아닐뿐더러, 앞선 몇몇 강연자들처럼 상원 의원도 아닙니다. 영국 유대교의 랍비장(長)도 아닙니다. 여러분은 알 리 없지만, 저는 압니다.

오늘의 강연자는 「타임」의 표지에 실린 적이 결코 없으며, 대통령 경선에 출마한 적도 결코 없습니다. "도시의 소크라테스"에 오셨던 역대 강연자 중에는 이 두 가지뿐 아니라 그 이상까지 해보신 분들도 있었습니다.

또한 오늘의 강연자는 20세기 최고의 물리학자도 아닙니다. 공정하게 말하면, 21세기에 들어온 지 얼마 안 되었으니까요. 향후 이 강연자가 어떤 경력을 쌓게 될지, 우리는 모릅니다.

오늘의 강연자는 앞선 강연자 가운데 한 분처럼 워터게이트 사건에 **직접** 연루된 적이 없습니다. 따라서 우리가 익숙하게 알고 있는 강연자들과 오늘 밤의 강연자가 조금 다르다는 사실을 직시할 필요가 있다고 봅니다.

말씀해둘 게 있는데, 오늘 밤 강연해주실 분은 **심각한 요실금** (incontinence, "장광설"이란 뜻도 있다—역주)을 앓고 있는 첫 강연자입니다. 그래서 지금 자리를 비우신 것 같아요. 여기 맨 앞줄에 앉아 있기로 했는데 아직 자리에 없습니다. 탈이 난 게 아닌가 모르겠네요. 아, 괜찮답니다. 결국 여기로 오시겠죠. 분명한 것은, 아직 여기에 없다는 겁니다.

말씀드린 대로 오늘 밤 강연자는 앞선 "도시의 소크라테스" 강연자들과 어깨를 견줄 수 없지만, 저는 그에게 마음이 끌립니다. 그는 형제만큼이나 저와 닮았다고 할 수 있습니다. 이상한 말로 들리겠지만, 그의 형제는 실제로 제 형제이기도 합니다. 그리고 알고 보니, 그의 부모 중 한 분과 저의 부모 중 한 분이 결혼으로 서로 가족 관계를 맺었더군요. 무척 이상하죠? 하지만 생각해보면 곧 답이 나올 겁니다.

오늘 밤 강연자의 약력을 살펴보던 중 고백하건대 저는 매우 이상하고 섬뜩한 느낌이 들었습니다. 제 마음이 조금 불편했는데, 믿을 수 없을 정도로 저와 유사한 점이 많았기 때문입니다. 링컨과 케네디의 공통점처럼 말이죠. 그게 무슨 말인지 모르겠다고요? 「내셔널 인콰이어러」 같은 연예 잡지를 좀 보셔야겠습니다.

아무튼 매우 이상한 공통점이 있는데, 말씀드리겠습니다. 예를 들어 오늘 밤 강연자는 코네티컷 주 댄베리에서 자랐는데, 저 **역시** 코네티컷 주 댄베리에서 성장했습니다. 이게 좀 기이하다 싶었습니다. 오늘 밤 강연자는 예일 대학교에 다녔는데, 저 **또한** 예일 대학교에서 공부했습니다. 예일 대학교에 다니는 사람이 어디 한두 명이겠습니까만, 저는 기이했습니다. 오늘 밤 강연자는 어린이 애니메이션 "야채 극장 베지테일"(VaggieTales) 제작에 참여했습니다. 이게 참으로 기이한 건 저 **역시** 그 작업에 참여했기 때문입니다. 정말 믿지 못할 정도로 이상했습니다.

약력을 더 읽어보니, 오늘 밤 강연자는 「뉴욕 타임스」와 「애틀랜틱 먼슬리」에 글을 기고한 적이 있었습니다. 이게 정말로 이상했던 것은, 저 **또한** 「뉴욕 타임스」와 「애틀랜틱 먼슬리」에 글을 기고한 적이 있기 때문입니다. 그리고 또 한 가지—더욱 터무니없는 일이지만—그는 폭스 뉴스와 CNN에서 시사 평론가로 활동한 이력이 있더군요. 이 부분

도시의 소크라테스

을 읽으면서 이런 생각이 들더군요. "도무지 믿을 수가 없군. 나도 폭스 뉴스와 CNN에 출연했잖아." 점입가경입니다. 오늘 밤 강연자가 제 인생 내내 마치 그림자처럼 저를 따라다닌 것 같은 인상을 받았습니다. 블라디미르 나보코프(Vladimir Nabokov)의 소설 『롤리타』(Lolita, 문학동네 역간)에서 주인공 험버트를 그림자처럼 따라다닌 클레어 퀼티처럼 말이죠. 나보코프 스타일의 도플갱어, 정말로 나와 똑같은 다른 사람이 있는 것은 아닌가 하는 느낌이 들었습니다.

그런데 혹시 나보코프 어쩌고 하는 이야기가 무슨 소린지 모르신다면, "도시의 소크라테스" 진행자로서 저는 여러분 가운데 다수가 사업 때문에 눈코 뜰 새 없이 바쁘다는 사실을 잘 이해하고 있다고 말씀드려야겠습니다. 성공의 사다리를 오르느라 너무 바쁘시죠. 그런 나머지 마지막으로 읽은 최고의 문학 작품이 『누가 내 치즈를 옮겼을까?』(Who Moved My Cheese?, 진명 역간)나 그와 비슷한 부류의 책일 수 있습니다. 충분히 이해합니다. 알아주셨으면 하는 게 있는데, 아주 솔직히 말해 저는 이 점에서 여러분을 진심으로 저평가합니다. 하지만 기분 나빠하지는 마세요. 금융권과 사업의 세계에서 고군분투하는 사람들을 고상한 이념의 세계로 인도하는 일이야말로 "도시의 소크라테스"의 참된 존재 의미가 아니겠습니까?

"도시의 소크라테스"는 소크라테스와 그의 유명한 말, "성찰하지 않는 삶은 살 가치가 없다"를 본보기로 삼는 모임입니다. 이 말을 하고서 소크라테스는 골목길에서 머리에 총을 쏴 자살해버렸습니다. 믿을 수 없는, 정말 슬픈 일입니다. 이것은 분명 농담이지만, 소크라테스가 이 말을 남긴 것은 분명 사실입니다. 여러분도 아시겠지만, "도시의 소크라테스"는 이 금언을 모토로 중대한 질문을 던지고 화려한 92번가

Y거리(미국 맨해튼 중상류층 거주 지구—편집자 주)에서는 들을 수 없는 중요한 문제를 성찰하는 모임입니다. 오늘 밤 그곳에서 사람들은 영화 배우 커스티 앨리를 인터뷰하고 있을 테지만, 우리는 중대하고 알찬 질문들을 파고들고 싶습니다. 그것이 바로 우리 모임의 존재 이유니까요. 교양 있는 척하는 뉴요커들인 여러분으로 하여금 중대한 문제를 성찰하게 하는 것이 바로 우리 모임의 목적입니다.

앞에서도 말했지만, 강연자의 인생과 제 인생이 겹치는 것을 알고 저는 소름이 돋았습니다. 도플갱어가 있다면 이런 경우일 테죠. 강연자와 제가 걸어온 길이 똑같다는 게 기이하기는 하지만 불가능할 이유야 없지 않겠습니까? 그러니 그만 신경 끄자라고 정리했습니다. 그런데 그의 이력에서 "도시의 소크라테스" **설립자**라고 적힌 부분을 보고는 "아니야, 이건 정말 불가능해"라는 말이 터져 나왔습니다. **제가** "도시의 소크라테스" 설립자인데, 그도 **역시** 설립자일 수는 없는 것이죠.

그의 이력서에서 이 부분을 읽으면서, 저는 이 사람이 미치광이거나 새빨간 거짓말쟁이, 둘 중 하나인 게 틀림없다고 생각했습니다. 거짓이 아니라면, 그는 실제로 "도시의 소크라테스" 설립자이자 진행자이겠지요. 따라서 세 가지 가능성이 있습니다. 미치광이, 거짓말쟁이, 아니면 이 모임의 설립자이자 진행자겠죠. 다행히 C. S. 루이스 마니아 분들이 계신 것 같네요.* 무슨 말인지 모르시는 분을 위해 주위 분이 설명해주세요.

그렇다면 오늘 밤 강사가 루이스의 말처럼 위대한 도덕 선생이겠

* 예수는 미치광이, 거짓말쟁이, 하나님의 아들 가운데 하나일 수밖에 없다고 한 C. S. 루이스의 논증을 암시한다.

구나라고 짐작하시는 분도 계실 것 같은데, 이력서에 "도시의 소크라테스" 설립자 겸 진행자라고 주장했으니 그럴 가능성은 없습니다. 따라서 그는 자신을 미치광이나 거짓말쟁이가 아니면 "도시의 소크라테스" 설립자 겸 진행자로 봐주기를 요구하는 듯합니다. 고백하건대 저는 그가 미치광이나 거짓말쟁이 둘 중 하나라고 봅니다. 그가 "도시의 소크라테스" 진행자일 수는 없기 때문이며, 제가 바로 그 진행자이기 때문입니다. 보세요, **제가 지금 진행을 맡고 있잖아요.**

그의 주장에 자존심이 좀 상하네요. 결국 그와 제가 같은 인물이지 않는 한, 그는 새빨간 거짓말쟁이거나 미치광이겠지요.

이제까지 미치광이나 거짓말쟁이가 "도시의 소크라테스" 강연자로 나섰다는 말은 들어본 적이 없습니다. 물리학자인 제럴드 슈뢰더가 약간 괴짜이기는 했지만, 그거야 의도된 연출이었고, 익살꾼 어윈 코리 교수 또한 의도된 캐릭터였습니다.[*]

우리는 존 폴킹혼 경을 모신 적이 있는데, 영국 여왕으로부터 기사 작위를 받았다는 그의 주장은 우리가 볼 때 터무니없는 주장처럼 보였습니다. 그래서 우리는 면밀히 조사해보았고 그 결과 그의 주장이 사실임을 확인했습니다. 그는 정말로 영국 여왕에게서 작위를 받은 **기사입니다!** 따라서 오늘 밤은 미치광이 혹은 거짓말쟁이 강연자를 모신 첫날입니다. 이 점을 염두에 두고 그의 강연을 경청하시기 바랍니다.

강사가 준비를 마쳤나요? 되었군요. 신사 숙녀 여러분, 오늘의 강연자 에릭 메택시스 씨를 따뜻하게 맞아주시겠습니까?

---

[*] 부스스한 머리에 "교수" 복장으로 유명한 코미디언 어윈 코리는 "세계 최고의 권위자" 코리 교수라는 별칭으로 통한다. 동료인 레니 브루스는 그를 일컬어 "시대를 통틀어 가장 총명한 코미디언"이라고 평했다.

강연

정말 감사합니다. 이제까지 들어본 소개말 가운데 가장 긴 소개말이었어요. 제가 말이 좀 많은 편이긴 하죠. 고마워요, 에릭. 아주 멋졌어요.

에릭, 제가 당신을 따라할 수 있을지 모르겠지만, 어쩐지 비슷하다는 생각이 들어요.

말이 나온 김에 한마디 더 하죠. 이건 마치 60~70년대 유행하던, 정신없는 시트콤에 나오는 한 장면 같아요. "패티 듀크 쇼"처럼, 온갖 문제들이 발생하지만 끝에 가서 다 해결되는 식이었죠. 오늘 소개말은 제 인생의 절정 같았다고 할까요, 뭐 그런 느낌이었습니다. 60~70년대 시트콤이 딱 제 스타일인 것 같아요. 저를 위해 이토록 실감 나는 상상의 무대를 만들어줘서 정말 고마워요. 아주 근사했어요.

저와 자웅동체—에릭도 이 표현에 불만이 없을 거예요—인 진행자가 조금 전 말했듯이 오늘 밤은 조금 특별한 밤입니다. 디트리히 본회퍼가 형장의 이슬로 이 땅을 떠난 지 65주년이 되는 날이기 때문입니다. 우연히 제가 쓴 본회퍼 평전이 공식 출간된 날이기도 하지요. 그의 죽음을 기념하는 일은 의미 있는 일이기에 우리는 무언가 특별한 방식으로 이날을 추념하고 싶었습니다. 오늘 이 모임은 그런 취지에서 우리 모두의 생각을 모아 꾸려졌습니다.

본회퍼에 관한 이 책은 유난히 쓰기 어려웠습니다. 이 평전을 쓰게 된 경위를 잠시 말씀드리고 시작하겠습니다.

우리 중에는 본회퍼를 잘 아는 분도 있을 겁니다. 오늘 밤 이 자리

도시의 소크라테스

에 와 계신 분들이라면 그의 삶에 대한 기본적인 지식을 어느 정도는 알고 있으리라 봅니다. 몇 가지만 덧붙이겠습니다. 그는 두 권의 책으로 가장 유명한데, 한 권은 『나를 따르라』(*The Cost of Discipleship*, 대한기독교서회 역간)이고, 다른 한 권은 『신도의 공동생활』(*Life Together*, 대한기독교서회 역간)입니다.

두 책 모두 위대한 작품입니다. 놀라운 작품이죠. 만일 이 두 책을 저술한 일 외에 아무것도 하지 않았더라도 그의 유명세는 정당하다고 해도 될 정도로 이 두 책은 정말 놀라운 걸작입니다. 이 두 책은 수많은 사람의 인생에 변화를 가져왔습니다. 하지만 본회퍼는 그의 인생 마지막 시기에 있었던 일, 즉 아돌프 히틀러를 암살하려는 음모에 가담했던 사건으로도 유명합니다. 이 하나님의 사람, 이 신학자가 어떻게 그런 일에 나서게 되었는지 그 속내를 이해하기란 늘 어렵습니다. 자, 여기까지가 본회퍼에 대한 일반적인 배경이라 할 수 있을 텐데, 저는 오늘 그에 대해 조금 더 말씀드리고자 합니다. 안타깝게도, 소개말이 너무 길어서 제 강연 시간이 심각하게 줄어들고 말았습니다. 정말 마음에 안 드시죠?

먼저 짚고 넘어갈 것이 있는데요, 저는 이 책에 개인적인 사연이 있습니다. 제 아버지는 그리스인인데, 그래서 제 성이 "메택시스"입니다. 제 어머니는 독일인인데, 그래서 저는 지크프리트와 로이(독일 출신의 2인조 마술단—역주)를 마음 깊이 흠모합니다. 이 말은 농담이고요.

제 아버지는 그리스인이고 어머니는 독

제 아버지는 그리스인인데, 그래서 제 성이 "메택시스"입니다. 제 어머니는 독일인인데, 그래서 저는 지크프리트와 로이를 마음 깊이 흠모합니다.

일인입니다. 어머니는 전시 독일에서 자라셨고, 제 외할아버지는 전쟁 중 돌아가셨습니다. 외할아버지는 끔찍하고 비상식적인 전쟁에 어쩔 수 없이 차출되어 참전했다가 전사한 수십만의 독일군 가운데 한 분이었습니다. 제 어머니는 9살 되던 해에 아버지를 잃었습니다.

외할머니의 말씀에 따르면, 할아버지는 라디오 스피커에 귀를 바짝 갖다 대고 영국 국영방송(BBC)을 듣곤 했는데, 전시 독일에서 연합국 진영의 방송인 BBC를 듣다가 발각되면 강제 수용소에 보내질 수도 있었기 때문입니다. 그것은 허락되지 않은 일이었습니다. 할아버지는 1944년 4월 4일에 죽임 당하셨는데, 저는 본회퍼에 관한 이 책을 할아버지께 헌정하였습니다.

이렇듯 2차 세계대전의 그늘에서 성장한 저는 나치와 홀로코스트라는, 유래를 찾아볼 수 없는 거대한 악과 그 참상을 두고 늘 골머리를 앓았습니다. "악은 무엇인가? 우리는 악을 어떻게 다루어야 하는가?"라는 질문을 던지며 줄곧 고민해왔습니다. 본회퍼는 이러한 질문에 답을 제시해주는 완벽한 본보기와 같은 인물입니다.

1988년 저는 본회퍼에 관한 이야기를 처음 듣고 매우 놀랐는데, "히틀러 암살 계획에 가담한 목회자요 신학자인 이 독일인에 대해 알고 있는 사람이 어떻게 이렇게 적을 수 있지?"라고 생각했기 때문입니다. 그에 관한 이야기를 들을수록 "비범한 인물이다. 언젠가 영화로 만들고 싶다"라는 생각이 굳어졌습니다. 저는 비록 영화 제작자가 되지는 못했으나 작가가 되었습니다. 영화를 만들지는 못했으나 다른 누군가가 하지 않을까 싶습니다. 아무튼 그의 이야기는 저를 사로잡았습니다.

하지만 저는 **전기를 쓸 생각이 조금도 없었습니다**. 저처럼 자기중심적인 사람이 여러 해 동안 다른 사람을 생각하면서 지내기란 불가능에 가까운 일이기 때문입니다. 하지만 결국 『어메이징 그레이스』(*Amazing Grace*, 국제제자훈련원 역간)라는 제목으로 윌리엄 윌버포스의 전기를 썼고, 그 책은 2007년에 나왔습니다. 책이 나오자 사람들이 "다음번에는 **누구**에 대해서 쓰실 건가요?"라고 계속 묻더군요.

하지만 저는 **더는 전기를 쓰고 싶지 않다**고 생각했습니다. 첫 번째 전기도 원해서 썼던 것은 아니었습니다. 하지만 사람들은 줄기차게 "다음번에 집필할 인물은 누구입니까?"라고 묻더군요. 마침내 이렇게 생각을 정리했습니다. 만일 누군가에 대해서 다시 한 번 책을 쓴다면, 윌리엄 윌버포스를 제외하고 그와 마찬가지로 내 관심을 사로잡았던 단 한 사람, 디트리히 본회퍼뿐이다라고 말이죠. 그렇게 책을 썼습니다. 지금 제 손에 들고 있는 이 책입니다.

오늘 밤 저는 여러분에게 본회퍼의 인생 이야기를 간략하게 말씀드리려 하는데, 가족 이야기에서부터 시작해보겠습니다.

본회퍼는 1906년 실로 대단하다고밖에 말할 수 없는 집안에서 태어났습니다. 그는 무척 행복한 유년기를 보냈는데, 직접 읽어보면 질투심이 날 정도입니다. 저도 몰랐던 사실인데, 그의 아버지는 20세기 첫 반세기 동안 독일에서 가장 저명했던 정신과 의사였습니다. 1933년 독일 연방의회 의사당이 전소하는 화재 사건이 발생했을 때, 방화범으로 추정되는 네덜란드 출신의 공산주의자 마리누스 판 데어 루베의 정신 상태 감정을 맡은 이가 바로 그였습니다. 이처럼 그는 저명하고 매우 중요한 인물이었습니다. 요즘 세대에서 비슷한 인물을 찾는다면 조이스 브라더스 박사(Dr. Joyce Brothers, 50년 이상 신문에 상담 칼럼을 써온 미국의 대표적 심리학자—역주) 같다고나 할까요? 농담이고요. 닥터 필(Dr. Phil, "닥터 필 쇼"를 진행하는 인생 상담 전문가—역주)

이라고 해두죠.

참으로 그는 존엄한 인물이었습니다. 유럽에서 가장 존경받는 과학자이자 의사 가운데 하나였습니다. 디트리히 본회퍼는 이런 아버지 밑에서 자랐는데, 실은 이 집안사람들이 하나같이 비범했습니다. 조상들도 모두 굉장했고, 어머니와 형제자매도 모두 대단했습니다. 디트리히는 8남매 가운데 4형제 중 막내였습니다. 큰형 카를 프리드리히는 물리학을 전공했습니다. 그는 23살에 막스 플랑크, 알베르트 아인슈타인과 함께 원자핵을 분리하는 데 성공합니다.

드레스덴에 있는 한 박물관에서 그 원자를 본 적이 있는데, 소프트볼 공 크기만 하더군요. 모르실까 봐 말씀드리지만, 그 시절에는 원자의 크기가 훨씬 컸기 때문에 핵분열이 훨씬 쉬웠습니다. 저는 카를이 도끼를 사용해 원자를 쪼갰으리라고 봅니다. 설령 그랬을지라도 그의 공로는 인정받아 마땅합니다. 원자를 쪼개는 데 성공한 첫 인물 가운데 한 명이니까요. 농담은 이쯤 하죠. 분명한 것은, 디트리히의 형인 카를이 막스 플랑크, 알베르트 아인슈타인과 함께 원자핵을 분리하는 데 성공했다는 점입니다.

본회퍼의 또 다른 형인 클라우스는 루프트한자 항공사의 법률 부서를 담당하는 책임자가 되었습니다. 본회퍼의 누이들도 천재였고 그 배우자들도 천재였습니다. 이들 가족은 정말 하나같이 놀라운 사람들이었고, 본회퍼는 그런 가정에서 4형제 가운데 막내로 자랐습니다.

그러던 가운데 1차 세계대전이 터졌고, 큰형 카를이 전사했습니다. 큰형의 죽음은 이들 가족에게 청천벽력과 같은 충격적인 사건이었습니다. 그 일이 일어난 지 일 년 후, 13살의 본회퍼는 신학자가 되기로 마음먹습니다. 과학자였던 그의 아버지가 보기에 신학자가 되겠다는 총명한 아들의 결심은 다소 의외였습니다. 본회퍼의 결정은 반대에 부딪혔는데, 특히 형들과 누이들의 반대가 심했습니다. 매사에 논리적으로 생각하고 의문을 제기하도록 훈련받으며 자란 그들이었으니 오죽했겠습니까? 그러나 본회퍼는 자신이 하고 싶은 일이 무엇인지 알았습니다. 그는 자신이 훈련받은 과학적·논리적 사고를 신학의 세계 속에 도입할 생각이었습니다.

1923년에 본회퍼는 독일에서 저명한 신학교로 알려진 튀빙겐 대학교에서 신학 공부를 시작합니다. 그리고 이듬해에 로마 여행을 떠났습니다. 로마 여행은 여러 면에서 그의 흥미를 크게 자극했습니다. 로마에 간 17세의 본회퍼는 이후 생애 동안 천착하게 될 질문을 처음으로 숙고하기 시작했습니다. 그 질문은 "교회란 무엇인가?"였습니다.

본회퍼는 독일 국교회인 루터교회에서 자랐습니다. 가족들은 교회 생활을 열심히 하는 편은 아니었습니다. 그의 아버지는 불가지론자였으나, 사려 깊은 그리스도인인 아내의 진지한 신앙을 존중했습니다. 그래서 자녀들은 진지한 기독교적 분위기에서 자랄 수 있었고, 아버지는 그런 환경을 인정했던 것입니다.

그리하여 본회퍼의 삶에는 일찍부터 하나님이 자리하고 있었습니다. 로마를 여행하면서 그는 불현듯 "교회란 무엇인가?"라는 질문을 던졌고, 교회란 단지 루터교회나 개신교 교회를 의미하는 것이 아님을 깨달았습니다. 이 질문은 1923년 종려 주일에 실제로 그를 찾아왔습니다. 그날 그는 성 베드로 대성당에서 온갖 민족, 다양한 피부색을 가진 사람들이 한자리에 모여 미사 드리는 모습을 보았던 것입니다. 그것은 실로 엄청난 깨달음의 경험이었습니다. 그는 그것이 남은 평생 그가 끊임없이 묻고 답해야 할 질문이 될 것임을 알았고 실제로도 그러했습니다.

로마 여행 후 본회퍼는 베를린 대학교에 등록했습니다. 당시 베를린 대학교에서 신학을 공부한다는 것은 세계 최고를 자랑하는 곳에서 신학을 공부한다는 것과 같은 말이었습니다. 의문의 여지가 없는 사실입니다. 베를린 대학교 신학부의 교수진은 가히 전설적이었습니다. 아돌프 폰 하르낙(Adolf von Harnack)이 여전히 교편을 잡고 있었는데, 본회퍼는 하르낙 교수 밑에서 배웠기에 그를 잘 알고 있었습니다. 본회퍼는 하르낙처럼 자유주의 신학자는 아니었지만 그를 존경했고 그에게서 배웠습니다. 본회퍼는 학문적으로 천재였습니다. 21세에 박사학위를 받았으니까요.

이 연회장에 모인 분들 중에도 그런 분이 계신가요? 없겠죠? 없을 것입니다. 저도 못했거든요. 명예박사 과정을 막 시작하기는 했지만 말입니다.

이처럼 본회퍼는 21세에 박사학위를 받았습니다. "교회란 무엇인가?"라는 정교한 신학적 물음에 대한 답을 찾아가는 과정에서 또한 그는 자신이 **교회 안에서** 일하려 한다는 사실을 발견했습니다. 그는 학문 영역에서 활동하는 신학자로 머물지 않고 안수받은 루터교회 목사가 되기를 원했습니다. 그러나 당시 독일에서는 25세가 되기 전에는 목사 안수를 받을 수 없었습니다. 그래서 22세가 되던 해 그는 스페인 바르셀로나로 가서 독일어를 사용하는 회중을 섬기는 교구 부목사로 일 년간 섬겼습니다.

안수를 받기까지 일 년이 더 남았던 24살의 본회퍼는 그 후 미국으로 건너가서 유니언 신학교에서 공부하기로 합니다. 공정하게 말하면, 본회퍼는 유니언 대학교에 가기로 하면서 큰 기대를 품지 않았기에 전혀 실망하지 않았습니다. 유니언 대학교에 대해 본회퍼가 남긴 기록은 사실 무척 재미있습니다. 제가 쓴 책에 그의 표현을 인용해두었습니다. 베를린 대학교에서 신학 박사 학위를 받았던 그가 유니언 대학교 같은 곳에서 "신학으로 통용되는" 것들—그의 표현을 그대로 사용하면 그렇습니다—을 얕잡아 보았다고 해서 전혀 이상한 일은 아닙니다.

유니언 대학교에서 수학하는 동안 본회퍼는 앨라배마 출신의 아프리카계 미국인 학우인 프랭크 피셔(Frank Fisher)를 만나게 됩니다. 피셔는 할렘에 있는 아비시니아 침례교회를 찾아가곤 했는데, 1930년 겨울 어느 주일에 본회퍼를 교회로 초청합니다. 그곳에서 겪은 경험이 본회퍼의 생각을 완전히 사로잡았습니다. 전에 그는 한 번도 이런 모습을 본 적이 없었습니다. 때는 1930년이었고, 그날 본회퍼가 본 것은 자신들의 신앙을 무척 소중히 여기는 아프리카계 미국인 회중이었습니다. 그들은 신앙을 그저 취미로 하듯 하는 사람들이 아니었습니다. 그들 가운데 많은 노인이 노예제가 합법이던 시절에 태어났으니 고난을 익히 겪어본 이들이었으며 진짜 신앙을 가진 것이 분명했습니다.

비슷한 광경을 본 적이 없을 정도로 그는 큰 충격을 받았습니다. 그래서 본회퍼는 이후 주일마다 아비시니아 교회에 가기로 마음먹었습니다. 뉴욕에 머문 몇 개월 동안 그 교회에서 예배를 드렸고 주일학교의 한 반을 맡아 가르치기도 했습니다. 그는 사람들의 삶으로 깊이 들어갔고, 그것이 그의 삶을 바꿔놓았습니다. 이 점에 대해서는 의문의 여지가 없습니다.

1931년 여름 그가 독일로 돌아왔을 때, 친구들은 그의 변화에 주목했습니다. 그에게 분명 무슨 일이 일어났던 것입니다.

이 이야기로 넘어가기 전에, 뉴욕에서 본회퍼에게 있었던 또 다른 일을 하나 언급하겠습니다. 1931년 부활 주일, 본회퍼가 미국에서 보낸 유일한 부활 주일에 그는 개신교 주류 교단에 속한 한 대형 교회에 들어가려고 했습니다. 그들이 부활절을 어떻게 지키는지 보기 위함이었습니다. 그러나 부활절에는 누구나 교회에 온다는 사실을 뒤늦게 깨달은 그는 그날 교회에 들어가지 못했습니다. 문자 그대로 표가 있어야 했습니다. 1931년 부활 주일 아침, 본회퍼는 어떻게 했을까요? 그는 교회 대신에 유대교 회당에 가서 랍비 스티븐 와이즈(Stephen Wise)의 설교를 들었습니다. 상상이 됩니까? 미국에서 보낸 단 한 번의 부활 주일에 그는 유대교 회당에 가서 예배를 드리고 유명한 랍비의 설교를 들은 것입니다.

스티븐 와이즈는 거물로서, 미국의 유대인 문제를 이야기할 때 빼놓을 수 없는 명사이자 논란의 여지가 있는 지도자입니다. 그는 루즈벨트 대통령의 친구였습니다. 2년 후 본회퍼는 스티븐 와이즈에게 편지를 써서 히틀러가 독일에서 벌이는 만행을 알렸습니다. 제가 이 부분을 언급하는 이유는, 이 자리에 특별한 손님, 스티븐 와이즈와 동명인 그의 손자 스티븐 와이즈 씨가 와 있기 때문입니다. 손을 들어 표시해주시겠어요? 네, 저쪽에 계시네요.

스티븐 와이즈 씨를 알게 되어 영광으로 생각하며, 오늘 밤 이 자리에 함께해주셔서 얼마나 기쁜지 모릅니다. 그는 예루살렘에 있는 야드 바셈 홀로코스트 박물관의 "의로운 이방인들" 명단에 본회퍼의 이름이 오르게 하는 데 많은 역할을 했습니다. 이 점에서 그는 영웅과 같은 분입니다.

하던 얘기로 다시 돌아가겠습니다. 본회퍼가 돌아왔을 때 주변 사

도시의 소크라테스

람들은 그에게 모종의 변화가 일어났다는 사실을 눈치챘습니다. 아비시니아 침례교회에서의 경험이 그를 변화시켰던 것입니다. 그의 마음은 하나님을 향해 새롭게 나아가는 듯했습니다.

독일로 돌아온 본회퍼는 베를린 대학교 신학부의 교수가 되어 학생들을 가르치기 시작했습니다. 강단에서 그는 베를린 신학계에서 흔히 가르치지 않는 것들을 가르쳤습니다. 예를 들어 그는 성경을 **하나님의 말씀**이라 언급하면서, 마치 말씀이 실제로 살아 있기라도 한 것처럼 하나님이 존재하셔서 성경을 통해 말씀하신다고 가르쳤습니다. 이는 당시 베를린 대학교 같은 곳에서 들을 수 없는 가르침이었습니다. 또한 본회퍼는 학생들을 데리고 피정을 떠나 기도하는 법과 하나님의 음성을 듣는 법을 가르치기도 했습니다. 하나님께서 성경을 통해 말씀하시게 하라고 그들을 격려했습니다.

이러한 가르침은 베를린 신학계에서 기대할 수 있는 가르침과는 상당히 달랐습니다. 그러나 여러 면에서 상당히 바르트주의자였던 본회퍼는 성경 텍스트 뒤에 하나님이 계심을 믿었으며, 성경 연구의 목적은 텍스트 **뒤에** 계신 하나님께 나아가는 것이라고 정말로 믿었습니다. 본회퍼가 이해한 바에 따르면, 하나님은 실제로 존재하시기에 하나님과 관계를 맺는 것이 가장 중요한 일이었습니다.

이처럼 본회퍼는 바뀌어 있었으나 독일 역시 바뀌어 있었습니다. 1930년 본회퍼가 뉴욕으로 향할 때, 나치의 정치적 힘은 미미했지만, 그가 돌아왔을 때는 모든 것이 바뀌어 있었습니다. 그는 임박한 고난을 보았고 수업 시간에 학생들에게 그 이야기를 했습니다. 그는 담대하게 말했습니다. "독일 그리스도인들을 구원해줄 구세주는 오직 한 분, 예수 그리스도입니다." 이는 상당한 용기가 없이는 할 수 없는 말이었는데, 왜냐하면 당시 많은 독일인이 히틀러야말로 자신들을 구원해줄 구세주, 지옥 같은 베르사유 조약과 1차 세계대전 패전이라는 수치에서 자신들을 건져줄 이로 바라보기 시작했기 때문입니다. 그러나 본회퍼는 이런 믿음이 독일 민족 전체를 거대한 고통 속으로 끌어들일 것을 깨달았으므로, 이에 반대하는 설교를 시작했던 것입니다.

1933년 초 히틀러가 총통에 취임한 지 이틀째 되는 날, 본회퍼는 라디오 방송을 통해 히틀러가 권좌에 오르는 데 이념적 토대를 제공한 "지도자 원리"(Führer Principle, 나치의 정치 이념—역주)라는 끔찍한 개념을 조목조목 비판하는 유명한 설교를 합니다. "퓌러"는 독일어로 "지도자"를 뜻하는 단어입니다(이후 총리와 대통령을 합친 "총통"이란 의미로 확장되어 사용된다—역주). 본회퍼는 참된 권위는 당연히 더 높은 권위, 즉 하나님 앞에 마땅히 굴복해야 하며, 참된 지도력은 섬기는 리더십임을 역설했습니다. 그것은 "지도자 원리" 및 히틀러의 내면에 구현되어 있던 개념과는 정확히 대척점에 있는 생각이었습니다. 본회퍼는 히틀러가 독일 총통에 취임한 지 이틀 만에 히틀러와 그의 왜곡된 리더십을 공개적으로 반박한 것입니다.

처음부터 본회퍼는 아무도 보지 못한 사실, 즉 히틀러와 그가 대변하는 철학이 기독교와 공존할 수 없음을 보았습니다. 히틀러 자신은 기독교를 경멸했으나, 드러내놓고 그것을 표현하지는 않았습니다. 오히려 기독교 신자로 가장했는데, 자신의 진짜 생각을 말했다가는 자신의 정치권력이 취약해지리라는 점을 알고 있었기 때문입니다. 그는 교회 안에 나치 이념을 주입하여 교회

> 처음부터 본회퍼는 아무도 보지 못한 사실, 즉 히틀러와 그가 대변하는 철학이 기독교와 공존할 수 없음을 보았습니다.

를 안에서부터 손아귀에 넣으려고 했습니다. 독일 교회는 국가 교회였고, 목회자는 정부에서 급여를 받고 있었기 때문입니다.

하지만 본회퍼는 독일의 참된 그리스도인이라면 나치에 세뇌된, 아돌프 히틀러의 국가 교회에 저항해야 한다고 보았습니다. 그래서 그는 독일 국가 교회와 공식적으로 결별한 "고백 교회"*의 지도자 가운데 한 명이 되었습니다. 나중에는 고백 교회의 비인가 신학교를 맡아달라는 요청을 받아들여 참 그리스도인들을 예수 그리스도의 제자로 훈련하는 일에 뛰어들게 됩니다. 이때의 경험을 담은 『신도의 공동생활』에서 그는 그리스도인들이 공동체로 사는 것이 의미하는 바를 기록하면서 산상수훈을 아주 진지하게 다루었습니다. 루터교회 전통을 강조하는 사람 중에는 본회퍼의 활동에 불편해하는 이들도 있었습니다. 그들은 성경 묵상을 강조하는 본회퍼의 가르침이 이를테면 지나치게 "가톨릭과 유사"하다고 보았습니다. 많은 신학계 인사가 기도를 특히 강조하는 그의 사상을 좋아하지 않았던 것입니다.

그러나 본회퍼는 악에 맞서 싸우려면 그리스도인들이 그리스도인답게 살게 하고, 기도하는 법과 하나님을 예배하는 법을 배우게 하고, 이 모든 진리를 이론이나 신학으로만이 아니라 실제 삶으로 행동하도록 가르쳐야 한다고 보았습니다. 이 점에서 본회퍼는 다른 사람의 생각에 좌우되지 않았던 독보적 인물이었습니다. 이처럼 그는 젊은 신학생들이 자신의 신앙을 삶으로 살아내는 법을 익히도록 도왔던 것입니다.

---

* 독일 개신교 교회를 장악하려는 나치의 시도에 반대하여 결성된 복음주의 그리스도인들의 모임.

결국 게슈타포는 이 비인가 신학교를 폐쇄했습니다. 본회퍼는 당분간 지하에서 신학교를 운영해야 했는데, 경찰의 단속을 피해 이곳저곳을 전전하는 불법 도박장 같은 처지에 놓이고 말았습니다. 지하 신학교의 행방을 찾을 수 없던 게슈타포는 한동안 제지할 방도를 찾지 못했습니다. 처음엔 농가에서, 그다음엔 시골 목사관에 모이는 식이었으니까요. 하지만 그들은 결국 본회퍼의 신학교를 폐쇄해버립니다. 본회퍼가 하나님을 섬길 길은 남김없이 사라지고 맙니다. 계속해서 올가미를 조여오는 나치에 맞서 본회퍼가 실제로 할 수 있는 일은 점점 줄어만 갔습니다.

이 시기에—1938년 "수정의 밤"*을 말합니다—처음 공개적으로 본회퍼는 핍박받는 유대인과 시편에 나타나는 하나님의 백성을 동일시하게 됩니다. 히틀러가 하나님의 백성을 박해하고 있다고 본 것입니다. 본회퍼는 그리스도인들이 신학적으로는 유대인들과 다르다 할지라도 소리 높여 반대의 뜻을 밝혀야 할 의무가 있다고 공개적으로 말했습니다. 이들은 하나님의 백성이니 우리가 그들의 편에 서야 한다는 주장이었습니다.

아시다시피 1938년과 1939년은 전운이 짙게 감돌던 해였습니다. 본회퍼는 언제 징집 명령이 떨어지더라도 자신은 총을 들고 히틀러의 전쟁에 나가 싸울 수 없음을 알고 있었습니다. 그는 현대적 의미에서 평화주의자는 아니었지만, 베트남 전쟁을 반대하던 60년대 좌파들은 만일 그가 죽지 않고 살아 있었다면 존 레논과 오노 요코와 함께 그

---

* 직역하면 "수정의 밤", "깨어진 유리의 밤"이다. 1938년 11월 9~10일 양일간 나치 치하의 독일과 오스트리아 전역에서 자행된, 유대인 주택과 상점, 회당에 대한 조직적인 공격을 말한다.

유명한 침대(1969년 레논과 요코가 자기들의 결혼식을 반전 메시지를 전하는 데 이용하기로 하고 네덜란드 암스테르담 힐튼 호텔 침대에 누운 채로 기자들을 맞이했던 장면을 언급하고 있다—편집자 주)에 있었을 세 번째 인물로 본회퍼를 꼽은 바 있습니다. 그러나 이것이 그의 참모습은 아닙니다. 아무튼 그는 자신이 히틀러의 전쟁에 나가 싸울 수 없음을 알았고, 그래서 자신이 해야 하는 일을 알고자 전심으로 하나님께 기도하며 구했습니다.

그는 징집에 대해 공개적으로 반대하는 편에 서려고 하지는 않았는데, 그랬다가는 고백 교회의 핵심 인물로서 자칫 교회에 속한 모든 이들을 곤경에 빠뜨릴 수 있었기 때문입니다. 그는 자신의 양심을 따르고 싶었으나, 모든 사람이 그의 양심을 따르기 원했던 것은 아닙니다. 결국 그는 뉴욕으로 건너가 유니언 신학교나 여타 대학교에서 가르치는 것이 현 상황을 타개할 방법이라고 생각하기에 이릅니다. 라인홀드 니버(Reinhold Niebuhr)가 막후에서 힘을 써 준 덕분에 초청장을 받을 수 있었고, 6월 초에는 미국행 배에 다시 올랐습니다.

하지만 뉴욕에 도착하자마자 그는 자신이 실수한 것일지도 모른다고 생각했습니다. 이때 그는 간절한 기도를 드리며 하나님의 인도하심을 구합니다. 제가 쓴 책에 이 시기에 그가 쓴 일기와 편지를 인용해 두었습니다. 그의 일기와 편지를 살펴봄으로써 우리는 결정적인 시기에 자신의 미래를 두고 씨름하는 그의 내밀한 생각을 들여다볼 수 있습니다. 마침내 그는 어떤 시련이 닥쳐오더라도 고국으로 돌아가 독일 국민과 함께하기를 하나님께서 원하신다고 확신하기에 이릅니다. 그리고 그 끔찍한 혼돈의 소용돌이 속에 하나님의 부르심이 있다는 확신이 들자, 그곳에서 죽음이 기다리고 있음을 알면서도 그는 하나님이 부르시는 곳으로 나아갔습니다.

그래서 7월 초, 미국에 도착한 지 26일째 되는 날, 그는 뉴욕을 떠났습니다. 그는 자기 앞에 무슨 일이 기다리고 있을지 알지 못했으나 하나님께 순종해야 한다는 것만은 알고 있었습니다. 돌아온 그를 만난 핑켄발데 신학교 동료들은 깜짝 놀랐습니다. "자네 여기서 뭐하는 건가? 이 모든 풍파가 지나갈 때까지 미국에 피해 있으라고 자네를 탈출시키기 위해 우리가 얼마나 어렵게 일을 꾸몄는데, 도대체 여기서 뭐하는 건가?"

그렇다면 거기서 그는 무슨 일을 하고 있었을까요? 복잡하고 아주 흥미로운 일이었습니다. 그때까지 여러 해 동안 본회퍼의 가족은 히틀러 암살 음모에 가담했습니다. 1930년대 초부터 비밀 결사 모임을 시작하여 지난 10여 년간 그 모임을 지속해온 터였습니다. 모임에서 본회퍼가 맡았던 일은 사람들이 독일의 국가 원수에 대항하는 음모에 가담한다는 이유로 괴로움에 빠지지 않도록 정신적으로 지원하는 일이었습니다. 독일인으로서 그런 음모에 가담하는 일이 마음 편했을 리는 없었을 테지요. 하지만 1939년 고국으로 돌아왔을 때, 그는 한 걸음 더 나아가 적극적으로 가담해야 할 필요를 감지했습니다.

여기서 우리는 본회퍼의 매형 한스 폰 도나니(Hans von Dohnanyi)가 독일 군사정보국의 주요 인물이었다는 점, 그리고 이 정보국이 실제로는 히틀러 암살 음모의 **중심**이었다는 점을 분명히 기억해야 합니다. 본회퍼가 독일로 돌아오자 매형 도나니는 그를 채용하여 정보국에서 일하게 했습니다. 겉으로는 전쟁 중 그의 재능을 활용하여 독일 제3제국에 봉사하게 하려는 것이었으나, 실제로는 히틀러 암살 음모에 합류시키려는 것이었습니다. 그렇게 해서 본회퍼는 결국 이중간첩이

도시의 소크라테스

되었습니다. 도나니의 생각은 이랬습니다. "우리는 자네를 이용할 수 있다네. 자네는 유럽 전역의 에큐메니컬 교회들과 연결되어 있을 뿐 아니라 바르셀로나, 런던 및 유럽 전역에 가봤지 않은가? 그러니 우리와 함께하세."

물론 나치는 본회퍼가 자신들의 명령을 따르고 있다고 생각했습니다. 하지만 실제로 그는 유럽을 돌아다니면서 에큐메니컬 교회의 친구들과 연락을 취하여 그들로 하여금 처칠과 앤서니 이든, 그 밖의 연합군 수뇌부 측에 아돌프 히틀러 암살 음모를 꾀하는 독일 내 독일인들이 있다는 소식을 알리고 있었습니다. 비범한 일이 아닐 수 없습니다. 본회퍼의 가장 가까운 친구였던 에버하르트 베트게(Eberhard Bethge)는 바로 이 시기에 본회퍼가 "고백에서 음모로" 건너갔다고 말합니다.

또한 본회퍼는 저술 작업을 멈추지 않았습니다. 이 여러 해 동안 그는 자신의 대표작인 『윤리학』(*Ethics*, 대한기독교서회 역간)을 집필하고 있었습니다. 그러던 중 1942년 말 전혀 뜻밖에도, 소중한 친구이자 후원자였던 루트 폰 클라이스트 레초프 부인의 손녀이며 당시 18살이던 마리아 폰 베데마이어(Maria von Wedemeyer)와 사랑에 빠지게 됩니다. 두 사람의 사랑 이야기 전체를 제 책에 처음으로 소개하게 되어 얼마나 자랑스러운지 모릅니다. 1992년까지는 두 사람의 연애에 대해 발표된 내용이 거의 없었습니다. 그러던 중 본회퍼의 약혼녀 마리아 폰 베데마이어의 언니가 두 사람 사이에 오간 편지를 묶어 책으로 출간했습니다. 몇 년 전 저희 부부가 그녀를 만났고, 그 책을 참조해서 저는 두 사람의 사랑 이야기를 처음으로 쓸 수 있었습니다.

당시 마리아는 겨우 18살이었으므로, 그녀의 어머니는 두 사람의 교제를 진심으로 기뻐할 수 없었습니다. 마침내 두 사람은 약혼 소식을 공개적으로 알려도 된다는 어머니의 허락을 받게 되는데, 그 직후 본회퍼가 체포되었습니다. 이때가 1943년 4월입니다. 본회퍼가 체포된 것은 히틀러 암살 음모에 가담했기 때문은 아니었습니다. 그때까지 그 계획은 아직 드러나지 않았습니다. 오히려 "작전 7"(Unternehmen 7), 즉 독일계 유대인 7명을 독일에서 빼내어 중립국인 스위스로 보내는 작전에 연루된 까닭이었습니다.

게슈타포는 정보국을 급습하려고 호시탐탐 기회를 노리고 있었습니다. 본회퍼는 테겔 군사 교도소에 수감되었으나 대우가 나쁘지 않았습니다. 그는 공판에서 무죄를 입증할 수 있다고 생각했고 곧 풀려나게 되리라고 정말로 믿었습니다.

이 모든 일이 진행되는 과정에서 본회퍼가 가장 바랐던 것은, 아직 체포되지 않은 동지들이 히틀러 암살에 성공하여 이 악몽을 끝내는 일이었습니다. 그러나 그런 일은 일어나지 않았습니다. 그러기는커녕 일 년이 조금 지난 1944년 7월 20일에 발키리 음모는 실패로 끝나고 맙니다. 슈타우펜베르크가 폭탄을 서류 가방에 숨겨 히틀러가 있는 동프로이센의 작전 본부까지 들어가는 데 성공했고 폭탄도 터졌으나 히틀러를 죽이지는 못했습니다. 이 사건으로 저간의 암살 계획 전모가 처음으로 드러났습니다.

수천 명이 체포되었고, 그중 다수가 고문당했습니다. 가담한 사람들의 이름이 하나하나 드러났는데, 그중에는 본회퍼의 이름도 있었습니다. 순식간에 본회퍼는 총통 암살 음모를 주도한 지도자 가운데 하나로 알려졌습니다. 이제 그는 게슈타포의 삼엄한 감시를 받는 교도소로 이송되었고, 거기서 취조와 고문을 당했습니다. 형이나 매형만큼 심한 고문을 받은 것 같지는 않지만 말입니다.

도시의 소크라테스

본회퍼는 자신에게 남은 날이 많지 않음을 알았습니다. 이때가 1944년이 끝나갈 무렵이었음을 염두에 두십시오. 전쟁은 소강 국면으로 접어들고 있었습니다. 온전한 정신을 가진 사람이라면 독일이 전쟁에서 불리한 상황에 놓였으며 결국 패하리라는 것을 알고 있었습니다. 그러나 히틀러만은 그렇지 않았습니다. 그는 어떻게든 전쟁이 승리로 끝나리라 여전히 확신하고 있었습니다. 이후 본회퍼는 부헨발트 강제 수용소로 이송됩니다.

이 시기의 본회퍼에 대해서는 자료가 거의 없습니다. 우리가 아는 바에 따르면, 결국 그는 플로센뷔르크 강제 수용소로 이감되었다가 히틀러의 구체적이고 분명한 명령에 따라 1945년 4월 9일 아침에 처형되었습니다. 교수형이었지요. 정확히 65년 전 오늘입니다.

저는 이 지점에 특히 마음이 끌렸습니다. 우리는 통상 그의 마지막이 얼마나 슬프고 비극적인가라는 관점에서 그의 죽음을 받아들입니다. 곧 전쟁이 끝날 텐데, 아름다운 여인과 결혼을 약속했는데, 하는 생각들 말입니다. 그러나 저는 본회퍼가 그런 식으로 바라보지 않았다고 생각합니다. 저는 그가 한 모든 일이 그가 알고 섬겼던 하나님을 순종하는 데서 나온 행위임을 강조하고 싶습니다. 따라서 그가 행한 모든 일 속에는 평화가 있었거니와, 이 평화는 본회퍼와 같은 믿음을 소유하지 못한 사람들의 눈으로는 헤아릴 수 없는 평화였습니다.

역사를 통틀어 많은 사람이 그런 신앙을 가졌으며, 저는 이곳에 있는 여러분 가운데 그런 믿음을 가진 분들이 소수일지라도 있으리라 감히 짐작합니다. 여러분은 우리 인생의 저자이신 하나님을 신뢰하며, 때로 그분이 여러분을 죽음으로 이끄신다 할지라도 여전히 그분을 신뢰할 것입니다.

매우 흥미로운 생각입니다. 본회퍼가 이런 마음가짐으로 죽음을 맞이했다고 생각하면 우리에게 위로가 되는데, 저는 그가 자신에게 주어진 길을 그렇게 걸어갔다고 확신합니다. 여러 가지 이유가 있습니다. 그가 쓴 글 대부분이 이를 암시합니다. 실제로 본회퍼는 1933년에 죽음에 관한 설교문을 작성한 적이 있습니다. 그는 설교문에 이렇게 적었습니다. "지금까지 하나님과 하나님 나라를 믿는 사람이 없었고, 부활한 이들의 나라에 대해 들어본 이가 없었으며, 그때 이후로 본향에 있기를 원하여 육신에서 벗어나기를 바라고 고대하는 자 또한 없었습니다."

이어서 그는 이렇게 말합니다. "죽음이 그처럼 두렵다는 것을 어떻게 알까요? 어쩌면 우리는 인간적 두려움과 불안에 사로잡힌 나머지 세상에서 가장 영광스럽고 복된 천상의 사건 앞에서 떨며 두려워하고 있는 것은 아닐까요? 우리의 신앙으로 변화시킬 수 없다면, 죽음은 지옥이요 어두운 밤이요 싸늘한 냉기일 뿐입니다. 그러나 죽음이 그토록 경이로운 사건이라면, 우리는 죽음을 변화시킬 수 있습니다."

본회퍼는 실제로 이 말을 믿었습니다. 저도 분명 그렇게 믿습니다. 물론 믿기 어렵지요. 난관도 있습니다. 하지만 저는 참으로 믿습니다. 본회퍼는 참 순교자로 죽음의 길을 묵묵히 나아갔습니다. 기쁨으로 그 길을 갔습니다. 더할 수 없는 기쁨을 안고서 말입니다.

65년 전 오늘 새벽, 이런 일이 있었습니다. 플로센뷔르크 강제 수용소의 화장터에 문제가 생겼습니다. 그래서 본회퍼는 앞서 교수형을 당한 수많은 유대인의 전철을 따라 그들과 같은 곳에서 처형되었고, 그들과 함께 시체 더미에 던져져 소각되었습니다. 그렇게 본회퍼는 이 세상을 떠났습니다. 하지만 본회퍼 자신으로 볼 때, 유대인들을 위해

도시의 소크라테스

생명을 바친 일은 영광이었습니다. 유대인의 하나님께서 유대인을 위해 생명을 바치라고 그를 부르셨으니 말입니다.

그것은 영광이었습니다. 본회퍼는 자신의 몸이 유대인들과 같이 처리되는 것을 영예로 여겼을 것입니다. 한 줌의 재가 되어 먼저 그곳에서 죽어간 유대인들과 어우러졌으니까요. 본회퍼는 죽음을 각오하고 하나님께 순종하는 것이 곧 악을 이기는 길이며, 지지해주는 이 아무도 없는 이들—당시로는 유럽의 유대인들—편에 서는 일이 하나님께 받은 소명이라고 믿었습니다. 죽음 앞에서도 말입니다.

본회퍼는 하나님께서 우리를 지으신 목적대로 우리가 자신을 희생하여 사랑하고 베푸는 데 우리의 부르심이 있다고 믿었습니다. 또한 여러분이 그분의 창조 목적과 그분이 맡기신 소명을 깨닫고 행한다면, 하나님께서는 반드시 여러분과 함께하실 것입니다. 그러므로 여러분이 자신의 삶을 내어드릴 때, 하나님께서 천국의 삶으로 갚아주실 것을 믿는 믿음은 결코 환상이 아니라 엄연한 현실입니다.

> 그러므로 여러분이 자신의 삶을 내어드릴 때, 하나님께서 천국의 삶으로 갚아주실 것을 믿는 믿음은 결코 환상이 아니라 엄연한 현실입니다.

제 이야기는 여기까지입니다. 잠시 질문과 답변의 시간을 갖겠습니다.

질문과 답변 (첫 질문자 스티븐 와이즈는 랍비 스티븐 A. 와이즈의 손
자로서, 1931년 부활절에 본회퍼는 랍비 와이즈의 설교를
들은 바 있다.)

질문 : 당신의 책에 실린 인용문을 거의 다 읽었다는 점을 먼저 말하
고 싶네요. 정말 굉장한 책이더군요. 어느 책에도 실린 적 없
는 내용이 아주 많이 담겨 있었습니다. 모두 꼭 읽어보면 좋겠
습니다.

답변 : 고맙습니다. 하지만 그건 질문이 아니라는 점을 지적해야 해
서 안타깝습니다. 사실 선생님으로부터 그런 칭찬을 듣는 게
저로서는 무척 의미가 큽니다. 정말 감사합니다.

질문 : 에릭, 오늘 밤 이 모든 사람 앞에 서 있는 당신이 아주 자랑스
러워요. 대중 앞에 선다는 생각만 해도 긴장하는 사람이라는
걸 제가 잘 알잖아요. 그래도 오늘 밤에는 조금도 티가 안 났
어요.

답변 : 친절한 말씀 고마워요.

질문 : 이제 질문을 할게요. 그리스도인이 정치에 관여해서는 안 된
다고 말하는 이들이 많습니다. 예수님께서도 정치 활동을 하
지 않으셨다고 하면서 말이죠. 그런 논리대로라면, 예수님은

도시의 소크라테스

본회퍼와는 달리 스파이가 아니었다는 주장도 할 수 있겠죠. 예수님이 이스라엘을 감시하라고 하나님이 이 땅에 파견한 스파이가 아니라는 건 우리도 알잖아요? 이건 질문이 아닙니다.

답변 : 질문이 있으신 건 분명한 것 같네요.

질문 : 물론이죠. 이처럼 예수님은 정치인이 아니었고 스파이도 아니었습니다. 본회퍼라면 그런 비판에 어떻게 답했을지 궁금합니다. 예수님께서 하시지 않은 일을 그리스도인들이 왜 하는가 하는 비판에 대해서 말입니다.

답변 : "사람들이 모르는 게 있는데, 예수님은 나사렛의 시의원이었습니다. 두 번의 재임 기간 동안 탁월한 성과를 내셨죠."

저는 이런 식의 말들이 그들의 깊이 없는 사고를 폭로하는 발언이라고 봅니다. 사람들은 정말로 생각을 하지 않아요. 제가 쓴 윌버포스 평전 전체는 정치 영역에서 하나님과 사람들을 섬긴 한 사람을 다루고 있습니다. 그게 핵심이죠. 하나님께서는 모든 사람이 성직자가 되기를 바라지는 않습니다. 만일 그렇게 생각하는 신학이 있다면, 그것은 정말 끔찍한 신학입니다.

물론 본회퍼는 성직자였습니다. 하지만 성직이든 아니든 우리는 진짜 세상 속에서 살아가야 합니다. 성경을 알고 그리스도인 됨의 의미를 이해하는 사람에게 그것은 모든 것으로 하나님을 섬겨야 한다는 의미입니다. 삶에서 벗어나 단지 기도하라는 뜻이 아닙니다. 본회퍼 같은 경우는 설명하기 무척 까다로운데, 그래서 책이 이렇게 길어졌습니다. 그가 매우 복잡한 인물이긴 하지만, 우리가 이런 일이나 저런 일에 참여해서는 안 된다는 생각은 본회퍼와는 전혀 관련이 없습니다.

노예제는 잘못된 제도였습니다. 윌버포스 같은 정치인들이 노예제 폐지를 위해 정치 활동에 뛰어들지 않았다면, 오늘날에도 여전히 노예제가 유지되고 있었을지도 모릅니다. 오늘날에도 잘못된 일들이 있습니다. 인간이 존재하는 한, 해결해야 할 일들은 항상 존재할 것입니다.

자, 만일 여러분이 정치를 숭배한다면, 여러분은 거짓 우상을 섬기는 것입니다. 이 점에 대해서는 의문의 여지가 없습니다. 저는 정치를 숭배하는 사람들을 많이 알고 있습니다. 그들은 정치가 문제를 해결해줄 거라고 생각합니다. 여러분과 생각이 같은 이들을 국회의원으로 뽑을 수 있겠지만, 그런다고 해서 달라질 것은 없습니다. 우리에게는 믿음의 사람들이 필요합니다. 어느 곳에 있든지 믿음으로 살아가는 사람들 말입니다. 다음 질문 받겠습니다.

질문 : 분명 본회퍼와 윌버포스는 앞의 분이 언급했듯이 정치 영역에서 자신의 믿음을 따라 살았다는 점에서 많은 공통점이 있습니다. 오늘날 미국 상황에서 윌버포스라면 어디에 초점을 맞출까요?

답변 : 제 강연이 본회퍼에 대한 강연이었던 것은 알고 계시죠?

질문 : 아, 죄송합니다.

답변 : 사실 저는 윌버포스에 대해 강연을 많이 하는 편인데, 그런

질문을 종종 받습니다. 그런데 정말로 드릴 답변이 없더라고요. 그래도 답을 원하신다면, "미디어입니다"라고 대답할 듯하네요. 왜냐하면 오늘날 다른 어느 영역보다 빛과 소금이 거의 없다시피 한 영역이 미디어이기 때문입니다. 달리 말하면, 정치계에는 모든 분파의 사람이 있습니다. 오늘날 정치에는 믿음의 사람들이 있지만, 미디어 세계에는 믿음의 사람들이 전무하다시피 합니다.

질문 : 문제가 무엇일까요?

답변 : 하나라고 할 수 없습니다. 한두 가지 문제가 아니에요. 제가 볼 때 이것은 문화 전반의 문제입니다. 우리 사회는 대체로 신앙을 가진 사람들로 이루어져 있으나, 우리 문화를 이끄는 이들은 대체로 세속적입니다. 철학자 피터 버거(Peter Berger)는 "미국은 스웨덴인들의 지배를 받는 인도인들의 나라다"라고 말했습니다. 그렇습니다. 미국은 전반적으로 인도처럼 종교적인 나라지만, 적어도 미디어만큼은 매우 세속적인 경향을 보이는 사람들의 지배를 받고 있습니다. 모종의 음모가 있어서가 아니라, 그들이 신앙인들을 이해하지 못하기 때문인 것 같습니다. 그들은 신앙인들을 이해하지 못합니다. 저는 신앙인들이 미디어에 관여해서, 적어도 TV를 켤 때만이라도 무엇을 취할지 말지를 강요받지 않을 수 있는 선택권을 갖는 일이 정말로 중요하다고 봅니다. 오늘날 미디어의 영역에서는 선택의 여지가 거의 없는 것 같습니다.

　　미디어 산업 종사자들과 그 동료들 주변에는 성경적 세계관을 가진 사람들이 거의 없습니다. 그러니 성경적 세계관이란 게 무엇인지를 알 턱이 없습니다. 그래서 때때로 신앙을 조롱하지만, 그것은 순전히 무지한 탓입니다. 비웃는다고 해서 그들을 비난할 수만은 없습니다. 알려주고 도와줘야 합니다. 그래서 저는 신앙인들이 미디어 세계에 더 많이 참여해야 한다고 봅니다. 아무튼, 이게 제 답변입니다.

질문 : 윌버포스에 대한 책을 쓸 때는 영어로 된 자료를 조사하고 연구했으나, 본회퍼의 경우는 독일어 및 여러 언어를 다뤄야 하셨을 텐데, 훨씬 힘들지 않았나요?

답변 : 그렇습니다. 제가 독일어를 잘하진 못해요. 동사는 거의 모르고 명사와 형용사만 좀 알죠. 그래서 항상 동사를 잘 아는 사람의 도움이 필요합니다. 어려움 없이 원문을 읽을 만큼 독일어를 잘 하지는 못하지만, 단락이나 문장, 상황 정도는 읽고 이해할 수 있습니다. 원문으로 된 많은 자료를 읽는 게 무척 즐거웠습니다. 힘든 일이기도 했지만요.

　　좋은 소식은 마침내 본회퍼와 관련된 충분한 자료들이 영어로 번역되었다는 점입니다. 이 책이 세상에 나올 수 있었던 이유이기도 하죠. 그래서 제가 이 책을 쓸 수 있었습니다. 한 가지만 말씀드릴게요. 제 책의 홍보 담당자가 기회 있을 때마다 종종 하는 말인데, 이 책은 지난 40년 동안 나온 본회퍼 전기 중 제일가는 책입니다. 왜 그렇죠? 영어로 번역된 모든 자료가 담겨 있기 때문입니다. 그러니 이제 여러분도 이런 책을 쓸 수 있습니다. 이 책이 나와서 얼마나 기쁜지 모릅니다.

질문 : 디트리히 본회퍼와 그의 삶을 연구하며 수많은 시간을 보내면서 "내 인생, 내가 사는 이 나라, 내가 직면한 악에 대해 다르게 행동해야 할 필요가 있지 않을까?"라고 생각하게 된 어떤 순간이 있었나요?

답변 : 물론입니다. 저에게 본회퍼는 기독교인의 삶이 무엇인지를 가르쳐주는 탁월한 본보기입니다. 그가 살았던 시대는 악이 너무도 분명했던 때였습니다. 저는 우리 모두가 본회퍼에게 관심을 두고 그의 작품을 읽고 연구하게 되기를 바라는데 그 이유는 본회퍼처럼 우리가 어떻게 살아야 할지 본을 제시해주는 이가 없기 때문입니다. 바라기는 제 책으로 그런 일이 일어났으면 합니다. 본회퍼는 현실 세계를 분투하며 살아감으로써 한 인간이 진정한 그리스도인이 된다는 것의 의미를 보여준 모델이었습니다. 그가 처한 현실 세계는 나치의 세상이었고, 그 안에서 스파이로 활동하는 일이었지요.

질문 : 본회퍼는 복음주의의 모든 적들과 교류했습니다. 가장 친한 친구인 칼 바르트(Karl Barth)는 미국에 오면 프린스턴, 웨스트민스터, 캘빈 신학교가 아닌 유니언 신학교에 갔지요. 이 점에 대해 어떻게 설명하겠습니까?

답변 : 제 책을 읽지 않으셨군요.

질문 : 아직 읽지 않았습니다.

답변 : 실망이에요. 하지만 좋은 질문을 해주셨습니다. 이렇게 답해 보죠. 저는 본회퍼의 신학에 관해 연구한 뒤 너무나 큰 충격을

받았습니다. 전혀 예상치 못했는데, 신학적으로 그는 사도 바울이나 예언자 이사야만큼이나 정통에 속해 있었습니다.

일부 사람들, 특히 50~60년대에 "신은 죽었다"라고 주장하며 등장한 일부 자유주의 신학자들이 본회퍼를 자기네 부류라고 여기며 그의 사상을 장악했기 때문이라고 봅니다. 터무니없는 일이죠. 조금만 살펴보면 그런 주장이 전혀 얼토당토않음을 쉽게 알 수 있습니다.

저는 제 책이 어떤 논쟁을 유발하거나 저 자신의 견해를 단순히 주장하기보다는 본회퍼 자신의 언어를 사용하여 그를 복권함으로써 이 시대의 복음주의자들뿐 아니라 다수의 그리스도인을 위해 어느 정도 의미 있는 역할을 할 거라고 봅니다.

하지만 지난 세월 동안 사람들은 그의 저작 가운데 일부분만을 취해서 오해했고 이를 바탕으로 본회퍼의 신학 체계를 구축했으나, 그것은 잘못된 신학 체계이며 본회퍼에 대해 잘못된 이미지를 낳았다는 점을 지적해야 하겠습니다. 제게는 그 사실이 충격이었습니다. 왜곡된 본회퍼의 이미지에 참으로 진리의 빛을 비출 필요가 있습니다. 너무도 필요합니다. 이를 바로잡는 작업이 얼마나 잘되었는지는 모르겠습니다만, 이 책을 집필하면서 본회퍼와 그의 신학에 대한 수많은 오해를 바로잡을 수 있었다는 점이 제게는 가장 큰 기쁨이었습니다. 아주 중요한 질문을 하셨네요. 고맙습니다.

질문 : 아, 책을 읽을 생각을 하니 기대됩니다. 선생님이 많은 부분을 명확하게 설명해주셨기 때문입니다. 저는 2차 세계대전 당

도시의 소크라테스

시 나치즘과 아돌프 히틀러, 그리고 나치에 순교당한 또 한 사람의 성직자 알프레드 델프(Alfred Delp)에 관한 연극을 공연하고 있습니다. 에릭, 저는 이 연극을 위해 자료를 조사하다가 전에 몰랐던 사실을 발견하고 크게 놀랐습니다. 제게는 유대인 친구들이 많이 있고 살아오는 동안에도 주변에 유대인들이 항상 있었습니다. 그런데 이따금 그들이 나누는 대화를 어깨너머로 들은 적이 있는데, 내용인즉 바로 기독교인들이 유대인들을 죽였으며, 그것이 기독교적 행동이었고, 유대인들을 살해한 사람들이 바로 그리스도를 사랑했던 사람들이었다는 말이었습니다. 그들의 말을 들으면서 수치심을 느꼈는데, 이번에 자료를 조사하면서 그와 유사한 온갖 종류의 이야기를 발견했습니다.

예를 들어 그리스도인들은 집 벽에 있는 십자가상을 떼고 그 대신 아돌프 히틀러의 사진을 걸도록 강요당했다고 하던데, 제가 찾은 내용이 맞나요? 혹시 덧붙일 얘기는 없나요?

답변 : 기본적으로 이 책에서 그 문제를 깊이 다뤘는데, 나치 수뇌부가 얼마나 공공연하게 반기독교적이었는지에 관해 읽으면 읽을수록 분노가 치밀었기 때문입니다. 누군가가 히틀러가 기독교인이었다고 떠들어대거나 괴벨스가 기독교인이었다고 떠벌리는 말을 들을 때마다 저는, **당신은 자신이 지금 무슨 말을 하는지도 모르는군. 그건 마치 칭기즈칸이 평화주의자였다고 말하는 것과 마찬가지야**라고 생각합니다. 제 책에서 저는 꽤 많은 장과 절을 할애해 이 주제에 관해 썼습니다. 유대인들을 죽인 사람들은 이방인들이었습니다. 그들 중에는 교회에 다니

는 이방인도 있었습니다. 진실한 그리스도인들이 그 일에 관여했다고 믿기란 참으로 어렵습니다.

사실 이렇게 말하면 안 되겠지만, 다소 엄밀하게 말해서 과거에 그리스도인이었거나 그리스도인이라고 착각했던 사람들이 많았기 때문입니다. 물론 그리스도인들도 잔인한 짓을 저지를 수 있으나, 그것은 전혀 다른 이야기입니다. 대체로 나치의 지도층은 기독교에 격하게 반대했습니다. 시간이 흐를수록 그들은 이를 더욱 분명히 드러냈습니다. 제 책에서 최소 두 장에 걸쳐 이 점을 다뤘습니다.

질문 : 본회퍼가 왜 목사, 순교자, 스파이인지 알겠습니다. 그런데 어떻게 그가 "예언자"가 될 수 있는 거죠?
답변 : 각운을 맞추려다 보니 넣을 수밖에 없었어요. 흥미로운 질문을 하셨는데, 실은 책 제목을 "하나님의 예언자" 정도로 하려 했었거든요. 본회퍼는 예언자였습니다. 시간이 없어서 지금 자세히 설명할 수는 없지만, 믿으셔도 됩니다. 책에서 제가 왜 그를 20세기의 예언자로 생각하는지 상세히 설명해두었습니다. 가볍게 다루지 않았어요. 저는 진실로 그가 예언자였다고 생각합니다. 그는 카산드라(트로이에 닥칠 재앙을 예언하였으나 아무도 그녀의 말에 귀 기울이지 않았다―역주)였으며 광야에서 외치는 소리였습니다. 그는 아무도 귀 기울이지 않았던, 외치는 소리 가운데 하나였습니다. 사람들은 예언자에게 돌을 던집니다. 우리는 사람들이 예언자를 어떻게 대우하는지 잘 알고 있습니다.

도시의 소크라테스

본회퍼는 당시 상황을 똑똑히 보았습니다. 그는 자신이 본 것을 말했고, 사람들에게 알렸습니다. 그러나 그들은 듣지 않았습니다. 이 점에서 그는 예언자였습니다. 또한 그는 진정한 의미에서 예언자였는데―이 점에서 카산드라는 예언자가 아닙니다―그는 하나님께서 주시는 말씀을 들었고 교회를 깨우기 위해 소리 높여 외쳤습니다. 하나님께서 행하시는 일이 보이지 않습니까? 우리가 알다시피, 그는 실패했습니다. 그러나 궁극적으로는, 실패하지 않았습니다.

질문 : 유니언 신학교 신학생입니다. 그러니까 저는 본회퍼에 빠진 편인데, 궁금한 게 있습니다. 책에서 이 점을 다루신 것으로 알고 있습니다만, 본회퍼는 삶을 마감하기 전 교도소에서 쓴 편지와 논문에서 "종교 없는 기독교" 신학에 대해서 많은 이야기를 했고 그 문제로 씨름했습니다. 그는 장차 종교적 전문 용어는 줄어들고 새로운 언어가 부상할 것으로 보았습니다. 65년이 지난 지금 그런 일이 실제로 일어났다고 생각하시는지 궁금합니다.

답변 : 아닙니다. 다시 말하지만, 이것은 별개의 문제입니다. 본회퍼가 자신의 가까운 친구 에버하르트 베트게라는 천재에게 쓴 편지에서 앞뒤 문맥과 상관없이 떼어낸 이 유명한 문구와 그 편지 자체는 이렇게 조명을 받을 만한 것이 아니었습니다. 사이비 신학자들이 그 문구를 뽑아내 신학을 만들어낸 일 자체가 비극입니다. 미국 교회의 비극이요, 세계 교회의 비극입니다.

사실 본회퍼는 죽은 종교라는 말을 썼습니다. 지금 이 문제에 깊이 들어갈 시간은 없습니다. 다만 제 책에서 이 사안을 명확히 했는데, 그 문구가 담긴 원래 문맥을 제시함으로써 그가 의미했던 바와 그가 의미하지 않은 바가 무엇이었는지 독자 스스로 알아볼 수 있도록 해두었습니다. 실제로 1967년에 에버하르트 베트게는 유명한 말을 남겼습니다. 그 표현을 제가 암기했더라면 좋았을 텐데 아쉽네요. 요점만 정리하면, "종교 없는 기독교"라는 문구를 문맥에서 떼어내는 것은 끔찍하고도 파괴적인 일이라는 말이었습니다. 에버하르트 베트게가 이 말을 한 때가 1967년인데, 사람들은 분명 그의 말에 귀를 기울이지 않았습니다. 아무튼 책을 읽어보세요. 매우 중요한 이야기여서 답변이 길었습니다.

| 감사의 말 |

만일 여러분이 "도시의 소크라테스" 모임에 참석한 적이 있다면 청중이 되어주신 여러분께 감사의 말씀을 드리고 싶습니다. 여러분이 아니었다면 목걸이에 꿰어진 진주처럼 영롱하게 빛나는 지난 10년간의 아름다운 저녁 시간은 결코 있을 수 없었을 것입니다. 이런 말씀을 드려도 될지 모르겠지만, 여러분은 그 진주알을 만들어낸 진주조개입니다. 여러분이라는 울퉁불퉁한 조개껍질 사이에서 아름다운 진주알들이 생겨났고, 여러분이 아니었다면 지난 수많은 밤의 구심점이 되었던 이 강연들을 글로 옮기고 책으로 출간하여 소크라테스 모임에 참석하지 못한(못했던) 청중(진주조개들)을 위한 기쁨의 선물이 나오는 일은 절대 없었을 것입니다.

"도시의 소크라테스"에 와주신 여러분은 단순한 청중이 아니라, 기름칠이 잘 되어 힘차게 돌아가는 기계의 핵심 부품과 같은 이들입니다! 이 고급 부품의 진가는 이 책 "질문과 답변" 부분에 실린 인상적인 질문에서 유감없이 드러납니다. 멋진 질문을 해주신 모든 분에게 너무나 감사드립니다. 또한 덜 멋진 질문을 해주신 분들과 안 멋진 질문을 하지 않을 정도로 지혜와 자제심을 보여준 모든 분에게도 마찬가지로 감사드립니다. 이 책의 독자들은 여러분의 덕을 보게 되었습니다.

그리고 "도시의 소크라테스" 강연자 여러분, 이 자리에 함께하시면서 지혜와 강연으로 우리를 축복해준 여러분에게 특별히 감사드립니다. 여러분은 "도시의 소크라테스" 모임이 진주처럼 빛나고 아름다운 저녁이 되도록 해주셨습니다. 강연 내용을 편집하여 모두가 보고 싶어 하는 매력적인 책으로 낼 수 있도록 서면이나 법적 구속력 있는 방식으로 허가해준 점 또한 고맙습니다. 여러분이 최고입니다.

그리고 "도시의 소크라테스" 이사회를 섬겨주신 분들을 빼놓아서는 안 되겠죠. 데이비드 영, 조엘 투처로니, 카터 힝클리와 립 힝클리, 네드 스티커와 스테파니 스티커, 스탠 오크스, 짐 레인, 마크 버너에게 고마움을 전합니다. 그리고 누구보다 마노스 캠퍼리스와 캐밀 캠퍼리스에게 감사 인사를 전합니다. 2000년 시작된 "도시의 소크라테스" 첫 모임 때부터 함께한 이 두 사람은 "도시의 소크라테스"뿐만 아니라 저자신을 지켜준 방파제이자 말로 표현할 수 없는 축복이었습니다. 그리고 이 모임을 가능하게 하고 빛나게 해준, "도시의 소크라테스" 모임의 총감독인 저스틴 홈코우 씨에게도 감사를 드립니다. 이렇게 감사를 표하는 게 인사치레처럼 보일지 모르나 진심에서 나온 표현이니, 무슨 상관이겠어요!

아울러 이 책을 높이 평가해주시고 이번 가을에 책으로 나올 만한 가치가 있다고 칭찬해주신 더튼 출판사 대표 브라이언 타트 씨에게 감사의 마음을 전합니다. 또한 이 책이 세상에 나오도록 헤아릴 수 없는 노고를 아끼지 않은 편집팀의 각별한 수고에 감사를 표합니다. 출간

전체 과정을 세심하게 살펴준 친애하는 친구 조엘 투처로니의 엄청난 수고 덕분에 이렇게 짧은 시간 안에 책을 출간할 수 있었습니다. 그에게 마음 깊이 감사를 전합니다. 그의 도움은 헤아릴 수 없을 정도였습니다. 그의 무수한 도움이 없었더라면 이 책은 아예 존재하지 못했을 것이며, 이 감사의 글 또한 자리를 찾지 못했을 것입니다.

나아가 대부분의 경우 장점 하나 없는 신성 모독의 장광설을 반짝이는 에세이가 되도록 편집을 도와준 빅토리아(비키) 드 브리에게 감사를 드립니다! 앞의 말은 농담이고요, 진심으로 감사드려요. 그리고 이 책을 세상에 내놓아도 손색이 없을 만큼 비키가 편집의 수고를 다할 수 있도록, 잘 들리지 않을 뿐더러 앞뒤도 맞지 않는 웅얼거리는 강의들을 녹취해준 케빈 밀라니에게 감사를 전합니다. 또한 뒷부분에 실린 강사들의 약력을 정리해준 재니스 웰치먼에게 고마움을 전합니다. 바라기는 독자 여러분이 약력에 정리된 도서 목록을 활용하여 스스로 점검하고 기쁨을 누렸으면 합니다!

빠뜨린 사람 없나요? 있다면 큰소리로 말해주세요. 곧 인쇄소에 넘길 예정이거든요. 아, 지난해 "도시의 소크라테스" 모임을 열 수 있도록 도움을 준 후원자님들께 진심으로 감사드립니다. 특히 우리의 활동 범위를 확장할 수 있도록 지원을 아끼지 않은 템플턴 재단에 감사드리며, 주님의 도움으로 꾸준히 이 모임을 이어갈 수 있기를 바랍니다. "솔리 데오 글로리아"(오직 하나님께만 영광을).

존 폴킹혼
John Polkinghorne

존 폴킹혼은 1979년에 영국 국교회 사제가 되기 위해 25년간 봉직하던 양자 물리학 교수 자리에서 사임함으로써 "케임브리지 대학교의 학문적 눈살"을 찌푸리게 했다.

그는 1955년 케임브리지 대학교 트리니티 칼리지에서 물리학 박사 학위를 받은 뒤로, 1956년 에딘버러 대학교에서 수리 물리를 가르치는 교수로 임명되었으며, 2년 후 케임브리지로 돌아와 강의를 이어갔다. 1968년 정교수로 임용되었으며, 2권의 과학 서적과 이론 기초소립자 물리학에 관한 다수의 논문을 학술지에 발표하면서 두각을 나타냈다. 국교회 사제 훈련을 받고 1981년 부제서품을 받은 뒤로 폴킹혼은 두 가지 지위를 거쳤는데, 캔터베리 부근 블린의 교구 목사와 케임브리지 대학교 트리니티 홀의 회원이자 주임 사제, 그리고 교목으로 섬겼다. 1988년부터 1996년까지는 케임브리지 대학교 퀸스 칼리지의 학장으로 재직했다.

폴킹혼은 영국왕립학술원 회원이자 리버풀 대성당의 참사회원 신학자이며 1997년 대영제국의 기사 작위를 공식 수여받았다. 물리학 관련 서적을 5권 집필했고, 과학과 신앙에 관한 책을 26권 썼는데, 가장 주목할 만한 책으로는

『과학 시대의 신앙』(*Belief in God in an Age of Science*), 『물리학자의 믿음』(*The Faith of a Physicist*), 『진리에 대한 질문』(*Questions of Truth*)이 있다. 2002년에는 영예로운 템플턴 상(종교 부문)을 수상했다. "성직자인 과학자들의 모임"(Society of Ordained Scientists)의 설립자이자 "세계과학종교학술원"(International Society for Science and Religion) 창립 학회장으로서 높은 찬사와 회의론자들의 의심을 모두 샀다.

피터 크레이프트
Peter J. Kreeft

피터 크레이프트 박사는 컨퍼런스 강연자로 각광 받는 철학자이다. 현재 그는 뉴욕에 있는 보스턴 칼리지와 킹스 칼리지에서 철학을 가르치고 있다. 63권 이상의 책을 썼으며, 그중에는 『문화 전쟁에서 이기는 법』(*How to Win the Culture War*), 『세 번째 천년을 위한 C. S. 루이스』(*C. S. Lewis for the Third Millennium*), 『세 가지 인생철학』(*Three Philosophies of Life*), 『기독교 변증 핸드북』(*Handbook of Christian Apologetics*), 『현대 이교도를 위한 기독교』(*Christianity for Modern Pagans*), 『신앙의 근본』(*Fundamentals of the Faith*) 등이 있다. 재기발랄하고 깊이 있는 그의 글은 낙태에서 도덕적 상대주의, 천사와 마귀에서 심지어 서평에 이르기까지 다양한 주제 속으로 독자들을 끌어들인다.

크레이프트 박사는 1965년에 포드햄 대학에서 철학박사 학위를 받았고, 미국과 영국의 15개 대학에서 객원 교수로 가르쳤다.

폴 비츠
Paul Vitz

뉴욕 대학교 명예 교수인 폴 비츠 박사는 1962년에 스탠포드 대학교에서 심리학으로 박사 학위를 받았다. 100편이 넘는 글과 에세이를 비롯해『무신론의 심리학』(Faith of the Fatherless: The Psychology of Atheism),『신이 된 심리학』(Psychology as Religion: The Cult of Self-Worship, 이상 새물결플러스 역간),『현대 예술과 현대 과학: 비전의 병행 분석』(Modern Art and Modern Science: The Parallel Analysis of Vision),『검열: 어린이 교과서에 담긴 편견에 관한 증거』(Censorship: Evidence of Bias in Our Children's Textbooks) 등을 비롯한 6권의 책을 출간했다. 워싱턴에 있는 "학문과 결혼, 가정을 위한 교황 요한 바오로 2세 연구소"에서 외래 교수를 지내기도 했다.

17세기 중반 등장한 "자기본위주의"(selfism) 종교에 대한 선구적 연구에서 피해 의식 문화를 양산하는 "나쁜" 심리학을 비판했다. 비츠 박사가 특별히 관심을 갖는 다른 영역으로는 아이들의 교과서, 아버지 부재와 무신론의 관계가 있다.

리처드 존 뉴하우스
Richard John Neuhaus

2009년에 타계하기 전까지 리처드 존 뉴하우스 신부는 "종교에 정통한 공공 철학을 진작함으로써 사회 질서를 도모하고자 하는" 초당파 종교 간 연구와 교육을 담당하는 기관인 "종교와 공적 삶 연구소"(Institute on Religion and Public Life)의 대표였다. 또한 기관지인「소중한 일들」(First Things)의 발행인이자 편집인이었다.

로마 가톨릭으로 회심하기 전에 루터교회 신자였던 뉴하우스는 고전적 개신교와 가톨릭 사상을 현대의 공적 광장에 적합한 형태로 조리 있게 조합해낼 줄 아는 탁월한 능력의 소유자였다. 유명한 저서 중에는『사역을 위한 자유』(Freedom for Ministry),『벌거벗은 공적 광장: 미국의 종교와 민주주의』(The Naked Public Square: Religion and Democracy in America),

『가톨릭의 순간』(*The Catholic Moment: The Paradox of the Church in the Postmodern World*), 랍비 레온 클레니키와 함께 쓴 『오늘날 믿는다는 것은』(*Believing Today: Jew and Christian in Conversation*)이 있다.

1990년대 그는 교도소 선교회의 찰스 콜슨과 함께 "함께하는 복음주의와 가톨릭"이란 모임을 결성해 활동했다. 인간의 권리 및 존엄성을 수호하는 투사로서 뉴하우스는 조지 부시 대통령의 비공식 참모로 활동했으며 카터, 레이건, 부시(1세) 행정부 시절 대통령 고문직을 맡았다. 「미국 소식과 세계 보고서」(U.S. News and World Report)지가 실시한 전국 여론 조사에서 뉴하우스는 "미국에서 가장 영향력 있는 지성" 32명 가운데 이름을 올렸다. 리처드 존 뉴하우스 신부는 왕성한 집필 활동을 통해 생각을 자극하는 다수의 책과 글을 영감 어린 유산으로 남겼다.

진 베스키 엘슈테인
Jean Bethke Elshtain

2013년에 작고한 진 베스키 엘슈테인 박사는 조지타운 대학교 내 미국의 자유 재단에서 토머스 및 도로시 리비 석좌 교수로 재직했으며 버클리 센터의 선임 연구원이었다. 1973년 브랜다이스 대학교에서 정치학으로 박사 학위를 받았다. 지난 16년간 시카고 대학교 신학부에서 가르쳤으며, 사회 및 정치 윤리학과 로라 스펠먼 록펠러 종신 교수로 재직했다.

엘슈테인 박사의 저술은 정치와 윤리의 관계, 공적·사적 영역에서의 남녀 관계를 탐구한다. 10여 권의 책을 공저했으며, 『테러에 맞선 전쟁』(*Just War Against Terror*)과 『제인 애덤스와 미국 민주주의 역사』(*Jane Addams and the Dream of American Democracy*) 외에 정치와 윤리에 관한 깊은 이해와 타당한 생각을 담은 500여 편의 학술 논문을 썼다.

엘슈테인 박사는 1996년에 미국 학술원 인문 과학 분과 연구원으로 취임했다. 구겐하임 보조금 수여자였으며 국회도서관 머과이어 석좌 직분을 보유했었다. 또한 아홉 개의 명예박사 학위를 받았으며 「뉴리퍼블릭」(The New Republic)의 편집자이기도 했다.

찰스 콜슨
Charles Colson

"온정적 보수주의"의 대변자였던 찰스 콜슨은 1953년 우수한 성적으로 브라운 대학교를 졸업했다. 미국 해병대에서 2년간 복무한 뒤, 조지워싱턴 대학교에서 법학석사(JD) 학위를 받았다. 1969년 닉슨 대통령의 특별 보좌관으로 임명받았으나, 후에 닉슨의 "청부업자"라는 오명을 얻게 된다. 워터게이트 사건으로 "사법방해" 죄를 선고받고 7개월 금고형을 받았다. 교도소를 떠나면서 재소자들의 삶을 변화시키는 일에 헌신하기로 결심했다. 1976년에 설립한 "교도소 선교회"(Prison Fellowship Ministries)는 재소자, 전 재소자 및 그 가족들을 돌보는 세계에서 가장 큰 봉사 조직으로 성장했으며 현재 50개 주, 100여개 국가에서 활동하고 있다. 20권 이상의 책을 저술하고 공저했는데, 최근 저서로는 『순전한 믿음』(The Faith, 생명의 말씀사 역간), 『이것이 인생이다』(The Good Life, 홍성사 역간), 『디자인 혁명』(The Design Revolution), 『사람과 공동체를 회복시키는 정의』(Justice That Restores, IVP 역간), 『그리스도인, 이제 어떻게 살 것인가』(How Now Shall We Live?, 요단 역간) 등이 있으며, 2012년에 타계했다.

N. T. 라이트
N. T. Wright

N. T. 라이트는 2003년에 "더럼의 주교"로 임명받아 영국 국교회 직제에서 네 번째로 높은 회원으로 섬겼다. 2010년 8월에 주교직을 사임한 라이트 박사는 현재 스코틀랜드

세인트 앤드류스 대학교에서 신약 및 초기 기독교를 가르치는 연구 교수로
재직 중이다.

N. T. 라이트는 옥스퍼드 대학교 엑스터 칼리지에서 고전 문학을 전공했
으며, 1971년 최고 성적으로 졸업했다. 같은 해 국교회 사제 준비 과정으로
옥스퍼드 대학교 위클리프 홀에 등록했으며, 1981년에 박사 학위를 마쳤다.
옥스퍼드, 맥길 대학교에서 가르쳤으며 런던 소재 웨스트민스터 사원 참사회
원으로 섬겼고, 캔터베리 램버스 성찬 위원회 대주교 회원이었다. 30권 이상
의 책을 썼는데, 학문적 저작에 대해서는 N. T. 라이트로, 대중적 저작에 대해
서는 톰 라이트라는 필명을 사용하고 있다.

알리스터 맥그래스
Alister McGrath

『역사 교수』의 저자 존 핀스(John Fines)는
맥그래스를 일컬어 "종교개혁의 유산을 받은
최고의 학자이자 교사 가운데 하나"라고 했으나 맥그래스 자신은 저명한 과
학자이기도 하다. 1977년 옥스퍼드 대학교에서 생화학 및 분자생물학 세부
전공으로 박사 학위를 받았다. 1978년에는 신학 분야의 최고상을 수상하며
옥스퍼드 대학교를 졸업했고 2001년 옥스퍼드에서 신학 박사 학위를 받았다.
맥그래스는 현대 문화와 비판적 교전을 벌이는 데 앞장서왔다. 무신론자였
던 맥그래스는 도킨스, 데닛, 히친스 같은 무신론자들과 토론을 벌인 바 있다.
2007년 아내 조앤과 공저한 『도킨스의 망상』(*Dawkins' GOD*, 살림 역간)이
나온 후 도킨스와 유명한 토론을 벌였다.

맥그래스 박사는 20권이 넘는 책을 썼는데, 그중에는 4권으로 구성된 연
작 『과학 신학』(*A Scientific Theology*), 『장 칼뱅의 생애』(*A Life of John
Calvin*), 『하나님 얼굴을 엿보다』(*Glimpsing the Face of God: The Search
for Meaning in the Universe*), 『정교하게 조율된 우주』(*A Fine-Tuned*

Universe: *The Quest for God in Science and Theology*, IVP 역간), 『지성인에게 신과 현대 신화는 필요없다』(*Intellectuals Don't Need God and Other Modern Myths*) 등이 있다. 현재는 신학과 사역, 교육을 가르치는 교수이자 런던 소재 킹스 칼리지의 "신학, 종교, 문화 센터"(Centre for Theology, Religion and Culture) 소장으로 재직하고 있다.

오스 기니스
Os Guinness

오스 기니스 박사는 공공 정책 및 신앙 문제에 관한 저명한 전문가다. 미국과 유럽의 사업 및 정치 관련 컨퍼런스의 주된 강연자이자 세미나 인도자이다. 또한 25권이 넘는 책을 저술 혹은 편집했는데, 그중에는 『미국의 시간』(*The American Hour*), 『말할 수 없는: 악의 도전에 맞서서』(*Unspeakable: Facing up to the Challenge of Evil*) 등이 있으며 최근 저서로는 『예의를 위한 변론: 우리의 미래가 예의에 달려 있는 이유』(*The Case for Civility: and Why Our Future Depends on It*)가 있다.

기니스 박사는 중국에서 의료 선교사의 아들로 태어나 영국에서 성장하고 교육받았다. 옥스퍼드 대학교에서 사회과학을 전공해 박사 학위를 받았으며, 1984년 미국으로 오기 전까지 BBC 방송의 프리랜서 기자로 활동했다.

1986년부터 1989년까지 기니스 박사는 미국 수정 헌법 1조 200주년 기념식인 윌리엄스버그 헌장 재단의 이사로 섬겼고 "윌리엄스버그 헌장" 초안 작성에 참여했으며, 공립학교 교과 과정인 『차이를 인정하며 살기』(*Living with Our Deepest Differences*)의 공저자로 참여했다. 또한 "학자들을 위한 우드로 윌슨 국제 센터"(Woodrow Wilson International Center for Scholars)의 객원 연구원이자 "브루킹스 연구소"의 객원 학자이며 겸임 연구원이다. 또한 논쟁을 불러일으킨 "복음주의 선언: 복음주의 정체성 및 공공 헌신 선언"(Evangelical Manifesto: A Declaration of Evangelical Identity and Public Commitment)의 초안을 작성하기도 했다.

프랜시스 콜린스
Francis Collins

예일 대학교에서 물리화학 전공으로 박사 학위를 받은 프랜시스 콜린스는 분자생물학과 유전학에 관심을 두고 졸업 후 전공을 바꿔 노스캐롤라이나 대학교 의과 대학에 진학했고 1977년 의학 박사로 졸업했다. 내과에서 레지던트로 근무한 뒤 예일 대학교 의과 대학에서 인간 유전학을 가르치면서 병리 유전자를 확인하는 기술을 개발했다.

1989년 콜린스와 두 명의 동료는 낭포성 섬유종 유전자의 위치를 알아냈으며, 이후 헌팅턴 씨 병과 M4 타입의 성인 급성 백혈병 같은 다른 병들의 유전자 위치를 알아냈다. 1993년에 인간 게놈 연구를 위한 국립 센터(2007년 국립 인간 게놈 연구소로 개명됨) 원장으로 임명받아 인간 게놈 프로젝트를 총괄하면서 인간 유전자의 염기 서열 분석 작업을 완료했다. 2007년에 과학과 신앙 간의 대화를 위한 "바이오로고스 재단"을 설립했다. 버락 오바마 대통령은 2009년에 국립보건기구 책임자로 그를 임명하기도 했다.

콜린스 박사는 2007년에 유전 연구에 기여한 공로를 인정받아 대통령 자유 훈장을 받았고, 2008년에는 국립 과학 훈장을 받았다. 4권의 책을 썼으며, 최근 출간된 『과학과 신앙의 언어: 진정한 질문에 대한 솔직한 답변』 (*The Language of Science and Faith: Straight Answers to Genuine Questions*)을 비롯하여 다수의 논문을 썼다. 그는 유전학과 관련된 윤리적·법적 문제에 관심을 두고 연구를 계속 진행하고 있다.

존 폴킹혼(Sir John Polkinghorne)

Questions of Truth: Fifty-one Responses to Questions About God, Science and Belief. Louisville, KY: Westminster John Knox Press, 2009.

Theology in the Context of Science. New Haven, CT: Yale University Press, 2009. 『과학으로 신학하기』(모시는사람들 역간).

From Physicist to Priest: An Autobiography. Eugene, OR: Cascade Books, 2008.

One World: The Interaction of Science and Theology. Conshohocken, PA: Templeton Foundation Press, 2007.

Quantum Physics and Theology: An Unexpected Kinship. New Haven, CT: Yale Press, 2007. 『양자물리학 그리고 기독교신학』(연세대학교출판부 역간).

The Way the World Is: The Christian Perspective of a Scientist. Louisville, KY: Westminster John Knox Press, 2007.

Science and Creation. Conshohocken, PA: Templeton Foundation Press, 2006.

Science and Providence. Conshohocken, PA: Templeton Foundation Press, 2005.

Exploring Reality: The Intertwining of Science and Religion. New Haven, CT: Yale University Press, 2005.

Science and the Trinity: The Christian Encounter with Reality. New Haven, CT: Yale University Press, 2004.

The God of Hope and the End of the World. New Haven, CT: Yale University Press, 2002.

The Work of Love: Creation as Kenosis. Grand Rapids, MI: Wm. B. Eerdmans Publishing Company, 2001. 『케노시스 창조이론』(새물결플러스 역간).

Quarks, Chaos and Christianity. New York: The Crossroad Publishing Company, 2000. 『쿼크, 카오스, 그리고 기독교』(SFC출판부 역간).

Belief in God in an Age of Science. New Haven, CT: Yale University Press, 1998. 『과학시대의 신론』(동명사 역간).

The Faith of a Physicist. Minneapolis, MN: Augsburg Fortress Press, 1996.

피터 크레이프트(Peter Kreeft)

Because God Is Real. San Francisco: Ignatius Press, 2008.

Socrates Meets Hume. San Francisco: Ignatius Press, 2005.

Socrates Meets Sartre: The Father of Philosophy Cross-Examines the Founder of Existentialism. San Francisco: Ignatius Press, 2005.

The Philosophy of Tolkien: The Worldview Behind "The Lord of the Rings." San Francisco: Ignatius Press, 2005.

Socrates Meets Machiavelli. San Francisco: Ignatius Press, 2003.

Socrates Meets Marx. San Francisco: Ignatius Press, 2003.

How to Win the Culture War. Downers Grove, IL: InterVarsity Press, 2002.

Refutation of Moral Relativism-Dialogues Between a Relativist and Absolutist. San Francisco: Ignatius Press, 1999.

The Snakebite Letters. San Francisco: Ignatius Press, 1998.

Angels (and Demons): What Do We Really Know About Them? San Francisco: Ignatius Press, 1995.

C. S. Lewis for the Third Millennium. San Francisco: Ignatius Press, 1994.

Shadow-Lands of C. S. Lewis: The Man Behind the Movie. San Francisco: Ignatius Press, 1994.

Christianity for Modern Pagans: Pascal's Pensees. San Francisco: Ignatius Press, 1993.

Yes or No? Straight Answers to Tough Questions About Christianity. San Francisco: Ignatius Press, 1991.

Everything You Ever Wanted to Know About Heaven...but Never Dreamed of Asking. San Francisco: Ignatius Press, 1990.

Making Sense out of Suffering. Ann Arbor, MI: Servant Books, 1986.

The Best Things in Life: A Contemporary Socrates Looks at Power, Pleasure, Truth and the Good Life. Downers Grove, IL: InterVarsity Press, 1984.

Between Heaven and Hell: A Dialog Somewhere Beyond Death with John F. Kennedy, C. S. Lewis, and Aldous Huxley. Downers Grove, IL: InterVarsity Press, 1982. 『C. S. 루이스 천국에 가다』(행복하우스 역간).

폴 비츠(Paul C. Vitz)

The Self: Beyond the Postmodern Crisis. Susan M. Felch, coeditor. Wilmington, DE: Intercollegiate Studies Institute, 2006.

Faith of the Fatherless: The Psychology of Atheism. Dallas, TX: Spence Publishing Company, 2000. 『무신론의 심리학』(새물결플러스 역간).

Psychology as Religion: The Cult of Self-Worship. 2nd ed. Grand Rapids, MI: Wm. B. Eerdmans Publishing Company, 1994. 『신이 된 심리학』(새물결플러스 역간).

Censorship: Evidence of Bias in Our Children's Textbooks. Cincinnati, OH: Servant Books, 1986.

Sigmund Freud's Christian Unconscious. New York: Guilford Press, 1988.

Defending the Family: A Sourcebook. Stephen M. Krason, coeditor. Steubenville, OH: Catholic Social Science Press, 1988.

Modern Art and Modern Science: The Parallel Analysis of Vision. Arnold B. Glimcher, coauthor. Westport, CT: Praeger, 1984.

리처드 존 뉴하우스(Fr. Richard John Neuhaus)

American Babylon: Notes of a Christian Exile. New York: Basic Books, 2009.

The Best of the Public Square: Book 3. Grand Rapids, MI: Wm. B. Eerdmans Publishing Co., 2007.

Catholic Matters: Confusion, Controversy, and the Splendor of Truth. New York: Basic Books, 2006.

As I Lay Dying: Meditations upon Returning. New York, Basic Books, 2002.

The Chosen People in an Almost Chosen Nation: Jews and Judaism in America. Editor. Grand Rapids, MI: Wm. B. Eerdmans Publishing Co., 2002.

Your Word Is Truth: A Project of Evangelicals and Catholics Together. Charles Colson, coeditor. Grand Rapids, MI: Wm. B. Eerdmans Publishing Co., 2002.

The Second One Thousand Years: Ten People Who Defined a Millennium. Editor. Grand Rapids, MI: Wm. B. Eerdmans Publishing Co., 2001.

Death on a Friday Afternoon: Meditations on the Last Words of Jesus from the Cross. New York: Basic Books, 2000.

The Eternal Pity: Reflections on Dying. Editor. Notre Dame, IN: University of Notre Dame Press, 2000.

Appointment in Rome: The Church in America Awakening. New York: The Crossroad Publishing Company, 1999.

The End of Democracy? The Celebrated First Things Debate, with Arguments Pro and Con and "The Anatomy of a Controversy." Mitchell Muncy, coeditor. Dallas, TX: Spence Publishing Company, 1997.

The Best of the Public Square. New York: Institute on Religion and Public Life, 1997.

The Naked Public Square: Religion and Democracy in America. Grand Rapids, MI: Wm. B. Eerdmans Publishing Co., 1996.

To Empower People: From State to Civil Society. Peter Berger and Michael Novak, coauthors. Washington, DC: American Enterprise Institute Press, 1996.

Doing Well and Doing Good: The Challenge to the Christian Capitalist. New York: Doubleday, 1992.

America Against Itself: Moral Vision and the Public Order. Notre Dame, IN: University of Notre Dame Press, 1992.

Freedom for Ministry: A Guide for the Perplexed Who Are Called to Serve. Grand Rapids, MI: Wm. B. Eerdmans Publishing Co., 1992.

Guaranteeing the Good Life: Medicine and the Return of Eugenics. Editor. Grand Rapids, MI: Wm. B. Eerdmans Publishing Co., 1989.

Believing Today: Jew and Christian in Conversation. Leon Klenicki, coauthor. Grand Rapids, MI: Wm. B. Eerdmans Publishing Co., 1989.

Reinhold Niebuhr Today. Grand Rapids, MI: Wm. B. Eerdmans Publishing Co., 1989.

Piety and Politics: Evangelicals and Fundamentalists Confront the World. Michael Cromartie, coeditor. Washington, DC: Ethics and Public Policy Center, 1987.

Democracy and the Renewal of Public Education. Richard Baer, coeditor. Grand Rapids, MI: Wm. B. Eerdmans Publishing Co., 1987.

Jews in Unsecular America. Grand Rapids: Wm. B. Eerdmans Publishing Co., 1987.

The Catholic Moment: The Paradox of the Church in the Postmodern World. New York: HarperCollins, 1987.

Dispensations: The Future of South Africa as South Africans See It. Grand Rapids, MI: Wm. B. Eerdmans Publishing Co., 1986.

Against the World for the World: The Hartford Appeal and the Future of American Religion. Peter Berger, coeditor. New York: HarperCollins, 1976.

Time Toward Home: The American Experiment as Revelation. New York: Seabury Press, 1975.

In Defense of People: Ecology and the Seduction of Radicalism. New York: Macmilllan, 1971.

Movement and Revolution. Peter Berger, coeditor. Garden City, NY: Doubleday, 1970.

진 베스키 엘슈테인(Jean Bethke Elshtain)

Sovereignty: God, State, and Self. New York: Basic Books, 2008.

Just War Against Terror: The Burden of American Power in a Violent World. New York: Basic Books, 2003.

Jane Addams and the Dream of American Democracy. New York: Basic Books, 2002.

The Jane Addams Reader. Editor. New York: Basic Books, 2002.

Religion in American Public Life: Living with Our Deepest Differences. Aziza al-Hibri and Charles Haynes, coauthors. New York: W. W. Norton, 2001.

Who Are We? Critical Reflections and Hopeful Possibilities. Grand Rapids, MI: Wm. B. Eerdmans Publishing Co., 2000.

New Wine in Old Bottles: International Politics and Ethical Discourse. Notre Dame, IN: University of Notre Dame Press, 1998.

Real Politics: Political Theory and Everyday Life. Baltimore, MD: The Johns Hopkins University Press, 1997.

도시의 소크라테스

Augustine and the Limits of Politics. Notre Dame, IN: University of Notre Dame Press, 1996.

Promises to Keep: Decline and Renewal of Marriage in America. David Blankenhorn, coeditor. Lanham, MD: Rowman and Littlefield, 1996.

Democracy on Trial. New York: Basic Books, 1995.

Politics and the Human Body: Assault on Dignity. J. Timothy Cloyd, coeditor. Nashville: Vanderbilt University Press, 1995.

Just War Theory. Editor. Oxford, UK: Basil Blackwell, 1990.

Power Trips and Other Journeys. Madison, WI: University of Wisconsin Press, 1990.

Women and War. New York: Basic Books, 1987.

Meditations on Modern Political Thought. Westport, CT: Praeger, 1986.

The Family in Political Thought. Editor. Amherst, MA: University of Massachusetts Press, 1982.

Public Man, Private Woman: Women in Social and Political Thought. Princeton, NJ: Princeton University Press, 1981.

찰스 콜슨(Charles Colson)

The Faith: What Christians Believe, Why They Believe It, and Why It Matters. Grand Rapids, MI: Zondervan, 2008. 『순전한 믿음』(생명의말씀사 역간).

The Good Life. Carol Stream, IL: Tyndale House Publishers, 2005: 『이것이 인생이다』(홍성사 역간).

Lies That Go Unchallenged in Popular Culture. Carol Stream, IL: Tyndale House Publishers, 2005. 『대중문화 속 거짓말』(홍성사 역간).

The Design Revolution: Answering the Toughest Questions About Intelligent Design. William A. Dembski, coauthor. Downers Grove, IL: InterVarsity Press, 2004.

Justice That Restores. Carol Stream, IL: Tyndale House Publishers, 2001: 『사람과 공동체를 회복시키는 정의』(IVP 역간).

How Now Shall We Live? Nancy Pearcey, coauthor. Carol Stream, IL: Tyndale House Publishers, 1999. 『그리스도인, 이제 어떻게 살 것인가』(요단 역간).

Burden of Truth: Defending the Truth in an Age of Unbelief. Carol Stream, IL: Tyndale House Publishers, 1998. 『참으로 가벼운 세상 속에서의 진리』(요단 역간).

Being the Body. Nashville: Thomas Nelson, 1996. 『이것이 교회다』(홍성사 역간).

Loving God. Grand Rapids, MI: Zondervan, 1996. 『러빙 갓』(홍성사 역간).

Evangelicals and Catholics Together: Toward a Common Mission. Richard John Neuhaus, coeditor. Nashville: Thomas Nelson, 1995.

A Dance with Deception: Revealing the Truth Behind the Headlines. Waco, TX: Word Publishing, 1993.

The Body: Being Light in Darkness. Waco, TX: Word Books, 1993.

Why America Doesn't Work. Jack Eckerd, coeditor. Waco, TX: Word Publishing, 1991.

Against the Night: Living in the New Dark Ages. Ann Arbor, MI: Servant Publications, 1989.

God and Government. Grand Rapids, MI: Zondervan, 1989.

Kingdoms in Conflict. New York: William Morrow & Co., 1987.

Life Sentence. Grand Rapids, MI: Fleming H. Revell, 1979.

Born Again. Ada, OK: Chosen Books, 1976. 『백악관에서 감옥까지』(홍성사 역간).

N. T. 라이트(N. T. "Tom" Wright)

Virtue Reborn. London: SPCK, 2010. 『그리스도인의 미덕』(포이에마 역간).

Justification: God's Plan and Paul's Vision. London: SPCK, 2009. 『톰 라이트 칭의를 말하다』(에클레시아북스 역간).

Jesus, the Final Days: What Really Happened. London: SPCK, 2008.

Surprised by Hope: Rethinking Heaven, the Resurrection, and the Mission of the Church. New York: HarperCollins Publishers, 2008. 『마침내 드러난 하나님 나라』(IVP 역간).

Acts for Everyone, Part 1: Chapters 1-12. London: SPCK, 2008. 『모든 사람을 위한 사도행전 1』(IVP 역간).

Acts for Everyone, Part 2: Chapters 13-28. London: SPCK, 2008. 『모든 사람을 위한 사도행전 2』(IVP 역간).

Simply Christian: Why Christianity Makes Sense. New York: HarperCollins, 2006: 『톰 라이트와 함께하는 기독교 여행』(IVP 역간).

Judas and the Gospel of Jesus: Have We Missed the Truth About Christianity? London: SPCK, 2006.

Evil and the Justice of God. London: SPCK, 2006. 『악의 문제와 하나님의 정의』(IVP 역간).

The Resurrection of Jesus: John Dominic Crossan and N. T. Wright in Dialogue. Minneapolis, MN: Augsburg Fortress Press, 2005.

Paul: Fresh Perspective. Minneapolis, MN: Augsburg Fortress Press, 2005. 『톰 라이트의 바울』(죠이선교회출판부 역간).

The Last Word: Beyond the Bible Wars to a New Understanding of the Authority of Scripture. San Francisco: Harper, 2005.

Matthew for Everyone, Part 1: Chapters 1-15. 2nd ed. Louisville, KY: Westminster John Knox Press, 2004. 『모든 사람을 위한 마태복음 1』(IVP 역간).

Matthew for Everyone, Part 2: Chapters 16-28. 2nd ed. Louisville, KY: Westminster John Knox Press, 2004. 『모든 사람을 위한 마태복음 2』(IVP 역간).

The Resurrection of the Son of God. Minneapolis, MN: Augsburg Fortress Press, 2003. 『하나님의 아들의 부활』(크리스챤다이제스트 역간).

The Challenge of Jesus: Rediscovering Who Jesus Was and Is. Downers Grove, IL: InterVarsity Press, 1999. 『Jesus 코드』(성서유니온선교회 역간).

Following Jesus: Biblical Reflections on Discipleship. Grand Rapids, MI: Wm. B.

Eerdmans Publishing Co., 1997: 『나를 따르라』(살림 역간).

알리스터 맥그래스(Alister McGrath)

Surprised by Meaning: Science, Faith, and How We Make Sense of Things. Louisville, KY: Westminster John Knox Press, 2011. 『우주의 의미를 찾아서』(새물결플러스 역간)

Darwinism and the Divine. Malden, MA: John Wiley & Sons, 2011.

Flight of the Outcasts, vol. 2 of *The Aedyn Chronicles.* Grand Rapids, MI: Zondervan, 2011.

Why God Won't Go Away: Is the New Atheism Running on Empty? Nashville: Thomas Nelson, 2011.

Chosen Ones, vol. 1 of *The Aedyn Chronicles.* Grand Rapids, MI: Zondervan, 2010.

Mere Theology: Christian Faith and the Discipleship of the Mind. London: SPCK, 2010.

A Fine-Tuned Universe: The Quest for God in Science and Theology. Louisville, KY: Westminster John Knox Press, 2009. 『정교하게 조율된 우주』(IVP 역간)

Heresy: A History of Defending the Truth. New York: HarperCollins, 2009. 『그들은 어떻게 이단이 되었는가』(포이에마 역간).

Science and Religion: A New Introduction. Malden, MA: Wiley-Blackwell, 2009.

The Christian Vision of God. Minneapolis, MN: Augsberg Fortress Press, 2008.

The Open Secret: A New Vision for Natural Theology. Malden, MA: John Wiley & Sons, 2008.

Christianity's Dangerous Idea: The Protestant Revolution from the Sixteenth to the Twenty-first Century. New York: HarperCollins, 2007. 『기독교, 그 위험한 사랑의 역사』(국제제자훈련원 역간).

The Dawkins Delusion? Joanna Collicutt McGrath, coauthor. Downers Grove,

IL: InterVarsity Press, 2007. 『도킨스의 망상』(살림 역간).

Resurrection. Minneapolis, MN: Augsburg Fortress Press, 2007. 『부활』(부흥과개혁사 역간).

Theology: The Basic Readings. Malden, MA: Wiley-Blackwell Publishers, 2007.

Redemption. Minneapolis, MN: Augsburg Fortress Press, 2006. 『구속』(부흥과개혁사 역간).

Dawkins' God: Genes, Memes, and the Meaning of Life. Malden, MA: Blackwell Publishing, 2005. 『도킨스의 신』(SFC출판부 역간).

Incarnation. Minneapolis, MN: Augsburg Fortress Press, 2005. 『성육신』(부흥과개혁사 역간).

Creation. Minneapolis, MN: Augsburg Fortress Press, 2004. 『창조』(부흥과개혁사 역간).

The Twilight of Atheism: The Rise and Fall of Disbelief in the Modern World. New York: Doubleday, 2004.

A Brief History of Heaven. Malden, MA: Blackwell Publishing, 2003. 『천국의 소망』(크리스천헤럴드 역간).

Glimpsing the Face of God: The Search for Meaning in the Universe. Grand Rapids, MI: Wm. B. Eerdmans Publishing Co., 2002. 『하나님 얼굴을 엿보다』(복 있는사람 역간).

Knowing Christ. New York: Doubleday, 2002. 『내 영혼의 자서전』(두란노 역간).

The Reenchantment of Nature: The Denial of Religion and the Ecological Crisis. New York: Doubleday, 2002.

In the Beginning: The Story of the King James Bible and How It Changed a Nation, a Language, and a Culture. New York: Doubleday, 2001.

The Journey: A Pilgrim in the Lands of the Spirit. New York: Doubleday, 2000. 『내 평생에 가는 길』(복 있는 사람 역간).

T. F. Torrance: An Intellectual Biography. New York: T&T Clark International, 1999.

A Passion for Truth: The Intellectual Coherence of Evangelicalism. Downers

Grove, IL: InterVarsity Press, 1998. 『복음주의와 기독교적 지성』(IVP 역간).

Historical Theology: An Introduction to the History of Christian Thought. Malden, MA: Blackwell Publishers, 1998. 『신학의 역사』(지와사랑 역간).

I Believe: Exploring the Apostles' Creed. Downers Grove, IL: InterVarsity Press, 1998.

The Christian Theology Reader. Malden, MA: Blackwell Publishers, 1996.

The Blackwell Encyclopedia of Modern Christian Thought. Malden, MA: Blackwell Publishers, 1995.

A Life of John Calvin. Malden, MA: Wiley-Blackwell, 1993.

Christian Theology: An Introduction. Malden, MA: Blackwell Publishers, 1993. 『신학이란 무엇인가』(복있는사람 역간).

Intellectuals Don't Need God and Other Modern Myths. Grand Rapids, MI: Zondervan Publishing House, 1993.

Bridge-Building: Effective Christian Apologetics. Downers Grove, IL: InterVarsity Press, 1992. 『생명으로 인도하는 다리』(서로사랑 역간).

Understanding the Trinity. Grand Rapids, MI: Zondervan Publishing House, 1990.

Iustitia Dei: A History of the Christian Doctrine of Justification. Cambridge, MA: Cambridge University Press, 1986. 『하나님의 칭의론』(기독교문서선교회 역간).

오스 기니스(Os Guinness)

The Last Christian on Earth: Uncover the Enemy's Plot to Undermine the Church. Ventura, CA: Regal, 2010. 『악마의 비밀문서를 훔치다』(정연 역간).

Socrates Meets Kant. San Francisco: Ignatius Press, 2009.

The Case for Civility And Why Our Future Depends on It. New York: HarperCollins, 2008.

도시의 소크라테스

Unspeakable: Facing up to the Challenge of Evil. New York: HarperCollins, 2005. 『오스 기니스, 고통 앞에 서다』(생명의말씀사 역간).

The Call: Finding and Fulfilling the Purpose of Your Life. Nashville, TN: Thomas Nelson, 2003. 『소명』(IVP 역간).

Rising to the Call. Nashville: Thomas Nelson, 2003. 『20대, 당신을 향한 소명』(IVP 역간).

Time for Truth: Living Free in a World of Lies, Hype, and Spin. Grand Rapids, MI: Baker Books, 2002. 『진리, 베리타스』(누가 역간).

The Great Experiment: Faith and Freedom in America. Colorado Springs, CO: Navpress Publishing Group, 2001.

Long Journey Home: A Guide to Your Search for the Meaning of Life. Colorado Springs, CO: WaterBrook Press, 2001. 『인생』(IVP 역간).

Steering Through Chaos: Vice and Virtue in an Age of Moral Confusion. Colorado Springs, CO: NavPress Publishing Group, 2000.

Character Counts: Leadership Qualities in Washington, Wilberforce, Lincoln, and Solzhenitsyn. Grand Rapids, MI: Baker Books, 1999.

God in the Dark: The Assurance of Faith Beyond a Shadow of Doubt. Wheaton, IL: Crossway Books, 1996. 『회의하는 용기』(복있는사람 역간).

The Dust of Death: A Critique of the Establishment and the Counter Culture and the Proposal for a Third Way. Downers Grove, IL: InterVarsity Press, 1973.

프랜시스 S. 콜린스(Francis S. Collins)

The Language of Science and Faith: Straight Answers to Genuine Questions. Downers Grove, IL: InterVarsity Press, 2011.

Belief: Readings on the Reason for Faith. New York: HarperCollins, 2010. 『믿음』(상상북스 역간).

The Language of Life: DNA and the Revolution in Personalized Medicine. New York: HarperCollins, 2010. 『생명의 언어』(해나무 역간).

The Language of God: A Scientist Presents Evidence for Belief. New York: Free Press, 2006. 『신의 언어』(김영사 역간).

에릭 메택시스(Eric Metaxas)

Bonhoeffer: Pastor, Martyr, Prophet, Spy. Nashville, TN: Thomas Nelson, 2010. 『디트리히 본회퍼』(포이에마 역간).

Everything You Always Wanted to Know About God: The Jesus Edition. Ventura, CA: Regal Books, 2010.

It's Time to Sleep, My Love. New York: Feiwel and Friends, 2008.

Amazing Grace: Wilberforce and the Heroic Campaign to End Slavery. New York: HarperCollins, 2007. 『어메이징 그레이스』(국제제자훈련원 역간).

Everything Else You Always Wanted to Know About God (but Were Afraid to Ask). Colorado Springs, CO: Waterbrook Press, 2007.

Everything You Always Wanted to Know About God (but Were Afraid to Ask). Colorado Springs, CO: Waterbrook Press, 2005.

Peach Boy: A Japanese Folktale. Edina, MN: ABDO Publishers, 2005.

God Made You Special (VeggieTales). Grand Rapids, MI: Zondervan Publishing House, 2002.

Squanto and the Miracle of Thanksgiving. Nashville, TN: Thomas Nelson, 1999.

The Bible ABC. Nashville, TN: Tommy Nelson, 1998.

Don't You Believe It!—An Actual Parody. New York: St. Martin's Griffin, 1996.

Uncle Mugsy and the Terrible Twins of Christmas. New York: Madison Square Press, 1995.

The Birthday ABC. New York: Simon & Schuster, 1995.

도시의 소크라테스

인생, 하나님, 그 밖의 사소한 주제들에 관한 대화

Copyright ⓒ 새물결플러스 2015

1쇄발행_ 2015년 12월 21일

엮은이_ 에릭 메택시스
옮긴이_ 박명준
펴낸이_ 김요한
펴낸곳_ 새물결플러스
편 집_ 왕희광·정인철·최율리·박규준·노재현
        최정호·최경환·한바울·유진·권지성·신준호
디자인_ 이혜린·서린나·송미현
마케팅_ 이승용
총 무_ 김명화·최혜영
영 상_ 최정호

홈페이지 www.hwpbooks.com
이메일 hwpbooks@hwpbooks.com
출판등록 2008년 8월 21일 제2008-24호
주소 (우) 07214 서울특별시 영등포구 양평로 11, 5층(당산동 5가)
전화 02) 2652-3161
팩스 02) 2652-3191

ISBN 979-11-86409-37-4   03230
책값은 뒤표지에 있습니다.

이 도서의 국립중앙도서관 출판예정도서목록(CIP)은 서지정보유통지원시스템 홈페이지
(http://seoji.nl.go.kr)와 국가자료공동목록시스템(http://www.nl.go.kr/kolisnet)에서
이용하실 수 있습니다(CIP제어번호: CIP2015033862).